Inga Markovits

Gerechtigkeit in Lüritz

Lüritz gibt es nicht. Aber es gibt die malerische ostdeutsche Kleinstadt, die sich hinter diesem Namen verbirgt, und es gibt das große Gerichtsgebäude, in dem heute das Amtsgericht sitzt und in dessen Kellern Inga Markovits den Aktenschatz fand, der zur Grundlage für dieses Buch wurde. Als in DDR-Zeiten noch ein Kreisgericht in Lüritz Recht sprach, hatte das Personal gefehlt, um des täglichen Papieranfalls Herr zu werden. So waren die Ein- und Ausgänge einer vierzigjährigen sozialistischen Gerichtspraxis nur einfach gebündelt und weggeräumt worden: Haftbefehle und Bürgerschreiben, Arbeitspläne und Richternotizen, Anweisungen von oben und Anfragen von unten, Dienstliches und Menschliches. Die Rechtshistorikerin, die wissen wollte, welche Rolle das Recht der DDR denn nun im Leben seiner Bürger spielte, war bei ihrer Spurensuche auf Gold gestoßen.

Lüritz ist nicht Berlin. Aber die Rechtsgeschichte, die die Verfasserin aus ihren Aktenstudien und vielen Interviews mit Lüritzer Rechtshonoratioren und Bürgern zusammengebastelt hat, mag der Alltagswirklichkeit des Rechts in der DDR näher kommen, als der SED lieb gewesen wäre. Markovits verteufelt nicht und beschönigt nicht. Stattdessen zeichnet sie mit viel menschlichem Einfühlungsvermögen die Entwicklungslinien eines Rechtssystems, das mit den Hoffnungen einiger weniger begann und unter der Last der Enttäuschungen vieler zugrunde ging.

Inga Markovits ist Juraprofessorin an der University of Texas in Austin, USA. Bei C.H. Beck ist von ihr erschienen: Die Abwicklung. Ein Tagebuch zum Ende der DDR-Justiz (1993).

Inga Markovits

Gerechtigkeit in Lüritz

Eine ostdeutsche
Rechtsgeschichte

Verlag C. H. Beck

© Verlag C. H. Beck oHG, München 2006
Umschlagentwurf: Atelier 59, München
Umschlagphotographie: Matt Rourke
Gesetzt aus der Stempel Garamond und der Trixie Plain bei
Fotosatz Reinhard Amann, Aichstetten
Druck und Bindung: Ebner und Spiegel, Ulm
Printed in Germany
ISBN-10: 3 406 55054 1
ISBN-13: 978 3 406 55054 6

www.beck.de

Wieder für Dick

Inhalt

Vorbemerkung
8

1. Der Aktenfund
9

2. Der Anfang
19

3. Leute
29

4. Eigentum
41

5. Arbeit
63

6. Familien
95

7. Strafen
123

8. Die Partei
181

9. Hoffnungen und Lügen
229

10. Das Ende
273

Anmerkungen
301

Vorbemerkung

Ich habe mehr Zeit und Arbeit für dieses Buch gebraucht, als ich mir selber eingestehen mag, und dabei die Hilfe und Unterstützung von mehr Leuten erfahren, als ich erwarten durfte. Verständnisvolle Vertreter der ostdeutschen Justizverwaltung ermöglichten mir den Zugang zu den Akten. Erfahrene Kollegen vermittelten bei den Verhandlungen mit dem Datenschutz. Langmütige Archivare holten immer neue Aktenbündel aus ihren Kellern. Im Lüritzer Amtsgericht und bei der Staatsanwaltschaft in Neuburg versah man mich gastfreundlich mit Arbeitsplatz und mit all der Hilfe, die eine Außenseiterin braucht, um sich in einer fremden Arbeitswelt zurechtzufinden. Meine Zeitzeugen, allen voran Frau Rüstig, Frau Walter und Frau Neumann, beschrieben mir aufrichtig und genau, was es hieß, in Lüritz Recht zu sprechen und Rechtsprechung zu erfahren. Die Volkswagenstiftung finanzierte großzügig meine Aufenthalte in Lüritz, Neuburg und Potsdam. Und meine Familie, über all die Jahre hin, ertrug mit liebevollem Gleichmut meine vielen Reisen zu den Quellen.

Für die Fehler und Auslassungen, die manche Leser sicher finden werden, bin ich alleine verantwortlich. Nun ist das Buch endlich fertig. Wer hätte es gedacht.

> «Bei hellem Tageslichte
> hab ich es anders gesehn.»
> «Gewiß. Geschichten und Geschichte
> wachsen und wechseln schon im Entstehn.»
>
> *Theodor Fontane*

1. Der Aktenfund

Lüritz gibt es nicht. Aber es gibt den Ort, der sich hinter diesem Namen verbirgt: eine Stadt mit rund 55 000 Einwohnern in dem nördlichen Teil Deutschlands, der noch vor gar nicht langer Zeit zur DDR gehörte. Lüritz ist eine hübsche Stadt mit einem großen Marktplatz, zwei oder drei schönen Kirchen, den Resten zweier Stadttore, einer großen Werft (seit 1990 mit sehr verkleinerter Belegschaft), einem früher lebhaften Hafen (jetzt auch viel ruhiger), einer Ingenieurschule und einer Reihe prächtiger Renaissancegebäude, vor denen die Touristen mit ihren Reiseführern stehen. Eins davon beherbergt das Amtsgericht. Von seinen acht Richtern kommen sieben aus Westdeutschland.

Schon seit Menschengedenken hat es in diesem Gebäude ein Gericht gegeben: unter dem Großherzog, der Weimarer Republik, den Nazis, den Sozialisten, und jetzt, endlich, dem Rechtsstaat. Meistens hieß es auch «das Amtsgericht». Nur in DDR-Zeiten war es ein Kreisgericht, in dem in den letzten Jahren des Sozialismus fünf Richter zusammen etwa tausend Fälle im Jahr entschieden; eine gescheckte Mischung von Streitigkeiten aus dem Zivilrecht, dem Strafrecht, dem Arbeitsrecht und dem Familienrecht. Heute sind vier dieser Richter Rechtsanwälte in der Stadt; nur der fünfte, noch jung und unerfahren, als die Mauer fiel, blieb auch nach der Wende auf der Richterbank. Im Archiv des Amtsgerichts stehen die Akten aus DDR- und Rechtsstaatsjahren friedlich vereint auf glänzenden Metallregalen (die alten Holzborde, noch aus Eiche, wurden schon bald nach der Wiedervereinigung ausrangiert) und nur die unterschiedliche Farbe und der sich plötzlich vergrößernde Umfang der Aktendeckel würden einem neugierigen Besucher des Archivs verraten, dass sich um das Jahr 1990 herum eine wichtige Veränderung im Rechtsleben der Stadt Lüritz zugetragen haben muss.

Es war kein Zufall, dass ich das Lüritzer Amtsgericht entdeckte. Bald nach dem Kollaps der DDR hatte mir ein Ostkollege erzählt, dass es wegen des Arbeitskräftemangels im Sozialismus noch ehemalige Kreisgerichte geben müsse, die ihren Aktenbestand nicht (wie es auch die Aktenordnung der DDR verlangte) regelmäßig durchforsten konnten, sondern die ihre nicht mehr gebrauchten Akten einfach in Keller und auf Böden verräumt und dann vergessen hatten. Mit etwas Glück müsse sich ein ehemaliges DDR-Gericht finden lassen, dessen Aktenbestand bis in die frühen Nachkriegsjahre zurückreiche.

So machte ich mich auf die Suche. Anfragen bei 24 frischgebackenen Amts- und früheren Kreisgerichten führten mich schließlich nach Lüritz. Ich weiß noch, wie der Anblick des Gerichts Hoffnung aufkeimen ließ: ein herrschaftlicher Bau mit zwei breiten Seitenflügeln, vor mehr als vierhundert Jahren als Hochzeitsgeschenk für die Tochter eines Herzogs errichtet, in dem es gewiss genug Platz geben musste, um Gerichtsakten aus vier Jahrzehnten aufzubewahren. Und wirklich: Im Lüritzer Archiv fanden sich Entscheidungen von der unmittelbaren Nachkriegszeit bis zum Zusammenbruch der DDR – nicht ohne Lücken, aber vollständig genug, um die Lebensgeschichte eines Rechtssystems nachzuzeichnen, das mit den Hoffnungen einiger weniger begann und unter der Last der Enttäuschungen von vielen zu Grunde ging.

Als ich nach meinem ersten Besuch im Lüritzer Gericht die Ausgangstreppe herunterging, sah ich in der runden Mauer der Wendeltreppe eine kleine Tür: zu niedrig, um ohne Bücken einzutreten. «Das ist der Holzkeller», wurde mir gesagt. «Da lagern wir unser Altpapier.» Das Gericht hatte nach der Wende noch nicht das Geld gefunden, um ein Fuhrunternehmen mit dem Abtransport zu beauftragen. Der Holzkeller erwies sich als ein eiskaltes, düsteres Gewölbe, in dem sich in mannshohen Papiermüllbergen die Nebenprodukte eines vierzigjährigen Gerichtsalltags angesammelt hatten: Ein- und Ausgangsbücher aller Art, Durchsuchungsprotokolle, Haftbefehle, Bürgerschreiben, Personalakten, der Briefverkehr des Kreisgerichts mit höheren Instanzen, Wochenkalender, Notizbücher von Mitarbeitern des Gerichts über Fortbildungskurse und Richtertagungen, Arbeitspläne – ein wahrer Kehrichthaufen der Justizgeschichte und eine Fundgrube für mich. Ich bat um Aufschub mit dem Abtransport und kam in meinen Frühlingsferien wieder, um die Schätze unter der baumelnden Glühbirne des Holzkellers mit kalten Fingern zu sortieren.

Als Kind hatte ich manchmal mit dem Gedanken gespielt, den Inhalt eines Briefkastens an einer belebten Straßenkreuzung zu stehlen und jeden Brief darin zu lesen, um auf diese Weise zu erfahren, worum es im Leben ging. Jetzt hatte ich meinen Briefkasten gefunden.

Dieses Buch basiert auf meinem Fund und auf Gesprächen mit vielen Leuten, die in Lüritz mit dem DDR-Recht in Berührung kamen: mit Richtern und Rechtsanwälten, ehemaligen Klägern, Beklagten oder Angeklagten, mit Parteifunktionären, Stadtbeamten, Stasi-Mitarbeitern. Aus meinen Akten und den Interviews will ich rekonstruieren, wie der Aufstieg und Fall eines totalitären Rechtssystems von den daran Beteiligten erlebt wurde. Mir geht es nicht um die großen und wichtigen Ereignisse der DDR-Rechtsgeschichte: die ZK-Tagungen und Plenarsitzungen; die Verlautbarungen der Parteigrößen; die Entscheidungen des Obersten Gerichts. Darüber wissen wir inzwischen genug. Rechtssoziologen haben uns schon lange darauf aufmerksam gemacht, dass selbst im Rechtsstaat das Recht der Gesetzesbücher und das im Alltag angewandte und erlebte Recht oft auseinanderklaffen. Auch im Sozialismus musste von oben erlassenes Recht unten durchgesetzt und angenommen werden. Wie sah das Berliner Recht aus, wenn es in Lüritz ankam? Wie gingen die Lüritzer Rechtshonoratioren und Bürger damit um? Was machten sie aus dem Recht und was machte das Recht aus ihnen? Die Institutionen und Gesetzesakte des Sozialismus in der DDR sind jetzt tot. Aber die Vergangenheit lebt noch in den Köpfen der Dabeigewesenen. Um ihre Erfahrungen geht es mir in diesem Buch.

Es wird nicht leicht sein, aus den Akten und den Interviews herauszufinden, was Leopold von Ranke optimistisch beschrieb als «wie es eigentlich gewesen» ist. Auch in Lüritz wird es nicht eine, sondern viele Vergangenheiten geben; Produkte der Blickwinkel und Sichtweisen ihrer jeweiligen Betrachter. Dazu komme ich von draußen, aus einer Gesellschaft mit Rechtskonventionen, die mich DDR-Ereignisse und Berichte leicht fehldeuten lassen können. Und darf ich überhaupt den Akten trauen? Dem Erinnerungsvermögen meiner Gesprächspartner? Muss ich befürchten, dass man mich belügen könnte? Wird mich eher zu großer Argwohn in die Irre führen? Die Vergangenheit ist ein unsicheres Terrain. Manche Leser mögen sie anders erinnern, als ich sie beschreiben werde. Um nicht den falschen Eindruck von Gewissheit zu erwecken, will ich in diesem Buch nicht nur meine Fakten präsentieren, sondern meine Leser auch an den

Zweifeln und Irrtümern teilnehmen lassen, denen ich auf meiner Suche nach dem, was Recht in Lüritz bedeutete, begegnet bin. So wird mein Ausflug in die Vergangenheit hoffentlich auch für die glaubwürdig erscheinen, die sie anders erlebt haben.

Aber Geschichtsschreibung «von unten», wie sie dieses Buch anstrebt, ist schwerer zu rechtfertigen als Geschichtsschreibung «von oben», die sich an den kanonischen Ereignissen und Personen einer Epoche orientiert, über deren historische Bedeutsamkeit sich alle einig sind. Dagegen gibt sich meine Lüritzer Geschichte vor allem mit Alltagsdingen ab. Der Himmel kann sich auch in einem Dorfteich spiegeln, und ich behaupte mit diesem Buch, dass «Gerechtigkeit in Lüritz» auch für «Gerechtigkeit in der DDR» und sogar, noch weitergehend, für «Gerechtigkeit im Sozialismus» mit seinen Erfolgen und fatalen Misserfolgen stehen kann. Aber ich werde meine Leser von der Richtigkeit dieses Anspruchs nur überzeugen, wenn es mir gelingt, meine Alltags-Protagonisten so zu schildern, dass ihre Rechtsaffären nicht nur ihre eigenen Hoffnungen und Erfahrungen reflektieren, sondern auch deren Prägung durch das politische System, in dem sie lebten. Ich muss also das Allgemeine im Besonderen sichtbar machen. Ich muss einem Lüritzer Akteur auch Glaubwürdigkeit als DDR-Jedermann verleihen. Und ich muss die vielen Puzzleteile meiner Rechtsgeschichte so aneinanderlegen, dass sie am Ende ein Porträt ergeben, das nicht nur aus lauter Farbflecken besteht, sondern auch die Schattierungen und Konturen aufweist, die einem Bild Sinn und Form geben und uns den Abgebildeten nicht nur erkennen, sondern auch verstehen lassen.

Zwar mache ich mir nicht allzu viele Sorgen darüber, ob Lüritz, als Rechts-Stadt, auch für die DDR im Allgemeinen repräsentiv sein kann. Das wirtschaftliche Profil der Stadt (mit einer Mischung aus Industrie, Dienstleistungen, Kommunalverwaltung, Touristik und einem landwirtschaftlichen Hinterland) war abwechslungsreich genug, um sie zu einem guten rechtssoziologischen Studienobjekt zu machen. Weil die DDR-Justizverwaltung darauf bestand, dass die Rechtsprechung aller Kreisgerichte statistisch zu möglichst gleichen Resultaten kam (zum Beispiel, dass die Länge der Freiheitsstrafen, die ein Kreisgericht für «Asozialität» verhängte, vom Republik-Durchschnitt für Asozialen-Urteile so wenig abwich wie nur möglich), war das Kreisgericht in Lüritz typischer für andere Kreisgerichte in der DDR, als es ein westdeutsches Amtsgericht in Bayern oder Bremen für die Rechtsprechung erstinstanzlicher Gerichte in der Bundesrepublik sein könnte. Aber die großen Linien meines Lüritzer Porträts werden schwieriger zu zeichnen sein, als wenn ich eine Rechtsgeschichte «von oben» schriebe. Von oben gesehen, sozusagen aus der Ferne, sind Entwicklungslinien leichter zu erkennen als in der Bodennähe täglicher Details. Die uns allen bekannten, wichtigen Ereignisse legitimieren sich gewissermaßen selbst: Weil sie so und nicht anders geschehen sind, scheint ihnen eine innere Entwicklungslogik anzuhaften, die keiner weiteren Erklärung bedarf. Dagegen machen meine Lüritzer Ereignisse nur dann historisch Sinn, wenn ich sie in sinngebender Weise aneinanderreihe. Aber wie? Die Aufgabe lässt sich nicht durch eine simple Addition erledigen, wie zwei plus zwei, das unausweichlich vier ergibt. Stattdessen muss ich meine Puzzlestücke, wie ein Archäologe die Scherben eines ausgegrabenen Tontopfes, mal so, mal anders aneinanderhalten, um zu erraten, wie der Umriss meines Fundobjekts einmal verlaufen sein mag.

Ich habe noch ein anderes Rechtfertigungs-Problem. Dies wird ein Buch mit wenig Fußnoten werden. Das liegt daran, dass Gerichtsakten in Deutschland keine öffentlich zugänglichen Quellen sind (ich brauchte die Genehmigung des Landesjustizministers, um Einblick zu gewinnen) und dass ich auch manche Informationen aus Büchern und Archiven, die ich sehr wohl zitieren könnte, lieber nicht durch eine bestimmte Fundstelle identifiziere, weil ich die Anonymität meiner Protagonisten und ihrer Stadt bewahren will. Aber Fußnoten schaffen Vertrauen in einen Text, indem sie andere Stimmen zur Unterstützung des Verfassers zu Hilfe rufen, und ich muss meine Leser auf andere Weise davon überzeugen, dass ich mich, so gut ich kann, mit meiner Geschichte an die Wahrheit halte. «Woher will sie das wissen?» mag sonst ein Leser denken, der Dinge über meine Richter und Prozessbeteiligten erfährt, die man normalerweise nicht von Leuten weiß, denen man nie begegnet ist. Ich muss also über meine Quellen sprechen.

Zunächst die Akten (aus denen die meisten meiner Informationen stammen). DDR-Gerichtsakten sahen anders aus als ihre westdeutschen Gegenstücke. Westdeutsche Akten werden von Juristen für Juristen produziert. Sie konzentrieren sich nur auf die Fragen, die zwischen den Prozessanwälten streitig sind; diskutieren diese Fragen nicht auf Alltagsdeutsch, sondern in einem Juristenlatein, das mit Paragraphen und Fallzitaten gespickt ist; lassen Laien allenfalls als

Zeugen kurz zu Worte kommen, beschreiben keine menschlichen Konflikte, sondern illuminieren nur den jeweiligen Zerreißpunkt, an dem ein Gewebe von Sozialbeziehungen zu Schaden gekommen ist. Weil die juristisch nebensächlichen Puzzle-Steinchen alle fehlen, ist es oft schwierig, aus einer Akte das Bild eines tatsächlichen Lebenssachverhalts zusammenzusetzen. Was ist nun eigentlich passiert? Wenn der Leser von der Lektüre aufsieht, weiß er meistens nicht genug über die am Konflikt Beteiligten, um für die eine oder andere Seite Sympathie zu fühlen. Es geht einer westdeutschen Justizakte nicht um die menschlichen Dimensionen eines Streitfalles. Es geht darum, wer Recht hat.

DDR-Akten erzählen eine Geschichte. Sie fangen am Anfang an und hören auch am Ende einer Auseinandersetzung oft noch nicht auf; etwa, weil sich der Richter auch nach seiner Entscheidung um die Belange der Parteien kümmern musste oder weil ein Urteilsspruch mit den Kollegen eines Angeklagten an dessen Arbeitsstelle ausgewertet wurde. Weil es nicht nur um die individuelle, sondern auch um die gesellschaftliche Lösung eines Streitfalls ging, kommen auch andere als die unmittelbar Beteiligten zu Wort. Nachbarn kommentieren die pädagogischen Fähigkeiten beider Eltern in einem Sorgerechtsprozess; Mitarbeiter werden zur Arbeitsmoral eines Straftäters befragt; gesellschaftliche Ankläger oder Verteidiger bezeugen die Empörung oder das Verständnis des Kollektivs für einen Angeklagten. Prozesse finden nicht auf Juristendeutsch, sondern in Alltagssprache statt. DDR-Richter sollten nicht nur Rechtsfragen entscheiden, sondern die Beteiligten erziehen, und sie mussten daher für alle im Gerichtssaal leicht verständlich sein. Die spärliche Beteiligung von Rechtsanwälten an Prozessen und die Anwesendheit so vieler Laien im Gerichtssaal taten ein Übriges, um die ostdeutsche Gerichtssprache zu entprofessionalisieren. Was DDR-Gerichtsdeutsch an Verständlichkeit gewann, verlor es an juristischer Genauigkeit.

Aber die Sprache war menschlich mitteilsamer als das Fachidiom westdeutscher Prozesse. Viele Parteien in Zivilprozessen schrieben ihre Schriftsätze selbst, und die empörten Schilderungen, warum sie Recht und ihre Prozessgegner Unrecht haben, lassen mich auch verstehen, was ihnen wichtig war und was ein Bürger vom sozialistischen Recht erwartete. Die richterlichen Einwendungen und Ermahnungen verdeutlichen die Erziehungsmanie dieses Rechtssystems. Die Fragebögen, die von Scheidungskandidaten ausgefüllt werden mussten, informieren mich über die Verteilung der Hausarbeit in ihrer Ehe oder über die Einkommens- und Erziehungs-Unterschiede zwischen Männern und Frauen in der DDR.

Sogar das Papier im Lüritzer Archiv erzählt Geschichten. In den unmittelbaren Nachkriegsjahren, als neues Papier kaum zu beschaffen war, benutzten die Lüritzer alles, was sich nur irgendwie beschriften oder in eine Schreibmaschine zwängen ließ, und wenn ich ein Urteil oder einen Schriftsatz umdrehe, finde ich auf der Rückseite oft einen Text aus der Weimarer Zeit (niemals Juristisches aus den Nazi-Jahren; das Lüritzer Archiv und der Holzkeller müssen nach dem Zusammenbruch gut ausgefegt worden sein) und gelegentlich auch den blonden Kinderkopf oder die geballte Faust von sozialistischen Plakathelden, jetzt auf DIN A 4 zurechtgeschnitten. Als mit der Befestigung des Sozialismus auch wieder bürgerliche Ordnung in das Leben der Lüritzer eingezogen war, gab es zwar auch Papier. Aber die Wahl der Blätter, auf denen Lüritzer Bürger ihre handgeschriebenen Botschaften an das Gericht aufsetzten, scheint mir auch etwas über das manchmal kindlich-abhängige Verhältnis der Parteien zu einem Staat zu sagen, der es nicht gerne sah, wenn sich ein Rechtsanwalt zwischen ihn und seine Kinder schob: bestes Geburtstagsbriefpapier, in Sonntagshandschrift beschrieben (von den guten Schülern), Bleistiftschrift auf ein paar ausgerissenen Heftseiten (von den schlechten), aber in vielen Fällen eben nicht Geschäftspapier, wie man es zwischen einander Fernstehenden benutzt, sondern die Art von Papier, die man für einen Brief an den Großvater oder Onkel nehmen würde. In den 1970er und 1980er Jahren sind allerdings fast alle Schriftsätze im Archiv auf einer Schreibmaschine getippt. Jetzt kann ich an der unterschiedlichen Qualität des Papiers die gesellschaftliche Rangordnung der Prozessbeteiligten ablesen. Das beste Papier kommt jetzt aus der volkseigenen Wirtschaft (glatt und fest), gefolgt vom Papier der Stadtverwaltung und anderen öffentlichen Stellen (ein wenig gelblicher, aber noch immer ziemlich fest), und schließlich, erst an letzter Stelle, dem der Justiz (dünn und porös, in einem schmuddligen, hellen Beige). Dann und wann liegen ein paar blütenweiße Seiten zwischen all dem Arme-Leute-Grau. Dann weiß ich, dass auch ein West-Anwalt in dem Verfahren eine Rolle spielte.

Ich habe die Lüritzer Justizakten so genau beschrieben, um zu erklären, wie viel Leben sich unter dem Staub jahrzehntelang vergessener Papiergetürme verbergen kann. Ich habe auch noch andere Archive als das Lüritzer Gerichtsarchiv benutzt: das Bundesarchiv (früher in Potsdam, jetzt in Berlin, in dem die Akten der DDR-Justizverwaltung verwahrt sind, darunter viele mit Berichten über mein Gericht); das Landesarchiv in Gronau (wo die Bestände der Lüritzer SED-Kreisleitung liegen); das Gauck-Archiv (aus Gründen, die ich nicht erläutern muss); das Lüritzer Stadt-Archiv (dessen komplette Bestände der Landeszeitung ab 1947 mir über die politischen Wetter-Wechsel in der Stadt Auskunft geben können). Jetzt, wo das Buch geschrieben ist, wird es mich Mühe kosten, von der Romantik der Archive zu meinem juristischen Alltag an der Universität zurückzukehren. Archive locken mit sinnlich reicheren Erfahrungen, als sie juristische Bibliotheken oder ein Such-Programm auf dem Computer-Bildschirm bieten können: das Rascheln brüchiger Papiere, die man vorsichtig aus der Verschnürung löst, die sie zusammenhält; ihr herbstlich-muffiger Geruch nach Pilzen und geharktem Laub; der goldene Schimmer auf der Tinte längst getrockneter krakeliger Unterschriften. Die Forschung wird zu einem Abenteuer. Wie der Entdecker einer lange verschütteten und jetzt wieder ausgegrabenen antiken Stadt suche ich nach Fußspuren der ehemaligen Bewohner; versuche, aus den zurückgelassenen Gegenständen etwas über ihre Gewohnheiten zu erfahren; freue mich, wenn ein Zufallsfund (das Polizeifoto eines Republikflüchtlings; ein erklärender Zeitungsausschnitt, den jemand in der Akte liegen ließ) zusätzliches Licht in eine Ecke scheinen läßt.

Aber weil dieses Rechtssystem erst vor kurzem unter dem Geröll der Zeit verschüttet wurde, habe ich einen Vorteil vor den Archäologen: Ich kann die Ergebnisse meiner Aktenstudien durch Interviews mit den ehemaligen Einwohnern meines juristischen Atlantis noch einmal überprüfen. Weil Arbeitslosigkeit und Angst vor einer unbekannten Bundesrepublik (manchmal auch unerwartete Berufserfolge in ihrer eigenen Stadt) viele Lüritzer auch nach der Wende zu Hause hielten, ist es mir gelungen, Zeitzeugen zu Ereignissen zu finden, die viele Jahre und Jahrzehnte zurückliegen. Zwar decken sich die Daten, die ich aus den Akten kenne, nicht notwendig mit den Berichten der Dabeigewesenen. Die Akten sind oft genauer: Sie geben besser Auskunft über tatsächlich Geschehenes (wie zum Beispiel die Strenge von Strafurteilen oder die Beteiligung von Rechtsanwälten an Prozessen) als die Erzählungen von Zeitzeugen, deren Erinnerungen im Prisma der politischen Veränderungen vielfach gebrochen sind. Aber meine Interview-Partner können mir menschliche Zusammenhänge erklären, über ihre vergangenen Hoffnungen und Sorgen sprechen, mir unbekannte Alltagspraktiken erklären, biographische Auskünfte geben und auf viele andere Weisen die manchmal kryptischen Informationen aus den Akten mit Sinn und Leben füllen. Einer meiner Zeitzeugen hat mich auch einmal zur Sozialisten-Ecke auf dem Lüritzer Friedhof mitgenommen, früher ein Ehrenplatz, jetzt staubig und mit Unkraut überwachsen, auf dessen Grabsteinen ich auch ein paar Richter-Namen aus den frühen Jahren meines Kreisgerichts entdecke. Nur an gelegentlichem frischem Blumenschmuck kann ich erkennen, ob der eine oder andere der Verstorbenen noch Kinder oder Enkel in der Stadt hat.

Das also ist das Material, aus dem dieses Buch zusammengesetzt ist. Wahrscheinlich hätte ein anderer Autor aus denselben Quellen, die ich gelesen habe, ein anderes Buch gefertigt. Geschichte wird nicht nur von denen gemacht, die sie erleben, sondern auch von denen, die mit den jeweils eigenen Erwartungen, den eigenen Sensibilitäten und den eigenen Beschränkungen über Geschichte schreiben. Ich ertappe mich dabei, dass ich fortwährend von «meiner Stadt», «meinem Gericht» und «meinen Richtern» spreche. Sie gehören mir: Ich habe sie entdeckt; ich habe sie vor der Vergessenheit bewahrt; ich entscheide, auf welche Weise ich meine Daten arrangieren will, um ihrer Geschichte Sinn und Richtung zu verleihen. Ich will die Macht der Erzählerin so ehrlich und genau ausüben, wie es mir nur möglich ist. Außer den Namen von Orten und Personen ist nichts in diesem Buch erfunden. Wenn ich des Öfteren «es scheint» oder «ich denke mir» schreibe, so deswegen, weil ich mir einer Interpretation nicht sicher bin. Alle von Anführungsstrichen umrahmten Sätze sind wörtlich so gesagt oder geschrieben worden. Ich habe nicht die einzige Wahrheit über Gerechtigkeit in Lüritz anzubieten. Trotzdem ist dies eine wahre Geschichte; auch eine wahre Geschichte, sollte ich lieber sagen. Lohnte sich die Mühe? Es ist zwar nur ein kleiner Ausschnitt aus dem Leben einer kleinen Stadt in einem kleinen Land, das es inzwischen nicht einmal mehr gibt, mit dem sich dieses Buch befassen wird. Aber Recht und Unrecht im Sozialismus haben das Leben und Denken von Millionen von Menschen beeinflusst und werden in ihren Gewohnheiten, Erwartungen, Reflexen und Erinnerungen noch lange weiterleben. Im Archiv und Holzkeller des Lüritzer Amtsgerichts ist der sozialistische Rechtsalltag, der diese Reflexe und Erinnerungen einmal formte, zum Greifen nahe.

2. Der Anfang

Wo soll ich beginnen? Am Anfang natürlich. Aber der allererste Anfang meiner Lüritzer Geschichte liegt im Dunkeln. Die früheste Zivilrechtsakte im Archiv kommt nicht aus Lüritz, sondern aus Dorndorf, einem kleinen Nachbarort, in dem im August 1945 ein «Volksgericht» ungewisser Provenienz einen typischen Bauernstreit um die Nutzung eines Ackers durch gutes Zureden und einen Vergleich zu Ende bringt. Außer der Gerichtsbezeichnung deutet nichts in der Akte auf Kriegs- und Nachkriegswirren hin. Dabei gehören Lüritz und seine Umgebung erst seit dem 1. Juli 1945 zur sowjetischen Besatzungszone, nachdem die westlichen Alliierten, die die Gegend zuerst besetzten, sich mit den Russen über den endgültigen Verlauf der Zonengrenze geeinigt hatten. Im Lüritzer Museum hängt ein Foto, auf dem ein kleines Mädchen einem freundlich lächelnden sowjetischen Soldaten einen riesigen Blumenstrauß überreicht. Auch diesem Idyll ist nicht zu trauen. Der Lüritzer Nachkriegsalltag muss anders ausgesehen haben. Eher so:

Die Stadt ist überrannt von Flüchtlings-Trecks, die auf dem Weg nach Westen Nahrung und Unterkunft suchen. Ein Viertel aller Wohnungen in Lüritz ist von Bomben zerstört; ein weiteres Viertel beschädigt. Der Strom von Flüchtlingen fließt nicht nur nach Westen: Die Stadt birst unter dem Hin und Her von Menschen, die auf der jeweils anderen Seite der Zonengrenze Familienmitglieder zu finden hoffen oder einen neuen Halt nach dem Zusammenbruch ihrer gewohnten Welt. Sanitätsvorrichtungen reichen nicht mehr aus: 1945 und 1946 erkranken in Lüritz 1678 Menschen an Typhus. 1947 sind noch mehr als ein Drittel aller Stadtbewohner «Übersiedler», vor allem aus dem ehemaligen Osten Deutschlands. Die Russen, erschreckend fremd, undiszipliniert und unberechenbar, haben das Sagen. Es ist schwer vorstellbar, wie Recht und Gerichte in diesem Chaos Ordnung schaffen könnten.

Welches Recht? Welche Gerichte? Am 4. September 1945 hatte die Sowjetische Militär-Administration in Deutschland die Entlassung aller Nazi-Richter und den Wiederaufbau des Gerichtswesens in ihrer Zone angeordnet; noch acht Wochen vor einem ähnlichen

Beschluss des Alliierten Kontrollrates für ganz Deutschland. Aber anders als die westlichen Besetzer machte die SMAD mit der Entlassung aller ehemaligen Mitglieder der NSDAP in dem von ihr kontrollierten Deutschland Ernst. Für die Russen konnte die radikale Säuberung der ostdeutschen Justiz eine doppelte Aufgabe erfüllen: Sie reinigte die Gerichte von den Gefolgsleuten und Mitläufern der Hitler-Diktatur und sie schuf Platz für neue Richter, die dem Aufbau einer sozialistischen Gesellschaft nicht im Wege stehen, sondern ihn unterstützen und beschleunigen würden.

Fürs Erste gab es diese Richter allerdings noch nicht. Vor dem 8. Mai 1945 waren von den rund 2500 Richtern und Staatsanwälten im Bereich der SBZ etwa 80% Mitglieder der NSDAP und ihrer Nebenorganisationen gewesen.[1] Auch von den rund 500 bürgerlichen Richtern und Staatsanwälten, die sich aus der Partei herausgehalten hatten, entsprach kaum einer dem Wunschbild eines sozialistischen Justizfunktionärs. Die meisten dieser bürgerlichen «Unbelasteten» setzten sich in den nächsten Jahren in den Westen ab. Sie hätten ohnehin nicht ausgereicht, um den ostdeutschen Justizapparat in Gang zu halten. So befahl die SMAD am 17. Dezember 1945 die Schaffung von Lehrgängen, in denen tüchtige und vor allem politisch zuverlässige Männer und Frauen aus dem Volk in Schnellkursen von zunächst sechs Monaten (später verlängert auf ein und schließlich zwei Jahre) zu Richtern und Staatsanwälten ausgebildet werden sollten. Bis genug neue «Volksrichter» eingesetzt werden konnten, musste man sich mit Aushilfskandidaten begnügen: mit aus der Pensionierung zurückgerufenen Richtern und Rechtsanwälten mit politisch reiner Weste; Referendaren; Schmalspur-Juristen aller Art; Polizisten und anderen Hütern öffentlicher Ordnung und schließlich, da die Zahlen immer noch nicht reichten, mit sogenannten «Richtern im Soforteinsatz», «bewährten Antifaschisten, Arbeitern und anderen Werktätigen»[2] ohne jede juristische Ausbildung. Mit einem dieser Richter muss das «Volksgericht Dorndorf» besetzt gewesen sein, als es im August 1945 den Ackerstreit entschied.

Schon im Januar 1946 gibt es das «Volksgericht» allerdings nicht mehr: Auf den Zivilrechtsakten ist «Dorndorf» durchgestrichen und durch «Amtsgericht Lüritz» ersetzt. Jetzt haben sich also genug Männer (noch sind es alles Männer) in Lüritz finden lassen, die als vorläufige Richter fungieren können. Ich kenne die meisten von ihnen aus den Akten. Da ist vor allem Herr Curtius, der Beständigste in einer bunten und wechselnden Besetzung. Er ist 68 Jahre alt, als das Gericht die Türen öffnet; erst «Amtsgerichtsrat», dann, ab 1947, «Oberamtsrichter» und offenbar ein aus der Pensionierung ausgegrabener Jurist, der zwar nicht durch NSDAP-Assoziationen kompromittiert, aber – aus seinen Urteilsbegründungen zu schließen – auch kaum als Mann des Fortschritts zu bezeichen ist. Er bleibt bis zur Neuorganisation des DDR-Gerichtswesens im Jahre 1952 und taucht danach für ein paar Jahre noch gelegentlich als Anwalt in den Lüritzer Akten auf. Zwei bürgerliche Kollegen von Herrn Curtius, ebenfalls Berufsjuristen und, ihrer spindligen altdeutschen Handschrift nach zu urteilen, noch älter als er, bleiben nur jeweils ein paar Monate auf der Richterbank. In Frühling 1946 fungiert ein Rechtsberater kurzfristig als «Richter kraft Amtes». Verschiedene «Referendare» mit ungewisser Ausbildung tauchen auf, machen – ebenfalls «kraft Amtes» – vor allem die Scheidungen und verschwinden wieder; vermutlich in Richtung Westen. Ein «Rechtspflegeanwärter» hat 1946 einen kurzen Auftritt als Richter und kommt 1948 als «Amtsgerichtsrat» zurück – es ist Herr Kellner, der erste «Volksrichter» und später selbstberufene Chefideologe des Gerichts. 1950 folgen ihm zwei weitere Volksrichter, und auch jetzt beruhigt sich das Kommen und Gehen am Lüritzer Amtsgericht noch nicht: Neue Richter tauchen auf (woher?), werden krank, verschwinden (wohin?), werden an andere Gerichte abgeordnet oder von diesen ausgeliehen. Die neue Justizverwaltung kann es sich nicht leisten, bei der Erneuerung ihrer Richter wählerisch zu sein. Auch offensichtlich «Bürgerliche» werden eine Weile noch geduldet und sind, Erzählungen nach zu urteilen, bei ihren weniger ausgebildeten Kollegen als juristische Hilfsquellen gern gesehen. Schließlich muss die Arbeit ja getan werden.

Es gibt in diesen allerersten Tagen im Lüritzer Amtsgericht nämlich viel zu tun. Das ist im Strafrecht nicht verwunderlich: In einer Zeit, in der eine alte Welt begraben und eine neue aus dem Boden gestampft werden soll, nehmen es weder der Staat noch viele seiner Bürger mit den Geboten und Verboten des zivilen Zusammenlebens sehr genau. Zwar beginnen die Strafrechtsakten im Lüritzer Archiv erst mit dem Jahr 1952; über die vorangegangenen Jahre habe ich nur indirekte Zeugnisse. Aber dass es Jahre waren, in denen das Strafrecht eine sichtbare und einschüchternde Rolle spielte, ist unbezweifelbar. Ein Lüritzer Zeitungsbericht vom Herbst 1948 nennt eine Zahl von «1138 vom Amtsgericht bearbeiteten Strafsachen» im dritten Quartal des

Jahres. Das wären, hochgerechnet, rund 4500 Staftaten im Jahr; zehnmal so viele wie im Jahr 1978 und in dieser Höhe nicht recht glaubhaft, selbst wenn, wie der «Lüritzer Volksbote» meldet, «nur 10%» der Rechtsverletzungen «von der einheimischen Bevölkerung» begangen worden sind. Vielleicht spielt in dem Bericht auch das Ressentiment Lüritzer Bürger gegenüber den Flüchtlingsmassen eine Rolle, die die Stadt überlaufen haben.

Aber dass das Strafrecht, und oft auch nur die blanke Strafmacht der russischen Besetzer, auf das Leben vieler Lüritzer in diesen Jahre Einfluss nimmt, ergibt sich auch aus den Zivilrechtsakten im Archiv. Erstaunlich viele direkt oder indirekt Beteiligte werden als «im Gefängnis» aufgeführt. «Durch Urteil vom 7.3.1950 wurde das gesamte Vermögen des Beklagten eingezogen», heißt es zum Beispiel in einem Kaufrechts-Schriftsatz. 1947 schreibt eine Frau in einer Pflegschaftssache, ihr Mann sei im Dezember 1945 «vom NKWD abgeholt worden.» Er ist noch immer nicht zurückgekommen. Eine andere Frau ist hoffnungsvoller: Sie bittet um eine Terminverschiebung, «weil sie in nächster Zeit ihren Mann aus der Gefangenschaft zurückerwartet.» Wie Banquos Geist sind Not und Elend dieser Jahre auch in scheinbar unverfänglichen Zivilrechtsstreitigkeiten Tischgäste bei Gericht. Denn Armut hält die Lüritzer in diesen unmittelbaren Nachkriegsjahren nicht davon ab, ihre Streitigkeiten vor Gericht zu tragen. 1946 werden rund 350 Zivilrechtsklagen beim Amtsgericht erhoben; 1947 rund 500; und 1950 muss das Gericht 788 Privatrechtsstreitigkeiten erledigen, die meisten davon Klagen unter Bürgern. Die Prozesswelle hält sich nicht lange: 1953 gibt es nur noch 328 Neueingänge beim Gericht und zehn Jahre später nur noch bare 90. Mit der Konsolidierung des Sozialismus in der DDR verliert Recht seine Nützlichkeit bei der Durchsetzung von Privatinteressen. Aber in den allererstn Jahren ist das Gericht der Ort, an dem die Lüritzer das Bisschen zu verteidigen versuchen, das ihnen noch geblieben ist. Die Not allein hat Recht nicht unbrauchbar gemacht, sondern als Waffe eher noch geschärft. «Ich habe alles verloren», schreibt 1946 eine Flüchtlingsfrau in ihrem Schriftsatz. «Der Beklagte ist restlos ausrequiriert», heißt es bei einem Einheimischen. Das Gericht soll helfen, jedenfalls den einen oder anderen Wertgegenstand zurückzubekommen oder zu behalten.

1946 geht es in rund 50% der Lüritzer Zivilprozesse nicht um Geld (das in diesen wirren Zeiten nicht viel wert ist), sondern um die Herausgabe von Sachen: Fahrrädern etwa (die sichersten Geräte zur Fortbewegung) oder Nähmaschinen (ohne die sich die Familie nicht bekleiden lässt). Brüder verklagen Schwestern um eine Armbanduhr oder ein wenig Bettzeug; Hauseigentümer und Einquartierte streiten sich um Hausrat, und immer wieder prozessieren alteingesessene Bauern und durch die Bodenreform geschaffene «Neubauern» um Vieh. Die Streitigkeiten werden intensiv und manchmal fast verzweifelt ausgefochten. 1946 haben 43 % der Zivilrechtsparteien einen Anwalt (mit der Befestigung der Verhältnisse gehen die Zahlen rasch herunter: 1950 sind nur noch 27 % der Streitenden durch einen Rechtsanwalt vertreten und 1985 nur noch 11 %), und fast die Hälfte aller Prozesse enden nicht mit einem Kompromiss, sondern einem streitigen Urteil (1979 sind es nur 19 %). Auch die Richter nehmen die Prozesse ernst. 1946 macht das Gericht mehrere Termine in einem Streit um eine 34 Jahre alte Nähmaschine, und 1950 vernimmt es neun Zeugen, als es um ein 125 Meter langes Drahtseil geht. Kostbare Besitztümer!

Übrigens spielt, wie im Strafrecht, die russische Besatzungsmacht auch im Zivilrecht eine wichtige Rolle. Sie bestimmt nicht nur den gesellschaftlichen Hintergrund dieser Prozesse, sondern ist oft auch ihre Ursache. Was wird aus Rechtsansprüchen gegen die sequestrierte und zur Demontage vorgesehene Lüritzer Waggon-Fabrik? Wem gehörte eine Kuh, die von sowjetischen Soldaten mitgenommen und schließlich einem anderen Bauern zugeteilt wurde? Immer wieder taucht die Besatzungsmacht in diesen Akten auf; von Klägern und Beklagten immer nur als «der Russe» im Singular beschrieben, so dass ich an das Foto des sowjetischen Soldaten mit Gürteljacke und Kosakenstiefeln denken muss (wenn auch ohne das Lächeln), das im Lüritzer Museum hängt. «Der Russe» ist überall und über allem; nimmt Pferde oder Kühe mit, beschlagnahmt Autos, lässt sie wieder stehen, verteilt das Mitgenommene an Dritte und überlässt es dem Lüritzer Amtsgericht, herauszufinden, wem am Ende was gehört.

Herr Curtius und seine häufig wechselnden Kollegen müssen es mit ihrer Arbeit also vielen Seiten recht machen: den Bürgern, die auf Ansprüche pochen, zu denen sie sich immer noch berechtigt fühlen; der Besatzungsmacht, deren Entscheidungen respektiert werden sollen; den neuen ostdeutschen Machthabern (im August 1946 taucht zum ersten Mal in einem Lüritzer Zivilrechtsschriftsatz ein Hinweis darauf auf, dass der Kläger «in hohem Alter, Invalide, Antifaschist und Mitglied der SED» sei – er spielt auf allen Registern); den Gesetzestexten (meistens noch altes bürgerliches Recht aus Vorkriegstagen) und den Zwängen einer zerstörten und verarmten Wirtschaft, in der Verlierer, wenn sie einfach fallen gelassen würden, leicht ganz und gar zu Grunde gehen könnten. «Das dringende Moment spricht ebenso für die Klägerin wie für den Beklagten», schreibt Herr Curtius 1949 in einem Urteil, das einen Streit zwischen Mutter und Sohn um einen Ofen so zu lösen versucht, dass niemand ohne Wärmequelle bleibt. Er muss nicht nur juristische, sondern auch lebenswichtige soziale Probleme lösen.

Woher die Kriterien nehmen für diese Art von Übergangs- und Notjurisprudenz? Das bürgerliche Recht, das von den Juristen unter den Lüritzer Richtern manchmal noch ganz unbefangen und begriffsjuristisch so angewandt wird, wie es im Palandt steht, ist für die Nichtjuristen auf der Richterbank ein unvertrautes und einschüchterndes Terrain. Die Erlasse der sowjetischen Besatzungsmacht und der neuen ostdeutschen Regierung sind zahllos und unübersichtlich und sind nicht immer, scheint es, in gedruckter Form erhältlich. Sie werden oft nur andeutungsweise von den Beteiligten zitiert. «Nach dem Befehl des Marschall Schukow…», heißt es in einem Schriftsatz, sonst nichts weiter, und in einem anderen beruft sich ein Rechtsanwalt darauf, dass die Verwaltung «vor gar nicht langer Zeit ein Rundschreiben» erlassen habe, das seine Rechtsansicht «oder ein Ähnliches» bestätige. Wer weiß, was stimmt – so kommt es zu einem Vergleich. Auch örtliche Parteiorganisationen machen sich mit mehr oder weniger Takt gelegentlich bemerkbar, und die Prozessakte verrät in diesen Fällen, dass das Gericht sich wahrscheinlich ärgert, aber die Genossen auch nicht gerade vor den Kopf stoßen möchte.

So wursteln sich die Richter durch, so gut es geht. Manchmal braucht es ein wenig Zeit, bis das Gericht erkennt, woher der Wind bläst. Im März 1946 entscheidet Herr Curtius noch, dass ein Pferd, das von russischen Soldaten weggetrieben wurde, dem Eigentümer gemäß §935 des Bürgerlichen Gesetzbuches «abhanden gekommen» sei und daher nicht von einem Dritten gutgläubig erworben werden könne. Aber die unrealistische Vorstellung, dass Recht gewichtiger sein könne als Besatzungshandeln, wird schon im August 1946 revidiert. «Die Bestimmung des §935 BGB ist eine Friedensbestimmung, die nicht für Kriegsverhältnisse passt», schreibt Herr Curtius nun. Der Eigentümer des umstrittenen Pferds verlor sein Recht allein «durch die Tatsache der Besitzergreifung durch die fremde Wehrmacht.» Wird das Tier später einem anderen verkauft, so erwirbt der Käufer neues und unbelastetes Eigentum. Der Verlierer wehrt sich: «Es muss immer noch Recht Recht bleiben, während Unrecht eben Unrecht bleibt, auch in Zeiten, wie den heutigen. Ja, es darf behauptet werden, dass speziell Verhältnisse wie die jetzigen einer besonderen Rechtspflege bedürfen.»

Schön wäre es. Auch das Gericht, besetzt mit Leuten, die sich wie jeder sonst im Lande nach Beständigkeit und Ordnung sehnen, verrät in vielen dieser Fälle Sympathie für den ehemaligen Eigentümer. Zwar wird die Regel – Besatzungshandeln schafft neues Eigentum – bald in der ganzen DDR zur unangefochtenen Praxis. Aber die Richter versuchen, die Härte dieser Praxis abzumildern: dringen auf Vergleiche, in denen auch der Verlierer etwas kriegt, oder schieben ihm einen Trostpreis zu, um den Verlust seines traditionellen Eigentums, das eigentlich alle im Gerichtssaal noch immer anerkennen, ein wenig auszugleichen. In unserem Pferdefall geht der ursprüngliche Eigentümer in Berufung und handelt einen Vergleich aus, bei dem er zwar sein Pferd verliert, ihm aber das erste Fohlen zugesprochen wird, das die umstrittene Stute werfen wird. In einem ähnlichen Prozess um eine Kuh, auch 1946 entschieden, teilt ein Kollege von Herrn Curtius zwar die Kuh dem Bauern zu, der sie aus blauem Himmel von den Russen erhielt, verpflichtet ihn aber auch, den Verlierer, auch Bauer und nun um eine Kuh ärmer als zuvor, mit Milchablieferungen zu unterstützen.

Die Entscheidungen haben etwas altväterlich Vernünftiges; einen Hauch von Gebrüder Grimm. Man hat den Eindruck einer Welt, die aus den Fugen geraten ist, deren Bewohner aber noch an die Werte glauben, mit denen sie aufgewachsen sind: Eigentum, Autorität, Tradition, Disziplin, Ordnung. In den Zivilrechtsakten der ersten Jahre werden Kläger und Beklagte mit ihren Berufen identifiziert: der Stellmacher Müller, der Bauer Schulze. Frauen werden durch die Männer in ihrem Leben definiert: die Beamtentochter Meyer, die Frisörswitwe Lehmann. Wie seine Urteile in Unterhalts- und Vaterschaftsprozessen verraten, hat Herr Curtius das Frauenbild eines Patriarchen aus der Kaiserzeit. Aber sein Kollege Kellner, Volksrichter und lautstarker Sozialist, ist auch nicht besser. Beide sind bürgerliche Moralisten und von unsolidem Lebenswandel leicht schockiert. Die Sprache der frühen Entscheidungen ist ein Gemisch von Alt und Neu.

Gesetzesparagraphen und Fall-Recht werden fast nie zitiert. Wenn sonst nichts weiter hilft, beschwört man das «heutige demokratische Rechtsempfinden». Aber auch Formeln aus vorangegangenen Jahren werden ungeniert benutzt: Berufungen auf das «Volksbewusstsein», das «gesunde Rechtsempfinden», das «gesunde Volksempfinden». Der Musterbürger in den Augen des Gerichts ist «ein anständiger Mensch».

Vor allem aber sind die Richter dieser Jahre praktisch. «Es ist in diesem Falle nicht angebracht, über Paragraphen zu stolpern», schreibt Herr Curtius 1948 in einem Urteil, an dem offenbar auch die Lüritzer SED-Leitung Interesse hat, und entscheidet so, wie die Partei es will. Aber meistens ist es nicht Politik, sondern gesunder Menschenverstand, der die Urteile in diesen Jahren treibt. «Kein Mensch wird so unvernünftig sein, wertvollen Zucker in den Motortank zu schütten», heißt es 1949 in einem Schadensersatz-Fall. Oder, 1947: «Ein normaler Mensch verschenkt in der heutigen Zeit nicht Wertgegenstände ohne Grund.» Ideologie spielt auch deswegen nur selten eine Rolle, weil es niemandem sicher scheint, wie die Entwicklung weitergehen wird. Wichtige Veränderungen liegen in der Luft. Aber in welche Richtung?

Ebenso widersprüchlich und undeterminiert wie die Besetzung des Gerichts in diesen Jahren, wie die Argumente und Edikte, auf das es seine Entscheidungen stützt, wie die Klienten und Mitarbeiter des Gerichts, unter denen immer wieder Prozessbeteiligte über Nacht verschwinden, weil sie in den Westen gegangen sind, ist auch der politische Alltag der Lüritzer. Im August 1947 organisiert die SED in Gram, der Landeshauptstadt, im «Hotel Thälmann» eine Veranstaltung, auf der mehr als 1000 Bürger gegen «zu milde Urteile» für Spekulanten protestieren und (wenn dem Zeitungsbericht über den Abend Glauben zu schenken ist) Aufklärung darüber verlangen, «wer die Haftentlassung des Schiebers Bergmann angeordnet hat». Das ist eine deutliche Drohung der Partei an die Adresse der Gerichte. Aber sieben Monate später schildert dieselbe Zeitung die erste Sitzung des neuen Landesverwaltungsgerichtshofs, auch in Gram, und berichtet, dass das erste Urteil des Gerichts einem bürgerlichen Handwerksmeister mit seiner Klage gegen das Landeswirtschaftsministerium Recht gegeben hat. Wir wissen heute, dass diesem und anderen ostdeutschen Verwaltungsgerichten der ersten Nachkriegsjahre nur eine kurze Lebensfrist beschieden war. Aber der Lüritzer Bürger (und vielleicht auch Herr Curtius), der beim Frühstück seine Landeszeitung las, muss sich gefragt haben, ob die Gerichte in der SBZ nicht vielleicht doch bald an Einfluss gewinnen würden. Die meisten Zeitungsreportagen dieser Jahre, in denen es um Recht geht, beschreiben Strafprozesse gegen Wirtschaftssaboteure. Aber in den späten 1940er Jahren sind die Strafen noch in Gefängnis-Monaten statt, wie schon bald, in Zuchthaus-Jahren bemessen. Gelegentlich malen Berichte, wie ein Artikel vom März 1949 über eine Amnestie für «Landverheimlichungen», einen rosa Schimmer an den politischen Horizont. In einem Lüritzer Unterhaltsprozess von 1946 listet der verklagte Ehemann unter seinen Ausgaben die gleiche Summe für seinen Parteibeitrag zur SED wie für die Kirchensteuer auf: 1,50 RM im Monat. Weiß jemand 1948 oder 1949 schon, wie die Geschichte weitergehen wird?

Herr Curtius und seine Kollegen am Lüritzer Amtsgericht scheinen sich nicht sicher. So leben sie, juristisch gesehen, von der Hand in den Mund und schreiben Urteile, die den Erfordernissen des Augenblicks genügen sollen. Aber eine Konstante gibt es in diesen unordentlichen Jahren doch. Ich stoße auf sie, als ich eine Klageschrift vom Jahre 1946 lese, mit der sich eine Lüritzer Bürgerin über die Sperrung ihres Bankkontos wegen ihrer angeblichen Nazi-Vergangenheit beschwert. Nicht sie, sondern ihre Schwester habe die Nazi-Verbindungen gehabt; sie selbst sei politisch unbelastet. «Es kann nicht angehen, dass ich durch die Partei mein Geld verliere», schreibt die Klägerin. Ich lese es und wundere mich für einen Augenblick. Sollte die SED sich in die Sache eingeschaltet haben? Dann wird mir klar: Es ist nicht diese Partei, von der die Klägerin spricht. Sie meint die andere: die NSDAP. Aber die Selbstverständlichkeit ihrer Wortwahl – einfach nur «Partei», als ob es keines Adjektivs bedürfe, um eine so mächtige und unbezweifelbare Realität zu beschreiben – macht mir bewusst, wie nahtlos Lüritzer Bürger den Übergang von der einen zur anderen «Partei» erlebt haben müssen; wie kurz ihre Atempause von einem totalitären Regime zum nächsten war und wie ungeschult die Protagonisten meiner Akten in den Praktiken der Selbstbestimmung blieben, ohne die ein Rechtsstaat nicht zu denken ist. Der Sozialismus ließ ihnen weit mehr Raum für Menschlichkeit als der Nationalsozialismus. Aber die Unterordnung des Einzelnen unter den Staat bestimmte das Recht in Lüritz mehr als ein halbes Jahrhundert lang.

3. Leute

Um 1950, oder spätestens im Jahre 1952, als die SED auf ihrer 2. Parteikonferenz «den Aufbau des Sozialismus» beschloss, konnte niemand in Lüritz mehr im Zweifel darüber sein, in welche Richtung sich das Land entwickeln würde. Aber bevor ich meine Lüritzer Geschichte weitererzähle, will ich einige der Akteure vorstellen, die in ihr eine Rolle spielen werden. In einem komplizierten Schauspiel hilft es manchmal, bevor der Vorhang aufgeht, sich noch einmal die Liste der Darsteller im Programm anzusehen. In meiner Geschichte sind es die Richter des Lüritzer Kreisgerichts, die einer langen Folge wechselnder Entwicklungen menschliche Kontinuität verleihen. Die Linie und die Argumente ändern sich, aber die Menschen bleiben.

Zwar werden in diesem Buch auch andere ihre Rollen spielen, oft über viele Jahre hin: die Lüritzer Rechtsanwälte etwa, von denen es jahrzehntelang zwei und, seit 1984, drei in der Stadt gibt (heute sind es über 50). In den Akten kann ich sie auch ohne ihren Briefkopf oder ihre Unterschrift schon am Stil ihrer Schriftsätze erkennen. Oder der Erste Parteisekretär des Kreises, Herr Kosewitz, 28 Jahre lang im Amt und eine allen bewusste, ständige Präsenz in den Kulissen. Lüritzer Bürger haben als Kläger, Verklagte oder Angeklagte zwar nur kurze Auftritte, dafür aber oft in Schlüsselszenen. Aber es sind die Richter, denen wir an jeder Biegung des Weges wiederbegegnen werden: Symbolträger, Handelnde, Betroffene, gelegentlich auch Opfer und wichtige Informanten meiner Story.

Natürlich kann ich nicht alle Richter beschreiben, die am Lüritzer Kreisgericht Recht (wenn es denn immer Recht war) gesprochen haben. Die mit den Kurzauftritten sind für mich selbst oft nicht mehr als Namen: Frau Döring etwa, die 1953, nach nur einem Jahr im Amt, das Gericht verlassen musste, weil ihre Tochter in den Westen ging; Herr Hansen, der 1971 aus Berlin kam, im «Zwischendeck» des riesigen Gerichtsgebäudes in einer ehemaligen Abstellkammer wohnte, zu viel trank und bald wieder verschwand; oder Herr Kleinfeld, nach der Beschreibung einer Volksrichterkollegin «ein Bürgerlicher» mit «wunderbar gepflegten Händen» und «sehr zart» in der Kritik, wenn seine Kollegen aus dem Volk juristische Schnitzer gemacht hatten.

Aber die langjährigen Hauptdarsteller glaube ich auch dann zu kennen, wenn ich ihnen nur in den Akten begegnet bin. Man kann nicht unzählige Urteile lesen, ohne sich von ihrem Verfasser ein Bild zu machen.

Frau Christiansen zum Beispiel, Volksrichterin seit 1951 und Kriegswitwe mit zwei kleinen Kindern, weist in ihrem ersten Amtsjahr die Unterhaltsklage einer in den Westen verzogenen, schuldlos geschiedenen Ehefrau ab, weil Frauen gleichberechtigt und daher für ihren Unterhalt selbst verantwortlich seien. Ganz so streng sind weder das Landgericht (das der Berufung der Klägerin stattgibt) noch Frau Christiansens eigene spätere Unterhaltsurteile. Aber ihre Begründung in dem frühen Fall ist die einer auf sich selbst gestellten Frau, die gelernt hat, Probleme allein zu meistern, und daher einer anderen Frau, die auch alleine mit dem Leben fertig werden muss, ein wenig Mut machen kann: «Die Klägerin wird erst dann die volle Freude am Leben haben, wenn sie in einem ihren Fähigkeiten entsprechenden Wirkungskreis ihre Arbeitskraft einsetzt.»

Frau Christiansen spricht aus dem Herzen. Bei Herrn Kellner, Volksrichter schon seit 1948 und bei jeder Gelegenheit mit politischen Sentenzen bei der Sache, klingen ideologische Ermahnungen nicht persönlich-menschlich, sondern eher lehrerhaft. So schreibt er im November 1958 in einem Brief, der die Verspätung von richterlichem Schulungsmaterial kritisiert, ans Ministerium der Justiz, das Material habe leider auch grundsätzliche Fehler enthalten. «Auf S. 6 wird im 3. Absatz davon gesprochen, dass auf dem V. Parteitag der Aufbau des Sozialismus beschlossen worden sei. Auch das zeugt von einer leichtfertigen Arbeitsweise. Auf dem V. Parteitag ging es um den Sieg des Sozialismus.»

Frau Rüstig schließlich, Volksrichterin seit 1953 und Kommunistin in dritter Generation, spricht vom Sozialismus wie von einer Heilserwartung. In einem Urteil, in dem sie 1963 den Rücktritt von einem Übernahmevertrag über einen LPG-Hof [LPG: Landwirtschaftliche Produktionsgenossenschaft] für unwirksam erklärt, ermahnt sie den Beklagten, über der traurigen Gegenwart der LPG nicht deren rosige Zukunft zu vergessen. Er solle sich «nicht von den gegenwärtigen Verhältnissen beeindrucken lassen, sondern sich tatkräftig für die Verwirklichung der im Programm gestellten Aufgaben einsetzen, damit auch er recht bald Nutznießer des Neuen auf dem Lande sein kann.»

Drei verschiedene Argumentationsweisen, drei verschiedene Sozialisten. Wie die Leserin eines Romans entdecke ich beim Durchsehen dieser Akten Vorlieben und Abneigungen. Frau Christiansen, selbstbewusst, unsentimental, mit fester, runder Handschrift, imponiert mir. In Berichten an Vorgesetzte braucht sie, wenn von ihr selbst die Rede ist, ungeniert das Wort «ich». Frau Rüstig ist eifriger und gläubiger, wohl auch besorgter, ob sie alles richtig macht. In Briefen nach oben spricht sie von sich selbst als «die Unterzeichnete». Herr Kellner, rechthaberisch und autoritär, scheint weder Zweifel an sich selbst noch an der Richtigkeit der wahren Lehre zu haben. Ich mag ihn nicht.

Was ich über die Lüritzer Richter in den Akten lese, wird in vielen Fällen durch die Erzählungen Dabeigewesener ergänzt. Meine beste Zeitzeugin ist Frau Rüstig: ursprünglich gelernte Zigarrenmacherin, dann Absolventin des letzten (nunmehr zwei Jahre langen) Volksrichterkurses in Bad Schandau und von 1953 bis 1980 Richterin am Kreisgericht. Sie ist 74, als ich sie 1994 kennenlerne: eine kleine, drahtige Frau, mit unversiegbarer Energie, noch immer von der Richtigkeit des Sozialismus überzeugt, aber doch auch voll Neugier auf die neue Zeit. Frau Rüstig weiß über alle und alles Bescheid. Von ihr erfahre ich von Richter Kleinfelds gepflegten Händen: Wie in anderen revolutionären Zeiten waren die glatten Hände ohne Schwielen das Merkmal des Klassenprivilegs, das der Proletarierin im Gedächtnis blieb. Von Frau Rüstig weiß ich, dass sowohl Herr Kellner wie Herr Teubner, auch ein früherer Volksrichter in Lüritz, unter den Nazis mehrere Jahre im Gefängnis waren. Frau Rüstig hat mir auch ein Foto von Frau Christiansen gezeigt: eine schöne, stämmige, kraftstrotzende Frau. Sie wird uns noch mehrfach in diesem Buch begegnen.

Nicht alle Lüritzer Volksrichter kamen aus der Arbeiterklasse; Frau Christiansen zum Beispiel, gelernte Kontoristin, scheint ein Kind der Mittelklasse gewesen zu sein. Aber alle waren durch eine juristisch wackelige, aber politisch um so standfestere Ausbildung verbunden. Die Schulung aller Volksrichter in Internatskursen mag zusätzliche Bindungen zwischen ihnen geschaffen haben. Frau Rüstig etwa lernte ihren späteren Mann, eine Weile lang ebenfalls Richter in Lüritz, im Lehrgang kennen, und Lehrgangs-Freundschaften verbanden auch andere Angehörige des Kreisgerichts. In vielem erinnern die Volksrichter an die Kibbuzniks in den ersten Jahren Israels: eine kleine, verschworene Gruppe, die unerschütterlich an die Richtigkeit ihrer Sache glaubt. Sie lassen keine Gelegenheit ungenutzt, um auf sozialistische Errungenschaften hinzuweisen: «Besonders ist zu berücksichtigen, dass durch den Aufbauwillen der Werktätigen in unserem Arbeiter- und Bauernstaat viele Preissenkungen geschaffen wurden» (1953). Sie zögern nicht, Rechtsansprüche abzuweisen, die ihr politisches Moralgefühl missbilligt. 1952 weist Herr Kellner die Klage eines Gastwirts auf Bezahlung einer Zechschuld von 69,85 Mark als sittenwidrige «Ausbeutung» ab: «Gastwirte haben die Pflicht, den Gästen Erholung und Entspannung zu bieten, nicht aber, sie um des Gewinnes willen in Not zu stürzen. Die Gesellschaft braucht die Arbeitskraft des Menschen auch am anderen Tage.» Herr Curtius hatte 1949 noch keine Bedenken gehabt, eine mehr als zwölfmal so große Zechschuld von 890,20 Mark als «Darlehen» des Gastwirts anzuerkennen und durchzusetzen. Und Volksrichter glauben noch an die Utopie einer neuen und besseren Gesellschaft. Oder ist es keine Utopie, wenn Frau Christiansen 1958 den Einbau einer Zentralheizung in das kalte, riesige und völlig unbeheizbare Kreisgericht beantragt? Natürlich bleibt die Zentralheizung ein Traum. Noch mehr als 35 Jahre später, als ich zum ersten Mal nach Lüritz komme, stehen im Winter die Kohleneimer auf den Treppenstufen, damit der Hausmeister in aller Herrgottsfrühe die Kachelöfen des Gerichts versorgen kann.

Sehr viel mühseliger als die Politik war für die frühen Lüritzer Volksrichter die Juristerei. Obwohl Frau Rüstig nicht einen der ganz frühen Kurzlehrgänge, sondern den letzten, zwei Jahre langen Lehrgang besucht hatte, behielt sie ihr ganzes Leben lang die Furcht vor dem bürgerlichen Recht. Das Bürgerliche Gesetzbuch von 1900, mit seinen rund 2400 Paragraphen höchsten Abstraktionsgrades ein Prunkstück der Begriffsjurisprudenz, blieb in der DDR bis 1975 in Kraft und machte nicht nur Frau Rüstig Schwierigkeiten. Volksrichter gaben sich ungern mit formalen Zuständigkeitsregelungen, Anspruchsgrundlagen, Subsumptionen oder Konkurrenzen ab und wurden, juristisch gesehen, am ehesten bei den menschlich und politisch einsichtigen Generalklauseln des BGB wie «Treu und Glauben» warm, die sich mit neuen, sozialistischen Moralvorstellungen füllen ließen. Ihre Urteile waren kurz und bündig; oft nicht mehr als eine halbe Seite lang. «Die Ausführungen, mit denen das Gericht I. Instanz die Klageabweisung begründet hat, sind ungewöhnlich dürftig», schrieb 1953 ein Lüritzer Kläger, dessen 63 Seiten langen Schriftsatz das Kreisgericht mit einer Drittelseite Gründe abgeschmettert hatte. In der Berufung gab es dann immerhin einen Vergleich. Denn auch die Berufungsgerichte – bis 1952 das Landgericht in Gram und dann, nach der Neuorganisation der DDR-Gerichtsstruktur, das Bezirksgericht in Neuburg, der neuen Bezirkshauptstadt (beide Adressen übrigens in der neu getauften Stalin-Straße ihrer Stadt, die es jetzt allerorts gab) – waren mit der Arbeit ihrer Untergerichte sehr oft unzufrieden. Immer wieder klagen die Inspizienten der Justizverwaltung über die fachlichen und oft auch politischen Schwächen der Volksrichter: zu kurze Urteile, zu schlechte Buchführung, zu milde (und gelegentlich auch zu harte) Strafen, zu unzuverlässige Orthographie, zu viele ideologische Unklarheiten. «Kreisrichter Schlumm muss fortwährend überwacht werden», heißt es in einem Revisionsbericht von 1953. «Bedarf der Anleitung», ist das Urteil über einen von Herrn Schlumms Kollegen. 1954 kommt einmal in der Woche ein Inspektor aus Neuburg, um speziell die Arbeit von Frau Rüstig zu überprüfen und zu korrigieren.

Ich habe nicht den Eindruck, dass die Lüritzer Volksrichter diese Überwachung als unberechtigte Einmischung in ihre Angelegenheiten empfinden. Es geht ja nicht um «ihre Angelegenheiten», sondern um den Bau einer neuen Gesellschaft, der von erfahreneren Leuten, als sie es sind, geplant und ständig kontrolliert werden muss. Wenn ich die Akten richtig lese, sehen die Lüritzer Richter dieser Jahre sich selbst nicht in erster Linie als Juristen (die sie ja auch nur in sehr begrenztem Maße sind), sondern als Handlanger einer neuen Zeit. Sie gehen abends nach der Arbeit nicht nach Hause, sondern auf die Dörfer, um neue LPG-Mitglieder zu gewinnen, Frauen zur Aufnahme eines Berufes zu ermuntern oder verdutzte bäuerliche Eltern über die Schädlichkeit der Prügelstrafe für ihre Kinder aufzuklären. Volksrichter sind Missionare der sozialistischen Gesetzlichkeit. Sie passen auf, dass niemand falsche Wege geht. «Es muss festgestellt werden, wovon die Frau lebt», schreibt Frau Christiansen 1962 ins Log-Buch der wöchentlichen Rechtsauskunft des Kreisgerichts, bei der sich jemand über eine Nachbarsfrau beklagt, die sich jeden Abend in der Stadt vergnüge. Die Richterin geniert sich nicht, auch als Polizistin zu fungieren. Volksrichter dienen der Partei, wie immer und wo immer sie sich nützlich machen können.

Aber sie dienen der Partei um der guten Sache willen, die die Partei vertritt. Ihr Glaube an die Richtigkeit des Sozialismus macht Volksrichter abhängig von der ideologischen Autorität der höher stehenden Genossen. «Ich habe mir das immer wie eine Pyramide vorgestellt», erklärte mir Frau Rüstig einmal. «Die oben konnten viel weiter sehen als ich.» Aber ihr Glaube an die gute Sache gab Volksrichtern auch einen Fundus an Werten und eine politische Selbstsicherheit, die sie in paradoxer Weise weit unabhängiger von denen oben machen konnten, als es ihre besser ausgebildeten und weniger überzeugten Nachfolger waren. In den 1950er und frühen 1960er Jahren zum Beispiel streiten Frau Rüstig und Frau Christiansen sich wiederholt mit Lüritzer Staatsanwälten und der Polizei über die Sorgfältigkeit und Gesetzmäßigkeit von Ermittlungen. 1958 kommt es zu einem Konflikt zwischen Frau Rüstig und dem Obersten Gericht, weil sie auf Zeugenaussagen zu einem Fall besteht, in dem die Polizei den Angeklagten brutal verprügelt hatte und die obersten Justizbehörden die schlimmen Einzelheiten der Geschichte lieber im Dunkeln gelassen hätten. Ein Inspektor aus Berlin kritisiert «die grob unparteiischen Entscheidungen» des Lüritzer Gerichts in diesen und anderen Fällen. Frau Rüstig selbst erinnert den Vorfall gar nicht als einen politischen Zusammenstoß zwischen einer jungen Volksrichterin und dem höchsten Gericht im Lande. «Ach ja», sagt sie, als ich ihr den Durchschlag eines strengen Briefs des Obersten Gerichts anlässlich der Affäre zeige, der noch in den Akten liegt. «Da kam ich in große Schwierigkeiten.» Aber warum? Weil – so ist es ihr im Kopf geblieben – sie die an der Geschichte beteiligten Volkspolizisten untechnisch als «Überfallkommando» bezeichnet hatte. Das zutrauliche Gedächtnis der überzeugten Sozialistin hatte aus einem Rechtsbruch ihrer Vorgesetzten einen selbstverschuldeten Sprachschnitzer gemacht.

Natürlich konnte sich die naive Geradlinigkeit der frühen Volksrichter einem Druck von oben nicht lange widersetzen. Sie gründete sich auf proletarischer Solidarität und menschlicher Erfahrung, aber sie war verletzlich, weil den Volksrichtern das professionelle Handwerkszeug fehlte, mit dem sie ihre unreflektierten menschlichen Reaktionen juristisch hätten untermauern und verteidigen können. Der Verlust proletarischer Spontaneität spiegelt sich in der Strafrechtsstatistik. 1952 wichen Lüritzer Richter in 49 % aller Strafrechtsfälle vom Strafvorschlag des Staatsanwaltes ab, fast immer zugunsten des Angeklagten. Schon 1959 ist diese Zahl auf 15 %

zusammengeschmolzen und 1979 kommen nur noch in 9 % der Strafrechtsfälle die Richter zu einem anderen Urteil, als der Staatsanwalt es vorgeschlagen hatte, auch jetzt allerdings noch fast immer zugunsten des Angeklagten. In dem Maße, in dem Volksrichter durch an DDR-Fakultäten ausgebildete Berufsrichter ersetzt werden, wird die Rechtssprechung in Lüritz technisch sorgfältiger, politisch farbloser und angepasster.

1965 wird mit Rolf Taddäus zum ersten Mal ein Volljurist Direktor des Lüritzer Kreisgerichts. Schon im Jahr davor war ein Universitätsjurist nach Lüritz abgeordnet worden, und von nun an übernahmen allmählich die Berufsjuristen die Stellen der alten Lehrgangs-Richter. 1976 ist Frau Rüstig die einzige ehemalige Volksrichterin am Kreisgericht. Zwar hatte auch sie, wie alle anderen früheren Lehrgangsteilnehmer, bis 1960 mit Fernlehrgängen ihr juristisches Diplom erwerben müssen. Aber auch das Studieren hatte ihr nicht den proletarischen Anhauch nehmen können, der den Neuen fehlte. Frau Rüstig bleibt bis zum Schluss ihrer Richterkarriere im Mai 1980 die Vertreterin einer heroischen Zeit, die unter großen Anstrengungen versuchte, die Welt zu ändern. Die neuen Berufsrichter am Lüritzer Kreisgericht scheinen froh, die mühevollen Jahre nicht mehr miterlebt zu haben.

Eine Reihe von ihnen kenne ich aus persönlichen Gesprächen: Herrn Taddäus, ein großer, grüblerischer Mann, der sich und anderen das Leben schwer macht; Frau Walter, Richterin seit 1973 und Direktorin des Kreisgerichts seit 1984, ein kluge, scharfe und kritische Frau; Frau Neumann, Arbeitsrechtlerin und eine einfühlsame und geschickte Richterin. Aber trotz der persönlichen Begegnungen fällt es mir schwer, diese Richtergeneration als Gruppe zu beschreiben. Es fehlt die gemeinsame Ausbildung im Internat; es fehlt, so scheint mir, auch ein von allen geteiltes, ungebrochenes Vertrauen in den Sozialismus. Die Lebensläufe dieser Richtergeneration der 1960er und 1970er Jahre sind glatter, aber auch eingeengter als die der Nachkriegsrichter. Volksrichter kamen vor dem Mauerbau ins Amt: Sie wurden Richter, weil sie sich entschlossen hatten, nicht wegzulaufen, sondern dem neuen sozialistischen Staat zu dienen. Die post-1961er Richter machten Karriere in einem Staat, der sie nicht mehr herausließ. Woher konnte ein gemeinsamer politischer Glaube kommen?

So scheinen diese Richter stärker durch ihre private Biographie geprägt, als die Volksrichter-Generation es war. Frau Walter, einzige Sozialistin aus einer katholischen Arbeiterfamilie, hat ihr Sinn für

Gerechtigkeit und ihre Dankbarkeit gegenüber einem Staat, der sie als erste unter den Verwandten studieren ließ, zu ihrem Beruf geführt. Bei Frau Neumann scheint es die Fürsorglichkeit des sozialistischen Arbeitsrechts gewesen zu sein, die sie überzeugte. Woran Herr Taddäus glaubte, weiß ich nicht. Er schied 1984 aus eigenem Antrieb aus dem Richteramt, nach seiner Selbstbeschreibung, weil «er alles satt hatte», aber der Abschied wäre nicht ohne die Hilfe der Partei gelungen und scheint jedenfalls zum Teil vom Zwist mit seinen Lüritzer Kollegen und von seiner Feindschaft mit der Direktorin des Bezirksgerichts in Neuburg motiviert gewesen zu sein. Aber ohne alle Gemeinsamkeiten waren diese Richter der mittleren Generation in der DDR doch nicht. Sie waren alle in einem Sozialismus aufgewachsen, der sich zu kräftigen und zu befestigen schien und teilten, denke ich mir, die Grundüberzeugungen des Systems: den Glauben an soziale Gerechtigkeit und an die Autorität von Staat und Partei.

Die jüngste Richtergeneration am Kreisgericht, die zur Zeit der Wende erst ein paar Jahre auf der Richterbank gewesen war, glaubte an nicht viel mehr als daran, dass es Aufgabe des Staates sei, seine Bürger halbwegs zu versorgen. Sie scheint mir professioneller und flexibler, aber auch materialistischer und zynischer als die Generation ihrer Eltern. Da ist Gisela Nissen zum Beispiel: Richterin seit 1981 und Tochter von Ruth Nissen, die seit 1978 als Direktorin des Bezirksgerichts die Instanz verkörperte, von der meine Lüritzer Richter am unmittelbarsten abhängig und vor der sie wohl auch bange waren. Die Mutter, intelligent, energisch und hart mit sich und anderen, ist das Produkt eines Sozialismus, der in seinen guten und schlechten Zügen auf die *longue durée* ausgerichtet war. In unserer Unterhaltung sprechen wir über die Hoffnungen und Enttäuschungen eines messianistischen Rechtssystems. Die Tochter, weicher, unbeständiger und richtungsloser als die Mutter, scheint mit dem Kollaps des Sozialismus nichts verloren zu haben, was ihr einmal am Herzen lag. Ich habe Mühe, unser Gespräch von den Ausverkaufspreisen für Fernsehapparate wegzusteuern. Frau Nissen junior und ihr junger Kollege, Herr Rodewaldt (Richter seit 1987 und der einzige, der die Wende auch beruflich überlebte), sind die Kinder eines müden, enttäuschten und unzufriedenen Sozialismus. Sie sehen nicht mehr ein, warum sie ihre eigenen Hoffnungen und Pläne denen der Gesellschaft unterordnen sollen. Sie haben die Enge satt. Herr Rodewaldt erzählt mir von einem Streit mit einem Nachbarn, in den er im

Sommer 1989 wegen einer Garage verwickelt war. Als Verhandlungen nicht weiterhalfen, hatte er Klage eingelegt. Aber Frau Walter, als Kreisgerichts-Direktorin, hatte die Klage kurzerhand aus dem Eingangsbuch gestrichen. «Ein Richter klagt nicht», hatte sie gesagt: Ein Staatsfunktionär zankt sich nicht in aller Öffentlichkeit, sondern geht den Bürgern mit würdigem Beispiel voran. Es war zu einer Parteiversammlung im Gericht gekommen, auf der Herrn Rodewaldt bedeutet wurde, er «müsse die persönlichen Interessen in den Hintergrund stellen.» Jetzt braucht er das nicht mehr. Er und Frau Nissen scheinen aufzuatmen.

Ich habe das Bild drei verschiedener Richter-Generationen gezeichnet, die über die Jahrzehnte hin Gerechtigkeit in Lüritz definierten und sich zusammen mit ihren Definitionen selbst verwandelten. Aber ich will die Unterschiede zwischen ihnen nicht übertreiben. Fast noch wichtiger als die ideologischen Veränderungen in den Köpfen waren die praktischen Gemeinsamkeiten einer Richterlaufbahn in der DDR, die unverändert vierzig Jahre lang auf allen Richtern lasteten, ob alt oder jung, gläubig oder nicht: die Armut, Dürftigkeit und Enge der sozialistischen Justiz. In Lüritz fehlte es an allem. Da waren die Sorgen ums Gerichtsgebäude: 1956 stürzen im Kreisgericht Teile des Dachstuhls ein und sind auch 20 Jahre später nicht mehr als notdürftig geflickt, weil es entweder an Geld fehlt oder, trotz eingeplanter Gelder, an Baukapazitäten, die eine ordentliche Renovierung erlauben würden. Passende Ziegel sind nicht aufzutreiben; die Schornsteine sind nahe am Kollaps; die Regenrinnen tun es nicht mehr. «Grünland in der Dachrinne des Kreisgerichts», berichtet der «Volksbote» im November 1962. 1977 lagern schließlich gelieferte Balken im Innenhof des Kreisgerichts und verrotten, weil keine Arbeitskräfte zur Verfügung stehen. 1979 wird der Dachstuhl provisorisch abgedeckt: Schon nach dem ersten Sturm regnet es schlimmer herein als zuvor. Herr Taddäus droht dem Lüritzer Stadtbaudirektor mit einer Eingabe an den Minister. Erst 1980 wird der Dachstuhl teilweise ersetzt (die vollständige Sanierung des Gebäudes kommt erst nach der Wende). Die Lüritzer sind mit ihren Nöten nicht allein. 1988 klagt Justizminister Heusinger, dass der Zustand von 248 Gerichtsgebäuden in der DDR «kaum mehr zu verantworten» sei.

Es fehlt an Energie, um den feuchten und zugigen Lüritzer Justizpalast auch nur halbwegs zu beheizen. Noch 1963 ist die Kohle rationiert. Das Kreisgericht hortet, so gut es geht, seine «kostbaren Briketts» für die Frostperiode. Im Übrigen werden Rohbraunkohle, «Trockenpresslinge» (was immer das sein mögen) und Torf verheizt. «Bitte früh einlagern», schreibt der Rat der Stadt im Mai 1962 an das Gericht; «irgendwelche Kontingent-Nachforderungen während der Heizperiode sind zwecklos». Nachdem Frau Christiansens Traum von einer Zentralheizung Anfang der 1970er Jahre endgültig zerronnen ist, werden 1973 schließlich 30000 Mark für Nachtspeicheröfen bewilligt. 1976 scheinen die Öfen da zu sein. Aber Elektrizität ist knapp. «Speicherzeit der E-Öfen von 8 auf 7 Stunden reduzieren», heißt es im Oktober 1979 in einer Rundverfügung des Justizministeriums. Und 1981: «Zum Wochenende Öfen schon am Freitagmorgen auf Stufe I schalten.» Zum Glück hat das Gericht auch einige seiner alten Kachelöfen behalten. Einer von ihnen steht in dem Zimmer, in dem ich im Winter 1996 über meinen Lüritzer Aktenbergen sitze. Von Zeit zu Zeit stehe ich von meinem kalten Schreibtisch auf und wärme mir an der hohen Kachelwand den Rücken. Aber auch Kachelöfen wollen gefüttert werden. Selbst im Oktober 1987 berichtet der «Sicherheitsbeauftragte» der Lüritzer Kreisleitung noch von «Schwierigkeiten in der Versorgung mit festem Brennstoff» auch für das Gericht.

Was fehlt sonst noch alles? Selbst 1959 hat das Gericht kein eigenes Auto; wenn nötig, werden Richter im Auto des Kreisstaatsanwaltes mitgenommen und zahlen dann für das Benzin. 1959 gehen von einer Bestellung von 1500 Haftbefehlen ein unbestimmter Teil verloren, weil es der Druckerei an Kartons fehlte, um die Sendung zuverlässig einzupacken. Der Verlust ist allen mehr als peinlich. 1960 ist weder für Geld noch gute Worte ein Staubsauger für die Gebäudereinigung aufzutreiben. 1979 besitzt das Gericht zwar einen alten «Moskowitch», kann aber keine neuen Reifen dafür kaufen, «weil die Belieferung aus dem Bevölkerungs-Kontingent bei der derzeitigen Situation nicht möglich ist.» Im selben Jahr wird das Schreibzimmer des Gerichts angewiesen, «Kuliminen nur gegen Abgabe leerer Minen auszugeben.» Noch im September 1989 bittet die Volkspolizei um Fristverlängerung in einem Ermittlungsverfahren, weil die nötige Ablichtung von Dokumenten «auf Grund technischer Schwierigkeiten zur Zeit nicht möglich ist». In anderen Worten: Die einzige Kopiermaschine ist kaputt.

Ist es in diesem Arme-Leute-Klima überraschend, dass DDR-Gerichte permanente Personalprobleme haben? Es fehlen Gerichtsvollzieher, Sekretärinnen, Reinemachfrauen, Hausmeister. Auch volkseigene Wirtschaftsbetriebe zahlen besser als die Justiz. 1983 ist das Scheibzimmer des Lüritzer Gerichts nur zur Hälfte besetzt; Zivilparteien müssen monatelang auf ihre Urteilsausfertigungen warten. Noch im Dezember 1988 weist das Bezirksgericht seine Kreisgerichte an, bei Personalmangel die nötige Toilettenreinigung unter den Kollegen auszuschreiben: Es gibt 10 Mark pro Klo, 50 Pfennig pro Quadratmeter gewischten Fußbodens.

Natürlich fehlt es auch an Richtern. Sie verdienen weniger als Justitiare oder Rechtsanwälte: Als Frau Walter 1973 als junge Richterin zum Kreisgericht dazustößt, bekommt sie 900 Mark brutto im Monat; 1980 sind es 1320 Mark; 1985 (jetzt ist sie Direktorin) rund 1500 Mark. Der Arbeitstag ist (für DDR-Verhältnisse) lang: Anwesenheitspflicht im Gericht von 7 bis 16 Uhr, oft mit anschließenden Veranstaltungen wie Schöffenschulung, Öffentlichkeitsarbeit oder Besuchen in Betrieben. Dazu kommen Parteiarbeit und Weiterbildung. So hat die ostdeutsche Justizverwaltung schon seit Volksrichtertagen Mühe, geeignete Kandidaten für die Richterlaufbahn aufzutreiben. Die Justizarbeit bietet zu wenig Raum für die Entfaltung eigener Kräfte und Ambitionen. Ehrgeizige junge Leute gehen in die Wirtschaft; unter den Jurastudenten hoffen die besten und beweglichsten auf Aufnahme in ein Rechtsanwaltskollegium. «Der sogenannte solide Richtertyp ist kaum noch vorhanden», klagt 1972 ein Arbeitspapier des DDR-Justizministeriums. Solide? DDR-Richter sind auf ihre Weise solide genug: arbeitsam, kooperativ, diszipliniert. Aber sie glänzen nicht, sie fallen nicht durch Einfallsreichtum auf, sie haben gelernt, sich einer beschränkten Umwelt anzupassen. «Die sich jetzt selbstständig bewerbenden Oberschüler sehen im Jurastudium oft nur eine Verlegenheitslösung, weil andere Studienplätze von den besten Abiturienten bereits belegt sind», heißt es im gerade zitierten Ministeriumspapier. Der Schreiber scheint mit dem «soliden Richtertyp» einem selbstbewussten und unabhängigen Richtertyp nachzutrauern, den die DDR-Rechtspolitik selbst durch Dirigieren, Gängeln und Zukurzhalten auf das bescheidene Maß zurückgeschnitten hat, dem jetzt die meisten DDR-Richter entsprechen. «Wir waren nichts Besonderes», erklärte mir einmal ein Berliner Richter. Justizarbeit war in der DDR ein dienender Beruf.

So haben es die verschiedenen Direktoren des Lüritzer Kreisgerichts, die Kandidaten für diesen Beruf gewinnen sollen, nicht leicht.

Jurastudenten wurden in der DDR schon vor dem Abitur rekrutiert; dann kam die obligatorische Wehrpflicht und erst dann das Studium an der Humboldt-Universität zu Berlin, an der die Richter ausgebildet wurden. Herr Taddäus und, nach ihm, Frau Walter kämmen die Lüritzer Schulen nach geeigneten Kandidaten durch. Es sollen nach Möglichkeit Arbeiterkinder sein (damit der Arbeiter-Anteil unter den Richtern dem der Gesamtbevölkerung entspricht); Jungs (denn die DDR-Justiz droht mehr und mehr zu einem Frauenberuf zu werden); Kommunisten (oder solche, die es werden wollen); junge Leute ohne Westbeziehungen (denn Richter dürfen keine «Kontaktprobleme» haben) und dazu noch Kandidaten, denen es weniger ums Geld als um den Dienst an der Gesellschaft geht – wo findet man dergleichen? «Angesichts der Tatsache, dass ich fast jedes Jahr Bewerber für das juristische Studium gewonnen habe, betrachte ich die dem Kreisgericht gestellte Aufgabe als erfüllt», schreibt Herr Taddäus im Mai 1978 irritiert an das Bezirksgericht, als es schon wieder neue Namen haben will. Aber im September wird er doch noch fündig: ein Maschinenbaulehrling an der Lüritzer Werft, Berufsausbildung mit Abitur und «ohne NSW-Kontakte», hat sich gemeldet. «Er ist bereit, Mitglied der Partei der Arbeiterklasse zu werden», schreibt Herr Taddäus stolz an das Bezirksgericht. Nein, dies war kein Traumberuf. Und doch waren Richter wichtige Akteure bei der Verwirklichung eines Traums, dem sich nach ihrem eigenen Selbstverständnis auch die DDR verschrieben hatte: dem Traum von einer gerechteren Gesellschaft.

4. Eigentum

Ich will meine Suche nach Gerechtigkeit in Lüritz nach Themen untergliedern, so wie Archäologen ihr Terrain mit einem Netz von Schnüren in Quadrate unterteilen, damit sie sicher sind, dass ihnen bei den Erdumwälzungen nichts entgeht. Bei einem solchen Vorgehen ist es naheliegend, mit dem Thema «Eigentum» zu beginnen. Der Sozialismus war in ähnlicher Weise vom Eigentum fasziniert, ja, geradezu auf es fixiert, wie das Christentum auf die Sünde. Ohne Sündenfall keine Heilsgeschichte. Ohne Eigentum oder das, was der Kapitalismus daraus gemacht hatte, kein historischer Bedarf für ein Gesellschaftssystem, das die Fehlentwicklungen einer Eigentumsgesellschaft überwinden sollte: die Ausbeutung derer, die nichts besaßen als ihre Arbeitskraft, durch die Eigentümer der Produktionsmittel; die schizophrene Spaltung der Bürger in ein privates, selbstbesessenes und ein öffentliches Ich; einen Begriff von Freiheit, dem es in Marx' Worten vorwiegend um «die Ellbogenfreiheit des einzelnen Kapitalisten» zu gehen schien. Und wie dem Recht, nach Martin Luther, im Christentum die Aufgabe zukommt, «die Sünde in Schach zu halten», hatte das Recht im Sozialismus das Eigentumsstreben seiner Bürger in Schach zu halten.

Zwar hatte schon der Krieg die Eigentumsverhältnisse der Lüritzer gründlich durcheinandergeschüttelt. Aber dies war noch immer eine kleinstädtische und agrarische Gesellschaft, für die Ordnung und Eigentum zusammengehörten. Eigentum legitimierte. Wer nichts mehr hatte, hoffte auf zukünftigen Besitz. Die Spannungen zwischen Einheimischen und Flüchtlingen in Lüritz waren auch die Spannungen zwischen Leuten mit und ohne Eigentum. Die staatlichen Angriffe auf das bürgerliche Eigentum schienen zunächst die Flüchtlinge, die nichts mehr hatten, zu begünstigen. Am Ende beschnitten sie die Rechte und Möglichkeiten aller Lüritzer, Eigentum anzusammeln und nach eigenen Plänen zu benutzen.

Die Attacken kamen in Wellen. Da waren, gleich nach Kriegsende, die Verstaatlichungen: die Enteignungen der Nazis und Kriegsverbrecher (und wer dafür gehalten oder so bezeichnet wurde); die Verstaatlichung der wichtigsten Industrie; die Bodenreform, die bis

Anfang 1949 mehr als 3 Millionen Hektar früheren Großgrundbesitzes umverteilt hatte, davon mehr als die Hälfte an 210 000 «Neubauern», von denen jeder rund 8 Hektar Land erhielt.[3] Da war die Planwirtschaft, die es auch kleinen Unternehmern immer schwerer machte, mit dem Staat wirtschaftlich zu konkurrieren. Da war das Wirtschaftsstrafrecht, das besonders in den ersten Lebensjahren der neuen Planwirtschaft auch geringfügige Verletzungen des neuen Volkseigentums mit langen Zuchthausstrafen ahnden konnte. Da war das Mietrecht, das auch dem Hausvermieter, der sein Eigentum behalten hatte, die Nutzung dieses Eigentums zunehmend vergällte.

Für unsere Zwecke ist zu fragen, wie Recht und Gericht in Lüritz dazu beitrugen, das, was Bürger als «Eigentum» erfuhren, neu zu definieren. Wieweit war Recht noch nützlich, um sein Eigentum zu schützen? Galt Volkseigentum mehr als das persönliche Eigentum des Einzelnen? Gelang es dem Recht, die Haltung der Menschen zum Eigentum zu verändern: eigenen Besitz unwichtiger zu machen und dafür auch in der Sicht der Bürger das Gemeinwohl in den Vordergrund zu rücken?

Welches Recht? In Sachen Verstaatlichung und Bodenreform waren Recht und Gerichte unzuständig. Die Zentrale Justizverwaltung, die – unter sowjetischer Aufsicht – in den ersten Nachkriegsjahren das Gerichtswesen in der SBZ organisierte und anleitete, machte nicht einmal den Versuch, die gewaltigen Umwälzungen in der ostdeutschen Eigentums- und Wirtschaftsverfassung mit Hilfe des Rechts zu bändigen. «Die Zentrale Justizverwaltung ist in dieser Angelegenheit nicht zuständig», schrieb im Oktober 1945 ihr 85-jähriger liberaler Chef, Dr. Eugen Schiffer, an einen Rechtsanwalt in einer Nachbarstadt von Lüritz, der gebeten hatte, seinem Klienten jedenfalls einen kleinen Rest seiner enteigneten Landwirtschaft zu lassen. Auch ein jüngerer Mann als Dr. Schiffer hätte sich dem Druck der Politik aufs Recht nicht widersetzen können. Die Bodenreform «ist ein revolutionärer Vorgang, der nicht durch Paragraphen geregelt werden konnte», heißt es 1948 in einem Gutachten des sächsischen Justizministeriums. Zwar kommt es 1949 und 1950 in Lüritz gelegentlich noch zu Entscheidungen, in denen das Gericht bei Streitigkeiten unter Bauern, die ihr Land durch die Bodenreform erhielten, zwar nicht die verwaltungsrechtliche Wirksamkeit von Landzuteilungen in Frage stellt, aber doch versucht, einen Rechtsstreit sozusagen auf zivilrechtliche Gleise umzulenken und Rechtsansprüche mit dem Hinweis aufs Vertragsrecht oder auf eine Eintragung im Grundbuch durchzusetzen. «Mir ist unklar, wer nun eigentlich zu bestimmen hat, die Bodenkommission oder das Gericht?», fragt 1950 ein Neubauer, ganz Bürger einer neuen Zeit, in einem Streit um eine Kuh, die er zusammen mit seinem neuen Hof zwar vom ursprünglichen Käufer übernommen hat, aber nicht bezahlen möchte. Das Gericht selbst gibt ihm die Antwort, die er hören will: Die Bodenkommission hat zu bestimmen. Herr Curtius weist die Klage des Vorbesitzers auf den Kaufpreis als unzulässig ab. Und spätestens seit einem Urteil des Obersten Gerichts vom 1.8.1951 ist allen klar, wer über Bodenreformstreitigkeiten zu entscheiden hat: die Wirtschaftsverwaltung. Damit sind nicht nur die Umverteilungen von Eigentum durch die Verwaltung der Nachprüfung der Gerichte entzogen, sondern auch «die Entscheidung aller Fragen, die mit diesen Maßnahmen in Zusammenhang stehen».[4]

Ein Neubauer kann Rechtsansprüche, die ihm aus der Bewirtschaftung seines kleinen Hofes erwachsen, also nicht gegen andere Neubauern (und erst recht nicht gegen die Verwaltung) vor Gericht geltend machen. Aber das heißt nicht, dass das Recht in seinem Leben keine Rolle spielte. Die Schulden, die ein Bauer in seinem Kampf ums Überleben bei staatlichen und genossenschaftlichen Geldgebern und Dienstleistungsbetrieben machte, blieben einklagbar: Zahlungen für Dünger oder Saatgut an die Vereinigung der gegenseitigen Bauernhilfe und später die VEAB [volkseigene Erfassungs- und Aufkaufbetriebe]; die Kosten für Dresch- oder Feldarbeiten, die die neuen MTS [Maschinen- und Traktorenstationen] für Bauern ohne eigenen Maschinenpark erledigten; Anleihen bei der Deutschen Bauernbank. Die meisten Neubauern hielten sich nur mit Mühe und oft auch nur für kurze Zeit wirtschaftlich über Wasser. Ihre durchschnittlichen 8 Hektar waren in der Regel für eine rationelle Landwirtschaft zu wenig. Es fehlten Arbeitskräfte, Vieh und die nötigsten Geräte. Für das Drittel aller Neubauern, die als Flüchtlinge aus dem ehemaligen Osten Deutschlands gekommen waren, fehlten oft auch die guten Beziehungen zu den Einheimischen, bei denen man sonst vielleicht Rat und Hilfe hätte suchen können. 29 % aller Neubauern hatten keine landwirtschaftlichen Erfahrungen. Viele waren alleinstehende Frauen, die ihre Männer im Krieg verloren hatten oder noch auf ihre Rückkehr warteten.[5] So machte ein großer Teil der Neubauern Schulden, deren gerichtliche Durchsetzung das Lüritzer Kreisgericht oft noch viele Jahre später beschäftigte – dem *fall-out* einer großen

Explosion vergleichbar, deren Getöse zwar verhallt ist, aber deren Nachlass von Schutt und Geröll noch lange Zeit nach dem Ereignis weggeräumt werden muss.

Meine Lüritzer Akten dieser Jahre lassen das neue «Eigentum» weniger als Recht denn als Last erscheinen. Die neuen «werktätigen Bauern» schaffen die viele Arbeit nicht: Wenn jemandem die Frau stirbt oder der Mann wegläuft, ist eine Neubauernstelle alleine nicht mehr zu bewältigen. Sie können ihre Schulden nicht bezahlen. «Ich bitte das Gericht, mich zu entschuldigen, da ich wirklich nichts mehr habe», schreibt eine Frau, die von einer monatlichen Rente von 75 Mark der VEAB in Lüritz noch 698 Mark für Futtermittel aus einem alten Mastvertrag bezahlen soll. Viele Neubauern gehen in den Westen: «Ich, der Landwirt Walter Arnold, bislang auf Birkenhof bei Dorndorf, habe das Gebiet der DDR aus wirtschaftlichen Gründen verlassen, nachdem ich meine Frau durch den Tod verloren habe und alleine nicht in der Lage bin, meine Neubauernstelle ordnungsgemäß zu bewirtschaften», schreibt 1955 einer der Flüchtigen ans Gericht. Viele Neubauern geben auf oder verlieren ihre Wirtschaft, auf der nichts mehr klappt, wenn örtliche Behörden sie einem anderen Kandidaten zuweisen. «Mir wurde meine Siedlung kurz vor der Ernte abgenommen», heißt es, wieder 1955, in einem Schriftsatz, mit dem jemand eine vier Jahre alte Reparatur-Rechnung der MTS bestreitet, und jemand anderes erklärt im selben Jahr: «Mein Betrieb ist mir von der örtlichen Landwirtschaft abgenommen worden; diese hat die Schuld übernommen.»

Aber oft stimmen dergleichen Entschuldigungen leider nicht. Das Gericht ist genau, wenn es um öffentliche Gelder geht, und akzeptiert eine «Schuldübernahme» nur, wenn es bei der Abgabe der Wirtschaft zu einem ordentlichen Übernahmevertrag zwischen dem Gläubiger, dem alten und dem neuen Eigentümer gekommen ist. In meinen Akten sind derartige Vereinbarungen selten. Die Wirtschaftsbehörden schlängeln sich mit der gleichen Unordnung und Formverachtung durch das Neubauern-Chaos, wie die vielen Bauern selbst, und so kommt es oft vor, dass jemand noch Jahre später Rechnungen für eine Neubauernwirtschaft bezahlen muss, die er schon lange verloren oder aufgegeben hat. «Ich habe bis zum heutigen Tage weder eine Abrechnung noch sonst etwas in der Hand», schreibt ein Fleischer, der 1955 eine vier Jahre alte Düngerrechnung aus seiner kurzen Neubauern-Vergangenheit bezahlen soll. 1958 gewinnt die Deutsche Bauernbank eine Darlehensklage gegen eine Frau, die ihren Hof nach ihrer Scheidung 1954 aufgab und deren Siedlung in den Zwischenjahren von zwei anderen Neubauern bewirtschaftet wurde, von denen einer nach dem anderen in den Westen floh. Es hatte bei keinem der Besitzwechsel ein ordentliches Übergabeprotokoll gegeben. Aber die ursprüngliche Empfängerin stand noch als Eigentümerin im Grundbuch: Wenn es staatliche Interessen fördert, wird Neubauern-Eigentum noch wie das vertraute bürgerliche Eigentum des BGB behandelt. Aber aus der Sicht des Bauern selbst ist das «Eigentum» an seinem Hof eher ein Dienst- und Unter-Eigentum, das mehr Verantwortung als Rechte bringt. Es lässt sich nicht einmal nach Belieben abschütteln. Als 1952 ein Siedler nach sechs Jahren Fronarbeit seinen Hof mit einer «Verzichtserklärung» abgibt und nach Lüritz zieht, weil seine Frau sich weigert, weiter auf dem Land zu arbeiten, wird er nach der Wirtschafts-Strafverordnung von 1948 wegen «böswilligen Verlassens» seiner Neubauernstelle zu sechs Monaten Gefängnis verurteilt. «Es kann nicht angehen, dass ein Bauer, wenn es ihm gerade beliebt, seine Siedlung hinwirft», schreibt der erzürnte Richter.

Aber auch das Strafrecht kann den Kollaps des Neubauern-Programms nicht aufhalten. Erschöpfte Siedler geben ihr Land mit oder ohne Mitwirkung der Behörden auf, die dann die Äcker und das Vieh mit oder ohne juristische Dokumentation an andere verteilen, bis zum Schluss niemand mehr weiß, wer die alten Rechnungen bezahlen soll. In der Beschreibung einer Frau, die 1959 von der Deutschen Bauernbank auf Rückzahlung eines fünfjährigen Zinsrückstandes verklagt wird, sieht das so aus:

«Ich habe auf Kredit eine Färse und eine Kuh sowie ein Pferd gekauft. Das Pferd ist kurz nach dem Kauf eingegangen. Die beiden Stücke Rindvieh habe ich 1952 zusammen mit meiner Bauernwirtschaft abgegeben. Geld habe ich für die beiden Kühe nicht erhalten. Was aus den Gebäuden wurde, weiß ich nicht. Irgendwelche Entschädigung erhielt ich für die Gebäude nicht. Ein Übergabeprotokoll wurde nicht gefertigt. Vertreter des Rates des Kreises oder der Gemeinde waren bei der Übergabe nicht zugegen. Alle Unterlagen habe ich an den Rat des Kreises geschickt. Ich habe dann nichts mehr gehört. Das Land wurde unter den verschiedensten Bauern aufgeteilt; ich selbst habe eine Austragung aus dem Grundbuch nicht vorgenommen, da ich der Meinung war, das würde durch den Rat des Kreises vorgenommen.»

So steht sie immer noch als Eigentümerin im Grundbuch: eine 64jährige Hausfrau, die eine kurze, lange zurückliegende Statistenrolle spielte bei dem dramatischen politischen Versuch, Landeigentum für jedermann zu schaffen.

Aber jetzt, 1959, versucht auch das Gericht nicht mehr, das Neubauern-Programm zu retten: Die Klage der Bauernbank wird wegen fehlender Beweisführung eingestellt. Jetzt läuft in der DDR die Gründung landwirtschaftlicher Produktions-Genossenschaften auf vollen Touren, die 1952 eingeleitet worden war und die, anfangs freiwillig, aber dann zunehmend unter psychologischem und wirtschaftlichem Druck (gelegentlich auch mit physischer Einschüchterung) zu Ende gebracht werden soll. Trotz der rauen Taktiken der Agitatoren schließen sich viele Neubauern nicht ohne einen Seufzer der Erleichterung den neuen Produktions-Genossenschaften an. Die Kollektivierung der Landwirtschaft verteilt die Arbeitslast auf viele Schultern, bietet einen geregelten Arbeitstag und die Versorgung mit vielen Dienstleistungen, was vor allem die Frauen anlockt, und verspricht einen Ausweg aus der hoffnungslosen Überarbeitung und Verschuldung vieler kleiner Einzelbauern. Am 22. Februar 1960 meldet der «Lüritzer Volksbote» stolz, dass der Kreis als Erster im Bezirk «vollgenossenschaftlich» geworden ist. Die letzten neuen Mitglieder der LPGs haben jeder durchschnittlich 10 Hektar Land in die Genossenschaften eingebracht. Theoretisch bleibt auch in der LPG das Land ihr juristisches Eigentum, für das sie, wieder nur theoretisch, beim Austritt aus der LPG ein am Rande der Genossenschaft liegendes Grundstück zurückerhalten würden. Aber praktisch bedeuten die Produktionsgenossenschaften das vorläufige Ende einer Landwirtschaft, die auf dem individuellen Eigentum Einzelner beruht. Der «Lüritzer Volksbote» beschreibt die neue kollektive Landwirtschaft auf seiner ersten Seite: «Völlig neue Menschen entwickeln sich. Über Nacht. Mit den neuen Produktionsverhältnissen entsteht ein neuer Geist. Der Sozialismus siegt in den Köpfen der Einzelbauern.» Im Landkreis Lüritz gibt es zu dieser Zeit noch über 500 ungeklärte Eigentumsverhältnisse an Neubauernstellen.

Verändert der Kollaps des Einzeleigentums an Grund und Boden wirklich die Haltung der Bürger gegenüber dem, was ihnen und anderen gehört? Die Lüritzer Strafrechtsakten malen ein anderes Bild. Auch das ostdeutsche Strafrecht hatte eine wichtige Rolle bei der Umdefinition von Eigentum zu spielen: Es sollte Volkseigentum befestigen und schützen und individuelles Eigentum auf bloße Konsumtionsbefriedigung zurückschneiden. In den ersten Nachkriegsjahren stand im Strafrecht, verständlicherweise, der Schutz des neuen Volkseigentums im Vordergrund: Verstaatlichung und Plansystem waren einer widerwilligen Bevölkerung mehr oder weniger aufgezwungen worden und wurden von vielen Seiten in Frage gestellt und attackiert. Die ersten ostdeutschen Wirtschaftsschutzgesetze, vor allem die Wirtschaftsstrafverordnung (WStVO) von 1948 und die Verordnung über die Bestrafung von Spekulationsverbrechen aus dem folgenden Jahr, sollten das neue Wirtschaftssystem gegen Angriffe von innen und außen schützen und bestraften vor allem Handlungen, die das neue Plansystem und die Versorgung der Bevölkerung gefährden konnten wie Verletzungen der Ablieferungspflicht, Schwarzschlachtungen und, schlimmer, Diversion und Sabotage, mit harten Strafen und, in vielen Fällen, mit Vermögenseinziehungen.

Das Lüritzer Gerichtsarchiv enthält aus diesen Jahren keine Akten. Im «Volksboten» finden sich zwar eine Reihe von Berichten über «harte, aber gerechte Strafen» für Saboteure, Schwarzhändler und Spekulanten. Aber es fällt mir schwer, den Ton dieser Reportagen einzuschätzen. Die Zuchthausstrafen, über die berichtet wird, scheinen vor allem Diebstählen und Unterschlagungen zu gelten, die auch nach bürgerlichem Eigentumsverständnis harte Urteile hervorgerufen haben könnten, und die Sünder neuen Stils, die zum Beispiel ihr Ablieferungssoll nicht erfüllen, das Korn auf ihren Feldern zu dünn aussähen, oder Zigaretten auf dem schwarzen Markt verkaufen, kommen in der Regel mit Gefängnisstrafen, die nach Monaten bemessen sind, davon. Jahre später beklagt sich Hilde Benjamin (Justizministerin, 1953–1967) über die «vielfach zu milde Praxis der Gerichte» in diesen Jahren,[6] und die Kritik mag auch für das Amtsgericht in Lüritz zugetroffen haben. Ich weiß es nicht.

Aber dann kommt die Gründung der DDR im Oktober 1949, die Verfestigung der Pläne, in der DDR eine neue Art Gesellschaft zu erschaffen, und die Ankündigung Ulbrichts auf der 2. Partei-Konferenz der SED im Juli 1952, die DDR werde nunmehr mit «dem planmäßigen Aufbau des Sozialismus» beginnen. 1952 ist auch das erste Jahr, aus dem sich Strafrechtsakten im Lüritzer Archiv befinden. Es ist erstaunlich, wie sehr sie sich im Laufe von zwölf Monaten verändern. Zu Beginn des Jahres 1952 sind die Strafrichter (vor allem Herr Teubner, Volksrichter, als Verfolgter des Nazi-Regimes anerkannt und jetzt Direktor des Kreisgerichts) noch bereit, bei Straftaten, die das Volkseigentum betreffen, gelegentlich Entschuldigungen gelten zu lassen. Sie weisen auf die guten Eigenschaften eines Sünders hin oder kritisieren staatliche und genossenschaftliche Unordnung, die zur Verletzung der Gesetze beigetragen habe. «Man muss auch berücksichtigen, dass noch große Schwierigkeiten mit Stromsperrungen bestehen», schreibt Herr Teubner im Januar 1952 in einem Fall, in dem es an einem dunklen Winterabend durch die Benutzung einer Kerze zu einem Scheunenbrand gekommen war, und im März 1952, bei einer Unterschlagung durch eine Angestellte der HO [Handelsorganisation], heißt es: «Das Gericht schiebt der HO-Geschäftsleitung selbst einen großen Teil der Schuld zu. Leider ist eben immer noch zu verzeichnen, dass gerade in Handelsorganisationen sehr nachlässig gewirtschaftet wird. Es ist an der Zeit, dass dort in der Hauptverwaltung aufgeräumt wird.» Zu Anfang des Jahres 1952 sind die vom Lüritzer Kreisgericht verhängten Freiheitsstrafen fast immer nach Monaten berechnet und liegen in vielen Fällen unter dem Strafantrag des Staatsanwalts.

Aber im Laufe des Jahres werden die von Lüritzer Richtern ausgesprochenen Strafen in Fällen, die das Volkseigentum betreffen (jetzt schon auf dem Aktendeckel mit einem deutlichen «VE»-Aufkleber markiert), zunehmend härter. Im Dezember 1952 erhält ein Bauer für die «Verheimlichung» von 60 Zentnern Getreide, 2 Schweinen und 2 Kälbern nach §§ 1, 9 und 11 der Wirtschaftsstrafverordnung viereinhalb Jahre Zuchthaus. Sein Verteidiger hatte auf ein Urteil eines Nachbargerichts hingewiesen, in dem im Januar 1952 ein ähnliches Vergehen als «minder schwerer Fall» beschrieben worden war. Aber Herr Teubner will davon nichts hören. «Es steht fest, dass wir heute nicht mit dem selben Maße messen können, wie vor einem Jahr», sagt er. Am 2. Oktober 1952 hatte die Volkskammer das «Gesetz zum Schutze des Volkseigentums und anderen gesellschaftlichen Eigentums» [VESchG] erlassen, das für Diebstahl, Unterschlagung oder Beiseiteschaffen von gesellschaftlichem Eigentum Strafen von 1 bis 5 Jahren Zuchthaus vorsah, in schweren Fällen bis zu 25 Jahren Zuchthaus. Nach den Worten Hilde Benjamins in einem Aufsatz vom Frühjahr 1953 sollte das Gesetz «Schluss mit der versöhnlerischen Haltung» machen, mit der DDR-Gerichte bislang Angriffe auf gesellschaftliches Eigentum behandelt hatten.[7] Das Volkseigentumsschutzgesetz «muss in voller Härte» angewendet werden, verlangte die damalige Vizepäsidentin des Obersten Gerichts. Zwar wurde der Lüritzer Bauer, der sein eigenes Getreide zurückbehalten hatte, nicht nach dem Volkseigentumsschutzgesetz (das zur Zeit der Tat noch gar nicht erlassen worden war), sondern nach der Wirtschaftsstrafverordnung von 1948 verurteilt. Aber die rücksichtslose Bevorzugung gesellschaftlichen Eigentums vor allem Individualeigentum, die schon die Wirtschaftsstrafverordnung verkörpert hatte und die das VESchG nun auf die Spitze trieb, prägte die Reaktionen des Gerichts auf jeden Versuch von Tätern, Volkseigentum für eigene Zwecke zu benutzen oder rechtswidrig Reste eigenen Besitzes dem Zugriff der Gesellschaft zu entziehen. «Wir müssen versuchen, durch harte Strafen Achtung vor dem Volkseigentum zu erzwingen», erklärt Herr Teubner in einem seiner Urteile. Im Mai 1953 erhält ein Lüritzer Kino-Pächter für Abgabenrückstände von 3700 Mark zweieinhalb Jahre Zuchthaus; sein Vermögen wird eingezogen. «Abgabenhinterziehungen sind Verbrechen am Volkseigentum», schreibt der «Lüritzer Volksbote».

Der radikale Schutz gesellschaftlichen Eigentums bewirkte auch die Umfunktionierung von Einzeleigentum. Unter dem Druck von Wirtschaftsstrafverordnung und VESchG wird vor allem Eigentum an Land und Produktionsgeräten, an denen auch der Staat Interesse hat, zunehmend weniger als «eigenes», sondern auch ohne Vergesellschaftung als öffentliches Gut behandelt. Das ungenehmigte Abschlagen von eigenem Wald wird so als Wirtschaftsschädigung bestraft. Die fahrlässige Verursachung eines Feuers auf dem eigenen Hof gilt dem Lüritzer Gericht als «Brandstiftung», obwohl das deutsche Strafgesetzbuch von 1871, 1952 noch in der DDR in Kraft, in seinem § 308 nur die Schädigung «fremden Eigentums» durch das verursachte Feuer mit Strafe bedroht. Ein Rückfalltäter erhält für den Diebstahl von vier Fahrrädern eine zweijährige Zuchthausstrafe, weil das persönliche Eigentum, an dem er sich vergriffen hat, auch wichtigen gesellschaftlichen Zwecken diene: Durch den Diebstahl von Rädern «werden viele Werktätige gehindert, ihre Arbeitsstelle aufzusuchen, womit Gefahr besteht, dass ein Produktionsausfall eintritt».

Das Wirtschaftsstrafrecht dieser Jahre nimmt der Unterscheidung zwischen «fremd» und «eigen» ihre bürgerliche Selbstverständlichkeit und Respektabilität. Das neue Recht erwartet Selbstlosigkeit von seinen Bürgern. Im Frühjahr 1953 wird mit der «Aktion Rose» auch der Unterschied zwischen Strafrecht und Verwaltungsrecht verwischt, als in einem zentral geplanten juristischen Feldzug Wirtschafts-Strafbestimmungen dazu benutzt werden, Hunderte von Hotels, Restaurants und Bauernhöfen an der DDR-Ostseeküste nicht etwa zu enteignen, sondern in Strafprozessen gegen die Besitzer einzuziehen. Den Vorwand bieten in der Regel Nichtablieferungen, Schwarzmarktkäufe, Viehverheimlichungen und dergleichen,[8] mit denen die Besitzer der Objekte versucht hatten, ihre Unternehmen auch in eigentumsfeindlichen Zeiten über Wasser zu halten, und die jetzt als Raffgier und Spekulantentum verteufelt werden.

Zwar hält die allerschlimmste Zeit nur ein Jahr an. Das Jahr 1953 bringt einschneidende Ereignisse für die DDR: Am 5. März stirbt Stalin; am 11. Juni beschließt der Ministerrat einen «Neuen Kurs»; sechs Tage später folgt der Volksaufstand des 17. Juni. Am 28. Oktober 1953 schränkt eine Richtlinie des Obersten Gerichts die Anwendung des VESchG auf «schwere Angriffe» gegen das gesellschaftliche Vermögen ein und einen Tag später entschärft ein Volkskammer-Gesetz die Wirtschaftsstrafverordnung und hebt die Spekulationsverordnung auf. Mehr als 20 Jahre später spricht Hilde Benjamin von der «ernsten Lehre», die die DDR-Strafrechtswissenschaft aus den «überspitzten Urteilen» zum frühen Schutz des Volkseigentums habe ziehen müssen.[9] Schon 1954 werden viele bei der «Aktion Rose» konfiszierten Betriebe an die ursprünglichen Eigentümer jedenfalls zur Nutzung zurückgegeben, und 1956 gibt es in dem Bezirk, in dem auch Lüritz liegt, kein einziges Strafverfahren wegen schuldhafter Nichterfüllung des Ablieferungssolls.

Im Laufe der Jahrzehnte wird die DDR-Justizpolitik in ihrer Einschätzung von Straftaten gegen das Volkseigentum zunehmend differenzierter und entspannter. Das Volkseigentumsschutzgesetz und die Wirtschaftsstrafverordnung sahen in jedem, der bei der HO ein paar Briketts oder ein Pfund Zucker stahl, einen Feind des Sozialismus. Die Richtlinie des Obersten Gerichts von 1953 und, vier Jahre später, das Strafrechtsergänzungs-Gesetz vom 23.12.1957 blieben bei dem Schema von Freund und Feind, aber räumten ein, dass kleine Gauner nicht notwendig den Sozialismus attackieren wollten, und reservierten die harten Zuchthausstrafen für die schweren Volkseigentums-Delikte. Das neue DDR-Strafgesetzbuch von 1968 unterschied zwar zwischen Straftaten gegen das gesellschaftliche und das persönliche Eigentum und regelte die zwei Delikte in verschiedenen Paragraphen, aber klassifizierte beide Tatversionen nach denselben drei unterschiedlichen Schweregraden und sah für beide gleiche Strafen vor. Damit war Volkseigentum nicht länger sakrosankt.

Vielleicht war die strafpolitische Gleichstellung von gesellschaftlichem und persönlichem Eigentum im StGB von 1968 auch eine Art von politischer Kapitulation. Die Lüritzer Volksrichter der 1950er Jahre versuchten noch, durch Strafen und Belehrung die Schädiger gesellschaftlichen Eigentums davon zu überzeugen, dass sie sich an einem Gut vergriffen hatten, auf das ihr eigenes Heil gegründet war. 1958 erklärt Frau Christiansen zwei Genossenschafts-Bauern, die für ein Hochzeitsfest Spanferkel und Material aus ihrer LPG beiseite geschafft hatten, die Überflüssigkeit derartiger Diebstähle in der DDR. Die Angeklagten hätten nur «aus ihrer Zurückgebliebenheit heraus» gehandelt, sagt sie. «Bei sachgemäßem und sparsamem Gebrauch» sei doch genug für alle da. Aber weder den Volksrichtern (die wahrscheinlich selbst an ihre Botschaft glaubten) noch späteren Richtergenerationen in der DDR scheint es gelungen zu sein, ihre Bürger davon zu überzeugen, dass Volkseigentum tatsächlich Eigentum des Volkes war. In meinen Akten kommen die Beteuerungen von der «neuen Qualität» des gesellschaftlichen Eigentums immer nur von der Richterbank. Lüritzer Bürger scheinen sich ihrer «Eigentümerrolle» nicht bewusst.

Im Gegenteil: Meine Strafrechtsakten zeigen deutlich, dass das persönliche Eigentum der Bürger größeren Respekt genießt als das Eigentum von staatlichen Betrieben und Genossenschaften, und dass Diebstahl von Einzeleigentum auf schärfere moralische Missbilligung stößt als Diebstahl vom «Volk». Weil viele Angeklagte meiner Akten Gelegenheitsdiebe sind, die ohne Rücksicht auf die rechtliche Einordnung einer Sache das stehlen, was sich am einfachsten mitnehmen lässt, sind statistische Unterscheidungen zwischen Diebstahl von «gesellschaftlichem» und «persönlichem» Eigentum zwar nicht sehr zuverlässig: Viele Angeklagte haben beides gestohlen. Trotzdem verraten meine Akten aufschlussreiche Unterschiede zwischen beiden Deliktarten. Zum Mindesten seit den 1960er Jahren sind Übergriffe auf Volkseigentum wesentlich häufiger als Diebstahl, Unterschlagung und Betrug gegenüber persönlichen Eigentümern: Gleichbleibend über die Jahrzehnte hin vergreifen sich rund doppelt so viele Lüritzer an Werten, die dem Staat gehören, als am Eigentum ihrer Nachbarn. Auch in den Augen meiner Richter war das Bestehlen von Mitbürgern oft verwerflicher als das Stehlen vom Staat: In vielen Jahren sind die Durchschnittsstrafen für Diebe von Privatgut höher als die für Diebe von gesellschaftlichem Gut. Die Tätertypen scheinen sich zu unterscheiden. Wer von Mitbürgern stiehlt, ist in der Regel arm, beruflich erfolglos, heruntergekommen und in mehr als einer Hinsicht Außenseiter. Wer vom Staat stiehlt, ist in vielen Fällen ein guter Durchschnittsbürger, oft *insider* in dem Betrieb oder der Genossenschaft, an deren Eigentum er sich vergreift; oft sogar ein besonders tüchtiger, beliebter und dekorierter Mitarbeiter eben dieses Betriebes. Die Aktivsten und Begabtesten stehlen am raffiniertesten und ergattern oft die höchsten Summen, weil sie die Schwächen volkseigener Abrechnungsmethoden und Kontrollen am ehesten durchschauen und zu ihren Gunsten zu manipulieren wissen und vielleicht auch, denke ich mir, weil ihre unternehmerische Energie in einer autoritären und rigiden Planwirtschaft am ehesten nach Auslauf sucht. Man konnte im Sozialismus durch Intelligenz, Phantasie und Risikobereitschaft nicht reich werden. So nutzten diese Angeklagten ihre Fähigkeiten zum illegalen Eigentumserwerb. In manchen dieser Strafrechtsfälle geht es um beachtliche Summen: 1975 ergaunert ein Dispatcher einer volkseigenen Lüritzer Transportgesellschaft durch Abrechnungstricks 95 000 Mark; 1986 erschwindelt eine Lüritzer Postangestellte durch die Manipulation von Lotterieauszahlungen 130 000 Mark.

Und nicht nur Lüritzer Dieben und Betrügern fehlt es an Respekt für das Volkseigentum. Auch die Lüritzer Zivilrechtsakten verraten, für wie unwichtig und gering viele Lüritzer Bürger volkseigene Rechtsansprüche auf die Bezahlung von Dienstleistungen halten. Mieter volkseigener oder genossenschaftlicher Wohnungen bezahlen ihre Mieten nicht; Stromabnehmer sind mit Elektrizitätsrechnungen im Rückstand; Schwarzfahrer beschummeln volkseigene Bus- und Bahngesellschaften; staatliche Ehekredite werden nicht zurückgezahlt. Volkseigene Gläubiger demonstrieren ihrerseits durch konfuse Buchführung, mangelnde Kontrollen und laxe Schuldeneintreibung, dass auch sie von der besonderen Würde und Wichtigkeit volkseigener Ansprüche nicht sehr überzeugt sind. Zwar sollten alle sich als Eigentümer fühlen. Aber in Wirklichkeit behandelt niemand Volkseigentum mit derselben Sorglichkeit und Achtung, mit der er die eigenen Besitztümer behandelt. Noch im Juli 1988 schreibt Frau Walter bei einer Rechtskonferenz in der Bezirkshauptstadt in ihr Notizbuch: «Eigentümerbewusstsein muss mehr ausgeprägt werden.» Und im

Mai 1989 bei einer Fachrichtertagung für Strafrecht noch einmal: «Eigentumsbewusstsein unserer Bürger muss mehr ausgeprägt werden.»

Zyniker könnten sagen, dass das tägliche kleine Klauen vom Staat, das im Sozialismus für manche Bürger fast Gewohnheit geworden war, gewissermaßen doch ein neues Eigentümerbewusstsein demonstrierte: Wenn der Volkseigene Betrieb [VEB] Städtischer Nahverkehr in Lüritz pro Jahr 20 000 Schwarzfahrten registrieren musste, so lässt sich das auch als Zeichen dafür deuten, dass Lüritzer Bürger öffentliche Busse und Straßenbahnen wie ihr Eigentum behandelten, für dessen Benutzung sie ja auch nicht zahlen würden. Aber sehr viel wahrscheinlicher ist, dass die Protagonisten meiner Akten Volkseigentum nicht als ihr Eigentum, sondern als niemandes Eigentum betrachteten. «Weil nun das ganze Material so da rumlag, dachte ich mir, ich kann mir auch was nehmen», sagt in einem Strafprozess von 1975 ein Autoschlosser, der mit von seinem Betrieb gestohlenem Material für 300 000 Mark Feierabendarbeiten durchgeführt hatte. Nein, diese Art von «Eigentumsbewusstsein» meinte Frau Walter nicht.

Dagegen finde ich überall in meinen Akten die Spuren eines anderen «Eigentumsbewusstseins», auch nicht im Sinne von Frau Walter, das das, was einem selbst gehört, mit aller Zähigkeit verteidigt und dabei während der ganzen Lebenszeit der DDR das Recht als möglichen Beschützer zu Hilfe ruft. Eigentlich hatten ostdeutsche Bürger zum Mindesten in den Anfangsjahren ihrer Republik nicht viel Grund, vom Recht die Verteidigung ihres Eigentums zu erwarten. Die frühesten Versuche Lüritzer Prozessparteien, sich mit juristischen Argumenten gegen staatliche Eingriffe in ihr Eigentum zu wehren, führen zu kläglichen, manchmal verzweifelten Niederlagen. Die Fälle zeigen, dass das Gericht zwischen den ersten Nachkriegsjahren und dem Mauerbau zunehmend weniger geneigt ist, juristische Argumente als legitime Einwände gegen die Durchsetzung staatlicher Interessen anzusehen.

Als 1950 eine Lehrerswitwe auf die Rückgabe von Möbeln klagt, die der Bürgermeister ihres Dorfes nach dem Einmarsch der Russen anlässlich einer kurzen Flucht der Eigentümerin ins Nachbardorf an andere Bedürftige (darunter auch den eigenen Schwager) verteilt hatte, behandelt Herr Curtius die Klage zunächst zwar noch wie einen traditionellen Herausgabeanspruch nach dem BGB. Aber er bekommt kalte Füße, als sich der Rat des Kreises einmischt: Die Möbel seien «mittellosen Umsiedlern» zugute gekommen, und «wir vertreten den Standpunkt, dass Frau Lehman infolge ihrer Flucht keine Ansprüche mehr geltend machen kann. Wir bitten, die Angelegenheit im Falle einer gerichtlichen Entscheidung entsprechend zu behandeln.» Herr Curtius zögert noch; versucht, einen Vergleich zwischen den Parteien zu arrangieren, den Frau Lehman zornig ablehnt (sie will *alle* ihre Möbel wiederhaben) und gibt – nach weiteren Schreiben der «Abteilung Schutz des Volkseigentums» – den ungleichen Kampf Recht gegen Macht mit einer Klageabweisung wegen Unzulässigkeit des Rechtswegs auf. «Es ist mir in der DDR unmöglich, jemals mein Eigentum zurückzuerhalten», schreibt Frau Lehman, deren Anwalt inzwischen in den Westen geflohen ist, in einem rührenden Protestbrief ans Gericht. Sie hat nicht ganz Recht: Ein paar ehemalige Hochzeitsgeschenke – eine Standuhr, ein paar kleine Möbelstücke – werden ihr am Ende doch noch zurückgegeben. Aber es ist die Gnade einer Verwaltung, die nicht unmenschlich erscheinen will, die ihr den Trostpreis zuschanzt; nicht die Macht des Rechts.

Einige Jahre später zeigt ein ähnlicher Versuch, privates Eigentum unter Berufung auf das Recht der rücksichtslosen Staatsausbeutung zu entziehen, nicht nur die Hoffnungslosigkeit des Unterfangens selbst, sondern auch die gesellschaftlichen Kosten eines Rechtssystems, das zwar den Bürger binden will, aber nicht den Staat und seine Wirtschaft. Die Klägerin ist Eigentümerin eines Speichers, den sie an den Lüritzer VEB Fischwirtschaft für 150 Mark im Monat vermietet hat. Weil der VEB seine Salzfische dort so schlecht lagert, dass Salzwasserlachen den Holzfußboden des Speichers verfaulen lassen, und weil alle Abmahnungen ohne Echo bleiben, kündigt die Vermieterin dem VEB fristgemäß zum 1.6.1959 und verlangt Räumung des Speichers. Der VEB Fischwirtschaft antwortet mit einer blanken Weigerung: «Nach Rücksprache mit der SED-Kreisleitung/Abteilung Fischwirtschaft und dem Rat des Kreises lehnen wir Ihre Kündigung aus ökonomischen und technischen Gründen ab.» Die Eigentümerin, Frau Hille, die in zittrigen handschriftlichen Briefen ans Gericht ihre Sache selbst vertritt, versucht, den Streit auf juristisches Terrain zurückzuziehen: «Nach meiner Meinung müssen vertragliche Verpflichtungen eingehalten werden. Eine Änderung des Vertrages bedarf doch wohl der Zustimmung beider Parteien.» Aber der VEB Fischwirtschaft antwortet wieder nur mit Argumenten, die die praktischen Zwänge einer Wirtschaft widerspiegeln, in der der Markt ebenso wenig wie das Recht zählt: es sei mehr Dorsch gefangen worden, als sich absetzen lasse, weswegen es «Notsalzungen» in der ganzen DDR gegeben habe; zudem hätten staatliche Stellen «aus Gründen, die wir nicht zu vertreten haben», große Salzherings-Importe unternommen, die «den Forderungen der Bevölkerung nicht entsprechen», daher leider nicht absetzbar seien und ebenfalls gelagert werden müssten. Wenn das Kreisgericht für die Vermieterin entscheide, «werden wir sämtliche Fässer in Ermanglung einer anderen Unterbringung auf die Straße stellen.»

Was soll der Richter (Herr Steinmetz, Volksrichter, gelernter Tischler, unter den Nazis drei Jahre im Zuchthaus und erst im Vorjahr bei der Revision des Kreisgerichts beschuldigt, «er könnte aktiver auftreten») angesichts dieser Drohung tun? Er wird keine Entscheidung treffen wollen, die dazu führt, dass lecke Salzdorsch-Fässer auf der Straße stehen. Die Anlieger des Speichers haben sich ohnehin schon über den Fischgestank in ihrer Nachbarschaft beschwert. Wie der verklagte VEB dem Richter schriftlich mitteilt, wird der Entschluss, den Speicher nicht zu räumen, «auch von der SED, Abteilung Fischwirtschaft, geteilt.» Außerdem gehört die Klägerin, Frau Hille, die für ihren Rechtsstreit nicht einmal einen Anwalt finden konnte (Weil sich niemand traut? Weil die Sache hoffnungslos erscheint?), nach der Beschreibung der Beklagten «als ehemaliger Großhandelsbetrieb zur überholten Zeitepoche.» «Der volkseigenen Wirtschaft darf durch diesen Rechtsstreit kein Schaden entstehen», schreibt der VEB. Das leuchtet auch Herrn Steinmetz ein. Er überredet Frau Hille zur Rücknahme ihrer Räumungsklage.

Wenn rechtliche Argumente in diesem Streit Gewicht gehabt hätten, wäre er anders ausgegangen, ohne dass die Fischfässer deswegen auf der Straße hätten landen müssen. Juristisch war Frau Hille auch nach geltenden DDR-Bestimmungen im Recht (was der Grund dafür gewesen sein mag, warum Herr Steinmetz ihre Klage nicht abwies, sondern durch Klagrücknahme aus dem Wege räumte). Die Aussicht auf eine Niederlage vor Gericht hätte den VEB Fischwirtschaft dazu bewegen können, ihr einen annehmbaren Kompromiss zu unterbreiten: zum Beispiel die Reparatur des Speicherbodens, gekoppelt mit einer Mieterhöhung. Schon in einem früheren Stadium der Geschichte hätte Furcht vor einer Kündigung (und vor denkbaren Schadensersatzansprüchen der Vermieterin) den VEB vielleicht veranlasst, die

Fischfässer so zu dichten, dass ein Schaden gar nicht erst entstanden wäre. Und die Befürchtung zusätzlicher Lagerkosten hätte DDR-Wirtschaftsfunktionäre davon abhalten können, Unmengen unverkäuflicher Salzheringe zu importieren. Herrn Steinmetz' wie auch immer motivierte Weigerung, in diesem Streit Frau Hille zu ihrem Recht zu verhelfen, schädigt nicht nur das Eigentum der Klägerin, sondern trägt dazu bei, in der DDR das Recht als wirtschaftlichen Steuerungsmechanismus zu entmachten. «Hille gegen VEB Fischwirtschaft» ist nur ein kleines Steinchen in einem Mosaik, das augenscheinlich macht, wie eine Wirtschaft, die die Rechtsansprüche privater Eigentümer nicht mehr gelten lassen will, damit auch die eigene Zügelung und Orientierung durch das Recht (jedenfalls durch das Zivilrecht) verliert. Im Archiv des Lüritzer Kreisgerichtes lassen sich noch andere Steinchen dieser Art zusammentragen.

Sie stammen in der Regel aus der Zeit vor dem Mauerbau. Nach der Mauer verändert sich die Situation. Die Kollektivierung der Landwirtschaft ist 1961 im Wesentlichen abgeschlossen, die Planwirtschaft etabliert, die Abschottung der Grenze stoppt den Strom von Flüchtlingen und Gütern in den Westen und führt zu einer grau-verhangenen Atmosphäre der Unvermeidlichkeit und Permanenz des Sozialismus in der DDR, in der individuelles Eigentum nicht mehr als Herausforderung an das gesellschaftliche Eigentum gefürchtet wird. Fast alles produktive Eigentum gehört dem Staat oder gesellschaftlichen Organisationen. Wenn sich jetzt ein Eigentümer auf das Recht beruft, um kollektive Übergriffe auf sein Besitztum abzuwehren, können Lüritzer Richter seinen Argumenten unbesorgter zuhören als zuvor, zumal inzwischen auf der Richterbank die alten Volksrichter zunehmend durch sozialistische Berufsrichter ersetzt worden sind. Das Zivilrecht erscheint einem Staat, der alles wichtige Eigentum vergesellschaftet hat, nicht mehr bedrohlich. So kann es zu Prozessen kommen, in denen private Eigentümer mit Hilfe des Rechts zwar keine leuchtenden Siege über das Kollektiv erringen, aber doch annehmbare Kompromisse aushandeln.

«Lüritzer Konsumgenossenschaft gegen Böhnke» ist ein solcher Fall: 1963 unter Herrn Steinmetz' Regie begonnen, 1967 unter Herrn Taddäus mit einem Vergleich zu Ende geführt. Es geht um das «Konsum-Hotel» in Lüritz, früher – wie auch nach der Wende – als «Hotel Stockholm» das erste Haus am Platze, aber 1963 schon so heruntergekommen, dass es als «verrufenstes Hotel am Ort» als Schauplatz von Polizeieinsätzen in den Lüritzer Strafrechtsakten eine mir vertraute Rolle spielt. Herr Böhnke, der Eigentümer, hat es 1953 an den Lüritzer Konsum vermietet, der den fernsüchtigen Namen des Hauses durch «Konsum-Hotel» ersetzte und es seitdem betreibt. 1958 muss Herr Böhnke einen Kredit von 150 000 Mark aufnehmen, um zahlreiche Bauauflagen der Stadt Lüritz zu erfüllen, die das langsam verfallende Hotel zusammenhalten sollen. Nach Abschluss dieser Arbeiten kommt es im Februar 1960 zu einem neuen Pachtvertrag zwischen der Konsumgenossenschaft und Herrn Böhnke, in dem die Pacht auf 2 400 Mark im Monat erhöht wird und der Konsum, als Pächter, die Verantwortung für alle zukünftigen Reparaturen übernimmt, die das Hotel in einem «für den vertragsgemäßen Gebrauch geeigneten Zustand» erhalten sollen.

Der Konsum hätte diesen Vertrag lieber nicht abschließen sollen. Schon 1963 ist das Hotel wieder in kümmerlichem Zustand: Das Dach ist undicht, die Fensterrahmen sind verfault, die elektrischen Leitungen eine ständige Gefahrenquelle. Wer soll die Sanierung des Hotels bezahlen? Der Konsum fordert von Herrn Böhnke als Eigentümer, dass er den Pachtzins senkt, die nötigen Reparaturen durchführt und zu ihrer Finanzierung einen neuen Kredit aufnimmt. Herr Böhnke weigert sich und pocht auf den Vertrag von 1960, nach dem der Pächter für die Reparaturen selbst aufkommen müsse. Nach langem Hin und Her, markiert von immer neuen Forderungen der staatlichen Bauaufsicht, erhebt der Konsum im Mai 1963 Klage gegen den Verpächter auf Durchführung der umstrittenen Reparaturen.

Es verspricht, ein ungleicher Kampf zu werden. Der Konsum verkörpert das gesellschaftliche Interesse an der Versorgung der Bevölkerung. Er kann mit der Unterstützung öffentlicher Ämter rechnen, die Herrn Böhnke mit zusätzlichen Forderungen das Leben schwer machen: Die Preisstelle der Stadt Lüritz reduziert die Pachtsumme für das Hotel; die Arbeits- und Gesundheitsinspektion verlangt eine neue Küchenentlüftung und neue Speiseaufzüge. Ein Angebot des Konsums, das Hotel zu kaufen, spricht von einer Summe, die niedriger liegt als die vom Eigentümer 1960 aufgenommene Hypothek.

Aber Herr Böhnke ist nicht einzuschüchtern. Vier Jahre lang hält er mit Hilfe von zwei Rechtsanwälten dem Ansturm von allen Seiten stand, bis der Konsum bereit ist, das Hotel von ihm zu einem Preis zu kaufen, der doppelt so hoch liegt wie der von der Genossenschaft ursprünglich vorgeschlagene Kaufpreis. Auch nach Abzug der Hypothek und der Mehrgewinn-Steuer (auch diese wird von Herrn Böhnkes Rechtsanwälten mit der Stadt Lüritz ausgehandelt) bleibt Herrn Böhnke noch genug, um sich ein Auto anzuschaffen, mit dem er sich als Taxi-Fahrer einen für DDR-Verhältnisse guten Lebensunterhalt verdienen kann. Als neue Eigentümerin des Hotels bemüht sich die Konsumgenossenschaft bis zum Ende der DDR ohne viel Erfolg, den mürben Bau in einer Wirtschaft, in der alles fehlt, in halbwegs annehmbarem Zustand zu erhalten. Herr Böhnke, der nur noch ein Taxi zu versorgen hat, mag froh sein, den Dinosaurier los zu sein. Wie ich viele Jahr später von einem seiner Neffen höre, ist er nicht böse auf den Sozialismus und bleibt sein ganzes Leben lang in der Partei.

Es wäre übertrieben, «Konsumgenossenschaft gegen Böhnke» als einen Triumph für das Rechtsinstitut des Privateigentums zu beschreiben. Aber der Fall belegt, dass in der DDR das Recht auch bei dem Zusammenstoß zwischen privaten und gesellschaftlichen Interessen wieder etwas zu sagen hatte. Der vierjährige Streit um das «Konsum-Hotel» wurde in einem Maße durch juristische Argumente und Strategien strukturiert, wie es zehn Jahre früher undenkbar gewesen wäre. Herrn Böhnkes Rechtsanwälte verhandelten nicht nur mit der Gegenseite und dem Gericht, sondern auch mit der Arbeits- und Sanitätsinspektion, dem Lüritzer Oberbürgermeister, der Zentrale der Konsumgenossenschaften in Berlin und, als es um die Steuern geht, mit Hilfe des Berliner Büros Kaul mit dem DDR-Finanzministerium. Die Schachzüge der Parteien sind von Rechtsanwälten ausgeheckt: Gutachterbeweise, Klageänderungen, viele Anträge, das Verfahren ruhen zu lassen oder es wieder aufzunehmen. Auch wenn es der Geschichte lieber aus dem Wege gegangen wäre, behandelt das Gericht den Prozess als einen Streit, der durch das Recht entschieden werden muss. Im Mai 1966 schreibt Herr Taddäus in einer «vertraulichen Dienstsache» an das Bezirksgericht: «Nach meiner Überzeugung ist die Klage der Konsumgenossenschaft nicht begründet und hat keine Aussicht auf Erfolg. Sollte das auch die Auffassung des Bezirksgerichts sein, dürfte es vielleicht möglich sein, mit Vertretern des Bezirkskonsumverbandes eine belehrende Aussprache zu führen.» Noch 30 Jahre später erinnert der Rechtsanwalt des Konsums, Herr Bleibtreu, damals ein junger Mann mit ideologischen Prinzipien, den Prozess gegen den halsstarrigen Hotelbesitzer eher als Niederlage denn als Sieg. Juristische Argumente zählten in diesem Streit weit mehr, als ich es bei der Konstellation der Gegner und dem Wert des Objekts erwartet hätte.

Der Wandel verrät ein neues und unbekümmerteres Eigentumsverständnis. Eigentum zu haben und zu verteidigen scheint nicht mehr moralisch zweifelhaft. Zwar hatte Herr Bleibtreu, wohl in Erinnerung an seine Universitätstage, versucht, die Sache der Konsumgesellschaft auch als Sache «der ökonomischen, technischen und gesellschaftlichen Entwicklung» darzustellen, die eine «dialektische» Interpretation des Pachtvertrags verlange, die vor allem «den Fortschritt» fördern müsse. Aber Herrn Böhnkes Anwalt beantwortet den Vorschlag mit einer erstaunlich ungenierten Verteidigung bürgerlicher Eigentumsbehauptung. «Die Ansicht des Klägers, es sei schon allein im Interesse des Schutzes und der Mehrung sozialistischen Eigentums Sache des Verklagten, neue [Küchen]-Anlagen [im Hotel] zu schaffen, ist völlig unverständlich. Wie kommt der Verklagte dazu, aus seinem Eigentum sozialistisches Eigentum zu mehren?»

Der Prozess um das Konsum-Hotel ist untypisch für die DDR in den Jahren nach der Mauer, weil er einen Streitgegenstand betraf, dessen Wert den durchschnittlichen Streitwert eines DDR-Zivilprozesses dramatisch überstieg. 1966 ging es in 82 % aller Lüritzer Zivilprozesse um weniger als 500 Mark, und noch 1988 lagen 55 % aller Lüritzer Streitwerte unter dieser Summe. Aber der Konsum-Hotel-Prozess ist insofern typisch, als er zeigt, dass ein robustes Eigentumsdenken in der DDR nicht mehr tabu war. Lüritzer Richter gingen nicht mehr von der unrealistischen Vorstellung aus, dass Kläger und Beklagter weniger am eigenen Eigentum interessiert sein sollten als an dem der Gesellschaft. Recht durfte wieder die Selbstsucht eines Bürgers schützen. Sicherlich trug auch die Tatsache, dass es in Lüritzer Prozessen fast nie um nennenswerte Summen ging, zur Rehabilitierung des Rechts in Eigentumsfragen bei: Der sozialistische Staat brauchte von seinen Bürgern keine wirtschaftliche Konkurrenz mehr zu befürchten. Aber wie der Prozess um das Konsum-Hotel belegt, hielt der neue Respekt des Rechts vor Eigentümern auch in gewichtigeren Fällen stand.

Allerdings betreffen die meisten Lüritzer Zivilrechtsklagen kleinbürgerliches Eigentum. Es geht um Gärten, Wohnungen, Garagen, Möbel, Autos – um oft winzige Enklaven der Selbstbehauptung in einer engen und reglementierten Welt. Lüritzer Bürger rufen das Gericht zu Hilfe, um Angriffe auf ihr Territorium abzuwehren. Die dicksten Aktenbündel betreffen in der Regel Nachbarschaftsstreitigkeiten. Erstaunlich viele Klagen drehen sich um Schlüssel: Symbole der Kontrolle über einen abgegrenzten Raum, zu dem Zugang begehrt wird oder von dem Eindringlinge abgewehrt werden sollen. Noch 1989 geht es in einem Viertel aller Klagen um die Herausgabe von konkreten Gegenständen, die nicht, wie Geld, beliebig austauschbar sind, sondern zu denen die Parteien sozusagen eine persönliche Beziehung haben. Und immer mehr Prozesse drehen sich um Autos, die kapitalistischsten Objekte der Begierde, die nicht nur finanziellen Wert verkörpern, sondern auch die Chance, auszuschweifen und seinen Lebensradius zu vergrößern. Wie schon die niedrigen Streitwerte verraten, sind die meisten Lüritzer Kläger und Beklagten eher arm als reich. Während in der Mehrzahl kapitalistischer Zivilprozesse Leute mit Geld Leute ohne Geld verklagen, die ihre Schulden nicht bezahlen können, prozessieren in Lüritz in der Regel Habenichtse miteinander. So haftet vielen dieser Akten ein Geruch der Armut an: Die Werte sind so gering, der Spielraum der Parteien ist so begrenzt, dass das Eigentum, das vom Gericht geschützt wird, bei aller Wichtigkeit für die Betroffenen selbst gesellschaftlich banal und unwichtig erscheint.

Aber es ist das vom DDR-Recht legitimierte Eigentumsbewusstsein, um das es mir hier geht: das «klein aber mein», das «jeder für sich und nur die Partei für uns alle». Ein Rechtssystem, das auszog, um die Grenzen zwischen «mein», «dein» und «unser» zu verwischen, damit die Menschen ohne diese Grenzen brüderlich zusammenleben würden, bestärkte am Ende nur die Entschlossenheit seiner Bürger, an dem Bisschen, das ihnen geblieben war, umso entschiedener festzuhalten. DDR-Eigentümer waren nicht selbstsüchtiger als Eigentümer überall. Aber ihr Eigentum war enger, nur auf den eigenen Gebrauch ausgerichtet, und ohne die unternehmerischen Möglichkeiten, die Eigentum im Kapitalismus auch zu einem Medium der Freiheit machen.

Eins meiner aufschlussreichsten Lüritzer Gespräche drehte sich um die Erfahrungen eines Handwerksmeisters, der wenige Tage vor der Wende nach Westdeutschland geflohen (und schon zwei Wochen später wieder zurückgekommen) war, weil er sich weigerte, in zwei freien Zimmern seines Hauses einen fremden Mieter aufzunehmen. Er war Parteimitglied, hatte sich nie politisch eingeengt gefühlt, sein Betrieb florierte, er konnte sich sogar ein Auto aus dem Westen leisten. Aber er sah nicht ein, warum er in seinem eigenen Hause zwei Zimmer an einen Fremden abgeben sollte. Sein Widerstand gegen die Einquartierung hatte ihn in einen offenen Konflikt mit der Partei gebracht. Ich denke mir, dass die Partei – jedenfalls unter Genossen noch immer nicht bereit, zu ungenierte Selbstbezogenheit zu akzeptieren – an ihm auch ein Exempel statuieren wollte. «Was willst du denn», hatte der Erste Sekretär der Kreisleitung zu ihm gesagt. «Dir geht es viel zu gut. Wir brauchen Wohnungen.» Als kein Protest mehr half, war mein Gesprächspartner Anfang November 1989 über Polen in die Bundesrepublik geflohen. «Was sollte ich denn machen», sagte er zu mir; ein Michael Kohlhaas des freien Wohnungsmarktes. «Es war mein Eigentum. Geben Sie mal nach, wenn Sie im Recht sind.» Ein Hauseigentümer von 1900, dem Jahr, in dem das BGB, das Hohe Lied des Kapitalismus und des Marktes, in Kraft trat, hätte den Satz nicht überzeugter sprechen können.

5. Arbeit

Wenn die Galionsfigur des bürgerlichen Rechts der Eigentümer ist, müsste ihr sozialistisches Gegenstück eigentlich der Arbeiter sein. Und wirklich war das Arbeitsrecht der DDR – jedenfalls so, wie es sich in meinen Akten spiegelt – der «sozialistischste» Rechtszweig dieses Staates. Nicht der wichtigste – im Gegenteil: In Lüritz und anderswo machten Arbeitsrechtsstreitigkeiten nur einen kleinen Teil des jährlichen Geschäftsanfalls der Gerichte aus. Aber im Arbeitsrecht verkörperten sich die Wertvorstellungen des Systems deutlicher, unverfälschter, gewissermaßen schlackenloser als auf anderen Arbeitsgebieten des Gerichts. Die Lüritzer Arbeitsrichter sprachen mit glaubwürdigerer Stimme als ihre Kollegen im Zivilrecht oder Strafrecht.

Allerdings brauchte es Zeit und Irrwege, bis sich die Arbeitsrechtsprechung meines Gerichts zu einer Methode der Konfliktbewältigung entwickelte, der Lüritzer Bürger nach der Wende gelegentlich nachtrauern würden. Als das Lüritzer Arbeitsgericht im Juni 1946 seinen ersten Fall entscheidet, sieht die Rechtslandschaft, in der es operiert, noch bürgerlich-vertraut aus. In der Bundesrepublik funktioniert Arbeitsrecht vor allem als Schutzrecht für Arbeitnehmer. Über 95 % aller Kläger in Arbeitsrechtsprozessen sind Arbeiter oder Angestellte, die das Gericht zur Verteidigung ihrer Erwerbsfähigkeit und ihres Lebensunterhaltes anrufen. Die Wirtschaftskonjunktur beeinflusst, worum gestritten wird: In Zeiten der Vollbeschäftigung steigen die Klagen, in denen es um Lohn geht; in Zeiten der Arbeitslosigkeit die Klagen, mit denen Kündigungen angefochten werden.[10]

In den ersten Nachkriegsjahren scheinen die Lüritzer Arbeitsrechtsprozesse diesem Muster zu entsprechen. Über 90 % der Kläger sind Arbeitnehmer. Die meisten Streitigkeiten drehen sich um Lohnsachen oder Kündigungen. Bis 1952 steigt die Zahl der Klagen Jahr für Jahr, auch wenn die Zahl der privaten Arbeitgeber abnimmt. Aber dann wandelt sich das Bild. Der Geschäftsanfall des Arbeitsgerichts beginnt zu schrumpfen: von 255 Klagen im Jahre 1952 auf 111 Klagen im Jahre 1958 und bare 51 Arbeitsrechtsprozesse 1960. Auch das Verhältnis von Klägern und Verklagten verschiebt sich. Während 1952 noch 96% der Lüritzer Arbeitsrechtskläger Arbeitnehmer sind, sind es im Jahre 1960 nur noch 65%. Worum gestritten wird, verändert sich ebenfalls: Während sich 1950 noch fast alle Arbeitsrechtsprozesse um Lohn und Kündigungen drehen, geht es ab 1952 zunehmend um Schadensersatzansprüche des Betriebes gegen den Arbeitnehmer. 1960 machen diese Klagen über ein Drittel der Geschäftslast meiner Lüritzer Arbeitsrichter aus. Was erklärt die Veränderungen?

Vielleicht die Gründung der Konfliktkommissionen [KK] im Frühjahr 1953, mit der die Schlichtung von Arbeitsrechtskonflikten in der DDR von den Gerichten auf Laientribunale in den Betrieben verlagert wurde, die Streitigkeiten zwischen sozialistischen Werktätigen und ihren Leitern unkompliziert, praxisnah und für alle Beteiligten erzieherisch entwirren sollten. Die «Richter» dieser Kommissionen wurden unter den Belegschaften gewählt, von der Gewerkschaft angeleitet und von der Staatsanwaltschaft überwacht. Gegen die Entscheidung einer Konfliktkommission konnten die Streitenden beim Kreisgericht Einspruch erheben. In den frühen 1980er Jahren, als in der DDR rund 27000 dieser gesellschaftlichen Gerichte gut 51000 Arbeitsrechtskonflikte im Jahr entschieden, geschah das in etwa 10% der Fälle. Damit fungierten die Konfliktkommissionen in der DDR praktisch als Arbeitsgerichte erster Instanz. Nur wenn in dem Betrieb der Streitenden keine Konfliktkommission vorhanden war oder wenn ein Verklagter einer Ladung trotz wiederholter Mahnungen keine Folge geleistet hatte, ging eine Klage gleich zum Kreisgericht. Im Übrigen war das Gericht in Arbeitsrechtssachen Berufungsinstanz. Ist es ein Wunder, dass die Arbeitsrechtseingänge in Lüritz fielen?

DDR-Juristen waren stolz auf ihre Konfliktkommissionen und sprachen auch nach der Wende eine Weile noch davon, dass man diese vernünftige und volksnahe Methode der Konfliktlösung auch in der Bundesrepublik beibehalten solle. In meinen Lüritzer Akten sehe ich die gesellschaftlichen Gerichte allerdings von ihrer schlechtesten Seite. Schließlich führten nur ihre unbefriedigensten Entscheidungen zu einer anschließenden Berufung beim Kreisgericht. Vor allem in den frühen Jahren der Konfliktkommissionen kam es manchmal zu abenteuerlichen und in keinem Gesetzbuch vorgesehenen Beschlüssen: So verurteilte 1970 eine der Lüritzer Konfliktkommissionen einen Arbeits-Bummelanten zu drei Sonderschichten zugunsten von Nord-Vietnam, und ein Jahr später wies eine andere Kommission jemanden mit 15 Fehlschichten bei der Reichsbahn wegen fehlender Reue in ein Arbeitslager ein. Bis zum Zusammenbruch der DDR war die Arbeit ihrer Konfliktkommissionen vom nicht verwunderlichen Unverständnis mancher Laienrichter für den Sinn und Zweck formaler Genauigkeit geprägt: Konfliktkommissionen verhandelten gelegentlich in unzureichender Besetzung oder ohne Protokoll; verurteilten zu Strafen, die nicht im Gesetzbuch standen, und machten allerhand andere rechtliche Schnitzer, die Schlossern und Bauarbeitern eher unterlaufen als Juristen. Das Kreisgericht schickte derartige Entscheidungen mit kritischer Belehrung zurück oder korrigierte sie selbst und sorgte so für Ordnung. Aber die weitaus meisten Arbeitsrechtskonflikte in der DDR wurden endgültig schon von den Konfliktkommissionen entschieden. Trotzdem können die gesellschaftlichen Gerichte nicht die Veränderungen in der Arbeitsrechtsprechung meines Kreisgerichts erklären. Lüritzer Arbeitsrechtsklagen gingen schon *vor* der Gründung der Konfliktkommissionen im Jahr 1953 zurück. Auch der Geschäftsanfall der Kommissionen selbst blieb für westdeutsche Begriffe erstaunlich niedrig. Während 1982 einer von 55 Arbeitnehmern in der Bundesrepublik seinen Arbeitgeber vor Gericht verklagte, stritt sich in der DDR nur ein Werktätiger unter 433 mit seinem Arbeitgeber vor einer Konfliktkommission.[11] Dies war ein Land, in dem Auseinandersetzungen im Betrieb nur selten nach formalen rechtlichen Regeln ausgefochten wurden. Warum nicht?

Zum einen, weil die neue Planwirtschaft viele Bereiche, die in einer kapitalistischen Wirtschaft für Rechtsstreitigkeiten anfällig sind, der Kontrolle der Beteiligten entzog. Planentscheidungen wie Lohnformen, Eingruppierungen, Kennziffern und dergleichen waren der vertraglichen Vereinbarung entzogen und konnten von den Betroffenen nicht juristisch angegriffen werden. In der DDR kamen vorwiegend solche Lohnprobleme vor Gericht, in denen es um individuell verdiente Extra-Würste ging: Prämien, Zulagen, Neuerervereinbarungen. Auch diese Klagen wurden immer weniger. 1952 hatte das Lüritzer Arbeitsgericht noch 156 Lohnstreitigkeiten zu entscheiden. 1960 waren es nur noch 15 und auch in den 1980er Jahren stiegen die Lohnklagen kaum über 20 Eingänge im Jahr. Es ist nicht anzunehmen, dass die meisten Lüritzer mit ihrem Lohn zufrieden waren. Aber ihrer Unzufriedenheit ließ sich nur selten juristisch Ausdruck geben.

Das andere Standardthema westdeutscher Arbeitsgerichtsbarkeit – Kündigungsklagen – schmolz mit der Etablierung der Planwirtschaft in der DDR ebenfalls dahin wie Schnee im März. 1952 hatte es in Lüritz noch 64 Kündigungsklagen gegeben, 1960 waren es 13 und 1980 nur noch 6. Der Sozialismus mochte Kündigungen nicht. Zum einen weil jeder Mensch ein Recht auf Arbeit hatte: Jemanden für sein Fehlverhalten durch den Entzug von Arbeit zu bestrafen, schien unproduktiv und unmoralisch. Zum anderen mochte zwar der Betrieb daran interessiert sein, einen unzuverlässigen Kollegen loszuwerden, nicht aber die Gesamtwirtschaft, für die ein Nichtsnutz besser an seiner alten Arbeitsstelle aufgehoben war, wo man ihn und seine Schwächen kannte, als in einem neuen Betrieb, wo man ihm erst noch auf die Sprünge kommen musste. So waren durch die ganze Lebenszeit der DDR hindurch fast alle Klagen, mit denen ein Lüritzer Arbeitnehmer seine Kündigung anfocht, erfolgreich. Auch wenn jemand an seinem Arbeitsplatz nicht mehr zu brauchen war, musste der Betrieb ihn versetzen oder umschulen, statt ihn zu entlassen. «Kündigungen sind leichter auszusprechen, als an die Umerziehung des Werktätigen zu gehen. Die Betriebsleitung hätte die Fehlerquellen erforschen und die Ursachen beseitigen müssen», heißt es in einem Urteil von 1958. Und zwei Jahre später: Bummelanten «sind durch eine beharrliche Überzeugungsarbeit zu einer bewussten Einhaltung der Arbeitsdisziplin zu erziehen.» Als im Herbst 1988, also kurz vor Toresschluss, mein Kreisgericht die Kündigung eines Schlachters der Lüritzer Fleischfabrik tatsächlich einmal billigt, weil er wegen Rowdytums und Diebstahls zu 15 Monaten Gefängnis verurteilt worden war, hebt das Bezirksgericht in Neuburg die Entscheidung wieder auf. Zwar habe das Oberste Gericht fristlose Entlassungen bei der Verurteilung des Betroffenen zu einer Freiheitsstrafe über einem Jahr für zulässig erklärt. Aber das enthebe den Betrieb nicht der Verpflichtung, auch bei höheren Freiheitsstrafen eine mögliche Weiterbeschäftigung des Verurteilten in jedem Fall zu prüfen. Nein, es war ziemlich aussichtslos, in Lüritz einen schlechten Arbeiter durch eine Kündigung wieder loszuwerden.

Der permanente Arbeitskräftemangel in der DDR tat noch ein Übriges, um Arbeitnehmerrechte praktisch unangreifbar zu machen. Die meisten volkseigenen Betriebe konnten es sich gar nicht leisten, die Rechte ihrer Angestellten nicht zu respektieren. Sie neigten eher dazu, Fehler zu vertuschen, als sie zu bestrafen. So wurden zum Beispiel Bummelstunden oft durch nachträglich gewährte Ferientage ausgeglichen. Lüritzer Arbeitnehmer lernten, die Nachsicht ihrer Vorgesetzten für ihr gutes Recht zu halten. Manche Arbeitnehmerklagen in meinen Akten verraten einen fast kindlichen Trotz gegenüber der Autorität von Vorgesetzten. 1985 kommt es zum Beispiel zum Prozess, weil die Angestellte eines Autoreparatur-Betriebs sich weigert, ihren Schreibtisch im Büro um 90 Grad zu drehen und um 20 Zentimeter zu verrücken. Sie verliert am Ende. Aber ich wundere mich gleichermaßen über die Hartnäckigkeit der Frau wie über die Langmut des Betriebs. 1989 klagt eine Garderobenfrau bei der HO wegen einer angeblich falschen Lohnabrechnung, weil sie den Abrechnungsmodus des Betriebs nicht verstanden hat und wohl auch nicht verstehen wollte. «Wir haben erläutert und erläutert», sagt, ganz entnervt, der Vorsitzende der Betriebsgewerkschaftsleitung [BGL] in der Verhandlung. In der DDR war Prozessieren leicht und billig, und Arbeitsrichter zeigten auch bei Kleinigkeiten viel Geduld. Aber im Arbeitsleben der meisten Lüritzer kam es zu wenig Übergriffen der Betriebe, die es wert schienen, deswegen vor Gericht zu ziehen.

Dafür gab es im Sozialismus andere Klienten der Gerichte, die im Kapitalismus fast ausschließlich in der Rolle des Beklagten auftreten: die Betriebe. In meinen Lüritzer Arbeitsrechtsverfahren (und das gilt auch für die DDR ganz allgemein) verklagten vor allem sozialistische Arbeitgeber ihre Arbeitnehmer. Die Forderungen, um die es ging, waren bei Konfliktkommission und Gericht die gleichen: Ansprüche des Betriebs auf Fleiß, Pünktlichkeit, Ordnung und bessere Arbeitsdisziplin, denen in einer kapitalistischen Wirtschaft vor allem durch Lohndifferenzierungen und Entlassungen Nachdruck verliehen wird. Wenn unzufriedene Arbeitnehmer nicht entlassen werden können, bleibt nur die Umerziehung im Betrieb. Bei diesem Umerziehungsprozess (oder jedenfalls dem Versuch dazu) spielten auch die Gerichte in der DDR eine wichtige Rolle.

Juristisch standen dem Betrieb eine Reihe von Erziehungsmaßnahmen zur Verfügung: Verweise, Geldansprüche, mit denen der Betrieb vom Arbeitnehmer Ersatz für von diesem angerichteten Schaden verlangte (auch «materielle Verantwortlichkeit» genannt), Rückforderungen von Lohn für geleistete oder vielmehr nicht geleistete Bummelstunden und in den schwersten Fällen (wenn auch nicht sehr erfolgversprechend) fristlose Entlassungen. Aber die Erziehungsmethoden des Staates und des Rechts veränderten sich im Laufe der

Jahrzehnte. Eine Pädagogik, die streng und rechthaberisch begann, endete in Nachsicht und Fürsorge. Ich will den Wandel an der Entwicklung eines Rechtsinstituts nachzeichnen, das im kapitalistischen Arbeitsrecht so gut wie keine Rolle spielt: den Schadensersatzansprüchen des Betriebs für Rechtsverletzungen seiner Arbeitnehmer. DDR-Arbeiter und -Angestellte sollten Fleiß und Ordnung dadurch lernen, dass sie für selbstverursachte wirtschaftliche Verluste auch selbst «materiell verantwortlich» gemacht wurden. Wie geschah das?

Die ersten Schadensersatzklagen von Betrieben gegen ihre Arbeitnehmer tauchen in meinen Akten 1952 auf, in dem Jahr, in dem die DDR beschloss, «den Sozialismus aufzubauen», dem Jahr des «Gesetzes zum Schutze des Volkseigentums», dem Jahr, in dem mit der Kollektivierung der ostdeutschen Landwirtschaft begonnen wurde; einem Jahr kollektiver Hoffnungen und Pläne, zu denen auch die Umerziehung des Menschen durch das Recht gehörte. Übrigens war dies auch ein Jahr, in dem der staatliche Lebensmittelhandel in der DDR statt des erwarteten Gewinns von 48 Millionen Mark einen Verlust von 59 Millionen Mark zu verzeichnen hatte.[12] So ist es vielleicht nicht erstaunlich, dass fast alle der «materiellen Verantwortlichkeits-Klagen» in diesem und den nächsten Jahren entweder von der sozialistischen Handelsorganisation, der HO, oder vom Konsum gegen Mitarbeiter eingeleitet werden, unter denen es zum Verlust von Waren oder zu Minus-Differenzen in der Kasse gekommen war. Beide, HO und Konsum, waren Kreaturen einer Wirtschaftsrevolution, die das private Eigentum bürgerlicher Kaufleute durch kollektiv verwaltetes Eigentum ersetzen wollte. Statt durch kapitalistischen Wettbewerb sollte die Verbraucherwirtschaft in der DDR durch staatliche Bedürfnisplanung und -befriedigung geprägt werden. Tante-Emma-Läden auf dem Lande wurden von den neuen sozialistischen Einkaufsstätten ebenso verdrängt wie die großen Kaufhäuser in der Stadt. Viele der alten Eigentümer gingen in den Westen. An ihre Stelle traten staatlich angestellte «Verkaufsstellenleiter», deren Verwaltung der Geschäfte nicht mehr vom Streben nach Profit gesteuert, sondern von gesellschaftlicher Verantwortung getragen sein sollte. Aber die Kasse musste trotzdem stimmen. Sie tat es immer weniger. 1952 gingen in Lüritz 14 Schadensersatzklagen von Arbeitgebern gegen Angestellte ein, 1956 waren es schon 48 und damit 29 % des gesamten arbeitsrechtlichen Geschäftsanfalls des Kreisgerichts. Die meisten Fälle drehten sich um Manko-Inventuren in Kaufhallen, Gastwirtschaften und Lebensmittel-Geschäften.

Meine Akten vermitteln ein gutes Bild der Wirtschaftslandschaft, in der es zu diesen Klagen kam. Es ist ein Bild der Unordnung und Armut. Im sozialistischen Handel fehlt es an allem: Registrierkassen (die aus dem Westen kamen und bis zum Lebensende der DDR zu den Luxusgütern zählten), Kühltruhen, Verpackungsmaterial, Waagen, auf die man sich verlassen konnte, Preisschildern mit Klebstoff, der sie auch wirklich an der Ware kleben ließ, Lagerraum (von begehrlichen Waren, die zu lagern waren, ganz zu schweigen) und vor allem an Personal und Fachwissen. Erfahrene Kaufleute waren oft in den Westen abgewandert. Ihre Geschäftsmethoden hätten ohnehin nicht in die Welt des sozialistischen Handels gepasst. Als 1954 ein besonders tüchtiger Verkaufsstellenleiter an «Sportsonntagen» und auf Bauernmärkten durch den Verkauf von Würstchen und Getränken seinen Umsatz zwar um 12 000 Mark erhöht, aber in dem Gedränge auch 567 Mark Verlust durch Diebstahl zu verzeichnen hat, wird er wegen «groben Vorsatzes» von der HO auf den Ersatz des Schadens verklagt. 1958 wird eine erfinderische Verkäuferin vom Konsum für Schäden in Anspruch genommen, die durch falsches Abwiegen entstanden seien: Sie hatte, weil an ihrer Waage schon lange die kleinen Gewichte fehlten, mit Drops und Margarine als Gewichten abgewogen.

Im sozialistischen Handel konnte so vieles falsch laufen. Bis 1958 in der DDR die letzten Reste der Rationierung aufgehoben wurden, konnte ein Verkäufer Konsum-Waren (bewirtschaftet und billig) mit HO-Waren (unbewirtschaftet und teuer) durcheinanderbringen, mit dem Ergebnis, dass entweder zu wenig Geld oder zu wenig Marken in der Kasse lagen. Kleinstädtische Vertrautheit mit den Kunden und alte Gewohnheiten wie der Verkauf auf Anschreiben machten es schwierig, den Preis der Ware auf der Stelle einzutreiben. Weil es an Registriergeräten fehlte, mussten Verkaufsnachweise mit der Hand geschrieben werden. Viele Geschäfte arbeiteten mit der «Pappkarton-Methode» und verwahrten Geld und anderes Wichtige in Schuhkartons unter dem Ladentisch. Viele schrieben Kassenzettel gar nicht aus. Das war gegen die Regeln, aber jeder Vorgesetzte bei der HO und dem Konsum wusste, dass die Regeln gar nicht einzuhalten waren. Revisionen waren sporadisch, oberflächlich und formal. «Niemand ließ sich trotz meines Alarmrufes sehen», sagt 1956 ein Schlachtermeister, in dessen defekter Kühltruhe volkseigenes Fleisch verdorben war und den die HO auf Ersatz verklagte. «Sie haben immer nur zur Tür hereingesehen und sind gegangen», sagt eine Konsum-Verkäuferin, bei der 1 600 Mark in der Kasse fehlen. Oft legten Konsum und HO ihre Klagen auf Ersatz von Manko-Schäden erst nach mehrfachen Minus-Inventuren ein, ohne die betroffenen Verkaufsstellenleiter und Verkäufer schon bei den ersten Anzeichen von Problemen zu warnen und zu unterstützen. Denn bei dem «Pappkarton-System» waren auch die Inventuren unzuverlässig: Mal war zu viel Geld in der Kasse, mal zu wenig, und alle hatten sich an Unordnung gewöhnt. «Wir haben jeden Abend gerechnet und es stimmte nie», sagt 1958 eine Geschäftsleiterin, die von ihren Vorgesetzten wegen einer Kassendifferenz vom 1047 Mark verklagt wird. Nirgendwo in der DDR stimmten die Abrechnungen. In manchen Jahren waren die Plus-Differenzen im volkseigenen Handel sogar noch höher als die Minus-Differenzen.[13]

Auch wenn die «materielle Verantwortlichkeit» einen Arbeitnehmer spürbar an die gesellschaftliche Schädlichkeit seiner Unordnung erinnern sollte, sehen die Manko-Verfahren dieser Jahre nicht sehr pädagogisch aus. Eher habe ich den Eindruck, dass die Funktionäre von Konsum und HO ihre Untergebenen erst dann verklagen, wenn ihnen der Revisor selbst im Nacken sitzt. Sie sind nicht Kaufleute, sondern Bürokraten. Sie müssen sich für die roten Zahlen der ihnen unterstellten Geschäfte exkulpieren können. Für die verklagten Verkäufer und Verkäuferinnen, die für die Verluste ihrer Schachtel-Kassen geradestehen mussten, bedeuteten die Summen von 500 bis 1 000 Mark, um die es meistens ging, eine Menge Geld. Für die Kläger, ihre Vorgesetzten, bedeutete ein Prozess-Sieg, dass sie den Verlust abschreiben und damit ihre eigenen Bücher in Ordnung bringen konnten.

Bis zum Erlass des ersten ostdeutschen Arbeitsgesetzbuches, des GBA von 1961, unterlagen Manko-Klagen den Bestimmungen des BGB: Der klagende Betrieb musste gemäß § 276 BGB nachweisen können, dass der Verkäufer oder die Kassiererin den Geld- oder Warenverlust schuldhaft verursacht hatte. Die Konfliktkommissionen, die sich als Erste mit der Sache zu befassen hatten, waren in der Regel schnell bei der Hand, das Verschulden des Verklagten zu bestätigen. Die meisten Verluste gab es in kleinen, besonders schlecht ausgestatteten Geschäften mit wenigen Angestellten oder, häufiger noch, in sogenannten «Ein-Mann-Verkaufsstellen», in denen eben dieser eine

Mann oder die eine Frau die Kunden, die Ware, die Kasse, die Tür und alles sonst noch allein im Auge behalten musste und in denen es besonders oft zu unerklärten Abrechnungsdifferenzen kam. Die «Ein-Mann-Verkaufsstellen» gab es vor allem in der ländlichen Umgebung von Lüritz. Die Konfliktkommissionsmitglieder, die über Schuld und Unschuld der Verkäufer zu entscheiden hatten, kamen dagegen aus der Stadt, wo die Kommissionen von den Verwaltungsorganen von HO und Konsum gebildet worden waren. Ich kann in ihren Beschlüssen kein didaktisches Interesse und keine proletarische Verbundenheit mit ihren Kollegen an der Basis entdecken. Dass das Geld fehlte, reichte meistens aus, um den Verklagten für den Verlust verantwortlich zu machen. Irgendjemand musste ja schuld sein. Oft wurde eine Beweisführung nicht einmal versucht. Der Leiter eines Dorf-Konsumladens wird so zur Zahlung eines Fehlbetrags von 1 543 Mark verurteilt, weil «der Kollege beim Eingang der Waren vermutlich nicht immer die nötige Sorgfalt walten lässt.» «Kollegin W. hat nachweislich über ihre Verhältnisse gelebt», heißt es in einer anderen Entscheidung, die eine Verkäuferin, bei der 430 Mark in der Kasse fehlen, jedenfalls für 100 Mark davon verantwortlich macht – so viel wird sie sich schon herausgenommen haben. Soll sie sich freuen, nicht vorm Strafrichter zu stehen.

In Manko-Fällen kommt es damit praktisch zu einer Umkehrung der Beweislast. Unter dem Druck der gesellschaftlichen Richter (und vielleicht auch aus Angst vor dem Staatsanwalt) erklären sich viele der Beschuldigten auch bei unklarer Beweislage bereit, Schuldanerkenntnisse zu unterschreiben, die die Konfliktkommissionen ohne irgendwelche Skrupel bestätigen und die die Unterzeichner zu jahrelangen Ratenzahlungen an den Betrieb verpflichten. Manche Verkaufsstellenleiter müssen in ihrem Berufsleben mehrere Verfahren gegen sich erdulden. 1960 gibt der Leiter eines Radiogeschäftes in Lüritz seinen Posten auf, nachdem der Konsum ihn, nach zwei vorangegangenen Klagen von 1957 und 1959, nun schon zum dritten Mal auf Schadensersatz für Verluste verklagt, die diesmal bei der Probeüberlassung von Fernsehgeräten an seine Kunden entstanden waren. In dem Geschäft hatten sich die Apparate mangels Empfangs nicht ausprobieren lassen.

Im Sozialismus Kaufmann sein, wird zu einem gefährlichen Beruf. Meine Arbeitsrechtsakten erwähnen allein im Jahre 1956 15 HO- und Konsum-Angestellte, die vor oder nach einer Inventur in den Westen geflohen sind: Gastwirte, Kassierer, Verkäuferinnen – alles Leute, die wissen, dass sie sonst als Letzte in einer Kette von Unzulänglichkeiten von den Hunden gebissen werden würden. Wenn ich die Strafrechts-Manko-Fälle noch dazurechne (das heißt, die Fälle von Angeklagten, bei denen das Defizit nicht nur durch Überforderung, sondern vielleicht auch durch sträflichen Leichtsinn, Untreue oder Unterschlagung zu erklären ist; die Übergänge sind hier fließend), steigt die Zahl der flüchtigen Kaufleute noch beträchtlich. Wie alle anderen Manko-Schuldner werden auch die Flüchtigen von Konsum und HO auf Schadensersatz verklagt. Denn auch wenn ein Urteil sich nicht vollstrecken lässt, kann es doch die Schuld für den Verlust von der HO-Verwaltung auf den geflohenen Kassierer abschieben. So fungieren Manko-Klagen zunehmend als eine Strategie, durch die sich staatliche Handelsfunktionäre auf Kosten ihrer sehr viel ärmeren Untergebenen schützen. Die gesellschaftlichen Gerichte machen das böse Spiel jedenfalls in den Fällen mit, die sich in meinen Akten wiederfinden.

Und wie verhielten sich die Lüritzer Arbeitsrichter bei diesem Zusammenstoß von Arbeiter- und Funktionärsinteressen? Auch für sie ging es ja um den Verlust gesellschaftlicher Gelder in einer Zeit, in der das Volkseigentum rücksichtslos durchs Strafrecht verteidigt wurde. «Sowohl der Vorstand der Konsumgenossenschaft als auch die Konfliktkommission gehen davon aus, dass der Genossenschaft so wenig wie möglich verloren gehen dürfe», heißt es in einer Manko-Klage von 1956, und ähnlich, sollte man meinen, müssen auch die Volksrichter gedacht haben, die über diese Klage zu entscheiden hatten und für die gesellschaftliches Eigentum mehr als wichtig – sozusagen heilversprechend – war. Trotzdem finde ich die Lüritzer Arbeitsrichter dieser Jahre in den meisten Manko-Fällen auf der Seite der Verklagten. Trotz aller Ausbildungsschwächen denken und argumentieren meine Richter wie Juristen. Schmalspur-Juristen, zugegebenermaßen. Aber doch wie Leute, die von dem Wert förmlicher Genauigkeit überzeugt sind. Sie heben KK-Beschlüsse nicht nur wegen sachlicher Fehler, sondern auch aus formalen Gründen auf: weil der Betrieb keinen Antrag auf Verhandlung gestellt habe, zum Beispiel, oder weil das Protokoll oder die Rechtsbelehrung fehlt. Sie reagieren ärgerlich auf Ausreden oder unbewiesene Behauptungen. Als 1958 wieder einmal der Konsum eine Manko-Klage gegen eine unglückselige Verkäuferin damit begründet, dass sie keine Kassenzettel geschrieben habe, verliert die Arbeitsrichterin die Geduld. «Es ist gerichtsbekannt, dass nicht nur in den Verkaufsstellen des Klägers, sondern in fast sämtlichen Lebensmittel- und Gemüseverkaufsstellen der Konsumgenossenschaft keine Kassenzettel geführt werden. Da eine Änderung dieses Zustands bisher nicht eingetreten ist, muss angenommen werden, dass von der Verklagten bisher nicht die Führung von Kassenzetteln gefordert worden ist.» Gelegentlich entdecke ich, dass besonders hahnebüchene Formulierungen der KK-Beschlüsse in meinen Akten rot unterstrichen sind; derartige Annotierungen müssen von einem Richter stammen und verraten die Irritation des Experten gegenüber Laien.

Ich will die rechtsstaatlichen Instinkte meiner Lüritzer Arbeitsrichter in diesen Jahren nicht übertreiben. Vor allem in den 1950er Jahren kritisiert das Kreisgericht zwar die juristischen Schnitzer der Konfliktkommissionen, ist aber nicht bereit, nur wegen dieser Schnitzer das eigentliche Ziel der materiellen Verantwortlichkeit scheitern zu lassen. In den 50er Jahren werden viele Beschlüsse der Konfliktkommissionen vom Kreisgericht zurückgeschickt, um korrigiert und – nunmehr formal in Ordnung – eben doch vollstreckt zu werden. Es scheint dem Gericht in diesen Fällen mehr um Ordnung als um Recht zu gehen. Aber auch bloßer Ordnungssinn kann Rechtssicherheit und damit am Ende auch Gerechtigkeit erzeugen. Ihre Pingeligkeit, ihre Aufmerksamkeit für Details, ihr Argwohn gegenüber unbewiesenen Behauptungen, ihre zum Reflex gewordene berufliche Bereitschaft, auch der anderen Seite zuzuhören, machte meine Lüritzer Arbeitsrichter zunehmend zu Leuten, die nicht nur eine bestimmte Politik, sondern auch Rechte verteidigten. Es war ein Lernprozess, der auch an anderen Arbeitsgerichten in der DDR stattfand. Dabei spielte das Oberste Gericht der DDR eine wichtige Rolle, das die anfängliche Unsicherheit der Volksrichter, die zwischen Solidarität mit den Angeklagten und Sorge um die Erhaltung des gesellschaftlichen Vermögens hin und her schwankten, allmählich in eine für die Angeklagten fürsorglichere Richtung lenkte. Unter den 55 Urteilen im ersten Band der arbeitsrechtlichen Entscheidungen des OG betreffen nicht weniger als 13 Manko-Fälle.

Ich habe den Eindruck, dass das höchste Gericht im Lande sich mit diesen Klagen auch deswegen so intensiv befasste, weil es die Frage nach der Verantwortlichkeit für Minus-Differenzen auch als eine Klassenfrage nach dem Verhältnis zwischen dem staatlichen Arbeitgeber und den Arbeitnehmern in der DDR verstand. Es war zu offensichtlich, dass HO und Konsum Manko-Ansprüche gegen ihre Untergebenen nicht aus Pflichtgefühl, sondern aus blankem Selbstinteresse geltend machten. Die Gerichte müssten die Frage des Verschuldens für Kassen-Mankos «unter Ausschluss jeglicher Ausbeutung» entscheiden, ermahnte das OG schon im April 1954.[14] Das waren starke Worte für ein Gericht, das nicht von kapitalistischen Kaufleuten, sondern vom eigenen Handel sprach. Die Jahre der Manko-Klagen in der DDR, die in Lüritz 1956 ihren Höhepunkt erreichten, waren in der Tat Jahre der Ausbeutung heillos überforderter Angestellter durch ihre sozialistischen Arbeitgeber.

Mit dem Erlass des ersten DDR-Arbeitsgesetzbuchs im Jahre 1961 wurde das Manko-Thema wesentlich entschärft. § 113 AGB begrenzte die Haftung von Angestellten für dem Betrieb zugefügte Schäden bei Fahrlässigkeit auf einen Monatslohn. In meinen Lüritzer Akten nehmen die Manko-Fälle deutlich ab. Schließlich beschränkte das neue Arbeitsgesetzbuch von 1977 die Haftung selbst bei schriftlich vereinbarten Verwahrungspflichten auf höchstens drei Monatslöhne eines Arbeitnehmers. Wenn es jetzt noch zu Verurteilungen kam, mussten überforderte Verkäufer in der Regel nur noch mit Schadensersatzverpflichtungen in Höhe eines Bruchteils der Verluste rechnen.

Das heißt nicht, dass das Arbeitsrecht seine pädagogischen Hoffnungen vergessen hätte. Es will die Bürger immer noch zu ordentlichen Arbeitern erziehen. Aber die Methoden wandeln sich. An die Stelle von Manko-Klagen rücken jetzt andere Methoden, nachlässige und faule Arbeitnehmer an ihre Pflichten zu erinnern: erzieherische Verfahren gemäß § 255 AGB, Lohnrückforderungen für schlechte oder nicht geleistete Arbeit, Klagen auf «materielle Verantwortlichkeit» des Arbeitnehmers für andere von ihm angerichtete Schäden als Manko-Defizite (die in der Regel zu Schadensersatzverpflichtungen unter einem Monatslohn führen) und in den 1980er Jahren zunehmend fristlose Kündigungsklagen gegen nicht mehr erziehbare «asoziale» Arbeitnehmer.

Auch *wer* an den Erziehungsmühen des Gerichts beteiligt ist, verändert sich im Laufe der Jahrzehnte. In den frühen Jahren hatte sich das Gericht noch ganz konventionell auf die individuelle Verantwortung für einen bestimmten Streitfall konzentriert. Mit den Hoffnungen auf einen «neuen Menschen» in den 1960er Jahren werden die staatlichen Erziehungspläne ehrgeiziger und schweifen aus: Es geht nicht mehr nur um die unmittelbar Beteiligten, sondern auch um den Betrieb, in dem der Streit entstehen konnte; nicht mehr nur um einen Schaden, der wieder gutzumachen ist, sondern um die politischen und menschlichen Beziehungen im Arbeitskollektiv; das Verantwortungsgefühl aller Mitarbeiter; die Frage, wie dergleichen Auseinandersetzungen in Zukunft vermieden werden könnten. Es geht eigentlich um alles und um alle, die nur irgendwie mit einem Streitfall in Verbindung stehen. Jeder soll von dem Verfahren lernen. Bei passenden Gelegenheiten verlegt das Gericht seine Verhandlungen an den Arbeitsplatz der Streitenden und lädt Betriebsführung, Gewerkschaftsfunktionäre und Belegschaft ein, an dem Justizspektakel teilzunehmen.

Allerdings kosten Erziehungs- und Erbauungsverfahren dieser Art nicht nur das Gericht viel Zeit und Mühe. Es scheint nicht immer leicht, genügend Mitwirkende für die «Verfahren vor erweiterter Öffentlichkeit» zusammenzutrommeln: Bei Verhandlungen während der Arbeitszeit protestiert die Leitung, bei Verhandlungen nach der Arbeitszeit verschwinden die Zuschauer. Das Gericht muss strenge Briefe verschicken, um die erwünschten Teilnehmer zum Kommen zu bewegen. «Wir halten Ihre Teilnahme an diesem Termin für erforderlich», schreibt Frau Dankwarth, resolute Lüritzer Arbeitsrichterin, in einem Manko-Fall 1965 an den Verkaufsstellenausschuss des Konsum und versucht ein paar Wochen später, in einer Kündigungssache, die Betriebsgewerkschaft zur Abkommandierung ihrer Mitglieder zu bewegen: «Der BGL-Vorsitzende Hermann hat zu veranlassen, dass sämtliche BGL-Mitglieder am Termin teilnehmen.» Wenn das Verhandlungsprotokoll in solchen Fällen keine Zahlenangaben über die anwesenden Teilnehmer enthält, kann ich ziemlich sicher sein, dass viele der Eingeladenen sich entschuldigen ließen. Bei Verfahren mit großem Publikum wird über die Zahl der Anwesenden in der Regel berichtet. Auch dass die Predigten immer auf offene Ohren treffen, scheint zweifelhaft. Zwar finde ich nur selten ausdrückliche Kritik an den Erziehungsplänen des Gerichts in meinen Akten. Es gehörte zum guten politischen Ton, nach kollektiver Besserung zu streben. Aber die Reaktionen auf die didaktischen Ermahnungen des Gerichts klingen manchmal so eifrig, dass man hinter den Beteuerungen eher Ironie vermuten möchte. 1965 beantwortet der Leiter eines Bäckereibetriebs eine ausführliche Gerichtskritik zu den Entlassungspraktiken seine Firma so: «Richtig lehrbar ist die erste

Feststellung des Gerichts...»; fährt fort: «eine weitere Lehre wurde von uns gezogen im Hinblick auf...», und endet: «Abschließend kann gesagt werden, dass dieses Verfahren uns allen eine Lehre gewesen ist.» Glaubten die Empfänger der Epistel, was sie lasen?

Zu Anfang ihrer pädagogischen Bemühungen hatten die Richter bei Lokalterminen in Betrieben noch gehofft, dass eine Publikumsbeteiligung bei der Erörterung des Rechtsstreits auch seine gesellschaftlich vernünftige Lösung fördern werde. Aber in den Protokollen der Verfahren finde ich vor allem die animierten Kommentare von Kollegen, die ihrem Ärger oder ihrer Sympathie für einen vom Recht zur Schau gestellten Mitarbeiter Ausdruck geben. «Sie ist ein Dickschädel!», ruft jemand 1965 bei einer Betriebsverhandlung über die Kündigung einer jungen Arbeiterin aus dem Zuschauerraum. «Sie ist langsam, aber nicht frech», sagt jemand anderes. «Sie ist nicht frech, aber stur», findet ein Dritter. Die Lüritzer Richter der 1970er und 1980er Jahre vertrauen immer weniger auf die verändernde Kraft des Kollektivs. Statt auf allgemeine Erbauung und Besserung konzentrieren sie sich zunehmend auf die Bewältigung konkreter menschlicher Krisensituationen. Jemandem war gekündigt worden; er bekam nicht die Prämie, zu der er sich berechtigt fühlte; er war mit einem Zeugnis nicht zufrieden. Was ließ sich für ihn tun? Zwar wurden Betriebe und Arbeitskollektive noch immer zur Lösung von Konflikten herangezogen: als Leumundszeugen etwa oder zur Unterstützung eines «Asozialen» im Betrieb. Aber die Kollegen fungierten in diesen Fällen als Helfer, nicht als Hauptdarsteller des Verfahrens. Das eigentliche Interesse des Gerichts galt dem individuellen Arbeitnehmer.

Je näher die DDR auf ihren Untergang zutreibt, desto einfallsreicher und flexibler verfolgen meine Lüritzer Arbeitsrichter den Schutz von Einzelinteressen. Viele Probleme lösen sie schon am Telefon. Jemand erhebt Klage, weil ihm sein Betrieb für die Zeit der Pflege eines kranken Kindes kein Gehalt gezahlt hat. Frau Neumann, Arbeitsrichterin seit 1978, ruft beim Betriebsleiter und dem Lohnbuchhalter an und erläutert die Rechtslage. Der Lohn wird nachgezahlt, die Klage zurückgenommen. Gut die Hälfte aller Arbeitsrechtsklagen in Lüritz enden so, bevor es überhaupt zu einer mündlichen Verhandlung kommt, mit dem vom Gericht ermunterten Einlenken der einen oder anderen Seite und einer anschließenden Klagerücknahme. In den 1980er Jahren werden nur etwa ein Viertel der Arbeitsrechtsprozesse in Lüritz mit einem Urteil abgeschlossen.

Zwar gewinnt in den Fällen, die mit einem Urteil enden, nach meinen Auszählungen eher der Betrieb als der Arbeitnehmer. Aber das ist juristisch gesprochen. Die Entscheidung, wie ein Disput nach den Paragraphen des AGB zu beurteilen ist, macht nur einen Teil der Arbeit des Gerichts aus, und nicht einmal den, scheint mir, der der Richterin zunächst am Herzen liegt. Denn auch wenn eine Klage abgewiesen oder zurückgenommen wird, ja sogar wenn das Gericht sich in dem Streit für unzuständig erklärt, kümmern die Richter sich um die Sorgen der betroffenen Arbeitnehmer. Zum Beispiel erhebt ein schon entlassener Bummelant beim Kreisgericht Einspruch gegen eine Entscheidung der Konfliktkommission, nach der er seinem ehemaligen Arbeitgeber noch Lohn zurückzahlen müsse. In der mündlichen Verhandlung kann der Betrieb beweisen, dass dem Arbeitnehmer wirklich zu viel bezahlt worden ist. Der Entlassene nimmt seinen Einspruch gegen den KK-Beschluss zurück. Aber als die Richterin erfährt, dass er noch immer ohne Arbeit ist, überredet sie den Vertreter des Betriebs noch im Gerichtssaal, ihn wieder einzustellen. Auch der Verlierer in dem Rechtsstreit hat gewonnen.

Wenn sich ein Problem nicht auf der Stelle lösen lässt, schreiben die Richter Briefe. Als 1988 ein mehrfach vorbestrafter Lastwagenfahrer eine von ihm selbst im Ärger ausgesprochene und nun bereute Kündigung vor Gericht anfechten will, verliert er zwar seinen Prozess. Aber Frau Walter schickt auch einen Brief an die Abteilung Inneres: «Aus der Sicht des Gerichts wird es notwendig sein, in Zusammenarbeit mit dem Amt für Arbeit einen Betrieb zu beauftragen, den Kläger sofort einzustellen. Ich bitte um Mitteilung...» Eine Woche später kommt die Antwort: Der Kläger wird wieder an seiner alten Arbeitsstelle eingestellt, deren juristische Verteidigung ihm eben erst misslungen war. Auch in Situationen, in denen das Arbeitsgericht eine Klage völlig legitim mit formalen Gründen abweisen könnte, lässt es oft die Gelegenheit, sich Arbeit zu ersparen, ungenutzt. 1988 zum Beispiel beschwert ein Kläger sich beim Kreisgericht über die Kürzung seiner Jahresendprämie. Aber sein Einspruch gegen eine voraufgegangene KK-Entscheidung in der Sache kommt zu spät; der Vertreter des verklagten VEB ist außerdem noch ohne Vollmacht bei Gericht erschienen. Ein westdeutscher Arbeitsrichter hätte die Klage als unzulässig abgewiesen, befriedigt den Zeitgewinn vermerkt und sich dem nächsten Fall auf seiner Liste zugewendet. Aber Frau Neumann schickt die Parteien nicht nach Hause. Sie spricht mit ihnen den

Sachverhalt durch, ermutigt sie zu einer außergerichtlichen Einigung, legt eine Pause ein, damit die Parteien sich beraten können, nimmt die erzielte Einigung zu Protokoll und notiert die Rücknahme des Einspruchs durch den Kläger. «Geschlossen», schreibt sie auf das Blatt und legt erst jetzt die Akte weg. Besser als «geschlossen»: Sie hat den Frieden zwischen den Parteien wieder hergestellt.

War es wirklich nur Fürsorge, die die Lüritzer Arbeitsrichter motivierte? Ihre Verhandlungsstrategien lassen sich auch anders als mit ihrer Sorge um den Menschen erklären. Schließlich war Arbeit in der DDR nicht nur ein Recht, sondern auch eine Pflicht, deren Verletzung als «asoziales Verhalten» unter Strafe stand. Die Richter, die so unbürokratisch dafür sorgten, dass Lüritzer Bürger nicht ohne Arbeit und die ihnen dafür zustehende Belohnung blieben, mögen vor allem daran interessiert gewesen sein, die staatliche Kontrolle über Außenseiter und ihre Integration in Arbeitskollektive zu gewährleisten. Dann hätten sie eher dem Staat als dem Einzelnen gedient.

Aber meine Verfahrensprotokolle verraten mehr menschliche Wärme, als diese Interpretation den Arbeitsrichtern zubilligen würde. Ein Beispiel: Im Lüritzer Archiv finde ich die Korrespondenz zwischen Frau Neumann und dem Schwager eines wegen Trunksucht arbeitslosen Packers. Richterin und Schwager bemühen sich seit Mai 1986 um eine Arbeitsstelle für den richtungslosen Mann. Im Oktober schreibt sein Verwandter an Frau Neumann: «Wenn wir unsere Bemühungen um das Auffinden einer geeigneten Arbeitsaufgabe vereinen und von meiner Seite mehr als bisher auf ein pflichtgemäßes Leistungsverhalten von Herrn H. eingewirkt wird, sollte eine befriedigende Lösung für die Dauer möglich sein.» Im November haben die Verbündeten Erfolg: Ihr Sorgenkind findet Arbeit in einer Räucherei. Nach einer letzten ermahnenden Aussprache mit Herrn H. im Kreisgericht schreibt Frau Neumann an den Schwager, H. habe im Gespräch mit ihr «einen optimistischen Eindruck gemacht. Ich bin mit ihm so verblieben, dass er sich jederzeit wieder an mich wenden kann, wenn er aus seiner Sicht vor nicht mehr zu bewältigenden Problemen steht. So hoffe ich nur, dass diese Unterstützung nicht mehr nötig sein wird.» Es stimmt, weit mehr noch als in anderen Gesellschaftsordnungen war in der DDR geregelte Arbeit auch ein Mittel gesellschaftlicher Disziplinierung und Kontrolle, und dieser Gesichtspunkt muss auch für die Lüritzer Richter wichtig gewesen sein. Aber sie verstanden Arbeit auch als Menschenrecht.

Natürlich war das Kreisgericht nicht die einzige gesellschaftliche Einrichtung, der das Wohlergehen Lüritzer Arbeitnehmer am Herzen lag. Aber die Unterstützung, die ein Arbeitnehmer von seinem Betrieb, seinem Kollektiv oder von der Gewerkschaft erhoffen konnte, sah anders aus als die Unterstützung, die ihm das Gericht gewährte. In den meisten Auseinandersetzungen mit dem Betrieb stand das Kollektiv, vor allem die Brigade eines Klägers oder Verklagten, sicherlich auf Seiten des Kollegen. Aber die Kollektive, die in meinen Akten ihren Auftritt haben – als Charakterzeugen, Mitwirkende in einem Disziplinarverfahren und dergleichen – erwarteten als Gegenleistung für ihre Solidarität auch die Anpassung des Betroffenen. Für Außenseiter und Einzelgänger hatten Arbeitskollektive nicht viel Sympathie. Sie mochten nicht, dass jemand den Frieden und die Wärme der Gemeinschaft störte. Das Verhalten des Klägers habe «große Unruhe im Arbeitskollektiv hervorgerufen», heißt es 1984 in einem Kündigungsprozess. Und 1989, wieder in einem Kündigungsfall: Viele Kollegen «wollen nicht mehr mit dem Kläger zusammenarbeiten, weil er soviel Unruhe in das Kollektiv bringt.»

Zwar ist auch an dieser Stelle Vorsicht angeraten. Es lässt sich aus meinen Akten nämlich meistens nicht entnehmen, *wie* das Kollektiv die Meinung formulierte, die sein Vertreter im Prozess als Ansicht der Kollegen präsentiert. Manchmal finde ich einen zufälligen Vermerk, aus dem sich ergibt, dass nur ein kleiner Teil der Kollektivmitglieder bei dem Entwurf eines Beschlusses anwesend war. Gelegentlich moniert ein Arbeitnehmer, der auf die Richtigstellung eines Zeugnisses klagt, dass bei dessen Erarbeitung im Kollektiv andersdenkende Kollegen mit ihrer Meinung nur zurückgehalten hätten, um nicht anzuecken. Allerdings belegen auch diese Vorwürfe, dass Kollektive ihre Ruhe haben wollten. Ein Kollektiv war etwas anderes als ein Team. Beide sind durch ein gemeinsames Arbeitsprojekt verbunden. Aber im Kollektiv gab es zusätzliche Abhängigkeiten durch das gemeinsame Streben nach Prämien und Wettbewerbs-Titeln, die durch den Eigensinn und Quergang eines Einzelgängers leicht gefährdet werden konnten. Arbeitskollektive waren nicht nur *inklusiv*, sondern auch *exklusiv:* Wer sich nicht integrieren wollte, war Außenseiter und konnte nicht auf Unterstützung hoffen. Und wenn es erst einmal zum Prozess gekommen war, war die Geduld des Kollektivs in der Regel schon erschöpft.

Auch die Gewerkschaften mochten Leute nicht, die sich nicht anpassen und integrieren ließen. In DDR-Arbeitsrechtsverfahren konnten Gewerkschaftsfunktionäre in zwei verschiedenen Rollen auftreten: als «Prozessvertreter», das heißt als Anwalt für den Arbeitnehmer im Gerichtsverfahren, und in der unbestimmteren Funktion der «Mitwirkung». «Gewerkschaftliche Prozessvertreter» finden sich in meinen Akten schon seit Beginn der ostdeutschen Arbeitsrechtsjustiz – die Rolle als Rechtsbeistand für den Arbeitnehmer war DDR-Gewerkschaftlern schon aus vorsozialistischer Zeit bekannt. «Prozessmitwirkung» sollte das Gericht über das gesellschaftliche Umfeld eines Rechtsstreits durch dessen Kommentierung aus Gewerkschaftssicht aufklären; sie wurde zuerst mit dem DDR-Gerichtsverfassungsgesetz von 1952 institutionalisiert. «Prozessvertretung» und «Mitwirkung» waren also auf verschiedene Ziele ausgerichtet: Der Prozessvertreter sollte die Interessen des Arbeitnehmers vor Gericht verteidigen; der «mitwirkende» Gewerkschaftsfunktionär sollte den Klassenstandpunkt *aller* Arbeiter vertreten (trotz nominal verschiedener Gewerkschaften gab in der DDR der Freie Deutsche Gewerkschaftsbund – FDGB – allein den Ton an) und damit praktisch auch den Standpunkt der sozialistischen Gemeinschaft insgesamt.

In den 1950er Jahren finden sich noch Fälle in den Akten, in denen ein Gewerkschaftsfunktionär als «Prozessvertreter» mit Eifer und Erfindungsgabe die Sache eines Arbeitnehmers *gegen* seinen Betrieb verficht. 1956 zum Beispiel vertritt Klaus Kosewitz, später jahrzehntelang Erster Parteisekretär im Kreis und damals noch Gewerkschaftsmann, eine Klage von fünf Arbeitern gegen den Lüritzer Hafen VEB, in der es darum geht, ob bei Organisationsengpässen (Maschinenausfällen, Verzögerungen beim Rangieren, verspäteten Lieferungen und dergleichen) zur Arbeit angetretene Kollegen zur Zahlung ihres vollen Leistungslohns berechtigt seien, oder ob solche Pannen als «unvermeidbare Betriebsstörungen» gelten können, die den Arbeitnehmer gemäß § 12 der «Verordnung zur Wahrung der Rechte der Werktätigen» von 1952 nur zu 90% seines Grundlohns berechtigen. Die Lüritzer Hafen-Verwaltung nennt die Störungen und Wartezeiten unvermeidbar: Dergleichen komme oft in Häfen vor und sei von ihr nicht beeinflussbar. An der Entschuldigung ist richtig (auch wenn es unausgesprochen bleibt), dass sich in einer gleichzeitig rigiden und engvermaschten Planwirtschaft die Leistungsstörungen von Zuliefererbetrieben nicht durch rasches und flexibles Umdisponieren auf dem Markt auffangen lassen. Wahrscheinlich ist der VEB Hafen vielen Betriebsstörungen gegenüber wirklich ohnmächtig. Aber Herr Kosewitz will dergleichen in seinem Plädoyer für die Kollegen nicht gelten lassen. Die Rechtsauffassung des Hafens «würde eine Verschleierung von Schwächen der betrieblichen Arbeitsorganisation bedeuten», sagt er. Solle sich der VEB doch bei seinen Vertragspartnern wie der Reichsbahn für die Verzögerungen schadlos halten. Die mangelhafte Organisation der Umschlagarbeiten sei keine höhere Gewalt, sondern schlechtes Management (ganz so deutlich sagt Herr Kosewitz es zwar nicht, aber darauf läuft sein Argument heraus) und dürfe nicht zu Lasten der Hafenarbeiter gehen. Seine Klienten gewinnen ihre Klage, die – wie Herr Kosewitz noch in einem Brief an das Gericht klarstellt – «natürlich auch für andere Umschlagsarbeiter Gültigkeit haben muss». Eine Pilotklage also, von einem kampflustigen Gewerkschaftsmann gegen den Betrieb gewonnen.

Aber schon sehr bald sehe ich, wie sich in meinen Akten die klaren Frontlinien zwischen den Beteiligten – Betrieb auf einer Seite, Arbeitnehmer auf der anderen – verwischen oder zum Mindesten von der Gewerkschaft verwischt werden. Schon ab 1958 finden sich Fälle, in denen ein Funktionär der Betriebsgewerkschaftsleitung nicht *für* den Arbeitnehmer, sondern für den Betrieb *gegen* den Arbeitnehmer im Prozess auftritt. Oft raten Gewerkschaftsvertreter einem Arbeitnehmer schon anfangs von der Klage ab oder empfehlen ihm, die Klage zurückzunehmen. «Ich unterstütze voll die Ausführungen des Betriebs», sagt 1980 ein Gewerkschaftsmann in einem Manko-Verfahren gegen einen Verkaufsstellenleiter, der – nunmehr ohne gewerkschaftliche Hilfe – in der Berufungsinstanz immerhin einen Vergleich aushandeln kann. Und 1989 erklärt der Prozessvertreter eines Buchhalters, der Lohnnachzahlungen gegen seinen Betrieb einklagen will: «Unser gewerkschaftlicher Standpunkt ist der, dass die Anträge des Klägers nicht berechtigt sind.» Dabei macht es gar keinen Unterschied, ob ein Gewerkschaftsmann als «Mitwirkender» das Gericht über die Gewerkschaftsposition aufklärt oder als «Prozessvertreter» als angeblicher Anwalt für den Kollegen auftritt. In beiden Rollen sprechen Kollektivvertreter öfter *gegen* als *für* den Arbeitnehmer. «Du musst einsehen, dass du Unrecht hast», ist ihre typische Reaktion. 1989 gibt ein Gewerkschaftler seine ambivalente Stellung auch einmal zu. «Als BGL stehen wir zwischen Baum und Borke», sagte er in einem Kündigungsprozess und befürwortet eine Entlassung, die das Gericht am Ende doch für unwirksam erklärt. Wer braucht noch Feinde, wenn er solche Freunde hat? «Ich möchte von der gewerkschaftlichen Prozessvertretung keinen Gebrauch machen», sagt 1980 ein Arbeitsbummelant, der schon weiß, was er vom gewerkschaftlichen Beistand zu erwarten hat. Manchmal beklagen sich auch als tüchtig geschätzte Arbeiter in ihren Schriftsätzen, «dass die Gewerkschaft nicht die Interessen der Werktätigen wahrgenommen» habe. So ist es nicht erstaunlich, dass sich in meinen Lüritzer Akten die Prozesse häufen, in denen sich ein Arbeitnehmer statt durch die Gewerkschaft lieber durch einen Rechtsanwalt vertreten lässt. 1975 finde ich zum ersten Mal ein Rechtsanwaltsmandat in Arbeitsrechtssachen, 1980 zwei, 1985 neun und 1989 dreizehn Fälle, an denen Rechtsanwälte beteiligt sind.

Juristen waren eher fähig, den Standpunkt eines Arbeitnehmers auch gegen die Belange des Betriebs oder der Gesamtwirtschaft zu unterstützen, weil sie in einem Rechtsstreit nicht nach den *Interessen* der Parteien fragten, sondern nach ihren *Rechten*. Formalität entpolitisiert. Sie machte es einfacher für Juristen, sich auf den Streit selbst statt auf seine gesellschaftlichen Implikationen zu konzentrieren. Das galt für Richter und Staatsanwälte, die außer mit Berufswissen ja auch noch mit staatlicher Macht ausgestattet waren, fast noch mehr als für ihre juristischen Kollegen aus der Anwaltschaft. Die genaue Rollenverteilung unter den Akteuren im Prozess, die Anhörung der Beteiligten in einer vorbestimmten Reihenfolge, die schriftliche Fixierung aller wesentlichen Prozessereignisse, das Erfordernis, Argumente mit dem Zitat konkreter Gesetzesparagraphen begründen zu müssen, und all die anderen formalen Schritte der Prozess-Choreographie trugen sozusagen zu der gesellschaftlichen Verfremdung eines Streitfalls bei, schufen Distanz zwischen Politik und Recht, Distanz auch zwischen dem einzelnen Kläger oder Verklagten und dem Kollektiv, in dem er normalerweise eingeschlossen war. Ihre Professionalität verlieh den Juristen im Prozess eine Art Schutzschild, an dem sie das Bombardement gesellschaftlicher Anforderungen jedenfalls teilweise abprallen lassen konnten.

Durchaus nicht immer. Schließlich waren auch die Richter Kinder des Systems. Dass auch sie durch die ganze Lebenszeit der DDR «zwischen Baum und Borke» standen, zwischen ihrer Verpflichtung gegenüber dem Gesetzestext und ihrer Loyalität gegenüber dem Sozialismus (oder auch nur der Partei), ist unbestreitbar. Sie mögen sich der Spannungen gar nicht immer bewusst gewesen sein. Ein Beispiel: Ich unterhalte mich sechs Jahre nach der Wende mit Frau Neumann über Herrn Brügge, einen ehemaligen gewerkschaftlichen Prozessvertreter, dem ich in Person als einem geraden, unverstellten Mann begegnet bin und den ich aus den Akten als jemanden kenne, der in vielen Prozessen nicht *für*, sondern *gegen* die Kollegen sprach, die er eigentlich vertreten sollte. «Ein wunderbarer Mann, so unparteiisch!», sagt Frau Neumann über ihn. Auch sie befürwortet noch im Nachhinein das große Ganze, um das es damals ihr und den anderen Richtern und eben auch Herrn Brügge vom FDGB-Kreisverband gegangen war.

Aber wenn ich Frau Neumanns Urteile lese, entdecke ich, dass sie in ihrem Richterleben durchaus nicht «unparteiisch» nach dem großen Ganzen fragte. Soweit ich sehen kann, hielt sie sich stattdessen schön ordentlich und detailbewusst an den Gesetzestext; an die Rechte des Einzelnen, auch des Außenseiters, gegenüber der Gemeinschaft; an Form und Prozedere; eben an das Recht. In ihren Urteilen scheinen die juristischen Instinkte meiner Arbeitsrichter bestimmender zu sein als ihre politischen Überzeugungen. Schon die Volksrichter der 1950er Jahre bestanden auf der Einhaltung von Formvorschriften. 1958 hebt das Lüritzer Arbeitsgericht eine Kündigung auf, der alle BGL-Mitglieder des Betriebs zwar auf einer Belegschaftsversammlung zugestimmt hatten, aber für die es keine spezifische BGL-Sitzung und Beschlussfassung gegeben hatte. 1960 schickt das Gericht einen Gewerkschaftsmann nach Hause, der mit Vollmacht des Betriebs nicht als Rechtsvertreter des verklagten Arbeitnehmers, sondern seines Arbeitgebers auftreten will. 1985 weist es einen Schadensersatzanspruch der Reichsbahn gegen einen ihrer Rangierer ab, weil der Beschuldigte an der Unfalluntersuchung nicht beteiligt war. 1989 hebt das Gericht die fristlose Entlassung eines Strafgefangenen auf, weil das Kündigungsschreiben des Betriebs keine Aktennummer und kein Datum enthalten hatte. Natürlich sind nicht alle Arbeitsrechtsentscheidungen des Lüritzer Gerichts formal perfekt. In manchen Fällen werden Formvorschriften nur halbherzig beachtet, Interessenkonflikte übersehen, Anhörrechte nur oberflächlich gewahrt. Am ehesten geschah das bei politisch heiklen Streitigkeiten, auf die ich gleich zu sprechen kommen werde. Aber in den allermeisten Wald- und Wiesen-Fällen war der Respekt meiner Arbeitsrichter vor der Form die Regel, und nicht etwa die Ausnahme.

Im Laufe der Jahrzehnte lernten auch die Lüritzer Betriebe, dass dem Gericht die Befolgung von Gesetzesregeln wichtiger war als planwirtschaftliche Effizienz. In den frühen Jahren protestierten staatseigene Arbeitgeber gelegentlich noch gegen Arbeitsrechtsentscheidungen, die dem Kampf ihres Betriebes um Planerfüllung in den Rücken zu fallen schienen. «Wir können nicht verstehen, dass das hiesige Arbeitsgericht so formaljuristisch und undialektisch die Entscheidung fällt», beschwert sich 1952 die Lüritzer Zuckerfabrik gegen ein Urteil, das einer pensionierten Angestellten eine Werkswohnung zusprach, die die Fabrik lieber einem neuen Mitarbeiter angeboten hätte. Die Richter sind ungerührt. Als 1971 wieder das Zucker-Kombinat für «undisziplinierte» Arbeitnehmer Prämienkürzungen einführt, «um erzieherisch auf die Kollektive einzuwirken, damit der Betrieb insgesamt eine gute Planerfüllung erreicht», malt ein Richter (ich denke mir, dass es ein Richter war) ein Fragezeichen neben das dubiose Argument und gibt der Klage eines Arbeitnehmers gegen die Kürzung statt. Bei Erfüllung der Prämienvoraussetzungen bestünde «ein absoluter Rechtsanspruch» auf die Prämie, heißt es im Urteil. Das gelte auch für undisziplinierte Arbeitnehmer. In den letzten Lebensjahren der DDR scheinen sich die Lüritzer Betriebe mit den formalen Ansprüchen ihres Arbeitsrechts abgefunden zu haben. «Ich muss das so akzeptieren», sagt 1988 ein Betriebsleiter des VEB Fischfang, als das Kreisgericht seinen «schriftlichen Verweis» gegenüber vier Handwerkern aufhebt, die morgens um halb elf mit leeren Gläsern vor sich auf dem Tisch in einer Gaststätte angetroffen und in den Betrieb zurückbeordert worden waren. Zwar hatten sich die Vier geweigert, in ein Röhrchen zu pusten. Aber der Verweis war *vor*, und nicht, wie das Gesetz verlangte, erst *nach* einer Aussprache ergangen.

Aber die Unabhängigkeit des Gerichts von betrieblichen Interessen, die Formverantwortung der Richter, ihre Bereitschaft, den Einzelnen gegen Kollektivansprüche zu verteidigen – alle die rechtsstaatlichen Züge, die sich im Laufe der Jahrzehnte im Arbeitsrecht der DDR herausgebildet hatten –, konnten doch gar nicht in politisch heiklen Fällen gelten? Nein, in politisch heiklen Fällen galten andere Regeln. Aber zum mindesten in Lüritz waren sie komplexer, vieldeutiger, auch manipulierbarer als ich erwartet hätte.

Eigentlich konnte die Arbeitsrechtsjustiz der DDR schon ihrer gesetzlichen Struktur nach kaum mit staatlichen Autoritäten in Konflikt kommen. Verwaltungsrechtliche Entscheidungen der Wirtschaftsplanung, wie etwa die Festsetzung von Kennziffern für Normerfüllungen, waren der Kontrolle des Gerichts ebenso entzogen wie Managemententscheidungen der Betriebsleitung. Arbeitnehmer konnten den Rechtsweg nicht benutzen, um die Weisheit wirtschaftspolitischer Entscheidungen des Staates in irgendeiner seiner Inkarnationen in Frage zu stellen. Das bedeutete zum Beispiel bei Prämienklagen eines Arbeitnehmers, dass das Gericht bei der Bewertung seines Anspruchs alle hoheitlichen Elemente auszuklammern hatte. Das Gericht durfte prüfen, ob die gesetzlichen Voraussetzungen für die Zahlung einer Prämie erfüllt waren; auch, ob gesetzlich vorgesehene Mitwirkungsrechte der Gewerkschaft eingehalten worden waren. Aber es durfte die Berechtigung der Kennziffern selbst nicht in Frage stellen.

Meine Lüritzer Arbeitsrichter mussten sich bei dem Schutz von Arbeiterinteressen also auf einem verhältnismäßig eng abgesteckten Territorium bewegen. Sie konnten das mit mehr oder weniger Respekt vor der offiziellen Grenzziehung zwischen Recht und Staatsmacht tun. Ich entdecke, dass sich die Volksrichter der 1950er und frühen 1960er Jahre bei ihrer Rechtsprechung durchaus nicht immer ängstlich umsahen, ob sie auch nicht das ihnen zugestandene Terrain versehentlich verlassen hatten. Das wird nicht nur an ihrer mangelhaften juristischen Ausbildung gelegen haben, sondern auch an ihrem Solidaritätsgefühl für Kläger und Verklagte ihres eigenen Klassenhintergrunds und vielleicht auch an der Sicherheit, die ihnen das Gefühl, einer guten Sache zu dienen, verliehen haben mag. So ist ihre Rechtsprechung sehr viel unbekümmerter als die Rechtsprechung späterer und besser ausgebildeter Kollegen.

Die Argumente, mit denen sie sich an Probleme außerhalb ihrer juristischen Reichweite heranwagen, sind unterschiedlich und scheinen vor allem am Ergebnis orientiert. 1952, zum Beispiel, spricht das Arbeitsgericht einem Wächter beim VEB Bau einen 10%igen Zuschlag für Nachtwachen zu, die nach Ansicht des Betriebs schon in den Tätigkeitsmerkmalen eines Wächters enthalten und daher mit dem Grundgehalt abgegolten seien. Der VEB hatte den «Nachtzuschlag» zwar jahrelang bezahlt, die Zahlung dann aber auf Grund einer «Direktive des Ministeriums für Aufbau» eingestellt. Der Richter hält sich stattdessen an den Arbeitsvertrag: «Die Verfügung des Ministeriums für Aufbau kann nicht als für das Gericht verbindliche Rechtsquelle angesehen werden, sondern beinhaltet lediglich eine

Aufforderung zur Herbeiführung der gesetzlichen Lohnsätze in gegenseitigem Einvernehmen.» 1958 legt das Gericht – entgegen einer Auskunft des Ministeriums für Lebensmittel – eine Anordnung über Reisekosten zugunsten des Arbeitnehmers aus: «Die Zentrale Abteilung für Arbeit beim Ministerium befindet sich in einem Rechtsirrtum, wenn sie in ihrem Schreiben ausführt, dass im vorliegenden Falle kein Anspruch auf Tagegeld besteht.» Und 1960 schlägt sich das Gericht auf die Seite von drei Bauleitern, die die Weiterzahlung einer mündlich abgesprochenen Treueprämie verlangen, die schon zur Zeit ihrer Vereinbarung im Jahr zuvor keine gesetzliche Grundlage gehabt hatte und deren Zahlung nun, auf Anweisung des Ministeriums für Bauwesen, eingestellt werden soll.

Zwar beruft sich die Richterin, Frau Dankwarth, diesmal nicht auf den mündlichen Vertrag zwischen den Parteien, sondern gibt zu, dass die Vereinbarung der Prämie «ungesetzlich» gewesen sei. Aber nach einem 14-monatigen Empfang der Prämie scheint sie ihre Weiterzahlung mit einer Art sozialistischen Besitzstands zu begründen: «Grundsatz der von der DDR beschlossenen lohnpolitischen Maßnahmen ist, dass Lohnminderungen nicht eintreten dürfen. Der Entzug der Prämie würde eine Lohnminderung bedeuten und ist damit unzulässig.» Weil die Richterin allerdings Frau Dankwarth ist – klein, rundlich, heiter, eine sehr gute Tänzerin (wie ich von Frau Rüstig weiß) und voller Zuversicht auf den Sozialismus (wie ich aus ihren Urteilen herauslesen kann), fügt sie ihrer Entscheidung für die Kläger noch einen Nachtrag bei. Zwei der Kläger, beide noch unter 40, sollen sich in absehbarer Zeit so weiterbilden, dass ihre Tätigkeit sie auch nach den neuen Kriterien des Ministeriums zu einer höheren Prämie berechtigt. Also bitte entsprechende Qualifizierungsverträge abschließen! Der dritte Kläger ist zu alt, um umerzogen zu werden; der Sozialismus wird ihn auch so durchfüttern können. Aber die beiden anderen bewerben sich, wie vor Gericht versprochen, bei der Lüritzer Ingenieurschule für das Herbstsemester 1961.

25 Jahre später zeigt ein sehr ähnlicher Fall, wie das Denken meiner Richter im Laufe der Jahrzehnte professioneller, formaler, aber auch politisch vorsichtiger geworden ist. Es geht wieder um eine Lohnminderung, diesmal nicht auf Anweisung des Ministeriums, sondern durch die Veränderung der betrieblichen Lohnkennziffern durch die Betriebsleitung herbeigeführt, die den Klägern – zehn Radiomechanikern des VEB Dienstleistungen – auch bei gleicher Leistung die

Erreichung ihres alten Lohns unmöglich mache. Wie in Frau Dankwarths Fall berufen sich die Kläger auf ihren sozialistischen Besitzstand, der diesmal sogar in § 105 I des AGB verankert scheint: «Der Betrieb ist verpflichtet, die Voraussetzungen dafür zu schaffen, dass die Werktätigen unter den neuen [Lohn]-Bedingungen bei gleicher Leistung nicht weniger als bisher verdienen.» Unter den neuen Kennziffern, so die Kläger, sei es auch unter großen Anstrengungen nicht mehr möglich, ihre alten Löhne zu erarbeiten.

Aber die Lüritzer Richterin geht auf ihre Argumente gar nicht ein, sondern weist die Klage als unzulässig ab. Das Gericht sei außer für Fragen des formalen Zustandekommens der Lohnkennziffern nicht für die Überprüfung betrieblicher Organisationsentscheidungen zuständig. Die Berufung der Kläger wird vom Bezirksgericht mit einem Satz verworfen, der das staatliche Versprechen auf substanzielle Lohnerhaltung, das Frau Dankwarth noch ohne Bedenken eingelöst hatte, als bloße Programmerklärung des Gesetzgebers abtut. § 105 I AGB «enthält keine spezielle Anspruchsgrundlage für Werktätige des Inhalts, dass sie von ihrem Betrieb den bisherigen Durchschnittslohn zu fordern berechtigt sind», schreibt das Bezirksgericht. Ein kapitalistischer Richter hätte die Bestimmung des AGB nicht anders ausgelegt.

Die fast 200 Seiten lange Akte verrät noch andere Veränderungen seit Frau Dankwarths Tagen. 1985 organisieren sich die Gruppenkläger sorgfältiger als 1960 und wählen einen eigenen «Vertrauensmann». Statt sich auf die Gewerkschaft zu verlassen, die «nicht ihre Interessen wahrgenommen habe», nehmen sie lieber einen Rechtsanwalt, der sie vor dem Bezirksgericht vertreten soll. Auch dem Gericht trauen die Kläger nicht: Ihre Berufungsschrift moniert, dass jemand ihnen berichtet habe, dass sich Kreis- und Bezirksgericht in ihrer Sache abgesprochen hätten und dass sie sich «mit Recht gegen diese Art der Urteilsfindung wehren» wollen. Die bittere Unzufriedenheit der Kläger, die aus der Akte spricht, scheint auch den Arbeitgeber und die Gewerkschaft zu beunruhigen. Nach der abweisenden Entscheidung des Bezirksgerichts kommt es zu einer Aussprachen mit 15 Leitungskadern und mehreren Gewerkschaftsfunktionären im Betrieb, über die sich ein Vermerk in meiner Akte findet. Er klingt nicht so, als ob die Kontrahenten sich zusammengefunden hätten: «Nach etwa zwei Stunden, in denen auch andere Fragen des Arbeitsrechts zur Diskussion standen, wurde eingeschätzt, dass das Ziel der Verfahrensauswertung erreicht ist.» Nichts von dem Optimismus und der Unbekümmertheit, die aus Frau Dankwarths Urteil spricht.

Soweit die offizielle Grenzziehung zwischen Gericht und Staatswirtschaft. In Fällen allerdings, in denen sich das Gericht auf eigenem Grund und Boden sicher weiß, gelten andere Regeln. Das sind solche Entscheidungen, die eindeutig in die Kompetenz der Richter fallen und die die oberen Justizbehörden nicht durch besondere Anweisungen präjudiziert haben: die meisten Kündigungen, Änderungsverträge, Beurteilungen und dergleichen. Bei Ausreiser-Kündigungen hatte das Oberste Gericht seine Kreisgerichte mit einer internen Order aus den 1980er Jahren allerdings angewiesen, eventuelle Klagen der Entlassenen ohne mündliche Verhandlung nach § 29 II ZPO als «offensichtlich unbegründet» durch Beschluss abzuweisen. Soweit ich sehen kann, machten alle Kreisgerichte der DDR, mein Lüritzer Gericht nicht ausgenommen, diese Politik ohne Zögern mit. Aber in vielen anderen Fällen, in denen die da oben nicht gesprochen hatten, verteidigten die Lüritzer Arbeitsrichter auch die Rechte politisch unbeliebter Arbeitnehmer: erklärten die Umsetzung einer Buchhalterin für unwirksam, die der Betrieb mit ihrer politischen Passivität begründet hatte (1956); hoben Kündigungen auf, die auf Wunsch der Partei ausgesprochen worden waren (1958); erklärten, dass die Nicht-Unterschreibung einer Solidaritätserklärung zugunsten der PLO keine Arbeitspflichtverletzung sei (1985), dass bei Erfüllung aller Prämienvoraussetzungen die Jahresendprämie auch aufsässiger Kollegen nicht gekürzt werden dürfe (1985) oder verhalfen einem wegen des Ausreiseantrags seiner Mutter strafversetzten Ingenieur zwar nicht zu seiner alten Arbeitsstelle (um die er klugerweise nicht geklagt hatte), aber zu einer fairen Beurteilung, die nicht mehr – wie zuvor – allerhand erfundene Schwächen des Betroffenen und seinen Ausschluss aus der SED vermerkte. «Ich bedanke mich für die Hilfe und Unterstützung», schreibt der Kläger 1986 ans Gericht. Wenn es sich machen ließ, differenzierten meine Arbeitsrichter zwischen Recht und Politik und gaben dem Recht den Vorzug.

Manchmal gelang es ihnen auch, einen Konflikt aus dem Bereich der Politik in den des Rechts zurückzuziehen. Hier ist ein Fall von 1975, in dem das Arbeitsrecht das Strafrecht übertrumpft und so verhindert, dass eine jugendliche Dummheit zum staatsfeindlichen Widerstand dramatisiert wird. Eine 19-jährige Arbeiterin beim Lüritzer Getränkekombinat wird von ihrem Arbeitgeber auf Ersatz des

Schadens verklagt, den sie durch das absichtliche Zerschlagen von drei Flaschen angerichtet hat. Sie ist Mitglied einer Jugendbrigade, die in der Nachtschicht zwischen 20:15 und 5:30 Uhr leere Getränkeflaschen auf das Fließband legt, das sie zur Waschanlage transportieren soll. Die zerbrochenen Flaschen hatten das Band beschädigt; die Arbeit wurde eineinhalb Stunden aufgehalten; die Konfliktkommission verurteilte die Täterin zum Ersatz des gesamten Schadens von 110,12 Mark und minderte ihren «Nachtzuschlag» für die Schicht von 5 Mark auf 3,50 Mark. Ein mildes Urteil, sollte man meinen. Aber die Verklagte ficht die KK-Entscheidung vor dem Kreisgericht an: Sie sei nicht die Einzige in der Brigade gewesen, die Radau gemacht habe. Der riskante Widerspruch ist nur mit ihren 19 Jahren zu erklären.

Die Arbeitsrichterin, Frau Dankwarth, beschließt, der Sache auf den Grund zu kommen. Sie macht nicht nur einen, sondern zwei mündliche Termine; den ersten im Gericht, den zweiten vor 40 Leuten im Kulturraum der Getränkefabrik. Dabei stellt sich allerhand heraus. Die Jugendbrigade hasst die Nachtarbeit und hat schon des öfteren besprochen, was man zu ihrer Unterbrechung unternehmen könne. In der Brigade heißt es: «In der Nachtschicht muss etwas kaputt gehen, damit man nicht ständig arbeiten muss.» Auch in der Nacht vor dem Schadensfall hatte ein betrunkener Kollege der Klägerin das Band beschädigt. Der Schichtleiter meldet den Fall nur mit einiger Verspätung an seine Vorgesetzten; spricht auch nicht mit dem Parteisekretär der Getränkefabrik über die Geschichte. Offensichtlich macht auch er sich Sorgen über die Grenzziehung zwischen Recht und Politik. So erfährt die Partei frühestens zwei Wochen nach dem Ereignis, was sich zugetragen hat. Jetzt allerdings spricht der Betriebsleiter von «Sabotage». Der Staatsanwalt erhebt Einspruch gegen das Schadensersatzurteil der Konfliktkommission: Die Sache gehöre nicht vor den Arbeitsrichter, sondern vor das Strafgericht.

Aber nichts dergleichen geschieht. Frau Dankwarth bestätigt nach ihrer erstaunlich unbekümmerten Beweisaufnahme das Schadensersatzurteil der Konfliktkommission: auch unerfreuliche Arbeit berechtige nicht zu mutwilliger Zerstörung. Der Staatsanwalt nimmt seinen Einspruch zwei Wochen nach dem Urteil des Arbeitsgerichts zurück. Irgendjemand muss zum Guten geredet haben, und ich würde mich nicht wundern, wenn es Frau Dankwarth war. «Es sind doch halbe Kinder», hat sie vielleicht gesagt. «Lasst uns das Problem vernünftig lösen.» Und Partei und Staatsanwalt ließen sich überzeugen.

Neun Jahre später zeigt der Fall «Orff gegen Phoenix-Werft VEB», dass das Arbeitsrecht auch einen exponierten Angestellten gegen das Missfallen der Partei abschirmen konnte; zwar nicht vollkommen, aber doch genug, um für den Arbeitnehmer den Gang zum Gericht zu einem Schutzmittel jedenfalls gegen die Launen der Lokalpolitiker zu machen. Herr Orff, seit 20 Jahren bei der Werft und jetzt Abteilungsleiter, wird 1984 fristlos entlassen; angeblich wegen seiner Nachlässigkeit beim Aufdecken betrügerischer Stundenabrechnungen eines Neuerer-Kollektivs. Er erhebt Klage. Der Kündigungsgrund ist in der Tat so fadenscheinig, dass die Betriebsführung im Laufe des Verfahrens noch andere Gründe nachschiebt: Herr Orff habe (vor 14 Jahren!) VS-Sachen unverschlossen gelassen; er habe außerdem in seinem Schreibtisch ein Büchlein mit Witzen über Honecker aufbewahrt. Nicht einmal das Lüritzer Amt für Arbeit, das der fristlosen Kündigung zunächst zugestimmt hat, bleibt bei der Entscheidung: Es zieht sein Placet zu der fristlosen Entlassung als «zum gegenwärtigen Zeitpunkt nicht berechtigt» zurück. Dem Betrieb bleibt nichts anderes übrig, als seine Kündigung ebenfalls zurückzunehmen. Herr Orff tut dasselbe mit seiner Klage.

Aber die wahren Gründe, deretwegen Herr Orff so rabiat entlassen werden sollte, schwelen offensichtlich weiter. Angesichts der Zurückhaltung der Akten kann ich über sie nur spekulieren. Politische Differenzen, scheint mir, stecken nicht dahinter: Herr Orff ist Genosse und tritt in den Akten eher als gekränkter *insider* denn als Widerständler auf. Vielleicht gibt es zu viele Spannungen zwischen ihm und seinen Management-Kollegen auf der Werft. Vielleicht ist er unbequem und widerborstig. Vielleicht soll auch nur jemand anderes Herrn Orffs Posten haben. Auf jeden Fall will nicht nur die Betriebsleitung der Werft, sondern auch die Partei Herrn Orff los sein: Die Parteileitung hat seine Ablösung als Nomenklatur-Kader bereits bestätigt. Drei Monate nach der ersten Kündigung spricht die Betriebsleitung eine zweite, nunmehr fristgemäße Kündigung gegen ihn aus. Wieder erhebt Herr Orff Klage. Herr Brügge vom FDGB-Kreisverband, der im Prozess für die Gewerkschaft sprechen soll, wird ins Lüritzer Parteisekretariat beordert und darauf eingeschworen, in der Verhandlung für die Begründetheit der Kündigung zu argumentieren. 15 Jahre später erzählt er mir selbst von der Geschichte. Es sei der einzige Fall, für den er sich heute schäme, sagt Herr Brügge.

Das Gericht, das einen Streit entscheiden muss, bei dem vielleicht das Wesentlichste unausgesprochen blieb, laviert, so gut es geht, zwischen beiden Fronten. Ich nehme an, dass Frau Neumann, die im Prozess den Vorsitz führt, nicht unbekannt geblieben ist, dass auch die Partei Herrn Orffs Entlassung wünscht. Sie hält sich an das normale arbeitsrechtliche Prozedere bei fristgemäßen Kündigungen und bittet Kläger und Verklagten ins Gericht, um sie zu einer «eigenverantwortlichen Lösung» zu ermutigen. Üblicherweise hieße das eine Versetzung an einen anderen, akzeptablen Posten im Betrieb. Die Verhandlungen scheitern, weil der Betrieb bei dem von ihm angebotenen Änderungsvertrag für Herrn Orff 100 Mark unter dem vom Kläger geforderten Monatslohn bleibt. Als kein Vergleich zustande kommt, weist Frau Neumann Herrn Orffs Klage ab. Zwar sei die Sache mit den Witzen kein ausreichender Grund für eine fristgemäße Kündigung. Aber Herr Orff habe es bei der laxen Aufklärung des Neuerer-Schwindels an «politischer Wachsamkeit» fehlen lassen und so das Vertrauen der Werkleitung und des Arbeitskollektivs verloren.

Das Urteil, scheint mir, ist ein Kompromiss: Frau Neumann war bereit, Herrn Orff ihre richterliche Hand zur Hilfe auszustrecken, aber war nicht begreit, als er sie nicht ergriff, sich für Herrn Orffs 100 Mark im Monat ernstlich mit der Partei anzulegen. Wie gesagt, dies alles ist pure Spekulation. Es ist mir nicht gelungen, die wahren Hintergründe des Prozesses aufzuklären. Herr Orff, tief gekränkt über die «Manipulation der Wahrheit» im Prozess, ging in Berufung und handelte mit Hilfe seines Anwalts beim Bezirksgericht einen Vergleich aus, nach dem er im verklagten Betrieb zwar eine weniger einflussreiche Position erhielt als vorher, aber unter finanziell etwas besseren Bedingungen, als die Werft ihm noch im Kreisgericht angeboten hatte. Der Kläger sei «mit seinem Grundanliegen durchgedrungen», erklärte sein Anwalt beim Bezirksgericht; wohl auch, um sein und seines Mandanten Gesicht zu wahren. Worauf es mir bei der Geschichte ankommt, ist, dass Herr Orff sich durch seine beiden Klagen ein sehr viel besseres Resultat erstritt, als wenn er seine Sache ohne das Gericht verteidigt hätte. Partei, Betrieb und Gewerkschaftsleitung wären ihn alle gerne losgeworden. Das Gericht mochte das Unrecht, das Herrn Orff geschah (wenn es denn Unrecht war), zwar nicht verhindern; mag es auch selbst nicht unbedingt als Unrecht angesehen haben. Aber der Gang zum Gericht, die Ausnutzung des Rechts als einer Sphäre, in der ein Bürger legitim auf seinem Selbstinteresse bestehen durfte, der Mechanismus des Prozesses, den Herrn Orffs Klage und Berufung in Bewegung setzten, konnte doch dazu dienen, mögliches Unrecht einzudämmen und abzumildern. Wie im Prozess um das Konsum-Hotel im Eigentums-Kapitel half Recht auch hier einem Bürger, sich gegen Übergriffe mächtiger Leute zur Wehr zu setzen.

Der Fall Orff gegen Phoenix-Werft verrät auch, dass Staat und Partei dem Bürger durchaus nicht monolithisch in einer Front gegenübertraten. Zwar wurde die Absicht des Betriebs, Herrn Orff loszuwerden, von der Kreis-Parteiorganisation energisch unterstützt; vielleicht sogar ursprünglich angeregt. Aber das Amt für Arbeit, das der fristlosen Entlassung zustimmen musste, weigerte sich nach anfänglichem Schwanken, die Kampagne mitzumachen. Der Staatsanwalt, der Anklage gegen das betrügerische Neuerer-Kollektiv erhoben hatte, dessen Machenschaften als Grund für die Entlassung von Herrn Orff herhalten mussten, stellte die Ermittlung gegen den Abteilungsleiter selbst wegen fehlender Verdachtsmomente ein. Das heißt, auch er war nicht bereit, beim Anti-Orff-Feldzug mitzumachen. Die Gewerkschaft, von der Partei gegen Herrn Orff eingeschworen, war nicht von ihren Mitgliedern getragen: Wie Herrn Orffs Anwalt in dem Prozess vor dem Bezirksgericht darlegte, waren von 60 Mitgliedern der Abteilung nur 25 an einer kollektive Stellungnahme gegen ihren Chef beteiligt. Zu den Honecker-Sprüchen riskierte der Anwalt sogar einen Witz, der aus der Schule Bertolt Brechts zu kommen schien: sie seien weder «durch Verlesung zum Gegenstand der Beweisaufnahme gemacht» noch dem Kläger «abschriftlich zugestellt worden.» Weder er noch die Schöffen hätten sich also mit der Verwerflichkeit der Sammlung auseinandersetzen können. Ihre Verwertung sei unzulässig. Aber jetzt ist es 1984: Das Gericht ist müde; der Prozess ein Arbeitsrechtsprozess, in dem die Sprüche wohl wirklich keine Rolle spielten, und der Rechtsanwalt ist Herr Arhuis, nicht aus Lüritz, sondern einem Nachbarort; ein flamboyanter und schillernder Außenseiter unter den örtlichen Juristen, mit der Behendigkeit und Aggressivität eines Terriers, der 1984 schon so etwas wie Narrenfreiheit für sich in Anspruch nehmen darf. Fünf Jahre vor der Wende scheint das System des Sozialismus voller Risse, in denen Widerspruch und Zweifel wie Efeupflanzen Wurzeln fassen können.

Dass auch meine Lüritzer Arbeitsrichter diese Zweifel zunehmend teilen, belegt ein Brief von Frau Walter aus dem Jahre 1988. Sie hatte eine Klage von 13 Werftarbeitern gegen eine Prämienkürzung wegen vom Kollektiv nicht beeinflussbarer Leistungsminderung als unzulässig abgewiesen, weil «für die Überprüfung von Kennziffern der Rechtsweg nicht gegeben» sei. Aber sie ist mit der Entscheidung selber unzufrieden und schreibt fünf Tage später einen Brief an den Werft-Direktor: die Prämienentscheidung sei «formal und wenig überzeugend für die Betroffenen» ausgefallen. Es sei «ein ständiger Grundsatz» des DDR-Arbeitsrechts, dass Werktätigen nur solche Kennziffern vorgegeben werden dürften, deren Erfüllung sie auch selbst beeinflussen könnten. Der Betrieb hätte seinen Angestellten zum Mindesten die Rechtslage besser erläutern müssen. Frau Walter «empfiehlt» dem Direktor, das zu tun, was sie sich selber nicht zu tun getraute: die Prämienentscheidung zu revidieren. Sie schickt eine Abschrift ihres Briefs auch an die Kreisleitung der SED.

Ich weiß nicht, wie die Geschichte ausgegangen ist. «Antwortschreiben befindet sich in Hinweismappe», steht auf der Prozessakte, und die «Hinweismappe» ist im Lüritzer Archiv nicht aufzufinden. Aber ich weiß, wie es mit dem Lüritzer Kreisgericht zu Ende ging. In den letzten Lebensjahren der DDR zeigt sich der nahende Zusammenbruch auch in der Arbeitsrechtsjustiz. Kündigungsklagen steigen: Während sie 1985 nur 8,4 % der Fall-Last meiner Richter ausmachen, geht es 1989 schon fast in einem Drittel aller Fälle um Entlassungen, die meisten davon fristlos. In der Regel steckt Alkohol dahinter. Die Akten verraten, wie viel in Lüritz bei der Arbeit getrunken wird: Ausdrücke wie «Röhrchen» und «Rest-Alkohol» machen sich in den Schriftsätzen der Betriebe breit, und entlassene Arbeitnehmer versuchen sich damit zu entschuldigen, «dass im gesamten Kollektiv getrunken wird.» 1989 kommt es auf der Werft zu zwei tödlichen Unfällen wegen Alkoholgenusses in der Arbeitszeit.

Noch versuchen die Arbeitsrichter, alkoholabhängigen Arbeitnehmern, wenn möglich, jedenfalls ein bisschen sozialen Halt im Leben zu bewahren und erklären die meisten Kündigungen für unwirksam; 1989, weil der Betrieb nicht genug für die Rehabilitierung des Entlassenen getan habe; 1990, weil die Kündigung «sozial nicht gerechtfertigt» sei. Im Juni 1990 verfügt eine Volkskammer-VO die Löschung aller Disziplinar-Maßnahmen in den Personal-Akten (jetzt heißt es nicht mehr «Kaderakten») aller Arbeitnehmer, um jedenfalls ihre Vergangenheit unangreifbar zu machen. Aber es nützt nicht viel. Dem Strudel der Ereignisse kann sich das Recht nicht entgegenstellen. Früher hatten die Richter alle Kündigungen für unwirksam erklärt, an denen die Betriebsgewerkschaftsleitung nicht beteiligt war. 1990 sind viele BGL schon aufgelöst und neue Betriebsräte noch nicht gegründet. Aus VEBs werden GmbHs, denen Aufträge und Kredite wegschwimmen und die einen Großteil ihrer Arbeitnehmer entlassen müssen. Auf ihren Schriftsätzen sind die im Briefkopf aufgeführten sozialistischen Titel und Auszeichnungen mit Schreibmaschine ausgeixt. Im Lüritzer Ingenieur-Hochbau wird die Abteilung für Wissenschaftliche Arbeitsorganisation aufgelöst, weil sie nicht in den Kapitalismus passe. Kündigungen jetzt gerichtlich aufzuheben, wäre sinnlos. Auch wenn Lüritzer Richter verlorene Arbeitsplätze mit Abfindungszahlungen ausgleichen wollen, können viele Betriebe die Summen nicht bezahlen. Gelegentlich einigen sich Arbeitgeber und entlassener Arbeitnehmer auf Ratenzahlungen. Recht, das früher aus politischen Gründen hilflos war, ist jetzt, wo die Kündigungsklagen in die Höhe schießen, aus wirtschaftlichen Gründen ohne Macht. Im Juni 1990 verlässt Frau Neumann das Gericht und geht als Justitiarin an die Werft. So bleibt sie jedenfalls beim Arbeitsrecht.

6. Familien

In schlechten Zeiten braucht man die Familie noch mehr als sonst. Das galt vor allem in den ersten und den letzten Jahren in der DDR. Wenn ein Staat zusammenbricht, hält man sich an denen fest, mit denen man ältere und tiefer verwurzelte Gemeinsamkeiten teilt, als es die Personenkennzahl jedes Bürgers in der DDR war. Aber auch in den Jahren, in denen der ostdeutsche Sozialismus sich verfestigte und auf Dauer angelegt erschien, muss für die meisten Bürger in der DDR ihre Familie eine noch wichtigere Rolle gespielt haben als für ihre Nachbarn in der Bundesrepublik. In einem Staat, der die Gegensätze zwischen einem privaten und einem öffentlichen Bereich, zwischen *bourgeois* und *citoyen,* zwischen Selbstinteresse und Gemeinschaftssinn nicht gelten lassen wollte, brauchte man einen Zufluchtsort, an dem man sich von den Ansprüchen des Kollektivs erholen konnte. In George Orwells Roman «1984» ist es ein Alkoven in seiner Wohnung, in dem der Held des Buches sich vor den Kamera-Augen des Großen Bruders zu verstecken glaubte. Das Bild ist zu bedrohlich für die DDR, die als Staat humaner, preußischer, auch ineffizienter war als Orwells Ozeanien, und in der kein «Televisor», sondern nur manchmal ein informeller Stasi-Mitarbeiter am Privatleben der Bürger teilnahm. Trotzdem muss die Familie für viele Menschen die wichtigste Nische in der Nischen-Gesellschaft DDR gewesen sein.

Das bedeutet auch, dass die Familienrechts-Akten im Lüritzer Archiv das tägliche Familienleben in der DDR unzureichender beschreiben als zum Beispiel die Arbeitsrechts-Akten das Arbeitsleben in den Betrieben. Justizakten schildern in der Regel ohnehin vor allem das Scheitern menschlicher Beziehungen. Die glücklichen Familien in der DDR waren sich zum Mindesten darin alle gleich, dass sie sich in ihre Nischen zurückziehen konnten. Die unglücklichen Familienmitglieder verließen diese Nische notgedrungen für die Lösung eines Rechtsstreits. Aber wie typisch waren die Beziehungen, die so ans Licht kamen? Unter den rund 80 000 Einwohnern von Lüritz-Stadt und -Land kam es 1985 zu 462 Familienrechtsverfahren vor Gericht – nicht mehr als ein winziger Ausschnitt des Familienlebens in der Stadt. Darüber, wie die allermeisten Familienmitglieder ihre Beziehungen zueinander und zum Staat verstanden, weiß ich also nichts. Ich kann aus den F-Akten im Lüritzer Archiv ablesen, wie sich das offizielle sozialistische Familienbild im Laufe der Jahrzehnte veränderte, was die Streitenden (und oft auch die am Prozess beteiligten Kollektivmitglieder) voneinander und vom Staat erwarteten und unter welchen politischen und praktischen Umständen sie ihr Familienleben führten. Aber wir dürfen nicht vergessen, dass im Nischen-Leben der meisten Lüritzer Familien vieles anders ausgesehen haben muss, als ich es in diesem Kapitel beschreiben werde.

Die meisten meiner Lüritzer Familiensachen sind Scheidungssachen. Anders als in der Bundesrepublik, in der das traditionelle Verschuldensrecht des BGB erst 1976 durch ein Scheidungsrecht verdrängt wurde, das nicht auf die persönlichen Verfehlungen der Eheleute, sondern auf den objektiven Gesundheitszustand ihrer Ehe abgestellt war, hatte das Recht der DDR schon mit der Ehe-Verordnung von 1955 die Zerrüttung der Ehe als einzig zulässigen Grund für ihre Scheidung eingeführt. 1965 bestätigte das neue Familiengesetzbuch der DDR die Regel und definierte Zerrüttung als «ernstliche Gründe», deretwegen «die Ehe ihren Sinn für die Kinder, die Ehegatten und damit auch für die Gesellschaft verloren» hatte. Die Definition impliziert eine enge Verbindung zwischen persönlichem und gesellschaftlichem Wohlbefinden und erklärt, warum autoritäre Rechtssysteme Scheidungen lieber auf Zerrüttung als Verschulden gründen: Weil nach ihrem Weltbild eine Ehe nicht nur den Interessen der Ehepartner dienen soll, sondern auch denen der Gesellschaft, und weil darum ihr Fortbestand nicht nur von den Gefühlen und Erwartungen der Eheleute abhängen darf, sondern auch davon, ob die Ehe ihre gesellschaftlichen Funktionen noch erfüllen konnte. Der Nationalsozialismus führte die Zerrüttungsscheidung ein, um kinderlose Ehen leichter durch kinderproduzierende Ehen ersetzen zu können. Die Sozialisten dachten bei den «gesellschaftlichen Zielen» einer Ehe eher an das Wohl der von der Scheidung betroffenen Kinder. Weil Zerrüttungsscheidungen vom faktischen Kollaps der Ehe abhingen, erforderten sie die objektive Prüfung ihres Zustandes durch den Richter und gaben dem Staat damit größere Kontrolle über Scheidungen als das Verschuldensrecht, bei dem die gesetzlich erforderlichen Eheverfehlungen von den Scheidungskandidaten leicht zu fabrizieren waren. 1954 schrieb ein ostdeutscher Familienrechtler, dass nur die Zerrüttungsscheidung «der Autorität unseres Staates» gerecht werde.[15] Sie machte aus einer Privatbeziehung eine Angelegenheit der öffentlichen Wohlfahrt.

Soweit die Theorie. Praktisch ist die Frage «Schuld- oder Zerrüttungsrecht» für Scheidungssuchende weniger bedeutsam als das moralische Klima in einem Lande und als das Selbstverständnis seiner Richter. Heute – unter dem Zerrüttungsprinzip – gilt eine Ehe meistens dann schon als unrettbar, wenn nur *ein* Ehepartner die Beziehung für nicht mehr reparabel hält. In den 1960er Jahren – unter dem westdeutschen Schuldprinzip – verteidigte der BGH ein so eisernabstraktes institutionelles Ehebild, dass das Sichabwenden vom Partner auch nach jahrzehntelanger ungewollter Trennung genügte, um dem so «schuldigen» Ehepartner das Recht zu einer Scheidung abzusprechen. Auf beiden Seiten der Mauer waren lange Zeit autoritäre Richter von der Unanfechtbarkeit ihres jeweiligen Standpunktes überzeugt, und auf beiden Seiten führten die Pille, die *sexual revolution* und der Zeitgeist dazu, dass sich das Ehescheidungsrecht in den 1970er und 1980er Jahren zunehmend entspannte. In Lüritz sanken klageabweisende Urteile von 7,5 % aller Scheidungsklagen im Jahre 1960 auf 3,5 % im Jahre 1970 und verschwanden in den 1980er Jahren aus den Akten. Zur Wendezeit gab es in beiden Teilen Deutschlands – Ost und West – praktisch die Scheidung auf Verlangen. So machtlos jedes einzelne Familienmitglied auch ist: Am Ende kann sich auch ein rücksichtsloser Staat den seismischen Veränderungen in den Wünschen und Wertvorstellungen seiner Massen nicht erfolgreich widersetzen. Was nicht heißt, dass das Recht der DDR nicht lange Zeit versuchte, seine Familien aus den Nischen herauszuzwingen und zu locken, um sie mit der Gesamtgesellschaft zu verschmelzen.

Allerdings sind die ganz frühen Familienrechtsentscheidungen im Lüritzer Archiv praktisch und unpolitisch. Kriegs- und Nachkriegswirren hatten viele Familienbeziehungen in Unordnung gebracht, und die Richter und Schmalspur-Richter dieser Jahre räumen juristisch auf, so gut es geht. 1950 ist bei mehr als einem Viertel aller Lüritzer Scheidungen einer der Ehepartner bereits im Westen oder sonst «unbekannten Aufenthalts». Die Zonengrenze bietet Gelegenheit, von ungeliebten Pflichten loszukommen. Lange alleingebliebene Männer oder Frauen wenden sich neuen Partnern zu; Väter laufen Unterhaltszahlungen davon und manchmal setzt sich eine Partei (oder ihr Anwalt) auch während des laufenden Verfahrens in den

Westen ab. Die Akten spiegeln die Armut und Verwirrung der Nachkriegsjahre. Eine Scheidungsklägerin bittet das Gericht, auch «die vorhandene Feuerung» zu teilen; Heiratsurkunden können oft nicht vorgelegt werden, weil «sämtliche Papiere verlorengegangen sind». In den frühen 1950er Jahren erreicht das Nachbeben der Bodenreform das Kreisgericht, als Neubauern auf Scheidung klagen, weil ihre Ehepartner nicht mehr bereit sind, sich weiter in der Wirtschaft abzurackern. Noch ist die Zusammenarbeit meines Lüritzer Gerichts mit westdeutschen Gerichten gut und sachlich. Beide Seiten leisten Amtshilfe, wenn nötig, und sind sich einig in dem Ziel, bedürftige Familienmitglieder, wo auch immer, in Schutz zu nehmen. Scheidungen sind kurz und schmerzlos. Das Verschulden des verklagten Ehepartners, das in diesen Jahren noch nach dem BGB für eine Scheidung nötig ist, ist für das Gericht nicht viel mehr als eine formale Voraussetzung, nach der sich das Verfahren strukturiert. Die Klägerin macht die erforderliche Eheverfehlung seitens des Beklagten geltend, der seinerseits die Aussage verweigert; der Richter unterstellt die Richtigkeit des Vorwurfs – das genügt. Ehebruchszeugen werden so gut wie nie vernommen. Die Richter sind Verarbeiter von Rechtskonflikten, nicht Weltverbesserer.

Das ändert sich sehr bald. 1950, schon fünf Jahre vor der Einführung der Zerrüttungsscheidung in der DDR, erklärt das gerade erst gegründete Oberste Gericht, dass das ostdeutsche Familienrecht «auch gesellschaftliche Ziele und Ideale zu fördern habe»[16] und weist zwei Jahre später seine Familienrichter an, sich bei Scheidungen nicht nur auf die Aussagen der Eheleute zu verlassen, sondern den objektiven Zustand ihrer Beziehungen zueinander gründlich aufzuklären.[17] Wie soll ein Richter sonst entscheiden können, ob die Gesellschaft noch an der Erhaltung einer Ehe interessiert ist? Man hat den Eindruck, dass das sozialistische Recht in diesen Jahren eine Ehe an der Erfüllung ihrer Alltagspflichten messen möchte: als Wohnungs-, Arbeits- und Erziehungsarrangement, das auch ohne die gegenseitige Zuneigung seiner Partner nützliche Aufgaben erfüllen kann. Also erhebt das Gericht Beweis darüber, wie weit die Team-Arbeit noch funktioniert: Wie ordentlich die Frau den Haushalt führt, zum Beispiel, oder wie pünktlich die Kinder in die Schule kommen. Weil es um äußerliche Manifestationen der Tauglichkeit einer Ehe geht, werden die befragt, die mit den Eheleuten täglich in Berührung kommen: Arbeitskollegen, Hausbewohner, Nachbarn.

Weil aber in engen menschlichen Gruppierungen Klatsch und Gerüchte angenehme Ablenkung von einem langweiligen Alltag bieten, kommt die Beweisaufnahme immer wieder auf das zurück, was auch im Mittelpunkt der Verschuldensscheidung stand: die persönlichen Verstrickungen der Eheleute. Trotz aller rationalen Intentionen behauptet sich das öffentliche *Interesse* an der Ehe vor allem als öffentliche *Neugier*. Das gilt auch für die Richter, deren gutbürgerliche Entrüstung über Unmoral die Beweisaufnahme antreibt und die Autonomie der Ehepartner einschränkt. Verklagte, die bis dahin die Aussage zu ihren Seitensprüngen zu verweigern pflegten, machen Ende der 1950er Jahre von diesem Recht keinen Gebrauch mehr. 1955 vernimmt Frau Christiansen drei Zeugen darüber, ob die beklagte Ehefrau mit einem anderen Mann «Zärtlichkeiten ausgetauscht» habe; 1960 werden außer dem ehebruchsverdächtigen Kollegen der beklagten Ehefrau sechs weitere Kollegen, alles Lehrer an derselben Schule, dazu befragt, ob sie die Verklagte je mit ihrem Liebhaber zusammen gesehen hätten. «Nachmittags am Bahnhof»; «in der Nähe der Poliklinik»; «ich weiß durch meinen Mann, dass er die Klägerin besucht hat», lese ich im Verhandlungsprotokoll – das alles bei einer Scheidung, die von beiden Seiten gewünscht und am Ende auch ausgesprochen wird. Der Richter (Herr Kellner) wird auch deswegen auf eine gründliche Beweisaufnahme bestanden haben, weil die Eheleute sich weigerten, bei der Aufklärung ihrer Affären mitzuhelfen. Ihr passiver Widerstand (so scheint mir) war für Herrn Kellner ein Affront. Schließlich befugte seine richterliche Autorität ihn zur rücksichtslosen Aufklärung der materiellen Wahrheit.

Auch Arbeitskollektive sollten lernen, bei den persönlichen Problemen von Kollegen nicht etwa wegzusehen, sondern als ihrer Brüder Hüter mit guten Ratschlägen und Kritik bei der Sanierung ihrer Ehen mitzuhelfen. Als Frau Rüstig 1960 erfährt, dass die Kollegen eines Hafenarbeiters dessen Liebesgeschichten und die darauf folgende Scheidungsklage seiner Frau als «Privatangelegenheit» betrachten, arrangiert sie eine Diskussion mit 24 Schichtangehörigen und zwei Schöffen zum Thema «Die sozialistische Moral und Ethik im Zusammenhang mit der Ehescheidung Hauser/Hauser». Wie erfolgreich die einstündige Belehrung war, ist schwer zu sagen. Manche der Teilnehmer halten sich zurück; andere erzählen eifrig, was sie alles über die neue Freundin des Kollegen wissen. Nach Frau Rüstigs bedauernder Bemerkung im Scheidungsurteil kommt die Ausspache «nicht rechtzeitig genug», um die Ehe noch zu retten. Aber «künftig wird man im VEB Seehafen den sich zwischen Arbeitskollegen anbahnenden Beziehungen mehr Beachtung schenken.»

Und in der Tat, ich finde viele Fälle aus den 1960er Jahren, in denen Kollektive – manchmal aus eigenem Antrieb, manchmal von einem Vorgesetzten oder Richter angespornt – versuchen, durch gutes Zureden oder Schelten einen Kollegen von der Scheidung abzuhalten. «Alle anwesenden Vertreter beider Betriebe ermahnen alle beide immer wieder, zu versuchen, den richtigen Weg zu finden, damit die Ehe wieder in Ordnung gebracht werden kann», berichten Kollegen eines Ehepaars 1965. Und jemand, der 1972 in einen Erziehungsrechts-Prozess verwickelt ist: «Ich wollte mich von meiner Frau scheiden lassen, aber da war das ganze Kollektiv dagegen. Sie redeten auf mich ein, bis ich von einer Scheidung Abstand nahm.» Auch die Parteileitung im Dorf oder im Betrieb nimmt scheidungslustige Genossen in die Zange. Manchmal kommt auch einer der Eheleute selber zum Gericht (meistens ist es die Frau) und bittet darum, einen abtrünnigen Ehepartner zur Räson zu bringen. Arbeitgeber mischen sich in Ehekrisen ein. «Zur Regelung Ihrer familiären Angelegenheit werde ich in Kürze nach Lüritz kommen, da ich eine persönliche Aussprache befürworte», schreibt 1958 der Vorgesetzte eines scheidungswilligen Volkspolizisten an dessen Frau. «Wir hätten uns intensiver um die Familienangelegenheiten des Klägers kümmern sollen», gibt 1960 ein FDJ-Sekretär in der Scheidungsverhandlung eines Schlossers zu.

Vor allem bei Scheidungen auf dem Dorf kann man gelegentlich verstehen, warum ein Kollektiv am Fortbestand einer Ehe von Kollegen auch ein eigenes Interesse haben kann. Ein Agronomen-Ehepaar auf einer LPG will sich trennen, und die Genossenschaft befürchtet, entweder den einen oder den anderen wichtigen Experten zu verlieren. So kommt es zu einer Veranstaltung im «Kulturraum» der LPG, auf der die Anwesenden durch Abstimmung beschließen, die neue Freundin des Scheidungsklägers in eine andere LPG abzuschieben, um so die Ursache des Ehezwistes aus dem Weg zu räumen. Ich finde noch ein paar andere vom Kollektiv oder vom Richter angeregte Versetzungen des neuen Partners eines Scheidungsklägers in den Akten; in einer Planwirtschaft leichter zu bewerkstelligen als in einer Marktwirtschaft. Jedenfalls in den mir bekannten Fällen hat die rigorose Strategie die befürchtete Scheidung nicht verhütet. Aber sie zeigt das erstaunliche Vertrauen in die Allmacht des Gerichts und in die Veränderbarkeit menschlichen Verhaltens in diesen Jahren. Der Richter ist ein Marionetten-Spieler, der an den richtigen Schnüren ziehen muss, um seine Figuren dorthin zu bringen, wo der Staat und die sozialistische Moral sie haben wollen.

Dabei erwartet er die Hilfe des Kollektivs. 1960 lädt Frau Rüstig den Kaderleiter einer Ingenieurschule zum Scheidungsverfahren eines der Studenten ein, um auszusagen, «welche Bemühungen zur Erhaltung der Ehe von seiten der Ingenieurschule unternommen worden sind». (Nicht sehr viele, stellt sich heraus.) Noch 20 Jahre später schlägt sie dem Leiter eines Labors in Lüritz vor, eine Scheidung von zwei Mitarbeitern dadurch zu verhüten, dass er den Nebenbuhler des Ehemanns, auch Laborangehöriger, an einen «isolierten Arbeitsplatz» versetzte. Jetzt, 1980, schickt der Laborleiter nur eine höfliche Ablehnung zurück, die – obwohl beide, Richter und Direktor, Genossen sind – nicht mit dem üblichen «sozialistischen Gruß, sondern mit «vorzüglicher Hochachtung» unterschrieben ist. Er habe sich mit der bürgerlichen Floskel von den Eherettungs-Plänen distanzieren wollen, erklärt mir der Direktor viele Jahre später. Sie illegitim zu nennen, hätte auch 1980 mehr Widerspruchsgeist verlangt, als er bereit war aufzubringen.

Das war in Frau Rüstigs letztem Dienstjahr am Gericht. Im Mai 1980 scheidet sie aus dem Amt, die letzte Vertreterin der Volksrichter-Generation, die von den neuen Richtern respektiert, aber deren naiver Weltverbesserungs-Elan von ihnen gelegentlich auch belächelt wurde. Inzwischen war die ungehemmte Einmischung des Kollektivs in Familienangelegenheiten der DDR-Justiz fast ein bisschen peinlich geworden. «Die Mitwirkung von Kollektivvertretern wurde überschätzt», gab Hilde Benjamin 1982 zu.[18] Vor allem die Hausgenossen eines Ehepaares, denen ich bei den Scheidungen der 1950er und 1960er Jahre begegne, scheinen bei ihren Aussagen eher vom Stolz, an einem unterhaltsamen Skandal mitzuwirken, motiviert zu sein, als von proletarischem Solidaritätsgefühl. Vielleicht hat die Enge des täglichen Zusammenlebens für die Abgrenzung zwischen eigenen und fremden Angelegenheiten auch keinen Raum gelassen. «Die Wände sind dünn und wenn etwas lauter gesprochen wird, können wir alles hören», sagt ein Nachbar 1960. «Oftmals hörte man schon am frühen Morgen lauten Wortwechsel», sagt eine Nachbarin in einem anderen Ehezwist und fügt gekränkt hinzu: «Die Parteien haben sich mir gegenüber nicht darüber ausgesprochen, worum es bei den Streitigkeiten geht.» Manche Aussagen verraten eine bedrückende Überwachung durch die Hausgenossen. «Die Klägerin kommt in der Regel erst gegen 17 Uhr nach Hause. Sie zieht sich um und geht wieder weg. Sie kommt dann entweder mit dem letzten Bus oder erst morgens nach Hause», heißt es zum Beispiel. Viele Zeugen geben nur Gerüchte wieder und werden dabei weder vom Gericht entmutigt noch von den vor allem an Sorgerechtsstreitigkeiten beteiligten Funktionären der Jugendhilfe.

Die Beiträge der Arbeitskollektive zu den Scheidungen von Kollegen klingen meistens ein wenig zurückhaltender und mitfühlender als die von Hausgenossen. Man merkt, dass die Beteiligten sich besser und auf positivere Weise kennen als Mitbewohner, die nur die Wohnungsnot zusammenhält. Es ist «das Ziel dieser Aussprache, die Verhaltensweise des Kollegen M. zu ergründen, ohne in das private Leben der Ehe einzudringen», sagt 1970 ein Abteilungsleiter, der auf Anregung des Gerichts zusammen mit fünf anderen Honoratioren des Betriebs versucht, einem Mitarbeiter-Ehepaar die Scheidung auszureden. Was in dem Protokoll der Unterhaltung folgt, ist für West-Augen alles so persönlich, dass Diskretion ein hoffnungsloses Unterfangen scheint. Aber die Beteiligten müssen ihre Sache besser gemacht haben, als ich für möglich hielt: Noch fast 30 Jahre später leben die Eheleute unter derselben Lüritzer Adresse zusammen.

Aber Kollektive werden auch ärgerlich, wenn Arbeitsgenossen sich von ihnen nicht beraten lassen wollen. «Über die Eheprobleme ist mit dem Verklagten überhaupt nicht zu reden. Er ist absoluter Einzelgänger, der lediglich seine Arbeit macht», heißt es in einer Akte von 1980. Und bis zum Ende der DDR bleiben Mitarbeiter erstaunlich überzeugt davon, dass sie beurteilen können, wie reparabel eine Ehe ist. Aus einer Beurteilung der Versöhnungschancen eines Paares mit langjährigen Problemen: «Das Kollektiv schätzt ein, dass die Ehe erhalten bleiben kann. Hierzu ist erforderlich, dass der Beklagte bestimmte Schwächen abstellt. Die Klägerin sollte bei dem Verklagten nicht nur die negativen Seiten sehen.» In diesem Falle haben die Kollegen Unrecht: Die Ehe wird sechs Jahre später doch geschieden, als beide Parteien über 60 sind und wahrscheinlich weniger Kraft zum Aufbau eines neuen Lebens haben, als sie zur Zeit der ersten Scheidungsklage hatten. Aber bei vielen Kollektivbeurteilungen in Scheidungssachen scheint jedenfalls der gute Wille der Kollegen durch. So kommt es seit den 1970er Jahren auch manchmal vor, dass Arbeitskollektive im Prozess *für* die Scheidung von Kollegen plädieren, und bis zum Ende der DDR finde ich Fälle, in denen Kollegen einen Mitarbeiter auch *nach* der Scheidung unter ihre Fittiche nehmen. Hier ist ein Zitat von 1980, das ein Arbeitskollektiv in seinem besten Lichte zeigt: «Wir mussten den Verklagten in den zurückliegenden Jahren oftmals wegen des Alkoholkonsums zur Verantwortung ziehen. In den letzten fünf Wochen hat er im Betrieb nicht mehr getrunken. Wir vertreten die Auffassung, dass die Ehe der Parteien unbedingt zu scheiden ist, im Interesse der Klägerin und der Kinder. Auf der anderen Seite befürchten wir natürlich, dass der Verklagte damit einen weiteren Halt verliert. Unter Kenntnis dieser Dinge werden wir uns zukünftig noch mehr um ihn bemühen. Wir müssen allerdings von ihm erwarten, dass er uns wenigstens ein wenig entgegenkommt.»

Ich kann nicht sagen, wie weit dergleichen brüderliche Hilfsbereitschaft unter den Mitgliedern von Arbeitskollektiven üblich war. Die Gerichte jedenfalls begannen zunehmend an der Nützlichkeit der kollektiven Ehe-Therapie zu zweifeln. Jedenfalls sank die Beteiligung von Kollektivvertretern an Scheidungsprozessen in der DDR von 15,3 % aller Scheidungsverfahren im Jahre 1976 auf 5,5 % im Jahre 1989. In Lüritz verschob sich die *Benutzung* von Kollektivvertretern durchs Gericht: Sie wurden immer seltener zu der Scheidung selbst und öfter dazu befragt, bei welchem Elternteil die Kinder besser aufgehoben wären. Weil allerdings in der DDR das Sorgerecht praktisch immer der Mutter zugesprochen wurde, hatten Kollektivmeinungen zu dieser Frage kaum Gewicht. In den 1980er Jahren wurden Erziehungsrechts-Zuweisungen vor allem von der Jugendhilfe mit entschieden; das heißt, an Stelle der kollegial-menschlichen Einsichten der Arbeitsgenossen eines Scheidungspartners trat der professionelle Einfluss von Sozialarbeitern. 1989 nahmen an allen Scheidungsprozessen in der DDR fünfmal so viele Funktionäre der Jugendhilfe als Arbeitskollektiv-Vertreter teil.

Das heißt noch nicht, dass meine Richter ihren Anspruch aufgegeben hätten, bei einer Scheidung manchmal besser zu wissen, was für die Parteien gut war, als die Eheleute selbst. Die Richterin (es waren ja fast immer Frauen) hatte noch andere Mittel in der Hand, um ihrer Autorität über die Lebenspläne der Parteien Nachdruck zu verleihen; vor allem die Aussetzung des Verfahrens bis zu einem Jahr, um den

Eheleuten Zeit und Gelegenheit zu geben, zueinander zurückzufinden. Eigentlich sollten die Gerichte Scheidungsprozesse *gegen* den Willen der betroffenen Eheleute nur dann aussetzen, wenn es die Interessen der Kinder nötig machten. Aber die Richter nahmen es nicht immer so genau. Vor allem die Volksrichter, die die eigene Macht noch mit resolutem Optimismus nutzten, sahen es geradezu als ihre Pflicht an, den schwachen Besserungsabsichten der Ehepartner mit Aussetzungsbeschlüssen nachzuhelfen. «Es kann im Interesse der Erhaltung geschlossener Ehen nicht dem Selbstlauf überlassen bleiben, ob die Eheleute auch dazu den Willen haben und die Anstrengungen unternehmen, die entstandenen Schwierigkeiten zu überwinden», heißt es in einem Urteil von 1973. 1968 setzt Frau Dankwarth (die nicht nur Arbeitsrechtsprozesse, sondern auch Familienrechtsprozesse macht) die Scheidungsklage einer Frau gegen den gewalttätigen und trunksüchtigen Vater ihres Kindes für sechs Monate aus, weil sie der Meinung ist, eine Entwöhnungskur des Mannes könne die Ehe noch zusammenhalten: «Das Gericht zeigte den Parteien auf, dass durchaus Möglichkeiten vorhanden sind, die Ehe zu erhalten.» Auch wenn die Eheleute eine Chance haben, einen gerade zugewiesenen Ferienplatz zusammen auszunutzen, setzen Richter gerne aus: «Hier gibt es noch Möglichkeiten zur Überwindung des Konflikts, die den Prozessparteien unbedingt bewusst gemacht» werden müssten.

Die Ehephilosophie meiner Richter ist oberflächlich, praktisch und soldatisch: Gebt euch ein bisschen Mühe und es wird schon gehen. «Es muss vom Ehepartner erwartet werden…, ist die gängige Formel vieler Aussetzungsbeschlüsse, und was erwartet wird, ist Selbstverleugnung und Disziplin. Ehebeständigkeit als Bürgerpflicht? Vielleicht ist das der Grund, warum Frau Dankwarth, deren nüchterne und erzieherische Schlichtung von Arbeitsrechtskonflikten ich gerade erst im vorigen Kapitel bewundert habe, besonders harte Aussetzungsbeschlüsse machen kann. Schon bei den Versprechungen brutaler Ehemänner, sich zu bessern, ist sie bereit, eine Scheidungsklage auszusetzen: weil im Sozialismus Umkehr immer möglich ist und weil sie – wieder ganz sozialistisch – keine Unterschiede zwischen den öffentlichen und privaten Aspekten eines Lebens und daher auch nicht zwischen Arbeits- und Ehepflichten macht. Beide sind der Gesellschaft ebenso geschuldet wie sich selbst und der Familie. Dass die Zerstörung menschlichen Vertrauens zwischen den Eheleuten eine andere Bedeutung hat als zwischen einander ferner Stehenden, scheint sie nicht zu sehen.

Teilweise wollen die Richter bei der Aussetzung von Scheidungsklagen auch einfach mit ihrer Autorität und Diagnose Recht behalten. Ich finde Fälle in den Akten, in denen zwei aufeinander folgende Scheidungsklagen derselben Eheleuten *beide Male* ausgesetzt werden, sozusagen zur Bestätigung der Vorentscheidung. «Ich konnte eigentlich immer sehen, ob eine Ehe noch zu retten war oder nicht», erklärte mir Frau Rüstig viele Jahre später und erzählte voll Stolz von einem großen Blumenstrauß, den ein versöhntes Ehepaar ihr zum Dank nach der Verhandlung ins Gericht gebracht hatte. Und hielt der Frieden? Nein, ist die verlegene Antwort; sie habe gehört, dass es später doch zur Scheidung gekommen sei. «Aber das war nach meiner Zeit» – das heißt, das war, als Frau Rüstig die Verantwortung für die Eheleute schon an andere weitergegeben hatte. Im Frühjahr 1980 hebt das Bezirksgericht in Neuburg einen der letzten Aussetzungsbeschlüsse von Frau Rüstig freundlich lobend auf: ihre Bemühung um die Ehe sei «anerkennenswert», aber «aussichtslos».

Ich bin aus Zeit- und Quellenmangel nur einigen der Aussetzungsbeschlüsse meiner Richter nachgegangen. Manchmal kann ich im Einwohnerverzeichnis der Stadt Lüritz nachsehen, ob Eheleute heute noch zusammenwohnen. Manchmal hilft ein Karteikasten im Lüritzer Archiv, der Namenskarten der Parteien enthält, die in Scheidungsklagen, auch mehrfachen, verwickelt waren. Aber die Daten sind lückenhaft; ich weiß nicht, ob die Eheleute in eine andere Stadt gezogen oder vielleicht gestorben sind, und kann mich nur auf Einzelfälle stützen. Die aus meiner Sicht unsinnigsten Aussetzungen waren immer erfolglos: Brutale Ehen wurden spätestens in der Berufungsinstanz geschieden. Aber auch viele scheinbar hoffnungsvolle Aussetzungen verhinderten am Ende nicht die Scheidung. Das gestanden sich allmählich auch die Richter ein. Aussetzungen sanken von 13,8 % aller Scheidungen in Lüritz/Stadt im Jahre 1965 auf schätzungsweise 6 % aller Scheidungen in Lüritz im Jahre 1985. 1989 wurden in der gesamten DDR nur noch 4 % aller Scheidungsverfahren für eine mögliche Versöhnung ausgesetzt.

Das wird auch an der zunehmenden Arbeitsbelastung und Ermüdung der Richter gelegen haben, die immer weniger bereit waren, sich für zweifelhafte ideologische Erfolgserlebnisse anzustrengen. Trotzdem hielt sich das Autoritätsgebaren der Familienrichter bis zum

Schluss. Vielleicht ist es eine Berufscharakteristik von Familienrichtern überall: Wer jeden Tag die aus dem Gleichgewicht gebrachten Leben verletzter Menschen wieder ins rechte Lot rücken soll, ist in Versuchung, die Klienten der Justiz nicht als autonome Bürger zu behandeln, sondern als Patienten. Weil die meisten Scheidungskläger Frauen waren (abhängiger als Männer), weil viele der Entscheidungen sich um Kinder drehten (noch abhängiger), weil die Verklagten in Familiensachen oft Alkoholprobleme hatten oder ihre finanziellen Pflichten nicht erfüllen konnten (auch ein Zeichen sozialer Schwäche) und weil das Autoritätsgefälle zwischen Richter und Gerichtsbenutzer im Sozialismus noch steiler war als in einem Rechtsstaat, war die Haltung der Lüritzer Familienrichter gegenüber den Parteien vormundschaftlicher als im Zivilrecht und die Richter, scheint mir, noch eher in Versuchung, der eigenen Selbstgerechtigkeit nachzugeben.

Das lässt sich an den Erziehungsrechts-Entzügen in Lüritz zeigen. Nach dem Familiengesetzbuch von 1965 war der Entzug der Elternrechte in der DDR nur durch Gerichtsentscheidung möglich. Sie setzte die «schwere schuldhafte Verletzung der elterlichen Pflichten durch den Erziehungsberechtigten» voraus (§ 51 I FGB) und wurde durch eine Klage der Jugendhilfe eingeleitet. Bei grundlegender Besserung konnten Eltern die Jugendhilfe auch auf Rückübertragung ihres Elternrechts verklagen, solange ihr Kind noch nicht von Dritten adoptiert war. Die sozialistische Regel, dass jeder von einem falschen Weg umkehren und wieder von der Gesellschaft aufgenommen werden konnte, galt auch hier. Maßnahmen zum Schutz des Kindes, die die Elternrechte nur vorübergehend beeinträchtigten – Erziehungsauflagen, auch die zeitweilige Unterbringung des Kindes bei anderen oder in einem Heim –, konnte die Jugendhilfe ohne Gerichtsbeteiligung erlassen. Dagegen hatten die Eltern nur ein Beschwerderecht, das von der Jugendhilfe selbst entschieden wurde.

Es gab nicht viele Erziehungsrechts-Entzüge in der DDR: 1982 nur 524 Fälle im ganzen Land. Wenn man von Übertragungen des Erziehungsrechts von dem einen auf den anderen Elternteil absieht (bei denen das Kind in der Familie blieb), gab es in Lüritz durchschnittlich nur zwei bis drei Gerichtsentscheidungen im Jahr, durch die ein Kind den Eltern weggenommen und in die Obhut des Staates überführt wurde. Die Schreckensmeldungen, die nach der Wende in deutschen Zeitungen ihre aufgeregte Runde machten – dass DDR-Gerichte

Dissidenten und Ausreisekandidaten ihre Kinder durch sogenannte «Zwangsadoptionen» entrissen hätten –, waren jedenfalls für Lüritz eindeutig falsch. Ich habe beim Durchsehen aller Erziehungsrechts-Entzüge in der Stadt zwischen 1965 und 1989 keinen einzigen Fall gefunden, der durch den politischen Widerstand der Eltern motiviert gewesen wäre. Trotzdem kann man die Lüritzer Erziehungsrechts-Entzüge nicht unpolitisch nennen. Zwar ging es in ihnen nicht um Rechtsstaats-Themen wie Meinungs- oder Reisefreiheit. Aber die Vorstellungen der Richter und Jugendhilfe-Vertreter darüber, wie gute Eltern sich zu verhalten hätten, ihre Einstellung zur Arbeit, zu Frauen, zu Außenseitern, zur Rolle der Form im Recht, waren von der Rechtskultur des Sozialismus durchtränkt wie ein Schwamm mit Wasser.

Das begann schon mit der Frage, wie weit die unbefriedigende oder, schlimmer, die Nicht-Arbeit eines Elternteils Rückschlüsse auf seine Erziehungsfähigkeiten zuließ. Die Frage galt für Mütter ebenso wie Väter. Dass die Ehe kein Versorgungsinstitut für Frauen sei, hatte das Oberste Gericht schon 1950 festgestellt. Das hieß, dass in der DDR «jedermann, auch jede Frau, ihre Arbeitskraft der Erfüllung des Wirtschaftsplans zur Verfügung zu stellen» hatte.[19] Soweit ich sehen kann, akzeptierten die Frauen in der DDR, dass sie als gleichberechtigte Produzentinnen nach einer Ehescheidung von ihrem früheren Ehemann keinen Unterhalt bekommen würden. 1988 gab es in Lüritz zeitlich begrenzte Überbrückungszahlungen nur in 1,9 % aller Ehescheidungen. Weil die allermeisten Frauen berufstätig waren (zum Schluss arbeiteten 91 % aller Frauen in der DDR außerhalb des Haushalts, verglichen mit 44,1 % der Frauen in der Bundesrepublik)[20], würden sie nach der Scheidung auch auf eigenen Füßen stehen können. So jedenfalls die Erwartung der meisten Frauen ebenso wie des Gerichts.

Wenn eine Mutter diesen Erwartungen nicht entsprach, suchten die Richter die Schuld für ihr Versagen immer bei ihr selbst. Sie wollten nicht wahrhaben, dass die schöne Selbstständigkeit einer Frau ins Wanken geraten konnte, wenn sie nach einer Scheidung plötzlich Kinder *und* Beruf alleine versorgen sollte. Auch unverheiratete Mütter konnten nicht mit der Nachsicht des Gerichts rechnen, wenn ihnen ohne Hilfe durch den Vater ihrer Kinder die Arbeit überm Kopf zusammenschlug und sie begannen, entweder ihren Beruf oder die Kinder zu vernachlässigen. Der Arbeit fernzubleiben, konnte ein

Strafverfahren wegen Asozialität bedeuten. Wenn die Mutter die Kinder vernachlässigte, drohte die Jugendhilfe erst mit allerhand Überwachungsmaßnahmen und schließlich mit der Klage auf Erziehungsrechts-Entzug. In Westdeutschland hätte eine alleinstehende Mutter zur Not von der Wohlfahrt leben und bei ihren Kindern zu Hause bleiben können. In der DDR wurde von ihr erwartet, dass sie ihre Kinder in den Hort gab und so mit beiden Aufgaben – Beruf und Kindern – fertig werden würde.

Dass Kinder auch außerhalb des Kindergartens Arbeit kosten, machten nicht einmal alle Mütter geltend. «Sie könne keine Erklärung dafür abgeben, aus welchen Gründen ihr zu Hause alles über war», sagt 1969 eine unverheiratete Mutter mit ganztägiger Arbeitsstelle und fünf Kindern im Alter zwischen zwei und zwölf. Gericht und Jugendhilfe sind gnadenlos in den Erwartungen, mit wie viel Arbeit eine Mutter fertig werden muss. 1976 wird einer Frau das Erziehungsrecht für ihre fünf Kinder entzogen, weil sie trotz ihrer Versetzung in die Frühschicht (bei der sie morgens noch vor fünf das Haus verlassen muss) ihre Kinder immer noch vernachlässige. Es müsse ihr doch möglich sein, sagt das Gericht, da sie nunmehr schon nachmittags nach Hause komme, «die Kinder nach Hortschluss zu beaufsichtigen und anzuleiten.» 1979 verliert eine geschiedene 27jährige Frau ihre drei Kinder zwischen acht und drei Jahren, die «als Vergünstigung» von ihrem Betrieb verkürzte Arbeitszeit erhalten hatte und trotzdem ihre Haushaltsführung nicht verbesserte. Statt acht Stunden am Tag musste die Mutter 7,25 Stunden am Tag Geräte warten und die Zeitersparnis durch Abgabe ihres «Haushaltstages» und einen niedrigeren Lohn begleichen. Es ist wahr, sie hatte ihre Kinder schlimm vernachlässigt. Aber die Akte sagt nichts über Alkoholkonsum, zweifelhafte Männerbekanntschaften oder zu viele aushäusige Vergnügungen der Mutter. Ihre einzige Sünde war Erschöpfung.

Ich finde es erstaunlich, dass auch die Richter*innen* meines Kreisgerichts, die meistens doch selbst gleichzeitig Beruf und Kinder zu versorgen hatten, nicht bemerkten, wie ungleich ihre Erziehungsrechts-Entscheidungen die Aufgaben von Müttern und Vätern sahen. An sich hatte das DDR-Familienrecht sich mit Entschiedenheit der Gleichberechtigung verschrieben. Wie nicht anders zu erwarten in einem Land, das Friedrich Engels und August Bebel zu seinen intellektuellen Vorfahren zählte, waren schon vor dem FGB von 1965 die

Rechte von Männern und Frauen einander angeglichen worden. Als sich im Laufe der Jahrzehnte herausstellte, dass die Gleichheit der Geschlechter nicht allein durch formale Gleichbehandlung herzustellen war, hatte der DDR-Gesetzgeber eine Reihe von Bevorzugungen für Frauen eingeführt, die es ihnen leichter machen sollten, Berufsarbeit und Kinder zu verbinden: den monatlichen freien Hausarbeitstag für Frauen (nicht für Männer); die bezahlte Freistellung von der Arbeit im «Babyjahr»; die Bevorzugung von berufstätigen Müttern, wenn sich die Eltern bei der Scheidung nicht darüber einig werden konnten, wem die Kinder zugewiesen werden sollten. Und der Staat verfolgte aufmerksam die Wirksamkeit seiner Frauenpolitik. Ein Fragebogen, von den Ehepartnern bei jeder Scheidung auszufüllen, fragte beide unabhängig voneinander unter Nr. 4: «Gab es Probleme bei der Verwirklichung der Gleichberechtigung in Ihrer Ehe?»

Die Antworten auf Frage Nr. 4 verraten, dass es in vielen Ehen zwar Probleme gab, diese Probleme aber von den meisten Eheleuten (auch den Frauen!) als ganz normal und daher eigentlich auch nicht als veränderbar verstanden wurden. «Keine Probleme. Ich für meinen Teil habe manchmal nicht die familiären Aufgaben voll erfüllt», heißt 1980 die typische Antwort eines Mannes, und 1983 schreibt ein anderer Ehemann: «Bei der Gleichberechtigung kann man nicht von Problemen sprechen. Die Hauptlast des Haushalts lag aber bei der Frau.» Die Frauen teilten diese Sicht der Männer. «Keine Probleme», schreibt eine Scheidungsklägerin zum Beispiel. «Das Kind wurde zum großen Teil von der Mutter oder von der Oma betreut. Bei meinem Mann fehlte die Mitverantwortung für den Haushalt.» Wie die Erziehungsrechts-Entzüge zeigen, sahen auch die Richter und die Funktionäre von der Jugendhilfe Kindererziehung und Hausarbeit weitgehend als Frauenarbeit an. Fast alle Entzugsklagen richten sich gegen Mütter, und in fast allen dieser Fälle sind die Väter unsichtbar. Vielleicht hatten sie durch Scheidung oder einfaches Verschwinden die Kontrolle über ihre Kinder schon verloren. Zwar waren nach DDR-Recht beide Eltern auch nach Entzug ihrer Elternrechte noch für den Lebensunterhalt ihrer Kinder verantwortlich. Aber wir erfahren aus diesen Akten so gut wie nie, warum die Väter sich nicht um die Kinder kümmerten oder nicht für sie bezahlten.

Gericht und Jugendhilfe konnten ihre Vorwürfe ja auf die Mütter konzentrieren. Die Art der Vernachlässigung, die den verklagten Frauen zur Last gelegt wurde, war spezifisch weiblich und wäre einem Vater niemals angekreidet worden: die Windeln eines Säuglings waren «grau und hart» (1969); die Wohnung «ungemütlich und nicht vollständig eingerichtet» (1968); «schmutzige bzw. noch zu bügelnde Wäsche lag überall umher» (1976). Das klingt sehr ähnlich wie die Vorwürfe, die scheidungssuchende Männer gerne gegen ihre Frauen erhoben: «Die Betten waren nicht immer gemacht» (1960); «die Abwäsche stand tagelang herum» (1970); «ich wurde in meiner Ehe sehr vernachlässigt» (1980). Die Last der Gleichberechtigung musste von diesen Frauen allein getragen werden. Nur sehr, sehr selten finde ich in diesen Akten Anzeichen der physischen Misshandlung der betroffenen Kinder. «Der Pflegezustand der Kinder im allgemeinen war nicht schlecht», lese ich eher, oder «nachweislich noch keine Schäden eingetreten.» Die Erziehungsrechts-Entzüge meines Kreisgerichts beschützten Kinder vor allem gegen Schmutz, Unordnung und einen unpünktlichen und undisziplinierten Tagesablauf.

In anderen Worten: Die meisten Klagen der Jugendhilfe richteten sich gegen Frauen, die entweder schon als «asozial» erfasst und oft auch schon verhaftet waren oder gegen die gleichzeitig mit der Klage auf Entzug des Elternrechts ein strafrechtliches Ermittlungsverfahren wegen «asozialen Verhaltens» eingeleitet worden war. Strafrechtliche und familienrechtliche Ausgrenzung dieser Mütter gingen Hand in Hand. Vor allem warf man ihnen vor, dass sie nicht bereit waren, sich anzupassen, Ratschläge zu befolgen, Lehren zu ziehen, in ihrem Leben aufzuräumen. Allerdings hieß das auch, dass ein Erziehungsrechts-Entzug sich vermeiden oder rückgängig machen ließ, wenn die Mutter die eigene Erziehungsbedürftigkeit eingestand und sich dem Kollektiv sozusagen wieder in die Arme warf. 1971 wird das vor 13 Jahren entzogene Erziehungsrecht für drei Kinder auf eine Frau zurückübertragen, die gelernt hat, sich einzuordnen: «An besonderen Einsätzen, Versammlungen und Demonstrationen nahm sie (jetzt) stets teil.» Zwei Jahre später entgeht eine junge Frau mit zweifelhaftem Lebenswandel dem Verlust ihres Kindes dadurch, dass sie mit der Abteilung Inneres eine Vereinbarung abschließt, ihr Leben grundlegend zu ändern, um so «den staatlichen Organen und dem Betrieb keine Erziehungsschwierigkeiten zu bereiten.» Man merkt, es sind nicht nur die Kinder, die erzogen werden sollen, sondern auch die Mütter.

Die Mütter, die sich nicht erziehen lassen wollen, werden als bereits Ausgegrenzte so behandelt wie jemand, der auf die Einhaltung von

Gemeinschaftsregeln keinen Anspruch hat. Ich kann schon an dem Umfang einer Akte sehen, ob die Mutter, die hier ihr Kind verlor, einer regelmäßigen Arbeit nachging oder nicht. Bei pflichtbewussten Arbeitnehmerinnen ist die Akte dick und die Beweisführung für die Vernachlässigung ihrer Kinder in der Regel sorgfältig und detailliert. Dagegen wird mit «Assi»-Müttern kurzer Prozess gemacht. Wenn sie schon im Gefängnis sind, werden sie oft so unordentlich zum Termin geladen, dass für eine Vorführung der Mutter keine Zeit mehr bleibt und das Gericht ihr das Erziehungsrecht in ihrer Abwesenheit entzieht. Als einziges Beweismittel für die «schwere schuldhafte Verletzung ihrer elterlichen Pflichten» dient oft nur die Strafakte, die ihre Verurteilung wegen Asozialität belegt. Wenn asoziale Mütter Zeugen für ihre liebevolle Sorge um ihr Kind benennen, werden diese Zeugen in der Regel nicht gehört. Die Jugendhilfe, die als Klägerin in dem Entzugsverfahren als Partei eigentlich nach den gleichen Regeln zu behandeln wäre wie die verklagte Mutter selbst, agiert praktisch als Verbündete des Richters, die ihre Behauptungen nicht zu beweisen braucht. Vor allem bei adoptionsfähigen Kindern, die die Jugendhilfe lieber bei ordentlicheren und anpassungsfähigeren Eltern unterbringen möchte, werden nicht nur die prozessualen Rechte von «Assi»-Müttern ignoriert, sondern es kommt auch vor, dass ihre faktischen Beziehungen zu ihren Kindern schon lange vor dem Urteil des Gerichts durch vorschnelle Maßnahmen der Jugendhilfe untergraben oder ganz verhindert werden.

So sieht es manchmal wirklich danach aus, als ob Jugendhilfe und Gericht sich in unheiliger Allianz zusammentaten, um einer verachteten und unkooperativen Mutter ihre Kinder wegzunehmen. Die vom Gericht kaum hinterfragte faktische Machtposition der Jugendhilfe; die von der Erziehungsideologie der DDR geschürte Selbstgerechtigkeit der Richter; ihre didaktische Empörung über Menschen, die keinen Rat annehmen wollen; die Ausgrenzung von Nicht-Arbeitern in einer als Arbeitskollektiv definierten Gesellschaft; die allgemeine Bürgerpflicht zur Anpassung; kurz: die negativsten Züge einer sozialistischen Rechtskultur konnten so zusammenkommen und gelegentlich (Gott sei Dank wirklich nur gelegentlich) Unrechtsurteile produzieren, die mir schlimmer vorkommen als viele Strafrechtsurteile aus der Zeit des Kalten Krieges.

Vielleicht ist dies eine Gelegenheit, um etwas auszusprechen, was viele Leser dieses Buches lange schon geargwöhnt haben mögen: dass meine Reaktion auf diese (und viele andere) Lüritzer Gerichtsurteile zeigt, wie schwer es auch einer gutwilligen Beobachterin fällt, sich aus der Rechtsgeschichte, der sie nachforscht, selbst herauszuhalten. Weil ich mehr als die Hälfte meines Lebens in Amerika gelebt und gearbeitet habe, empfinde ich die Enge und aufgezwungene Fürsorge des DDR-Rechts als bedrohlicher als manche Übergriffe der Partei. Weil Strafrecht ein so naheliegendes politisches Unterdrückungsmittel vieler Staaten ist, bringe ich ihm geringere Gerechtigkeitserwartungen entgegen als dem doch eigentlich egalitären und progressiven DDR-Familienrecht. Weil ich selber Kinder habe und lieber ins Gefängnis gegangen wäre, als sie zu verlieren, entrüsten mich die Unrechtsurteile des Lüritzer Gerichts bei Erziehungsrechts-Entzügen mehr als in manchen Republikflucht-Fällen. Was folgt, ist die Beschreibung des (aus meiner Sicht) unmenschlichsten Urteils, das ich im Lüritzer Archiv gefunden habe. Es ist kein typisches Produkt meines Kreisgerichts (die meisten Lüritzer Urteile sind mehr oder weniger vertretbar und vernünftig), aber es ist typisch für die Art und Weise, in der die Richter in die Irre gehen konnten. Ich las die Akte wie benommen; mit zitternder Hand die Seiten wendend in der Hoffnung auf Gerechtigkeit, die niemals kam. Hier ist der Fall:

Am Sylvesterabend 1967 wird eine junge Frau mit etwas unordentlichem Lebensstil und drei Kindern im Alter zwischen fünf und einhalb Jahren von ihrem Mann so schlimm verprügelt, dass sie mit einer Gehirnerschütterung ins Krankenhaus gebracht werden muss. Die Jugendhilfe verlegt die Kinder noch in derselben Nacht in ein Kinderheim und bringt das jüngste Kind schon im Januar 1968 bei Pflegeeltern unter, die es gerne adoptieren möchten. Im Februar 1968 nimmt die Jugendhilfe auch Kontakt zu adoptionsbereiten Pflegeeltern für die beiden anderen Kinder auf und klagt im Juni 1968 auf Entzug des Erziehungsrechts der Eltern. Am 1. August 1968 gibt Frau Dankwarth ohne viel Gefackel der Klage statt.

Wie lange die Mutter zur Genesung brauchte, weiß ich nicht. Aber im November 1968 ist sie von ihrem gewalttätigen Ehemann geschieden, hat neu geheiratet und klagt mit Hilfe eines Rechtsanwalts auf Rückübertragung des Erziehungsrechts für ihre Kinder. Der Anwalt bittet in einem Schreiben an die Jugendhilfe, mit den geplanten Adoptionen bis zur Entscheidung des Gerichts über die Rückgabe der Kinder an die Mutter zu warten. Die Jugendhilfe – die ja schon lange mit den prospektiven Adoptionseltern für alle drei Kinder verhandelte –

schreibt am 20.12.1968 in ihrer Klageerwiderung an das Gericht: «Es fehlt der Beweis dafür, dass die Beziehungen der Mutter zu den Kindern inzwischen positiv gestaltet sind. Unter positiver Gestaltung verstehen wir, dass die Mutter die durch die Organe der Jugendhilfe und im Interesse ihrer Kinder getroffenen Entscheidungen akzeptiert. Das ist jedoch nicht der Fall, da Frau K. versuchte, ohne Zustimmung der Organe der Jugendhilfe die Beziehungen zu ihren Kindern zu regeln. Allein schon hierdurch gefährdete sie den eingeleiteten Erziehungsprozess erneut.»

Es dauert fast fünf Monate bis das Kreisgericht über die Klage der Mutter auf Rückübertragung ihres Elternrechts entscheidet – länger als bei den meisten Scheidungen in Lüritz. Um den Kindern Gelegenheit zu geben, sich bei ihren zukünftigen Adoptionsfamilien einzuleben? Jedenfalls kommt bei der Verhandlung am 28.4.1969 durch Zeugenaussagen allerhand zutage. Die Jugendhilfe, die beim Entzug des Erziehungsrechts am 1.8.1968 die Mutter beschuldigt hatte, ihre Kinder am Sylvesterabend 1967 leichtfertig allein gelassen zu haben, wusste von Nachbarn, was in Wirklichkeit geschehen war, und hatte dieses Wissen vor Gericht vertuscht. Solange sie gesund war, hatte die Mutter die Kinder liebevoll versorgt. Ihr neuer Mann war willens, die Kinder bei sich aufzunehmen und beschrieb eindringlich den Kummer der Mutter über den Verlust: «Ich sehe es jetzt jeden Tag, was es ihr für Sorgen macht, dass die Kinder nicht im Haushalt sind; sie ist bloß am Weinen.» Seit ihrer Entlassung aus dem Krankenhaus hatte die Mutter alles getan, um an ihren weggenommenen Kindern festzuhalten: pünktlich den Unterhalt bezahlt; die beiden älteren Kinder (zum Teil entgegen dem Verbot der Jugendhilfe) im Kinderheim besucht; ihnen Weihnachten 1968 Apfelsinen und Bananen bringen wollen, nur um zu erfahren, dass die Kinder heimlich in ein Heim außerhalb der Stadt verlegt worden waren. Unbeirrt hatte sie versucht, mit ihren Kindern in Kontakt zu kommen, bis die Polizei sie davor warnte, sich weiter den Anordnungen der Jugendhilfe zu widersetzen.

Herr Taddäus, der die Verhandlung leitet (warum der Kreisgerichtsdirektor selbst?), geht auf dies alles gar nicht ein. Ich kann nicht sagen, wieweit er überhaupt der Mutter oder ihrem Anwalt zuhört. Nach dem Protokoll verlässt die Mutter einmal «schimpfend den Verhandlungsraum»; vielleicht hatte sie sich so erregt, dass Herr Taddäus sie hinauswarf. In den Akten macht sie den Eindruck einer impulsiven, warmherzigen und undisziplinierten Frau – eine Einzelgängerin. Einer der Nachbarn im Entzugs-Prozess hatte ausgesagt, «dass sie nicht zu Hausversammlungen komme.» Jedenfalls weist Herr Taddäus ihre Klage auf Rückübertragung des Erziehungsrechts ab:

«Die Klägerin hat im Laufe des Verfahrens mehrfach zum Ausdruck gebracht, dass sie jegliche Hilfe und Unterstützung ablehnt und nicht damit einverstanden ist, wenn sich andere Leute um ihre familiären Probleme kümmern. Diese Einstellung der Klägerin beweist, dass sie den humanen Charakter unseres sozialistischen Staates sowie den Sinn unserer erstrebten sozialistischen Menschengemeinschaft noch nicht erfasst hat und deshalb auch nicht in der Lage ist, ihre Kinder zu gesunden und lebensfrohen, tüchtigen und allseits gebildeten Menschen, zu aktiven Erbauern des Sozialismus, zu erziehen.»

Im September 1969 weist das Bezirksgericht auch die Berufung der Mutter ab. Ich glaube, einen schwachen Unterton des Bedauerns in der Berufungsentscheidung zu entdecken – jedenfalls gründet das Bezirksgericht sein Urteil nicht auf die Unangepasstheit der Mutter, sondern nur auf das Wohl der Kinder, die nunmehr seit 20 Monaten aus dem Elternhaus entfernt sind und seit neun Monaten ihre Mutter nicht mehr gesehen haben. Weil § 51 Abs. 3 des FGB die Rückübertragung des Erziehungsrechts nicht nur von der Reform der Eltern selbst, sondern auch von «den Interessen des Kindes» abhängig macht, können die Bezirksrichter mögliche Gewissensbisse wegen ihres Urteils insoweit mit juristischen Argumenten aus dem Weg gehen. Nur dass sie dabei außer acht lassen, dass der vorangegangene *Entzug* des Erziehungsrechts der Mutter im August 1968 (der gemäß § 51 Abs. 2 FGB die «schwere schuldhafte Verletzung» ihrer elterlichen Pflichten voraussetzte) von der Jugendhilfe ergaunert und erlogen worden war.

Ich finde die Entscheidung so unverständlich, dass ich beschließe, mit der Mutter selbst zu sprechen. Mit einem Einführungsbrief des neuen westdeutschen Direktors des Lüritzer Amtsgerichts versehen, der mich als *bona fide* ausweist, erfahre ich vom Einwohnermeldeamt ihre Adresse. Sie wohnt in einem Plattenbau in einem Vorort der Stadt; die ungepflasterten Bürgersteige lassen mir Sand in die Schuhe rieseln. Aber ich bin auf der falschen Fährte: Die Frau, die auf mein Klingeln hin die Tür aufmacht, ist viel zu jung; sie trägt nur zufällig denselben Namen wie Frau K. und hat mit der Geschichte nichts zu tun. Wieder ins Einwohnermeldeamt, wo die hilfreiche Sachbearbeiterin noch einmal in den alten Karteikästen im Keller suchen will. Sie kommt mit ernstem Gesicht zurück: Frau K. ist 1973 gestorben. Sie war 32 Jahre alt.

Woran stirbt man mit 32 Jahren? Die Frau vom Einwohnermeldeamt, die sieht, wie die Geschichte mir zu Herzen geht, hat einen Vorschlag: Sie kennt jemanden im Dorf, in dem die Verstorbene zuletzt wohnte, und will sich erkundigen; ich solle morgen noch einmal anrufen. Am nächsten Morgen erfahre ich, dass Frau K. vier Jahre nach dem erfolglosen Kampf um ihre Kinder Selbstmord begangen hat. Sie und ihr neuer Mann bekamen noch ein Baby (von dreien doch schon eines!) aber es hatte nicht gereicht, um sie am Leben festhalten zu lassen. So jedenfalls sieht es für mich aus, die Frau K.s Geschichte aus einer 76 Seiten langen Justizakte zusammengestückelt hat. Vielleicht war ich zu argwöhnisch, zu leichtgläubig, zu vorschnell. Vielleicht, dass ihr in diesem Leben wirklich nicht zu helfen war und dass die Gerichte gut daran taten, die Kinder einer so labilen Frau zuverlässigeren Eltern anzuvertrauen. Vielleicht waren die Adoptiveltern der weggenommenen Kinder wichtige Personen in der Stadt, denen Gericht und Jugendhilfe eilfertig zu Diensten waren. Aber dass die Jugendhilfe log, dass das Gericht die Lüge durchgehen ließ, dass Frau K.'s Elternrechte nicht geachtet, sondern mit Füßen getreten wurden, und dass das Recht in diesem Fall nicht Autonomie schützte, sondern Anpassung erzwang, steht außer Frage.

Die Überzeugung der Lüritzer Familienrichter, dass nur staatsbrave Eltern gute Eltern seien, hielt sich bis in die 1980er Jahre. Noch 1979 wird einer «Assi»-Mutter das Erziehungsrecht für ihr zweijähriges Kind entzogen, weil sie keiner regelmäßigen Arbeit nachging, 5000 Mark Schulden und einen «völlig unzureichenden Vorrat» an Babynahrung in der Küche hatte, und weil sie – «ohne rechtfertigende Gründe» – ihr Kind nicht von der «angebotenen staatlichen Kindereinrichtung», sondern von einer ihr bekannten Familie versorgen ließ. Auch eine andere Asozialen-Mutter verliert ihr Kind, das sie ebenfalls nicht in die staatliche Kindertagesstätte schicken wollte: «Die Schwere der Schuld wird auch dadurch deutlich, dass Frau M. die ihr gebotene staatliche Unterstützung zur geordneten Lebensweise nicht nutzte.» Aber dann, im November 1984, leitet ein Urteil des Bezirksgerichts in Neuburg eine radikale Umkehr ein. Einer Lüritzer Mutter, angeblich asozial und 1983 wegen Diebstahls zu einem Jahr

Gefängnis verurteilt, war in dem üblichen Ruck-Zuck-Prozess von meinem Kreisgericht das Erziehungsrecht für ihren vierjährigen Sohn abgesprochen worden. Sie habe sich um ihr Kind, das seit langem schon im Heim war, seit 1981 nicht mehr gekümmert. Gericht und Jugendhilfe nahmen ihr besonders übel, dass sie in den letzten Jahren zwischen Lüritz und zwei Nachbar-Orten hin- und hergezogen war, «sodass eine staatliche und gesellschaftliche Einflussnahme nicht gegeben war.» Obwohl die Mutter mit ihrem Rechtsanwalt an der Verhandlung teilnahm, wurden ihre Zeugen nicht gehört.

Aber sie hatte den richtigen Rechtsanwalt für ihren Kampf gewonnen: Herrn Mohr, schon ein Produkt der neuen, verunsicherten und glaubensschwachen DDR, der sich als Student an der Humboldt-Universität für die Bewerbung bei der Anwaltschaft entschlossen hatte, weil er sich der Ausbürgerung Wolf Biermanns schämte und fand, dass Recht auch die Interessen von Außenseitern schützen müsse, und dem ich in den Akten in den 1980er Jahren oft als optimistischem und streibarem Juristen begegnet bin. So geht Herr Mohr in die Berufung: § 51 FGB verlange die schwere schuldhafte Gefährdung des Kindes durch die Mutter. Und das Bezirksgericht hebt wunderbarerweise die Lüritzer Entscheidung auf und verweist zurück: Das Kreisgericht habe ungenügend Beweis erhoben, sich nur auf die Ausführungen der Jugendhilfe gestützt, die Partei sei, und «unverständlicherweise» die Zeugen der Mutter nicht gehört. Dann kommt der erstaunlichste Satz des Urteils: «Weder die Straffälligkeit der Verklagten, noch die angelastete Unpünktlichkeit und Unzuverlässigkeit in ihrem Arbeitsverhältnis, stellen für sich allein eine Verletzung der elterlichen Pflichten dar.» In anderen Worten: auch «Assis» können gute Eltern sein. Arbeiterin und Mutter, Bürgerin und Privatmensch sind nicht deckungsgleich. Das Bezirksgericht erkennt die unsichtbare Grenze zwischen Staat und Familie, zwischen öffentlichem und privatem Leben, wieder an.

Bei der neuen Beweisaufnahme durch mein Kreisgericht, bei der diesmal auch die Zeugen der Mutter gehört werden, stellt sich heraus, wie zielstrebig und – ich weiß kein besseres Wort dafür – infam die Jugendhilfe versucht hatte, das Kind von seiner Mutter zu entfremden. Um die eigene Autorität zu demonstrieren? Um dem warmen, spontanen, triebhaften Lebensstil der Mutter keinen Einfluss einzuräumen über ein Kind, das zu einem ordentlichen und arbeitsamen Sozialisten erzogen werden sollte? Jedenfalls hatte die Jugendhilfe der Mutter und Großmutter (die das Kind oft versorgte) verboten, es im Heim zu besuchen, und – als die Frauen sich an das Verbot nicht hielten – es schließlich in ein anderes Heim verlegt, um weitere Besuche zu verhindern. Trotzdem war die Großmutter heimlich auch in das neue Heim gekommen und hatte dem Kind Bilder von seiner Mutter mitgebracht. Die Mutter hatte liebevolle Päckchen an es geschickt. So bleibt Frau Neumann, die wieder die Entzugsverhandlung macht, nichts anderes übrig, als die Klage der Jugendhilfe abzuweisen. Um jedenfalls ein bisschen Recht zu behalten (denke ich mir), legt sie der Mutter die Hälfte der Verfahrenskosten auf. Aber Herr Mohr legt Beschwerde ein – und auch diesmal gibt das Bezirksgericht ihm Recht. Weil die Klage der Jugendhilfe abgewiesen worden sei, müsse der Staatshaushalt den Prozess allein bezahlen.

Es wäre zu viel gesagt, dass von nun an Lüritzer Erziehungsrechts-Entzüge gegenüber asozialen Eltern mit der gleichen Sorgfalt erledigt werden wie gegenüber Eltern, an deren Arbeitsmoral nichts auszusetzen war. Zwar wird die Verhandlungsführung in Asozialen-Fällen sorgfältiger als zuvor. Aber die Irritation von Gericht und Jugendhilfe angesichts der «Perspektivlosigkeit» arbeitsscheuer Eltern und ihres Talents, allen staatlichen Erziehungsmühen erfolgreich aus dem Weg zu gehen, ist immer noch sehr deutlich. Meine Richter fühlten sich für Ruhe und Ordnung in der Stadt verantwortlich. Sie waren an Autorität gewöhnt und sahen ihre Erziehungsrolle enger, auch phantasieloser, als das ostdeutsche Familienrecht mit seinen emanzipatorischen Untertönen es eigentlich erwarten ließ. Zum Beispiel definierte das FGB die Ehe als «auf gegenseitige Liebe, Achtung und Treue» gegründete Gemeinschaft, und wer den Paragraphen liest, ist ganz erstaunt, in einem offiziellen Gesetzestext einem so mit Gefühl beladenem Wort wie «Liebe» zu begegnen. Aber die Lüritzer Richter sahen (jedenfalls in ihren Entscheidungen) «Liebe» nicht als innerliche Zuwendung und Zusammengehörigkeit, sondern als äußere Regelmäßigkeit und Ordnung. Leidenschaft, Irrationalität und jede Form von Ungezügeltheit passten nicht in ihr Ehebild. Als 1960 der Direktor eines Lüritzer VEB Betriebs Familie und Leitungsposition verlässt, um einer neuen Frau in eine neue Stadt zu folgen, in der er nur einen Arbeitsplatz am Fließband findet, ist schwer zu sagen, ob die Lüritzer Richterin sich mehr über die persönliche oder die berufliche Fahnenflucht entrüstet. «Genau so leichtfertig, wie der Kläger seiner Familie gegenüber handelte, handelte er auch gegenüber seinem Betrieb.» Mit beiden Treubrüchen verletzte der Ausreißer seine Pflichten gegenüber der Gesellschaft. Im selben Jahr beschreibt ein Beschluss zur Aussetzung einer anderen Scheidungsklage, wie das Gericht sich eine gute Ehe vorstellt: «Der Verklagte trägt vor, dass die Klägerin einen recht ordentlichen Haushalt führt und seine Sachen vorbildlich in Ordnung hält, sodass alle Voraussetzungen vorhanden sind, eine harmonische Ehe zu führen.» Und 1980 heißt es in einem Scheidungsurteil: «Bedingt durch seine noch vorhandenen charakterlichen Schwächen brachte der Verklagte der Klägerin nicht die entsprechende Liebe und Achtung entgegen.» Noch immer ist eheliche Treue auch Bürgerpflicht. Kein Wunder, dass auch bei den Erziehungsrechts-Entzügen des Lüritzer Gerichts mehr von schmutziger Wäsche als von fehlender Zuneigung und Wärme die Rede ist, und dass es den Richtern bis zum Schluss schwerfällt, nicht nur dem Außenleben, sondern auch dem Innenleben menschlicher Beziehungen gerecht zu werden.

Die Skepsis meiner Richter gegenüber einer irrationalen und unkontrollierbaren Gefühlswelt mag auch die zwiespältigen Beziehungen des Gerichts zu der Lüritzer Ehe- und Familien-Beratungsstelle erklären, die 1971, fünf Jahre später als vom Gesetz autorisiert, in Lüritz eingerichtet wurde. Zwar sollten die Beratungsstellen «den Bürgern bei der Gestaltung ihres Lebens und der Erziehung ihrer Kinder auf der Grundlage des sozialistischen Rechts und der sozialistischen Moral» Rat und Hilfe leisten – eine Formulierung, die nach gesellschaftlicher Pflichterfüllung klingt. Aber das Gesetz erkannte auch die höchstpersönliche Natur von Ehe- und Familienbeziehungen an. Ratsuchende Bürger konnten sich die Beratungsstelle und die Mitarbeiter aussuchen, denen sie sich anvertrauen wollten; sie brauchten ihren Namen nicht zu nennen, und die Berater unterlagen einer Schweigepflicht. Alles Regeln, die davon ausgehen, dass es in Familiendingen so etwas wie eine Privatsphäre der Bürger gibt. Als wichtige Anlaufstellen für Familienstreitigkeiten sollten mein Kreisgericht und die Beratungsstelle durch Informationsaustausch und Verweisungen einander zuarbeiten, und der Kreisgerichts-Direktor schrieb jährliche Berichte über die Zusammenarbeit für das Bezirksgericht in Neuburg, deren Durchschläge ich in einer Sammelmappe im Holzkeller entdeckte.

Viel zu berichten gab es offensichtlich nicht. Die Lüritzer Beratungsstelle war oft monatelang geschlossen, weil ihr Direktor, ein

Sozialpädagoge, sehr viel krank war. Und die Klienten fehlten: 1976 kamen 80 Bürger zur Beratung, 1982 nur noch 30, die meisten von ihnen Frauen, die sich über unterhaltssäumige oder trunksüchtige Ehemänner beschwerten. Trotzdem schickte Herr Taddäus Jahr für Jahr praktisch denselben sozialistischen Erfolgsbericht nach Neuburg; lobte «den engen Kontakt» zwischen Beratungsstelle und Gericht; beschrieb, wie Scheidungsrichter regelmäßig Eheleute an die Beratungsstelle verwiesen; stellte (ohne Zahlen anzugeben) fest, dass auf diese Weise «viele» Ehen gerettet würden, und schloss in aller Regel mit einer Floskel wie: «Es darf festgestellt werden, dass die Beratungsstelle das Vertrauen der Bevölkerung genießt. Mit sozialistischem Gruß ...»

Aber Ton und Inhalt der Berichte ändern sich, als 1985 ein Psychologe die Leitung der Beratungsstelle übernimmt. Die Benutzerzahl schießt in die Höhe: 1988 bitten 250 Hilfesuchende um Rat. Aber mit der einmütigen Zusammenarbeit zwischen dem Gericht und der Beratungsstelle geht es bergab. 1988 beklagt sich die Kreisgerichtsdirektorin – nunmehr Frau Walter – beim Bezirksgericht darüber, dass der neue Direktor seine Klienten hauptsächlich durch ärztliche Überweisungen gewinne; dass er, anders als das Gericht, ihnen «keine Ratschläge dafür erteile, wie sie ihre Eheschwierigkeiten überwinden könnten», und dass er die Zusammenarbeit mit Juristen für nicht sehr nützlich halte. Der Brief der Direktorin klingt nicht nur kritisch, sondern auch gekränkt darüber, dass die Art und Weise des Gerichts, mit Eheschwierigkeiten umzugehen, offensichtlich nicht mehr überall Beifall findet. Ich denke mir, Frau Walter sieht die eigene Arbeit als Familienrichterin dadurch bedroht, dass die Beratungsstelle sich so ungeniert auf die innere Befindlichkeit und wahrscheinlich auch die sexuellen Nöte des Einzelnen einstellt. «Er konzentriert sich hauptsächlich auf medizinische Aspekte», schreibt sie über den Direktor, und sie meint: «Er vernachlässigt die gesellschaftlichen Aufgaben von Ehe und Familie.»

Frau Walter kritisiert Veränderungen, zu denen ihr eigenes Gericht durch die allmähliche Liberalisierung seiner Familienrechtsprechung selbst beigetragen hatte. Die Erleichterung von Scheidungen, die wachsende Skepsis der Richter gegenüber der Beteiligung von Kollektivmitgliedern am Verfahren, der Rückgang an Aussetzungsbeschlüssen, die sorgfältigere Behandlung von Erziehungsrechts-Entzügen reflektierten alle denselben ideologischen Wetterwechsel, der auch den neuen Arbeitsstil der Lüritzer Ehe- und Familienberatungsstelle erklären konnte: die zögernde Einsicht, dass es auch im Sozialismus wichtige Unterschiede und Spannungen zwischen öffentlichen und privaten Lebensbereichen gab. Schon seit langem fand ich Bürgerstimmen in den Lüritzer Familienrechtsakten, die sich der Vergesellschaftung ihrer persönlichen Probleme widersetzten. Zwar blieb das Kreisgericht bis fast zum Schluss für manche Bürger auch ein Ort, an dem man fast mütterliche Hilfe und Beistand finden konnte – insofern hatten die pädagogischen Mühen meiner Richter Frucht getragen. Noch Mitte der 1980er Jahre kommen Leute zum Gericht, um anzufragen, was sie zur Rettung ihrer wackeligen Ehe unternehmen könnten. «Ich hatte mich mehrmals beim Gericht erkundigt, was ich machen kann, um meine Frau zurückzugewinnen», sagt der verklagte Mann in einer Scheidungssache von 1985. Die richterlichen Ratschläge in diesen Fällen bleiben, wie nicht anders zu erwarten, meistens an der Oberfläche. «Blumen und Pralinen», heißt es öfters. Dem eben zitierten Ehemann hatten Blumen und Pralinen nicht geholfen, weil seine Frau, mit eigenem Beruf, angesichts seiner Pascha-Haltung die Geduld verloren hatte.

Aber noch häufiger sind die Zitate, die belegen, dass Lüritzer Eheleute und Eltern dem Staat das Recht absprechen, sich in ihre privaten Angelegenheiten einzumischen. In den 1970er Jahren werden die Abwehrgesten meistens noch mit den persönlichen Gefühlen der Eheleute selbst erklärt. «Es wurde von den Parteien keine Beratungsstelle aufgesucht und keine gesellschaftlichen Kräfte einbezogen, weil die Klägerin nicht wollte, dass jemand von dem Zustand ihrer Ehe etwas erfährt», heißt es in einem Klageantrag von 1970 (und Frau Dankwarth, zu ihrer Ehre, begnügt sich für den Nachweis der Zerrüttung mit der Vernehmung der Parteien). In den 1980er Jahren klingt die Zurückweisung von Vorschlägen, zur Lösung von Ehekrisen Kollektivmitglieder einzuschalten, ungeduldiger. Auf Frage 10 des Scheidungsfragebogens – «Wurden durch Sie und andere, wie gesellschaftliche Kollektive, Versuche zur Überwindung des Ehekonflikts unternommen?» – gibt es jetzt öfters Antworten wie «Keine! Ich halte sie auch für nutzlos» (1980) oder «Ich möchte keine dreckige Wäsche waschen, sondern nur geschieden werden» (1985). Jetzt sind auch grundsätzliche Kritiken an öffentlichen Einmischungen in die Privatsphäre der Eheleute mit dabei. «Ich vertrete die Auffassung, dass die Genossen von der Parteileitung zu keiner erschöpfenden

Beurteilung des Ehekonflikts in der Lage sind», sagt 1980 ein verklagter Vater in einem Erziehungsrechts-Konflikt. «Was haben denn fremde Personen mit der Erziehung meiner Kinder zu tun?», schreibt eine Mutter 1981, deren Kollektiv geraten hatte, das von ihrer Scheidung betroffene Kind dem Vater zuzusprechen. Und 1985 antwortet ein verklagter Ehemann auf Frage 10: «Ich bin der Meinung, dieses Thema gehört nicht in meinen Betrieb.» In den allerletzten Jahren bleibt der Raum für Eintragungen bei Frage 10 fast immer weiß und leer. Die Frage erscheint den Scheidungssuchenden schon nicht mehr zeitgemäß.

Als der Sozialismus dann zusammenbricht, hat sie auch für die Richter ihren Sinn verloren. Es ist so offensichtlich, dass die Bürger in unsicheren Zeiten eine Nische brauchen, in der sie den Rückhalt und die Wärme finden können, die ihnen der Staat nicht mehr bieten kann und wohl auch niemals bieten konnte. «Lassen Sie sich nicht scheiden», rät eine Lüritzer Richterin einem Ehepaar im Frühjahr 1990, als schon klar ist, dass sie selbst nicht mehr lange im Amt bleiben wird. «Die Ehe ist doch ein sicheres Hinterland.» Wer weiß, ob den Eheleuten der Aufbau einer neuen Existenz im Kapitalismus auch gelingen wird. Die Scheidungsklage wird zurückgenommen.

7. Strafen

Das Strafrecht machte mit zwischen 400 und 500 Angeklagten im Jahr etwa ein Drittel der Prozess-Last des Lüritzer Kreisgerichts aus. Es war ein Arbeitsgebiet, dem sich keiner der Lüritzer Richter völlig entziehen konnte. Zum Mindesten die Bestätigungen der Haftbefehle an den Wochenenden mussten alle machen. Es wird auch das brisanteste Tätigkeitsfeld meiner Richter gewesen sein, deren Urteile es neben Angeklagtem und Gesellschaft vor allem den wechselnden Ängsten der Partei recht zu machen hatten. Und es ist das Gebiet, auf dem dieser Bericht am leichtesten in die Irre gehen kann, weil meine Strafrechtsakten unvollständiger als meine anderen Lüritzer Akten sind und weil die Paranoia des Systems es denkbar macht, dass auch die vorhandenen Akten Wichtiges ausgelassen oder verzerrt haben. Kann ich den Dokumenten eines Rechtssystems trauen, das politische Delikte nicht von der normalen Polizei, sondern der Stasi ermitteln ließ; das politische Delinquenten nicht an Ort und Stelle, sondern in vorsichtiger Distanz zu Lüritz vom Bezirksgericht in Neuburg (oder dem auf delikate Fälle spezialisierten Neuburger Kreisgericht) aburteilen ließ; das auch in Lüritz selbst peinliche Fälle unter Ausschluss der Öffentlichkeit verhandelte und dem Verurteilten sein Urteil nicht aushändigen, sondern nur zur Einsicht geben ließ?

Vielleicht doch: Die Geheimniskrämerei legt nahe, dass das Verheimlichte der Wirklichkeit entsprach. Ich muss das Beste aus dem machen, was ich an Material über die Lüritzer Strafrechtspraxis zusammentragen kann. Was ist das? Im Lüritzer Archiv liegen zwar die Urteile des Kreisgerichts seit 1952, nicht aber die Prozessakten selbst (mit Schriftsätzen, Protokollen der Hauptverhandlungen, Briefwechseln und dergleichen), weil in der DDR Strafrechtsakten nicht beim Gericht, sondern bei der Staatsanwaltschaft verwahrt wurden. Dort liegen sie noch heute. Ich kann sie, nach vielen Anträgen und Palavern, bei der Staatsanwaltschaft in Neuburg einsehen und entdecke, dass dort die frühesten Lüritzer Unterlagen nur bis zum Jahr 1968 zurückgehen. Die von der Stasi ermittelten Lüritzer Strafprozessakten werden heute vom Gauck-Archiv verwaltet, das zum Glück eine Zweigstelle in Neuburg hat. Neue Anträge, neue Palaver. Mir wird gesagt, ich wolle viel zu viele Unterlagen sehen, es brauche zu viel Zeit, um die Namen der Angeklagten, die ich aus den Karteikarten der Staatsanwaltschaft in Neuburg alle schon kenne, den Regeln entsprechend durch Schwärzungen zu anonymisieren. Datenschutz! Am Ende bekomme ich jedenfalls einen Teil der Akten zu sehen, aber auch sie reichen nur bis 1969 zurück. Die Haftbefehle aus dem Holzkeller beginnen 1953 und sind für mich vor allem deswegen nützlich, weil sie biographische Daten über die Verhafteten enthalten und weil auf der Rückseite des Blattes der Festgenommene in eigenen Worten zu den Anschuldigungen der Polizei Stellung nimmt. Auch aus dem Holzkeller: dicke Pakete mit «richterlichen Bestätigungen» (ebenfalls inkomplett), in denen Richter zu in der Regel vorher stattgefundenen Haussuchungen ihr Placet geben. Aus ihnen erfahre ich, was die Lüritzer Polizei als besonders verdächtige Konterbande ansah (vor allem potentielles Flucht-Zubehör: Landkarten, Taschenlampen, Schlauchboote) und wie sorgfältig sie sich in ihrer Arbeit an Formalitäten hielt. Dazu kommen die Wochenmeldungen des Neuburger Bezirksgerichts ans Ministerium der Justiz, jetzt im Bundes-Archiv, von denen sich viele mit Strafrechtsproblemen aus Lüritz beschäftigen. Aber auch dieses Material erstreckt sich nicht über die ganze Lebenszeit meines Gerichts. Ich werde, für die schlimmsten Lücken, auf meine *pièce de résistance,* den «Volksboten» im Lüritzer Stadt-Archiv, zurückgreifen müssen.

Ein Lichtblick: Ich erfahre aus den Karteikarten der Staatsanwaltschaft in Neuburg, dass jedenfalls seit 1968 nicht mehr als 1 bis 2 % der Lüritzer Strafrechtstäter als «Politische» vom Bezirksgericht selbst verurteilt oder von diesem ans Neuburger Kreisgericht weitergereicht wurden. Dies sind die von der Stasi ermittelten Ia-Fälle, so benannt nach dem politischen Ia-Senat des Bezirksgerichts. Im Gauck-Archiv in Neuburg, wo ich die Ia-Akten studiere, mache ich eine zweite Entdeckung: dass das, was die DDR-Justiz «politisch» nannte, oft nicht mit dem übereinstimmt, was ich heute «politisch» nennen würde. Die Entscheidung, ob ein Lüritzer Missetäter in Lüritz oder Neuburg anzuklagen war, hing für DDR-Staatsanwälte vor allem von der Frage ab, ob das Bekanntwerden der Tat die eigene Bevölkerung «beunruhigen» oder dem Ansehen der DDR im Westen schaden könnte. Aber die Definition dessen, was diese schlimmen Folgen hervorrufen würde, war so von der West-Phobie der DDR und von der ganz bürgerlich anmutenden Sorge bestimmt, das eigne Nest nur ja nicht zu beschmutzen, dass es bei der Charakterisierung einer Straftat als «politisch» vor allem um Reputationsfragen zu gehen schien. «Asoziale» zum Beispiel, die für Herumlungern und Arbeitsscheu oft mit langen Freiheitsstrafen rechnen mussten, wurden fast ausschließlich in Lüritz abgeurteilt. Ich würde den sozialistischen Zwang zur Arbeit und die Erziehungsmanie, die aus der Bestrafung von Bummelanten spricht, «politisch» nennen. Durchschnittsbürger, die bei versuchter Republikflucht gestellt wurden, wurden in der Regel in Lüritz angeklagt; Bürger, die etwas Besseres waren (Oberschullehrer, Abteilungsleiter), mussten damit rechnen, vors Bezirksgericht zu kommen. Für mich sind alle Fluchtfälle «politisch». 1982 verweist das Bezirksgericht eine «öffentliche Herabwürdigung» (zu deutsch: jemand hatte auf den Staat geschimpft) ans Lüritzer Gericht zurück, weil der Fall fälschlich als Ia-Sache eingestuft worden war: Die Äußerungen des Beschuldigten seien zwar neofaschistisch, aber nicht, wie zuerst vermutet, durch prinzipielle Gegnerschaft zur DDR motiviert gewesen. Ich merke zu meiner Erleichterung, dass für jemanden wie mich, die nach dem sozialistischen Rechtsalltag sucht, offenbar genug «Politisches» beim Kreisgericht in Lüritz blieb, als dass ich besorgt sein müsste, meine Lüritzer Strafrechtschronik könnte zu idyllisch ausfallen.

Aber bis 1952 bleibt das Bild verwischt. Zur Strafpolitik der Russen in den allerersten Jahren finde ich im Lüritzer Archiv nur ein paar Zufalls-Steinchen für mein Mosaik: wenn die Vorstrafen-Liste eines Täters «Sowjetisches Militärtribunal, Spionage, 25 Jahre» aufzählt (er hat sie offensichtlich nicht alle abgesessen) zum Beispiel, oder wenn ein Schreiben der Deutschen Centralen Justizverwaltung, noch mit «C» geschrieben, im Dezember 1945 die laufende Berichterstattung über «alle Ereignisse von besonderer Bedeutung, insbesondere solche, welche das Interesse der Besatzungsmacht berühren», verlangt. Nichts, aber auch gar nichts in den Akten deutet auf Straftaten sowjetischer Soldaten gegen Deutsche hin; auf die Vergewaltigungswelle in den ersten Nachkriegsjahren oder die Marodeure unter den sowjetischen Befreiern, die noch im Februar 1948 die Stadt so unsicher machten, dass viele Lüritzer sich weigerten, Arbeiten zu übernehmen, bei denen sie erst nach Dunkelheit nach Hause gehen konnten.[21] Über russische Soldaten hatte die deutsche Gerichtsbarkeit keine Macht. Es gab genug Sorgen in eigener Kompetenz. Im Januar 1946 zum Beispiel wird für die zweiwöchentliche Berichterstattung der Gerichte an die Justizverwaltung Meldung über alle «Sabotagefälle» angeordnet. Ein Schreiben vom März 1946 weist die Amtsgerichte an, die Parteizugehörigkeit aller Strafgefangenen aufzuschlüsseln.

Ich merke an diesen Daten-Splittern, wie bald das juristische Klima in Lüritz von der Politik bestimmt wird. Im Oktober 1948 berichtet der «Volksbote» von einer Landtagsdebatte in Gram über die Frage, ob jedenfalls die leitenden Vertreter der Justiz am Oberlandesgericht und bei der Generalstaatsanwaltschaft noch Volljuristen sein müssten. Es müssen Männer sein, «die fachlich vorgebildet sind», sagt jemand von der CDU. «Sie müssen wieder Schmisse haben!» ruft ein Abgeordneter von der SED. Allgemeine Heiterkeit. Ein Antrag von CDU und LDP, der für die Beibehaltung von Berufsjuristen in jedenfalls den höchsten Ämtern sorgen sollte, wird mit knapper Mehrheit abgelehnt. 1949 verlässt der letzte Berufsjurist das Landgericht in Neuburg; angeblich, weil eine Stalinbüste in der Eingangshalle des Gerichts aufgestellt werden sollte.

In Lüritz macht zu dieser Zeit der Universitätsjurist Herr Curtius (früher Rechtsanwalt) zwar das Zivilrecht, aber im Strafrecht entscheiden nur noch Volksrichter: Herr Teubner (unter Hitler mehrere Jahre im Gefängnis), Herr Kellner (ebenfalls Verfolgter des Nazi-Regimes) und Herr Arlt, über den ich wenig weiß und der sehr bald verschwindet. Aus Berlin, wo sich die Deutsche Justizverwaltung große Sorgen um die ausreichende Besetzung der SBZ-Gerichte macht, kommen keine Klagen über Lüritz: Das Amtsgericht muss seine Sache in den Augen der Partei zum Mindesten passabel machen. Von dem, was ich an Urteilsresten finde, passt vieles noch in eine bürgerliche Welt. 1949 berichtet der «Volksbote» über milde Urteile für kleine Sünder und harte Strafen für Täter, die sich an Eigentum und Sitte vergreifen: eineinhalb Jahre für Bigamie, fünf Jahre für einen vielfachen Heiratsschwindler, zweieinhalb Jahre Zuchthaus für die Unterschlagung von Urlaubsgeldern durch den Vorsitzenden des Betriebsrates des Lüritzer Hafens – immerhin hatte der Staatsanwalt fünf Jahre beantragt.

Aber vor allem geht es der Strafjustiz der ersten Jahre um die Delikte einer Umbruchszeit, in der Nachkriegswirren, Knappheit und der Selbsterhaltungstrieb des Einzelnen mit den gerade erst erschaffenen Institutionen einer neuen Zeit wie Planwirtschaft und Bodenreform in Kollision geraten: um Schwarzhandel, Spekulation,

Sabotage und das (oft überlebenswichtige) Wirtschaften in die eigene Tasche. Im September 1947 ist die Bodenreform abgeschlossen: In der Lüritzer Umgebung gibt es jetzt 670 Neubauernhöfe, deren Besitzer sich mühsam über Wasser halten. Flüchtlinge und Einheimische müssen lernen, miteinander auszukommen. Es fehlt an allem. Und die Grenze nach Westdeutschland ist offen. Die Gerichte sollen helfen, die allgemeine Unordnung zu kontrollieren und zu steuern.

In Lüritz operieren das «Amtsgericht» (das es bis zur Justizreform von 1952 bleiben wird), gelegentlich auch als «Schöffengericht» besetzt, und verschiedene «Schnellgerichte» ungewisser Provenienz, die oft bis in die späten Abendstunden tagen, um der vielen Strafprozesse Herr zu werden. Kleine Spekulanten und Schwarzhändler kommen meistens mit einigen Gefängnismonaten oder einer Geldstrafe davon; vielleicht, weil auch die Richter wissen, wie gerne sie einmal Zigaretten oder Bohnenkaffee vom schwarzen Markt genießen. Gelegentlich wird jemand sogar freigesprochen. Dagegen werden Ablieferungsdefizite und andere wirtschaftliche Rechtsverstöße hart bestraft, oft mit Entzug des Hofes. «Wir können es uns nicht leisten, Menschen, die auf Grund der Bodenreform zu eigenem Grund und Boden gekommen sind und diesen schlecht verwalten, zu dulden», heißt es in der Zeitung. Und im Mai 1949 in einem Bericht über harte Zuchthausstrafen für «Großschieber» und andere Spekulanten: «Die Bevölkerung soll sehen, dass energisch durchgegriffen wird, um alle Saboteure am Aufbau der neuen demokratischen Ordnung der gerechten Strafe zuzuführen.»

Aber die Lüritzer Bevölkerung sieht lieber weg. Obwohl in diesen Jahren die Zahl der Zivilprozesse ständig steigt, gehen die Bürger den strafrechtlichen Ermahnungen des Staates aus dem Wege. Bei den ersten vierteljährlichen öffentlichen Berichterstattungen des Amtsgerichts, in denen es fast nur um Strafrecht geht, fehlt es an Publikum und Wortmeldungen. «Die Diskussion verlief wenig lebendig», heißt es über die erste Berichterstattung im Oktober 1948 in der Zeitung und, neun Monate später, über die dritte Berichterstattung des Gerichts: «Magere Diskussion.» Der Autor des Reports bemängelt, dass Zuhörer nur Fragen stellten, «die die persönlichen Wünsche des Fragestellers berührten». Im «Volksboten» gibt es in diesen Jahren einen *Comicstrip,* in dem ein «Immer Ich» genannter negativer Held nur an den eigenen Vorteil denkt, faulenzt, andere ausnutzt und dergleichen, bis tüchtige Werktätige ihn schließlich mit einem Fußtritt aus dem Betrieb/von der Baustelle/aus der LPG ins Weite jagen. Für «Immer Ich» ist der Gerichtssaal, in dem der Einzelne auf seinem Recht bestehen kann, sozusagen das natürliche Habitat. Auch die Volksrichter der frühen Jahre brauchen eine Weile, bis sie lernen, in ihren Urteilssprüchen nicht mehr, wie bisher, individuelle Rechtfertigungen und gesellschaftliches Strafinteresse abzuwägen, sondern sich ohne mitleidige Seitenblicke auf den Angeklagten entschieden auf den Schutz des Staates auszurichten.

Das Wendejahr ist 1952. Wir sahen schon im Eigentums-Kapitel, wie Lüritzer Richter unter dem Druck des Wirtschaftsstrafrechts ihre gelegentliche Nachsicht mit den menschlichen Schwierigkeiten eines Angeklagten im Laufe des Jahres unterdrücken lernten. Es sieht nicht so aus, als ob meine Richter gerne straften. Als ich zum Beispiel die 1952er Urteile für Minus-Differenzen vergleiche, entdecke ich, dass die härtesten Strafen gegen Verkaufsstellenleiter ausgesprochen werden, die schon geflohen sind. In diesen Jahren kommt es auch öfters vor, dass Haftbefehle erst Tage nach der gründlichen Vernehmung des Beschuldigten durch die Polizei vom Gericht erlassen werden, sodass der Sünder noch Zeit hat, sich in den Westen abzusetzen. Noch zweimal – im Januar und im Juni 1952 – muss die Große Strafkammer vom Landgericht in Gram nach Lüritz kommen, um den Lüritzer Richtern vorzuexerzieren, wie man Feinde der neuen Ordnung aburteilt. In diesen Prozessen gibt es für Schwarzhandel und die Unterschlagung von HO-Waren «harte, aber gerechte Strafen». Mitte November erscheint ein kritischer Bericht über das Lüritzer Kreisgericht im «Volksboten», den Herr Teubner und Herr Kellner mit Unbehagen gelesen haben müssen. Ein Urteil gegen zwei ehemalige Werftarbeiter und «Friedensstörer» (wir erfahren nicht, *wodurch* sie den Frieden störten) sei viel zu milde ausgefallen. «Die Werktätigen der Stadt Lüritz sind empört.» «Ich verstehe das Gericht nicht», erklärt ein ehemaliger Kollege der Verurteilten, der wie drei andere Kritiker der Entscheidung mit vollem Namen und Adresse genannt wird. Noch wichtiger: «Auch die Kreisleitung der SED Lüritz ist mit diesem Urteil nicht einverstanden und fordert eine unverzügliche Revision.»

Ob es zu dieser Revision kam, weiß ich nicht. Aber die nächsten Strafurteile meines Kreisgerichts fallen spürbar härter aus. «Gemeine Tat findet ihre Sühne», lobt die Zeitung am 8.12.1952, als ein junger Mann für den Raub einer Brieftasche sechs Jahre Zuchthaus erhält.

Einen Tag später preist der «Volksbote» «harte Strafen für Vergehen am Volkseigentum.» Es dauerte bis zum Winter 1952, bis meine Lüritzer Richter akzeptieren (oder zu akzeptieren scheinen), dass jedes Strafurteil in den Worten Ulbrichts auch «als politische Tat» zu gelten hat. Allerdings bedeutet Loyalität gegenüber der Partei nicht immer Strenge. Der Härtegrad des Strafrechts in Lüritz (und sonstwo in der DDR) bleibt nicht konstant: Er sinkt und steigt zusammen mit den Hoffnungen und Befürchtungen der Partei, verliert im Laufe der DDR-Geschichte an Intensität und schnellt nur im allerletzten Jahr des Sozialismus noch einmal in die Höhe, als Partei und Staat im Angesicht des kommenden Verfalls von Panik ergriffen werden. Aber der politische Anspruch an das Strafrecht und seine grundsätzliche Anerkennung durch die Richter bleiben.

Gibt es eine Handlungskurve, so etwas wie eine *plot line* in der Lüritzer Strafrechtsentwicklung, die meiner Geschichte Sinn und Richtung verleihen könnte? Ich glaube, eine derartige Linie beim Durchlesen der Haftbefehle zu endecken, die sich im Holzkeller angesammelt haben. Haftbefehle erlauben einen anderen Blick auf ein Rechtssystem, als ihn die eigentlichen Strafurteile bieten. Ein Staat bestraft, was seinen Plänen und Interessen zuwiderläuft, und das Gerichtsverfahren hat die Aufgabe herauszufinden, ob und wie sehr die Tat des Angeklagten ein vom Gesetz geschütztes Gut verletzte. Aber wenn ein Haftbefehl erlassen wird, weiß man noch nicht genau, was eigentlich geschehen ist. Haftbefehle reflektieren die Ängste des Systems, nicht den ihm zugefügten Schaden. In der Regel besteht zwischen Angst und befürchtetem Schaden ein Zusammenhang: mutmaßliche Mörder werden eher verhaftet als mutmaßliche Taschendiebe. Aber in einem so von Unsicherheit und Verfolgungswahn getriebenen Rechtssystem wie dem der DDR war der Nexus zwischen Furcht und Schaden schwächer als im Rechtsstaat, der auch die Schrecksekunden der Justiz stärker durch Regeln strukturiert, als es der Sozialismus tat.

Die eigentlichen Strafrechtsakten im Lüritzer Archiv spiegeln (mit vielen Unterbrechungen) die langsame Beruhigung und Versachlichung der Strafrechtssprechung in der DDR: Politische Straftaten verlieren über die Jahre an Gewicht, «normale» Straftaten wie Eigentumsverletzungen und Verkehrsdelikte rücken in den Vordergrund. Dagegen repräsentieren die Haftbefehle die allererste, unreflektierte, noch kaum durch Rationalität und Fakten in Schach gehaltene Reaktion des Sozialismus auf vermeintliche Bedrohungen. Aus ihnen spricht die blanke Angst des Staats vor seinen Gegnern. Wem diese Angst gilt, ändert sich im Laufe der Jahrzehnte, und diese Veränderungen reflektiert auch die Entwicklungslinie meiner Rechtsgeschichte. Bis zum Bau der Mauer richtet sich das Gros der Haftbefehle gegen vermutliche Angriffe auf den Sozialismus als System, vor allem gegen Saboteure und Wirtschaftsschädiger. Als mit dem Bau der Mauer die Existenz des Staates gesichert scheint, richtet sich der Blick nach innen: Die meisten Haftbefehle der 1960er Jahre gelten Fluchtversuchen und, an zweiter Stelle, Volkseigentumsverletzungen. In den 1970er Jahren wachsen mit der Konsolidierung auch die Sorgen um die, die immer noch beiseite stehen: Jetzt werden die meisten Haftbefehle gegen «Asoziale» erlassen, unangepasste Bummler, die sich vor dem Sozialismus in eine eigene Welt des Alkohols und Nichtstuns zurückgezogen haben. Und im letzten Jahrzehnt der DDR konzentrieren sich meine Lüritzer Haftbefehle auf eine neue und bedrohlichere Gruppe von Außenseitern: die «Antragsteller», die durch Ausreiseanträge, Protestaktionen, «Verbindungsaufnahme» mit West-Adressen und allerhand anderen Unbotmäßigkeiten zusammen mit einer steigenden Zahl von «Nichtrückkehrern» ihre Entlassung aus der DDR erreichen wollen. Natürlich gibt es viele Überschneidungen zwischen den Ängsten aller vier Jahrzehnte: Periodisierungen sind immer ungenau. Aber die Linie stimmt, die Hoffnungs- und Enttäuschungs-Linie dieses Rechtssystems, die rücksichtslos und trotzig beginnt, optimistisch ansteigt, müde und zaghaft wieder sinkt, und die zu allen Zeiten die widerwillige Loyalität seiner Bürger nachzeichnet.

Von 1952 bis zum Bau der Mauer war die Lüritzer Strafrechtsjustiz angesichts der offenen Grenze nach Westdeutschland vor allem mit der Selbsterhaltung des Systems beschäftigt. Das Wort «Republikflucht» gab es schon zu dieser Zeit. Aber es scheint nicht besonders schwierig gewesen zu sein, sich in die Bundesrepublik abzusetzen. Als im Frühjahr 1953 zwei Mitarbeiterinnen des Kreisgerichts in den Westen gehen, wickeln sie noch vorher schön ordentlich ihr Arbeitspensum ab. Ein Revisionsbericht der Justizverwaltungsstelle in Neuburg bemängelt, dass die Kollegen doch eigentlich etwas hätten merken müssen. Aber wie soll man jemanden zurückhalten? Die Wanderungen zwischen beiden Deutschlands gehen nicht nur in Richtung Westen. Noch ist der Arbeitsmarkt grenzüberschreitend;

manche Bundesbürger suchen in der DDR nach einem Job oder einer billigen Wohnung, und besonders unstete Leute pendeln hin und her. 1958 sind 13,4 % der Angeklagten in Lüritz/Land (eine der beiden Abteilungen des Kreisgerichts) sogenannte «Rückkehrer»; ein Jahr später erwähnt eine Strafrechtsakte ein «Westflüchtlingslager» in einem Nachbarort.

Dem neuen Staat droht die Kontrolle zu entgleiten, auch im Strafrecht. Aus vielen Haftbefehlen entnehme ich, dass der Gesuchte schon geflohen ist. 1955 gehen 40 Werft-Facharbeiter in den Westen; im Jahr darauf verliert die Phoenix VEB so viele Schweißer, dass sie Sonderlehrgänge für Nachwuchskräfte einrichten muss. Ein Revisionsbericht aus Neuburg beschuldigt einen ehemaligen Lüritzer Industriellen, jetzt im Westen, der angeblich zur «Abwerbung» von Arbeitern in die Stadt zurückgekommen war. Das Recht hatte ihn nicht zurückgehalten.

Im Dezember 1957 macht eine Änderung des DDR-Passgesetzes das «Betreten» oder «Verlassen» der DDR ohne Genehmigung zum ersten Mal strafbar; die Höchststrafe sind drei Jahre Gefängnis. Jetzt tauchen die ersten Republikflucht-Fälle in meinen Strafrechtsakten auf; allerdings meistens noch mit Urteilen, die von Gefängnismonaten statt -jahren sprechen. Der Sozialismus scheint sich dieser Strafen noch zu schämen. Sollte ein Staat, der menschlicher sein will als sein kapitalistischer Widerpart, seine Bürger nicht auch ohne Zwang zurückhalten oder gewinnen können? Im Herbst 1958 weist das DDR-Justizministerium seine Instrukteure an, bei den Kreisgerichten auf milde Strafen bei Verletzungen des Passgesetzes zu dringen; vor allem bei «Rückkehrern». Zurückgebliebene Angehörige von Flüchtigen sollen diskret zu «Aussprachen» ins Gericht gebeten werden, in denen der Richter ihnen mitteilt, dass ihr Verwandter bei Rückkehr keine Strafe zu befürchten habe. Und keine dramatischen Ausschreibungen von Republikflüchtlingen zu Fahndungszwecken in die Wege leiten!

Aber derartige Bemühungen zum Guten scheinen wie Versuche, einen Deichbruch mit ein paar Plastikplanen abzudichten. Der Kalte Krieg in Deutschland hat auf beiden Seiten Furcht, Aggressivität und Selbstgerechtigkeit geschürt. Zwar finde ich über die allgemeine Politik nur Zufallsinformationen in meinen Akten: etwa wenn 1954 ein Instruktionsbericht der Justizverwaltungsstelle in Neuburg ans Ministerium der Justiz von «feindlicher Tätigkeit im Bereich der Justiz» berichtet (verschiedene Rechtshonoratioren im Bezirk hatten «Hetzflugblätter» mit der Post erhalten), oder wenn 1957 jemand, der Flugblätter des SPD-Ostbüros («freie Wahlen!») aufgehoben und einzeln wieder weggeworfen hatte, wegen «Staatsverleumdung» verhaftet wird. Aber der Kalte Krieg findet auch im Gerichtssaal statt. Die Lüritzer Strafrechtsurteile aus den 1950er Jahren malen das Bild einer manichäisch zweigeteilten Welt. Die deutsch-deutsche Grenze markiert die Trennung von Licht und Finsternis. Die DDR repräsentiert das «Friedenslager», die Bundesrepublik das Lager der «Kriegstreiber und NATO-Revanchisten». Der Sozialismus hat immer Recht. Im März 1952 hatte Herr Teubner noch angesichts einer Dorf-Schlägerei einem Angeklagten zugestanden, es sei «gerichtsbekannt», dass der Verprügelte, der Bürgermeister des Dorfes, «sein Amt auch nicht ganz sauber ausgeführt hat». Jetzt, 1958, bestätigt das Bezirksgericht ein Urteil wegen «Staatsverleumdung» gegen einen Angeklagten, der seinen Bürgermeister nicht verprügelt, sondern nur «blöde» genannt hatte, ohne irgendwelche Zweifel an der Würde des Betroffenen. «In unserem Arbeiter- und Bauernstaat sind nur solche Funktionäre als Bürgermeister tätig, die die Interessen ihrer Wähler vertreten.» Ein Lüritzer Urteil, auch in einer Staatsverleumdungssache, nennt Abschnittsbevollmächtigte sozusagen *ex officio* «die umsichtigsten und verantwortungsbewusstesten Mitglieder der Volkspolizei». Natürlich ist die DDR auch in unpolitischen Dingen zivilisierter als Westdeutschland. «Die Prügelstrafe, wie sie in kapitalistischen Ländern üblich ist, wird von den Werktätigen unserer Republik mit vollem Recht abgelehnt», heißt es 1960 in einem Urteil wegen Kindesmisshandlung. Vor allem ist die DDR ein Staat, in dem junge Leute eine Zukunft haben. Im Februar 1958 gibt Frau Christiansen vier jungen Leuten, die auf dem Weg nach West-Berlin geschnappt wurden, wegen Verletzung des Passgesetzes zwischen sechs und acht Monaten Gefängnis: Sie müssten verstehen, «dass vor allem junge Menschen aus der DDR, die sich nach Westdeutschland begeben, in NATO- und Söldner-Formationen gepresst werden». Und neun Monate später Herr Kellner, auch in einer Fluchtsache: Den beiden jugendlichen Angeklagten sei klarzumachen, dass ihnen in Westdeutschland «das Schicksal Hunderttausender droht, die keine Arbeit finden und auf der Landstraße oder in der Fremdenlegion verkommen».

Die Fremdenlegion taucht übrigens auch in Haftbefehlen öfters auf, wenn junge Leute ihren Fluchtversuch damit begründen, dass sie vorhatten, sich der Fremdenlegion anzuschließen. Sie gehört zu den Ikonen des Kalten Kriegs. Das Bild von Söldnern, die in Wüstenstaaten mit militärischer Gewaltanwendung Geld verdienen, ist für die Richter ein Symbol kapitalistischer Brutalität und Käuflichkeit. Für junge Männer, die sich die kleinbürgerliche Utopie des Sozialismus von den Füßen schütteln möchten, verkörpert die Fremdenlegion unbegrenzte Abenteuerlust und Freiheit. Keines der beiden Bilder hat irgendetwas mit der Wirklichkeit der Bundesrepublik zu tun. Aber beide demonstrieren die ideologische Intensität der Strafrechtssprechung dieser Jahre. Es geht um Wichtigeres als um den Angeklagten. Jede Straftat verkörpert auch die Kollision zweier politischer Welten. Jedes Strafurteil muss bei dieser Kollision Partei ergreifen. Auch scheinbar nur banale, örtliche Konflikte müssen im weltweiten Zusammenhang verstanden werden. Die Halbjahresberichte des Bezirksgerichts ans Justizministerium beginnen in diesen Jahren mit Beschreibungen der politischen Großwetterlage, etwa so: «Von großer internationaler Bedeutung ist der im ersten Halbjahr abgeschlossene Warschauer Vertrag.» Oder: «Im 2. Halbjahr 1955 trugen große politische Ereignisse zur Festigung der DDR bei. Dies trifft insbesondere zu für die Genfer Außenminister-Konferenz.» Sollte man in Berlin nicht besser wissen, was in Genf passierte, als am Neuburger Bezirksgericht? Aber es geht bei diesen austauschbaren Floskeln gar nicht um die Weitergabe von Information. Das Bezirksgericht bestätigt nur, dass es sich seiner historischen Rolle im Kampf zwischen Gut und Böse wohlbewusst ist. Im Oktober 1958 schreibt Frau Christiansen in einem Urteil wegen illegalen Waffenbesitzes: «Man muss den Zeitpunkt der Inbesitznahme der Waffe berücksichtigen. Die Konterrevolution in Ungarn war gerade niedergeschlagen worden.» Im Kampf der Weltsysteme gibt es keine windgeschützten Ecken, in denen ein Angeklagter sozusagen nur privat straffällig werden kann.

Straftaten sind auch deswegen so verwerflich, weil sie das Vertrauen in den Sozialismus untergraben. Wieder Frau Christiansen in einem Urteil, das eine Verkaufsstellenleiterin für die Veruntreuung von 5000 Mark mit zweieinhalb Jahren Zuchthaus bestraft: «Die Tat ist dazu angetan, bei einigen Mitgliedern der Konsumgenossenschaft Zweifel an der Sorgfalt der Verkaufsstellenüberprüfung zu wecken.» Wie wir im Arbeitsrechts-Kapitel sahen, wären diese Zweifel sehr berechtigt gewesen. Aber der Sozialismus kann nur siegen, wenn alle ohne Widerspruch am gleichen Strang ziehen. «Jede Störung der Einheitlichkeit in der Genossenschaft führt zur Verringerung der Arbeitsproduktivität und zur Zersplitterung», schreibt Herr Steinmetz 1959 in einem Urteil gegen die Akteure einer Schlägerei. Und im selben Jahr in einem Fall, in dem vier Sünder für den Diebstahl von sieben Flaschen Wein mit einem öffentlichen Tadel davonkommen: «Die Angeklagten müssen sich bewusst werden, dass die Höhe des Lebensstandards sich nur verbessern kann, wie sich das Volkseigentum vermehrt. Aufgabe der Angeklagten ist es, ihre ganze Kraft für den Sozialismus einzusetzen.» Zusammenhalten!

Kein Wunder, dass die Richter in den Urteilen dieser Jahre oft von «uns» sprechen: «bei uns», «wir», «wir in der DDR», die keine Eindringlinge dulden. In einer 1958er Strafsache gegen einen Mann, der sich trotz monatelanger Aufenthalte in Lüritz nie bei der Polizei gemeldet hatte, lobt Herr Kellner die DDR-Meldeordnung von 1951: «Durch sie wird die Voraussetzung dazu geschaffen, dass sich bei uns keine dunklen Elemente einschleichen.» Das Lüritzer Strafrecht dieser Jahre ist Täter-Strafrecht. Freund oder Feind? ist die erste Frage des Gerichts. Urteile beginnen mit einem politischen Kurz-Profil des Täters. Hier ist ein Beispiel: «Die Angeklagte ist Mitglied des FDGB [Freier Deutscher Gewerkschaftsbund] und des DFD [Demokratischer Frauenbund Deutschlands]. Einer Partei gehört sie nicht an. Ihren Urlaub hat sie im letzten Jahr in Westdeutschland verbracht. Eine Tochter ist republikflüchtig.» Damit scheint das Wichtigste gesagt. Haftbefehlsformulare sehen eine Spalte für die «Vermögensverhältnisse» des Beschuldigten vor. Auch die Berufsbezeichnungen im Kopf der Haftbefehle machen deutlich, um wen es geht. Viele Verhaftete sind «Großbauern»: mit 44 Hektar Land, mit 19 Hektar, und einmal, 1959, mit nur 12 Hektar Land – nur 4 Hektar von einem sozialistischen Neubauern mit seinen durchschnittlichen 8 Hektar Land entfernt. Es gibt Schattierungen der befürchteten Illoyalität. Eine Angeklagte «hat sich seit längerer Zeit mit dem Gedanken befasst, nach Westdeutschland abzuwandern» – Freunde oder Nachbarn müssen geredet haben. 1958 wird jemand als «aus einer Großbauern-Familie stammend» beschrieben. Ein anderer, nicht ganz so verdächtig, ist «Sohn eines Mittelbauern».

So soll die Kenntnis von der Klassenzugehörigkeit des Angeklagten dem Richter helfen, seine Gefährlichkeit richtig einzuschätzen. Die Hauptangriffspunkte des Systems sind Staat und Wirtschaft. Die Staatsverbrechen werden in diesen wie in späteren Jahren vor allem vom Bezirksgericht in Neuburg abgeurteilt, und weil die Neuburger Akten zeitlich nicht bis in die 1950er Jahre zurückreichen, weiß ich von den schlimmsten Fällen nur durch gelegentliche Zeitungsmeldungen aus Lüritz. Im Mai 1953, zum Beispiel, kurz vor dem Aufstand, berichtet der «Volksbote» von «acht Jahren Zuchthaus für einen Wall-Street Agenten der jungen Gemeinde» – ein Lüritzer Diakon habe «staatsfeindliche und kriegshetzerische» Unternehmungen betrieben. Aber ich kann mir auch ohne Zugang zu den Akten denken, wie der I. Strafsenat des Neuburger Bezirksgericht viele ähnliche «politische» Strafsachen entschieden haben muss. Die DDR-Strafrechtsprechung der 1950er Jahre, vor allem die der höheren Gerichte, ist inzwischen ein gut durchackerter Bereich ostdeutscher Rechtsgeschichte. Dies war das Jahrzehnt, das 1950 mit den berüchtigten «Waldheimer Prozessen» begann, in denen in mehr als 3000 Geheim- und Schnellverfahren wirkliche und angebliche Nazi-Kriegsverbrecher zu langen Freiheitsstrafen (und, in 32 Fällen, zum Tode) verurteilt wurden.[22] Im Oktober 1950 hatte das Oberste Gericht zum ersten Mal Artikel 6 der DDR-Verfassung von 1949 (der in seinem ersten Absatz Gleichberechtigung statuierte und im zweiten «Kriegs- und Boykotthetze» ohne weitere Erläuterungen ein «Verbrechen» nannte) als unmittelbar anwendbare Strafrechtsvorschrift ausgelegt.[23] Weil die Verfassung, nicht erstaunlich, für den ungenauen Vorwurf gar kein Strafmaß vorsah, entnahm das Oberste Gericht den Strafrahmen für «Boykotthetze» dem Reichs-Strafgesetzbuch von 1871 (damals noch in der DDR in Kraft), das für «Verbrechen» Strafen von Zuchthaus-Jahren bis zur Todesstrafe vorsah.

Das Oberste Gericht benutzte Artikel 6 vor allem für die rücksichtslose Unterdrückung von wirklich oder vermeintlich NATO-inspirierten wirklichen oder vermeintlichen Angriffen auf die Republik. Die vom OG wegen «Boykotthetze» zu sehr harten Strafen verurteilten Angeklagten dieser Jahre scheinen einem Panoptikum des Kalten Kriegens zu entstammen: von ihrer «Zentrale in Brooklyn» angestiftete und gesteuerte Zeugen Jehovahs (1950),[24] imperialistische Spione vom «Untersuchungsausschuss freiheitlicher Juristen» (1952),[25] CIA-trainierte RIAS-Agenten aus West-Berlin (1955).[26] In Lüritz sieht «Boykotthetze» harmloser aus. Weil alle Strafverfolgungen nach Artikel 6 in Neuburg abgehandelt wurden, kenne ich die Lüritzer «Boykotthetzer» nur aus ihren Haftbefehlen. Sie legen nahe, dass in Lüritz «Boykotthetze» als willkommener Sammelbegriff für politische Unbotmäßigkeiten verstanden wurde. Jemand wird wegen angeblicher «Boykotthetze» verhaftet, weil er auf die Russen, auf Ulbricht oder auf die Bodenreform schimpft, weil er die Volkspolizei als «Lumpenpack» bezeichnet oder Arbeitskollegen «abwirbt», indem er ihnen «Dinge aus Westdeutschland erzählt, die nicht den Tatsachen entsprechen» (alles 1956). Richter und Staatsanwälte nehmen es nicht so genau. Gelegentlich entdecke ich, dass jemand wegen «Boykotthetze» verhaftet, aber wegen eines konventionelleren Delikts abgeurteilt wird.

Die Lüritzer Strafverfolgungs-Behörden haben auch noch andere Sorgen um die äußere und innere Sicherheit des neuen Staates. 1952 zum Beispiel scheint es besonders viele Feuer zu geben, die als «Brandstiftungen» in die Strafrechtsakten kommen. 1954 hält «unerlaubter Waffenbesitz» die Polizei in Atem, fast alles Fälle von halbverrosteten Pistolen aus dem letzten Krieg. Die staatsgefährdenden Delikte ändern sich mit den jeweiligen Sorgen und Verfolgungsängsten der Partei. 1957 ersetzt das Strafrechts-Ergänzungsgesetz den vagen Begriff der «Boykotthetze» durch etwas genauere Staatsschutz-Bestimmungen, von denen «staatsgefährdende Propaganda und Hetze» (§ 19) und «Staatsverleumdung» (§ 20) in der Spruchpraxis der Gerichte am häufigsten vertreten sind. Aber auch unter dem neuen Recht sehen Taten und Täter nicht viel anders aus als vorher. In einem Staat, der seine Straftäter vor allem nach dem Schema «Freund oder Feind» sortiert, kommt es auf die genaue Einordnung eines Sachverhalts in juristische Kategorien nicht so an. Gegnerschaft zum System, auch wenn sie sich nur in ärgerlichen Worten ausdrückt, ist genügend Grund zum Strafen. 1957 handelt es sich bei 88,5 % aller Staatsverbrechen in der DDR um «Staatsverleumdungen.»[27]

Auch von den Wirtschaftsverbrechen kommen die schwersten Fälle nach Neuburg zum Bezirksgericht. Was an Wirtschaftsstraftaten in Lüritz bleibt, verrät in den Anfangsjahren meistens weniger kriminelle Energie als das Bemühen eines Täters, sich in einer Wirtschaft, in der sich plötzlich alle Regeln geändert haben, jedenfalls halbwegs über Wasser zu halten: durch das Zurückbehalten von etwas Saatgut vielleicht, durch Landverheimlichungen, Hortungen oder Geschäfte auf dem Schwarzen Markt. Mit der Erweiterung der Planwirtschaft kommen mehr und mehr Fälle hinzu, in denen das Strafrecht die Schuld für das Fehlfunktionieren des Systems auf unglückselige Täter abschiebt, die ihnen gestellte Aufgaben nicht erfüllen konnten: Verkaufsstellenleiter, die wegen Manko-Inventuren vor den Richter kommen; Bauern, die ohne Personal und die nötigen Maschinen nicht rechtzeitig die Kühe melken oder das Korn einfahren können. «Ich bin mir keiner Schuld bewusst», sagt im Winter 1954 ein gelernter Landwirt, der verhaftet wird, weil er 900 Zentner Kartoffeln erfrieren ließ, die ohne Arbeitskräfte nicht mehr eingemietet werden konnten. «Ich sehe nicht ein, dass ich die Verantwortung für die Misswirtschaft in unserem Rinderviehstall alleine tragen soll», sagt 1960 ein Brigadier, der alleine mit der Fütterung nicht mehr zurechtkam. Zum Ende des Jahrzehnts mehren sich die Straftaten von Leuten, die wahrscheinlich eher verdienen, vor Gericht zu stehen. Straftäter haben jetzt gelernt, die vielen Regeln und Prozeduren einer sozialistischen Wirtschaftsbürokratie zum eigenen Vorteil zu manipulieren und zu unterlaufen: durch Fälschungen, Bestechungen, falsche Berichterstattung und dergleichen. 1959 wird ein Lüritzer Fuhrunternehmer verhaftet, der mit der Unterstützung mehrerer Wirtschaftsfunktionäre in der Stadt einen schwungvollen Handel mit gefälschten Ablieferungsbescheinigungen betrieb. Ein byzantinisches Wirtschaftssystem lässt sich leicht betrügen.

«Wo bleibt da die Kontrolle?», hatte der «Volksbote» angesichts von Korruption und Schwarzmarkt schon 1953 gefragt. Das Strafrecht soll (wie das Bezirksgericht 1955 schreibt) «durch Aufklärung und Zwangsmaßnahmen» schwankende Bürger bei der Stange halten und den Gegnern des Systems das Handwerk legen. Auch die Verhaftungspraxis dieser Jahre ist in die Arbeit einbezogen. In den 1953er Akten entdecke ich eine Reihe von Haftbefehlen, die offenbar zur Einschüchterung der Verhafteten erlassen wurden. Sie betreffen alle Bauern, die ihre Ablieferungspflichten nicht erfüllt hatten, daraufhin festgenommen wurden, wenige Tage später den Bescheid erhielten, dass der Staatsanwalt die Beschlagnahme ihres Vermögens angeordnet habe, und nach ein oder zwei Wochen wieder freigelassen wurden, weil die Gründe für den Haftbefehl «in Fortfall gekommen» seien. Haben sie die fehlenden Zentner Getreide oder die vorgeschriebenen Liter Milch noch irgendwo auftreiben können? Oder – wahrscheinlicher! – haben sie versprochen, sich einer der neuen landwirtschaftlichen Produktionsgenossenschaften anzuschließen?

Das Strafrecht dieser Jahre soll die Bürger davon überzeugen, dass es zum Sozialismus in der DDR keine Alternative gibt. Auch der «Volksbote» hämmert seinen Lesern die Botschaft ein. Eine regelmäßige Spalte «Aus dem Gerichtssaal» berichtet nur über Strafrechtsfälle. Gelegentlich veröffentlicht die Zeitung nichts als den Text eines Strafrechtsparagraphen, in dicker Umrandung vom Rest der Druckbildes einer Seite abgehoben, unter der warnenden Überschrift: «Denkt immer daran!» Und die Bürger wissen, dass ihnen das Strafrecht ständig über die Schulter sieht. «Mir ist schon lange klar gewesen, dass man mir entweder meine Wirtschaft abnehmen muss, oder mich einsperren», sagt 1953 ein «Großbauer», der wegen Verletzung der Ablieferungspflicht verhaftet wird. Er hatte 10 Morgen seines Ackerlandes nicht besät. «Da auch mein Vater vor zwei Jahren wegen Wirtschaftsverbrechen verurteilt wurde, hätte ich daran denken müssen, nicht auch wie andere Verkaufsstellenleiter strafbare Handlungen zu begehen», sagt zwei Jahre später eine 20jährige Verkäuferin; auch sie bei ihrer Verhaftung. Sie hatte Stopfgarn, Stoffe und Strümpfe gestohlen. «Da der Angeklagte wusste, dass schon zwei vorherige Mitglieder der LPG sich am genossenschaftlichen Eigentum vergriffen hatten, hatte er besonders die Pflicht, sauber dazustehen», sagt 1958 ein Lüritzer Richter in einem Betrugsprozess.

Aber wie die Zitate nahelegen, sind Wissen und Handeln zweierlei. Die Angst vor dem Strafrecht ist nicht die Art von Lehrmeister, der die Bürger Vertrauen in den Sozialismus schöpfen lässt. Im Gegenteil: Die Strafrechtsfälle in den Jahren vor der Mauer scheinen angeheizt durch die gereizte Unzufriedenheit und Feindseligkeit der Lüritzer gegenüber dem neuen Staat. Erstaunlich viele Schlägereien drehen sich um Polizisten oder andere Ordnungshüter und werden oft nur dadurch ausgelöst, dass jemand eine Uniform anhat. Junge Männer betrinken sich und schimpfen dann auf die Regierung oder die Partei. «Nüchtern hätte der Angeklagte aus Angst vor Strafe nichts gesagt», vermutet auch ein Richter. Viele Verhaftete scheinen überzeugt, dass sich der DDR-Staat nicht mehr lange halten werde. «Wenn wir eines Tages die Uniformen anhaben, sind wir die Herren im Dorf», droht 1953 ein Fleischermeister einem Polizisten. «Die Stunde wird kommen, wo wir abrechnen», verspricht ein «Mittelbauer» 1958; auch er ist nicht mehr nüchtern. «Wenn es anders kommt...», erklärt ein anderer Mann im selben Jahr und endet seine wilden Reden mit «Heil Hitler!» Ich entdecke, dass auch in vielen Staatsverleumdungsfällen Faschismus und Antikommunismus in den Köpfen der Verhafteten wie ein Weichselzopf verflochten sind.

Wann hätten die Lüritzer auch Zeit und Gelegenheit gehabt, sich demokratische Instinkte anzueignen? Ihre Wut auf die Politik wird aus vielen Quellen gespeist.

In diesem angeheizten Strafrechtsklima ist die Grenze zwischen Freund und Feind nicht leicht zu ziehen. Anfänglich galt jeder als Feind der DDR, der auch nur das geringste Staatsinteresse zu verletzen schien – eine Sehweise, bei der zu wenig Freunde des Sozialismus übrigbleiben konnten. Dann, im August 1954, veröffentlicht die Justizministerin Hilde Benjamin in der «Neuen Justiz» einen Artikel «Zur Strafpolitik»,[28] der die Freund-Feind-Unterscheidung klären soll. Er wird an alle Kreisgerichte weitergeleitet. Aber meine Lüritzer Richter kommen trotzdem aus den Schwierigkeiten nicht heraus. Ein Bericht der Justizverwaltungsstelle in Neuburg ans Ministerium der Justiz befasst sich im zweiten Halbjahr 1954 auch mit «Entscheidungen, die in Widerspruch stehen mit dem Artikel von Dr. Benjamin». Meistens sind die Lüritzer Urteile zu milde. 1955 wird die Strafkammer Lüritz/Land gescholten, weil es bei 68 Strafurteilen 7 Freisprüche gegeben hatte. «Das sind 10 %!», hat ein aufgebrachter Instrukteur an den Rand des Berichts geschrieben. Nachdem im Dezember 1957 das Strafrechts-Ergänzungsgesetz für Taten von geringer Gesellschaftsgefährlichkeit die neuen Strafarten «bedingte Verurteilung» und «öffentlicher Tadel» eingeführt hatte, werden die Lüritzer gescholten, dass sie beide Strafen zu oft verhängen. Ein Inspektor bemängelt das Fehlen ideologischer Begründungen bei der Straffestsetzung. Stattdessen gebe es «wahllose, meist auf allgemeinen menschlichen Erwägungen beruhende» Entscheidungen.

Aber ich habe den Eindruck, dass man auch in Berlin nach einer menschlicheren Strafrechtssprechung sucht. Die Praxis der frühen 1950er Jahre in der DDR war so hart, dass dabei die Utopie von einer besseren Welt zu Schaden kommen musste. Jetzt sieht es aus, als ob die Strafpolitik der DDR den Weg zu ihren eigenen Hoffnungen wiederfinden will. Am 5. März 1953 stirbt Stalin; am 9. Juni 1953 verkündet das Politbüro der SED einen «Neuen Kurs». Drei Tage später berichtet der «Volksbote» auch von wichtigen Veränderungen im Strafrecht: Zwangsmaßnahmen zur Beitreibung von Steuern werden ausgesetzt, alle nach dem Gesetz zum Schutz des Volkseigentums Verurteilten, deren Gefängnisstrafen unter drei Jahren liegen, werden sofort entlassen; ebenso Angeklagte in Untersuchungshaft, die mit Strafen unter drei Jahren rechnen können.

Wir wissen, wie die Geschichte weitergeht: mit der Rebellion vom 17. Juni. Aber trotz sehr harter Strafen in den Tagen unmittelbar nach der Unterdrückung des Aufstandes – die meisten nicht in Lüritz, sondern vom Bezirksgericht erlassen – bleibt es auch nach dem 17. Juni bei der Liberalisierung der ostdeutschen Strafrechtspolitik. Teilweise Liberalisierung, sollte ich sagen, denn was den «Freunden» des Sozialismus (nun großzügiger definiert als früher) zugute kommt, wird von sehr harten Strafen für die «Feinde» des Sozialismus wieder wettgemacht. Die manichäische Weltsicht dieser Jahre, in denen die Hoffnungen auf einen neuen Menschen noch nicht erloschen sind, rechtfertigt gleichermaßen Milde mit noch erziehbaren Gesetzesbrechern und Härte mit unverbesserlichen Feinden des Systems. Daher auch die fast schizophrene Zweispurigkeit in der ostdeutschen Strafrechtspraxis. Im Bezirk Neuburg sinken von 1953 bis 1955 die Zuchthausstrafen für unpolitische Delikte von 28 % auf 10,6 %; Gefängnisstrafen von unter einem Jahr steigen von 13 % auf 43,8 %. Gleichzeitig berichtet das Bezirksgericht ans Ministerium der Justiz, dass die vom Ia-Senat in Neuburg entschiedenen Spionagefälle von 15 % auf 40 % der Fall-Last des Senats gestiegen seien. Das Thema scheint so beunruhigend, dass das Gericht selbst in seinem vertraulichen Bericht ans Ministerium keine absoluten Zahlen nennt.

Aber für Lüritzer Durchschnitts-Kriminelle geht die strafpolitische Entspannung auch nach dem 17. Juni 1953 weiter. 1957, wie wir schon sahen, führt das Strafrechtsergänzungs-Gesetz «bedingte Strafen» und «öffentliche Tadel» ein; auch auf dem V. Parteitag im Juli 1958 werden die neuen Strafarten mit Stolz als Beispiele für die Menschlichkeit des Sozialismus zur Schau gestellt. Dann, am 4. Oktober 1960, entwirft Walter Ulbricht in einer «Programmatischen Erklärung» vor der DDR-Volkskammer das Bild einer sozialistischen Menschengemeinschaft, das vor allem für das Strafrecht Bedeutung hat: «Wir verstehen unter Gerechtigkeit, dass wir solche Menschen geduldig überzeugen und erziehen, die noch nicht im vollen Umfang ihre Verantwortung gegenüber der Gesellschaft erkannt haben; dass aber jene hart bestraft werden, die das Leben unseres Volkes, den Bestand unserer Nation, bedrohen.»

Die «Programmatische Erklärung» ist von der Amnestie für 12 000 Strafgefangene begleitet. Das Wort «Amnestie» (später in der DDR-Rechtsgeschichte, in der die Gefängnisse periodisch überlaufen, viel benötigt und benutzt) wird von Ulbricht in seiner euphorischen Rede nicht gebraucht; er spricht stattdessen, ganz großzügiger und warmherziger Landesvater, von einem «Gnadenerweis». Drei Monate später beschreibt der «Beschluss des Staatsrates zur weiteren Entwicklung der Rechtspflege» vom 30. Januar 1961 – immer noch vor der Mauer! –, wie die DDR-Strafpolitik sich die Resozialisierung ihrer straffälligen Bürger vorstellt: durch die erzieherische Kraft von Kollektiv und gesellschaftlich nützlicher Arbeit. «In der sozialistischen Gesellschaft braucht keiner zum Verbrecher zu werden», heißt es im Beschluss. Die DDR unternimmt einen neuen Anlauf auf die eigenen Utopie.

Für meine Lüritzer Richter führt dieser Anlauf zu einer Fülle von Aktivitäten. Im April 1961 fordert die Justizverwaltungsstelle in Neuburg alle vom Gericht seit dem 1. Februar erlassenen Strafurteile «zur Kontrolle der Durchführung des Staatsrats-Beschlusses» an. Die Richter werden zur «Führung von persönlichen Gesprächen» mit Amnestierten aufgefordert: Hätten sie «Freude über den Beschluss des Staatsrates» gezeigt? Auch bitte nachfragen, ob Schöffen und Partei-Funktionäre «Erlebnisse» gehabt hätten, die das Glück der Betroffenen über die neue Strafrechtspolitik bezeugten, oder, besser noch, «eventuell eingegangene Schreiben von Begnadigten, in denen der Dank für den Gnadenerweis zum Ausdruck kommt, im Original beilegen.»

Der Sozialismus dieser Jahre möchte so gerne, so verzweifelt, dass seine Bürger ihm freudig und unreserviert vertrauen. Aber die Hoffnungen auf seine *brave new world* werden nur von wenigen geteilt. Bei der trotz Passgesetzes noch immer porösen Grenze nach Westdeutschland ist es leicht, einer Zukunft zu entlaufen, an der man keinen Anteil haben will. 1960 bemisst die Zahl der Flüchtlinge aus der DDR schon wieder mehr als drei Viertel der Geflohenen vor Erlass des Passgesetzes.[29] Im Bezirk Neuburg sind es vor allem Bauern, die den ihnen aufgezwängten Produktionsgenossenschaften entrinnen wollen. Auch die zu Hause Gebliebenen machen ihrem angestauten Ärger auf den Sozialismus Luft. In der Zeit vom 1. März bis zum 26. Juli 1960 erklären 2654 Genossenschaftsbauern ihren Austritt aus der LPG. «Brennpunktmeldungen» der Deutschen Volkspolizei ans Ministerium der Justiz berichten von wilden Gerüchten, die im Land kursieren: dass alle LPGs noch in diesem Jahr aufgelöst werden würden; dass die Amerikaner kommen und alle Betriebe übernehmen würden. Aus der Stadt Lüritz fliehen im ersten Halbjahr 1961 407 Menschen, darunter 13 Lehrer. «So kann es nicht weitergehen», denke ich beim Lesen dieser Akten.

Am 13. August 1961 beginnt die DDR mit dem Bau der Mauer. Am Tag zuvor waren in Lüritz die wichtigsten Leute der Stadt ins Kreis-Sekretariat der SED beordert worden, um auf das Ereignis vorbereitet zu werden. Unter den Anwesenden war auch der Direktor des Lüritzer Kreisgerichts. Ich denke mir, dass die Versammelten auf unbedingte Loyalität angesichts einer erschreckenden und widerwärtigen Entscheidung der Partei eingeschworen werden sollten, und in der Tat wird das Kreisgericht ein paar Wochen später von Instrukteuren aus Berlin für «die spürbare Reaktion der Justiz- und Sicherheitsorgane» auf «Provokationen gegenüber Maßnahmen der Regierung» gelobt. Die in diesen Tagen in Lüritz in «beschleunigten Verfahren» gegen Widerständler verhängten Strafen betragen in der Regel zwischen sechs und zwölf Monaten Gefängnis. Das müssen ziemlich harmlose Fälle von «Hetze» und überstürzte Fluchtversuche gewesen sein. Was sich unmittelbar nach dem 13. August am Bezirksgericht in Neuburg abspielte, weiß ich nicht.

Aber ich kann aus meinen Lüritzer Strafrechtsakten die Veränderungen ablesen, die der Mauerbau bewirkte. Es dauert eine Weile, bis das Land erfolgreich abgeriegelt ist. Noch 1963 (wie ich aus den Haftbefehlen weiß) erreichen fast die Hälfte aller Lüritzer Republikflüchtlinge den ersehnten Westen. Aber *wer* zu fliehen versucht, verändert sich nach 1961. Vor der Mauer kamen viele Deserteure aus der Mittelklasse: Es waren Lehrer, Ingenieure, Facharbeiter und nicht selten auch ein Vorsitzender einer der neuen LPGs, die damals ihre Führungskräfte noch aus den wohlhabendsten Bauern im Dorf rekrutierten. Viele Flüchtlinge brachten ihre Familien mit, und wenn ihre Haftbefehle auch die Verletzung von Ausfuhr- und Währungsbestimmungen aufführen, weiß ich, dass es ihnen auch gelang, Geld und Wertgegenstände mitzunehmen. 1958 waren die in den Lüritzer Strafrechtsakten erwähnten Grenzverletzer in der Regel älter als 25 Jahre, etwa ein Drittel von ihnen waren Frauen, und fast allen gelang die Flucht. Das waren die arbeitsamen und soliden Familienhäupter, deren Verlust die DDR nicht mehr zu verkraften können glaubte.

Mit dem Bau der Mauer wird die Republikflucht so riskant, dass sie fast nur noch von den Jungen und Tollkühnen unternommen wird, die an die eigene Sterblichkeit nicht glauben können. 1962 ist ihr Durchschnittsalter in den Lüritzer Haftbefehlen 21,6 Jahre. Jetzt sind es nicht mehr vorwiegend die Ehrgeizigen und Tüchtigen, die das Land verlassen wollen, sondern eher die Unvernünftigen und die

Bindungslosen. Fast alle «Sperrbrecher» sind Männer. Viele Fluchtversuche sind schlecht oder gar nicht geplant. «Irgendwie», sagen die Gestellten oft, wenn sie von der Polizei gefragt werden, auf welche Weise sie denn vorhatten, die Grenze zu überqueren. Ein 17jähriger, der über die Ostsee fliehen will, nimmt an, dass er vom ostdeutschen zum westdeutschen Strand etwa 3 bis 4 Kilometer schwimmen müsse. Ein 19jähriger, der mit 25 Kilometern rechnet, ist näher an der Wahrheit dran; er plant, die Strecke, nur mit Schwimmbrille und Tauchermesser ausgerüstet, bei einer Wassertemperatur von 16 Grad zu schaffen. Man ist froh, dass er von einer Bootspatrouille aufgegriffen wird. «Ich will mich doch nicht erschießen lassen», sagt einmal eine Frau, die vor der Polizei bestreitet, einen Fluchtversuch auch nur geplant zu haben. Die Besonnenen bleiben jetzt zu Hause. Die Mauer lehrt sie, sich so oder so mit dem Sozialismus abzufinden.

Auch die Staatsdelikte scheinen jetzt weniger existenzgefährdend für die DDR als in den Jahren, in denen die Grenze noch offen war. Im Mai 1962 besprechen die Richter im Bezirk auf einer Direktorentagung die Abmilderung der bisherigen Strafpolitik. Zwar dürfe «die grundlegende Wandlung» bei staatsgefährdender Propaganda und Hetze «nicht schematisch» verstanden werden, erklärt der Abgesandte aus Berlin. Aber jetzt darf auch gegen einen einschlägig vorbestraften Angeklagten für «Staatsverleumdung» eine bedingte Strafe ausgesprochen werden, wenn er aus seiner früheren Verurteilung «Lehren gezogen» habe. Aufenthaltsbeschränkungen gemäß § 3 Strafrechtsergänzungs-Gesetz sollen nicht mehr «bei jeder Disziplinlosigkeit» verhängt werden. Im Kreisgericht Läritz/Stadt gehen die staatsattackierenden Delikte (vor allem «Staatsverleumdung», «Widerstand gegen die Staatsgewalt» und Grenzdelikte) zwischen 1966 und 1969 von 22 % auf 12 % der jährlichen Fall-Last der Strafkammer zurück. Wenn ich mir die Täter dieser Akten ansehe – meistens unangepasste, aufsässige junge Männer, in deren Leben vieles falsch gelaufen ist und die ihre angestaute Wut (durchaus nicht nur auf die Partei) in Alkohol ertränken wollen –, scheint mir, dass die meisten Läritzer «Staatsdelikte» in diesen Jahren kaum noch als politische Straftaten gelten können. Zwar ist noch immer viel Neofaschistisches dabei; im Frühjahr 1962 berichten die Wochenmeldungen des Neuburger Bezirksgerichts von «fast täglichen Ermittlungen wegen Hakenkreuz-Schmierereien» im Bezirk. Aber dies sind keine Überzeugungstäter. Ihre wilden Bier-Reden sind für den Staat peinlich, aber nicht gefährlich. Das wissen auch die Täter selbst. 1969 haben in Lüritz 30% aller Angeklagten, die sich an Volkseigentum vergriffen haben sollen, einen Rechtsanwalt, verglichen mit nur 6,4% aller Angeklagten, die eines Staatsdelikts bezichtigt werden. Der Unterschied mag auch die Klassenunterschiede zwischen beiden Tätergruppen reflektieren.

Mein Eindruck einer allgemeinen mürrischen Gewöhnung der Lüritzer an den Sozialismus ändert sich nicht wesentlich, wenn ich die Urteile des Bezirksgerichts in Neuburg studiere. 1968 ist das erste Jahr, für das mir die Neuburger Akten zur Verfügung stehen. Weil ich nicht genau weiß, was in den Vorjahren geschehen ist, muss ich mit meinen Behauptungen vorsichtig sein. Aber jedenfalls in der Zeit ab 1968 werden nur wenige Lüritzer von den Strafrichtern des Bezirksgerichts abgeurteilt: durchschnittlich nicht mehr als ein bis zwei «Politische» im Jahr, zu denen etwa die gleiche Anzahl «unpolitischer» Täter kommt, deren Delikte schwer genug waren, um in erster Instanz vor dem Bezirksgericht angeklagt zu werden. Das waren vor allem Fälle von Mord und Totschlag und Betrugsunternehmungen großen Stils, bei denen Volkseigentum zu Schaden gekommen war. Aber das mit den «Morden» klingt schlimmer, als es war. Fast alle der elf Lüritzer Angeklagten, die zwischen 1968 und 1989 wegen eines Tötungsdeliktes vor den Richter kamen, waren zur Zeit der Tat betrunken, und viele der Opfer scheinen die Attacke überlebt zu haben. Ich finde kein Todesurteil gegen einen Lüritzer Mörder in den Akten (1987 schaffte die DDR die Todesstrafe ab) und nur einmal – 1982 – eine Verurteilung zu lebenslänglichem Gefängnis. Die Urteile des Bezirksgerichts bei den Kapitaldelikten waren streng, aber juristisch sorgfältig und oft menschlich bemüht.

Dagegen ging es dem Bezirksgericht bei den politischen Delikten weniger um den Täter als den Staat. Diese Urteile waren hart und wurden mit den Jahren eher härter, auch wenn die meisten der Verurteilten wegen der regelmäßigen Amnestien in der DDR vorzeitig entlassen wurden. Rund zwei Jahre Gefängnis für «Hetze» Ende der 60er Jahre; drei bis sechs Jahre für «Terror» in den 70er Jahren, und einmal, 1980, 15 Jahre Gefängnis für «Widerstand gegen die Staatsgewalt» – das waren so die Raten, mit denen Lüritzer Oppositionelle rechnen mussten, wenn sie sich vor dem Bezirksgericht zu verantworten hatten. Wenn die Stasi und der Staatsanwalt es bei der Auswahl dieser Angeklagten richtig getroffen hatten, waren sie echte Überzeugungstäter: nachdenkliche, solide, in ihren jeweiligen Kollektiven respektierte Leute, deren Bereitschaft, ihrer Kritik am Sozialismus Ausdruck zu verleihen, für andere Bürger Vorbildwirkung haben konnte. Weil allerdings die Anklagebehörden in Neuburg lieber auf Nummer Sicher gingen und weil ihr politischer Verfolgungswahn sie auch in manchen Fällen Umsturzpläne wittern ließ, in denen ein Angeklagter nur aus Aufsässigkeit oder Abenteuerlust gehandelt hatte, war die Zahl der echten Dissidenten aus Lüritz eher kleiner als die Zahl der vom Bezirksgericht verurteilten «Politischen». Zum Mindesten im Lüritz meiner Strafrechtsakten gab es wenig glaubwürdig artikulierte, deutliche Kritik am Sozialismus. So scheint die Angst des Staates vor seinen Bürgern nach dem Bau der Mauer sichtbar abzuklingen. Strafrecht ist nicht mehr in erster Linie Mittel der Selbstbehauptung eines Staates im Belagerungszustand. Jetzt ist die Zeit gekommen, um erneut die Umerziehung der Gesellschaft in Angriff zu nehmen, die vor der Mauer schon begonnen, aber durch die Flucht der zu Erziehenden zu leicht zu sabotieren gewesen war.

Am 4. August 1963 beschließt der DDR-Staatsrat den «Erlass über die grundsätzlichen Aufgaben und die Arbeitsweise der Organe der Rechtspflege». Der Erlass steht in einer Linie mit Ulbrichts «Programmatischer Erklärung» vom Oktober 1960 und dem Staatsrats-Beschluss «Zur weiteren Entwicklung der Rechtspflege» vom Januar 1961. Wie seine Vorgänger ist er ein optimistisches Gesetzeswerk, das «Überzeugung und Erziehung zur Hauptmethode der gesamten staatlichen Tätigkeit» in der DDR erklärt. Aber was vorher eher vage Hoffnungen auf einen neuen Menschen waren, wird jetzt, nach der Mauer, konkretisiert und institutionalisiert. Vor allem im Strafrecht gibt der Rechtspflege-Erlass den staatlichen Erziehungsplänen Form. Alle «geeigneten» Strafverfahren sollen nicht mehr im Gerichtssaal, sondern im Lokaltermin am Arbeitsplatz des Täters und unter Einbeziehung seines Kollektivs verhandelt werden. Vertreter aus dem Arbeits- oder Wohnbereich eines Beschuldigten sollen schon im Ermittlungsverfahren gehört und im Prozess selbst als unmittelbar Informierte und Betroffene beteiligt werden. Vom Kollektiv beauftragte «gesellschaftliche Ankläger» oder «Verteidiger» sollen das Gericht über die Meinung des Kollektivs zur Straftat und zum Täter informieren und dabei helfen, alle Mitarbeiter für die Verhütung künftiger Straftaten zu mobilisieren. Außerdem sollen Kollektive «Bürgschaften» für einen Angeklagten übernehmen dürfen, wobei das Kollektiv-Versprechen, den Kollegen bei seiner Resozialisierung zu unterstützen, dem Richter erlauben soll, statt einer Freiheitsstrafe nur eine Bewährungsstrafe zu verhängen. Wenn die zusätzliche Stabilisierung eines Angeklagten nötig scheint, kann der Richter auch seine zeitlich begrenzte Bindung an den Arbeitsplatz verfügen. Das sind eindrucksvolle und für alle Beteiligten arbeitsintensive Pläne. Meine Lüritzer Richter müssen ihnen auch mit Sorge entgegengesehen haben. Die Durchsetzung der neuen Strafrechtspolitik wird vom Bezirksgericht in Neuburg ständig überprüft und angefeuert. Das Kreisgericht wird angewiesen, alle in einem Strafprozess unternommenen Erziehungsmaßnahmen so aktenkundig zu machen, dass der Rechtsmittelsenat des Bezirksgerichts deutlich erkennen kann, ob alles Nötige zur Verwirklichung des Rechtspflege-Erlasses geschehen ist. Für das Jahr 1965 finde ich am Kreisgericht selbst geplante «Zielstellungen» in meinen Akten: handschriftliche Vermerke über Besprechungen vor der Hauptverhandlung, in denen der Richter und die beiden Schöffen ihre Erziehungsstrategie für das anstehende Verfahren festlegen. Und immer wieder schickt das Bezirksgericht den Lüritzern hektographierte Urteile anderer Kreisgerichte als Beispiel dafür, wie es richtig gemacht wird: dicke Bündel, deren fliederfarbene Schreibmaschinenschrift so blass ist, dass ich sie kaum lesen kann, und die auch von den Lüritzer Richtern wohl kaum gelesen wurden, denn ihre Seiten sind unbefleckt und glatt, und nur sehr, sehr selten hat jemand einmal etwas unterstrichen.

Die Durchsetzung des Rechtspflege-Erlasses und die Kontrolle seiner Durchsetzung durch höhere Instanzen scheint vor allem deswegen so schwierig, weil die Ziele des Erlasses zwar in Gesetzesform gefasst, aber eigentlich sehr unjuristisch beschrieben sind. Der Erlass möchte die erzieherische Kraft des Kollektivs ausnutzen, aber was ein Kollektiv ist, wird von ihm nicht definiert. Es gibt im Erlass weder Vorschriften für die Wahl des Kollektivvertreters für die Hauptverhandlung noch Regeln dafür, wie ein Kollektiv entscheidet, ob es lieber einen gesellschaftlichen Ankläger oder einen Verteidiger entsenden will. Es bleibt unklar, wer bei der Entscheidung stimmberechtigt ist und ob es überhaupt so etwas wie eine Abstimmung zu diesen Fragen geben muss. Das Gesetz sagt auch nicht, wann ein Strafverfahren für die Verhandlung vor erweiterter Öffentlichkeit «geeignet» ist.

Die Ungenauigkeit ist sicher Absicht. Der Rechtspflege-Erlass will die juristische Routine durch die Erfahrungen und Einsichten des

Kollektivs auflockern und vermenschlichen. 1964, zum Beispiel, ermahnt ein Schreiben des Bezirksgerichts die Lüritzer Richter, dass bei der Durchsetzung des Rechtspflege-Erlasses «jeglicher Schematismus, jegliche Routine und Voreingenommenheit auszuschließen» seien. «Bitte allen Richtern zur Kenntnis geben», heißt es in dem Brief. Aber meinen Lüritzer Richtern, deren Paraphen ich denn auch im Briefkopf finde, kann die Zurkenntnisnahme der Ermahnungen aus Neuburg nicht wesentlich geholfen haben. «Routine» ist sozusagen ein juristisches Berufsdelikt. Man kann sie auch als die automatische Befolgung formaler Regeln definieren. Jetzt soll in jedem Strafprozess die Welt erneut erschaffen und der Angeklagte so in die Gesellschaft wieder eingegliedert werden, wie seine höchstpersönlichen Umstände es verlangen. Die Mitarbeit des Kollektivs bedeutet für die Richter dabei nicht nur Hilfe, sondern auch viel zusätzliche Arbeit. Betriebe müssen benachrichtigt, gesellschaftliche Ankläger oder Verteidiger müssen gefunden werden. Die mitwirkenden Kollegen eines Angeklagten müssen auf ihre Rolle im Prozess vorbereitet werden. 1964 moniert das Bezirksgericht, dass ein Lüritzer Richter nur Vertreter des *gegenwärtigen* Betriebes zum Prozess des Angeklagten geladen habe, nicht aber auch Vertreter seiner *letzten* Arbeitsstelle. So sei nicht alles getan worden, um herauszufinden, warum der Betroffene straffällig geworden sei. Offensichtlich ist der Rechtspflege-Erlass nicht nur für die Richter, sondern auch für die Betriebe eine erhebliche Belastung.

Trotzdem geben sich alle große Mühe. Zwar wird nur ein kleiner Teil der Strafverfahren am Arbeitsplatz des Täters durchgeführt: Lokaltermine kosten einfach zu viel Zeit und Arbeit. Aber die Lüritzer Richter holen das Betriebskollegium in den Gerichtssaal. Sie benachrichtigen, wer immer nur dem Angeklagten kollektiv verbunden ist, von dem Prozess: die Trinkkumpane eines wegen Körperverletzung Angeklagten; die Judo-Freunde eines angeblichen Betrügers; die Klassenkameraden eines Oberschülers. «Zur Verwirklichung der Forderungen des Rechtspflege-Erlasses», schreibt der Richter in diesen Fällen auf die Einladung. Kollektivvertreter werden eingewiesen und angehört; gelegentlich verweist das Gericht auch einen Fall an den Staatsanwalt zurück, weil kein Abgesandter des Kollektivs erschienen ist, oder lehnt jemanden als Vertreter ab, weil seine Stellungnahme zu dem Fall zu kurz und dürftig sei. Nach der Urteilsfällung werden Strafverfahren im Kollektiv ausgewertet, wobei der

Richter gleichzeitig die Hilfe der Kollegen bei der Resozialisierung des Betroffenen besprechen kann. Ich finde anrührende Plädoyers von Kollektivvertretern in den Akten (meistens von den an öffentliches Reden nicht gewöhnten Sprechern vor der Verhandlung schriftlich aufgesetzt und im Prozess nur vorgelesen), in denen die Kollegen zur Milde raten und versprechen, sich auch am Wochenende um den Verurteilten kümmern zu wollen. Auch der «Lüritzer Volksbote» berichtet jetzt gern von Gesetzesbrechern, die von Kollegen wieder auf den rechten Weg gewiesen wurden. So das optimistische Fazit dieser Jahre.

Aber meine Geschichte lässt sich auch anders erzählen: als Bericht über einen Reformversuch, der die Keime des eigenen Misserfolgs schon in sich trägt. Um dem Erlass gerecht zu werden, müssen meine Richter so viele Gespräche führen, Zusammenkünfte organisieren, Briefe schreiben und über alle diese Unternehmungen Berichte verfassen, die das Bezirksgericht in Neuburg seinerseits für seine Meldungen nach Berlin benötigt, dass die neuen Arbeitslasten sich nur oberflächlich und routinemäßig bewältigen lassen. So ist es kein Wunder, dass das Oberste Gericht im April 1965 in einem «Beschluss über die Mitwirkung der Bevölkerung im Strafverfahren» die in vielen Fällen «nur formale Einbeziehung gesellschaftlicher Kräfte» kritisiert. «Echte Mitwirkung» bestünde nicht in der Ausfüllung von Formularen, sondern sei «differenziert und sachbezogen». Das Ziel des Rechtspflege-Erlasses sei nicht Geschäftigkeit, sondern «die Veränderung beim Täter selbst.»[30] Leichter gesagt, als getan.

Und vertreten die Kollektivvertreter auch wirklich ihre Kollektive? Selbst das Oberste Gericht hat Zweifel. Es weist die Kreisgerichte an, bei der Zulassung der Mitwirkenden im Prozess zu prüfen, ob tatsächlich «ein echter Auftrag des Kollektivs» vorliegt. Aber wann ist das der Fall? Der Rechtspflege-Erlass schreibt kein Prozedere für die Auswahl der Vertreter vor. So wird das Verfahrens-Vakuum durch Polizei und Staatsanwalt ausgefüllt, die während der Ermittlung des Delikts auch die Kollektivvertreter auf ihre Rolle im Prozess vorbereiten und so steuern, dass am Ende in allen Kreisgerichten in der DDR dreimal so viele gesellschaftliche Ankläger wie Verteidiger auftreten.[31] Warum sollen Staatsanwälte auch an Entschuldigungen für die Straftat interessiert sein? Der Druck der Strafverfolger erklärt auch, warum in den Hauptverhandlungen im Lüritzer Kreisgericht gesellschaftliche *Ankläger* nicht selten eher gute Worte als Tadel für den Täter haben: Die Rolle, die ihnen von den Strafverfolgungsfunktionären aufgeredet wurde, entsprach offensichtlich nicht den Vorstellungen des Kollektivs, das lieber einen Verteidiger geschickt hätte. Und das sind noch die positiven Beispiele gesellschaftlicher Mitwirkung im Strafprozess; die Fälle, in denen Kollektivvertreter engagiert an der Verhandlung beteiligt sind. In den meisten Fällen klingt die vom Kollektiv-Entsandten in der Hauptverhandlung vorgelesene Stellungnahme eher so, als habe sich der Schreiber am Ende eines langen Arbeitstages den Text abgerungen, von dem er annahm, dass er den Justizbehörden am ehesten gefallen werde. Fast nie enthalten die Stellungnahmen – in der Regel nur eine handschriftlich beschriebene Seite – die faktischen und menschlichen Details, die nur ein Mitarbeiter des Angeklagten kennen kann und die das Urteil des Gerichts wärmer und wirkungsvoller machen könnten. Dagegen entdecke ich gelegentlich die Anzeichen langjähriger Spannungen zwischen dem Angeklagten und seinem Kollektiv, das jetzt die Chance nutzt, einen unbeliebten Mitarbeiter loszuwerden oder ihm eins auszuwischen. Auch das Oberste Gericht weiß von dieser Möglichkeit und weist in seinem Beschluss von 1965 die Kreisgerichte an, bei berechtigten Bedenken eines Angeklagten gegen einen Kollektivvertreter diesem die Zulassung zum Verfahren zu verweigern. Ich habe in meinen Akten keine solche Ablehnung gefunden.

Das hat auch seine Gründe. Der Glaube an kollektive Wärme, der den Rechtspflege-Erlass beflügelt, wird mit der Vernachlässigung juristischer Formalität bezahlt. Die «Einweisung» der Kollektivvertreter durch den Staatsanwalt und das Gericht, die «Zielsetzungen», in denen das Gericht seine Prozess- und Erziehungsstrategie entwirft, selbst manche «Auswertungen» des Straffalls mit dem Kollektiv des Täters finden noch *vor* der Hauptverhandlung statt. So werden die Vertreter der Gesellschaft ermutigt, eine Tat moralisch zu verdammen, bevor das juristische Urteil überhaupt gesprochen ist. Ein solches Vorgehen muss die gesetzliche Unschuldsvermutung beeinträchtigen, die auch im DDR-Strafrecht enthalten war. Zwar haben die Volksrichter am Lüritzer Kreisgericht inzwischen alle juristische Ergänzungskurse bei der «Akademie für Staat und Recht» in Potsdam absolvieren müssen. Aber ihr Instinkt für begriffliche Genauigkeit und für die Willkür hemmende Bedeutung von Verfahren ist schwach und wird durch die absichtlich menschlich-vagen Bestimmungen des Rechtspflege-Erlasses noch zusätzlich verwirrt.

Ich finde immer wieder Zeichen des Unverständnisses für die Wichtigkeit von Form in meinen Akten. So lobt zum Beispiel ein Lüritzer Strafrechtsurteil von 1964 «einige Bürger», die einen *in flagranti* ertappten Exhibitionisten vor seiner Verhaftung «durch Schläge zurechtgewiesen» hatten. Der Richter hat an der Selbsthilfe der Vigilanten nichts auszusetzen: «Unsere Werktätigen verurteilen zu Recht die unzüchtigen Handlungen des Angeklagten.» Meine Richter sind in der Regel sorgfältig und manchmal geradezu pedantisch. Aber für sie ist juristische Formtreue eher eine Sache der Ordnung als der Gerechtigkeit. Als 1965 ein Staatsanwalt/Richter-Ehepaar am Kreisgericht angestellt ist (Herr und Frau Bereck, übrigens beide schon Universitätsjuristen) und es öfters vorkommt, dass Herr Bereck als Staatsanwalt eine Anklageschrift vorbereitet, über die Frau Bereck als Richterin zu entscheiden hat, moniert das Bezirksgericht zwar, dass diese eheliche Zusammenarbeit «bei den Bürgern den Eindruck der Voreingenommenheit» erwecken könne. Das Problem wird dadurch aus der Welt geschafft, dass bei der Zusammenarbeit beider Berecks in Zukunft ein anderer Staatsanwalt als Herr Bereck dessen Anklageschriften *unterschreibt*. Die Zusammenarbeit selbst darf weitergehen. Soweit ich sehen kann, haben auch die Neuburger Bezirks-Richter gegen diese Lösung nichts einzuwenden.

Wie kann ich meine widersprüchlichen Interpretationen der Strafrechtspraxis dieser Jahre – die Geschichte vom Erfolg und die vom Misserfolg des Staatsrats-Erlasses – zu einem glaubwürdigen Bild zusammenfügen? Vielleicht so: Beide Versionen haben ihre Ursache im Bau der Mauer. Die Mauer verschaffte der DDR die äußere Sicherheit, die sie benötigte, um mit der Umerziehung ihrer Bürger zu beginnen. Aber die Mauer riegelte auch das nationale Klassenzimmer ab, schloss frische Luft aus, verhinderte Inspiration von außen und bewirkte so die Enge, die den Erziehungsprozess rechthaberisch und kleinlich machen würde. Das Recht sollte abschleifen und zurechtstutzen, was der Integration des Beschuldigten im Kollektiv entgegenstehen konnte. Immer wieder finde ich den Vorwurf in den Akten, dass ein Angeklagter sich nicht anpasse; keiner «geregelten Arbeit» und keinem «geordneten Leben» nachgehe; dass er sich absondere, etwas Besseres sein wolle, nur an den eigenen Vorteil denke, keine Lehren annehme. Das ist es, was der Sozialismus nicht verkraften kann. 1964 gibt Frau Bereck einem Darlehensschwindler, der über 20000 Mark zusammengeborgt hatte, statt der vom Staatsanwalt vorgeschlagenen dreieinhalb Jahre Zuchthaus noch vier Monate dazu. Der Angeklagte «neige zur Überheblichkeit», schreibt sie ins Urteil. «Anstatt wie jeder andere Bürger damit anzufangen, Ersparnisse zum ehrlichen Erwerb einer Einrichtung zurückzulegen, versprach er großspurig die Möbel seiner Ehefrau.» Richterin Gemmen (vom Nachbarkreis ausgeliehen, weil Frau Christiansen eine Tuberkulose auskurieren muss) verurteilt im selben Jahr einen jungen Motorrad-Freund, der ohne Führerschein fremde Motorräder für seine Ausflüge benutzte, zu zehn (statt, wie vom Staatsanwalt beantragt, fünf) Monaten Gefängnis. Sie ist vor allem über die Eigenmächtigkeit des jungen Mannes empört. «Offensichtlich glaubt der Angeklagte, es sei jedem Bürger selbst überlassen, seine Fähigkeiten einzuschätzen und ein Fahrzeug nach Belieben im öffentlichen Verkehr zu führen.» Und: «Es fiel ihm nicht ein, sich als Mitglied beim Motorsportclub zu bewerben.»

«Mitglied» werden – im Club, im Kollektiv, in der Hausgemeinschaft, in der Gesellschaft –, darum geht es jetzt. Das Recht bestraft die, die sich absondern wollen. Weil es kaum noch möglich ist, nach draußen zu entfliehen, ist es jetzt die innerliche Absonderung, die das Gericht bekämpfen muss: Selbstüberheblichkeit, Selbstsucht, Einzelgängertum. Das gilt durchaus nicht nur für das Verhalten in der Politik oder im Arbeitskollektiv. Alles «abwegige», den eigenen Regeln folgende Verhalten ist suspekt – und Homosexuelle, zum Beispiel, werden hart bestraft. Erst 1987 erklärt ein Urteil des Obersten Gerichts auch homosexuelle Bürger zu gleichberechtigten Mitgliedern der sozialistischen Gesellschaft.[32] 1963 beschlagnahmt die Lüritzer Polizei in einer Schund- und Schmutz-Razzia in sechs Wohnungen in der Karl-Marx-Allee 151 Liebesromane, 11 Heimatromane und 12 Wild-West-Romane. Die Hefte mit Titeln wie «Prinzessin Feuerkopf» und «Du darfst nicht weinen» kommen alle aus Westdeutschland. Die meisten werden in Schlafzimmern gefunden. Sogar die Flucht in eine kapitalistische Traumwelt ist den Lüritzern verboten.

Die Mauer hat den Blick der Strafverfolger von der Außenwelt aufs Innere gelenkt: die innere Solidarität und Ordnung, das Innenleben der Verdächtigen. Die alte Aufteilung der Welt in Freund und Feind gilt immer noch, aber den Feind sucht man jetzt zu Hause, in Klüngeln, die meinen, «die Normen unseres sozialistischen Gemeinschaftslebens nicht berücksichtigen zu müssen», oder – noch gefährlicher, weil schwerer zu entdecken – in den verräterischen Köpfen der Angeklagten selbst. Es kommt zu einer Verinnerlichung der Strafvorwürfe, bei der die Grenze zwischen Tatsachen, bloßen Gedanken und Gefühlen zu verschwimmen scheint. Loyalität ist alles.

Hier ist ein Beispiel aus dem Jahr 1971; kein Fall aus Lüritz, sondern aus einer Nachbarstadt, den mir die Mitarbeiterin im Gauck-Archiv versehentlich auf den Schreibtisch legte. Er zeigt die Selbstbezogenheit der Strafrechtspraxis dieser Jahre im paranoischen Extrem.

Drei junge Männer, Freunde, Tunichtgute, die sich unzufrieden in ihrer Kleinstadt langweilen, reden ab und zu von Flucht und werden schon seit längerem von der Stasi überwacht. Einer von ihnen, wer weiß, warum, legt einen Scheunenbrand, an dessen Löschung er sich selbst beteiligt. Die Tat führt zu seiner Vernehmung – erst durch die reguläre Polizei, dann durch die Stasi – und bald auch zur Verhaftung aller drei.

Und dann beginnen die Verhöre durch die Stasi, die bei politischen Delikten in der DDR – ganz dem Gesetz gemäß – als Untersuchungsorgan fungiert. Die Protokolle füllen sieben dicke Aktenbände. Drei Monate lang werden die drei Freunde immer wieder vernommen: erst einzeln, dann in Gegenüberstellung mit den Kumpeln; manchmal nur einmal in der Woche, manchmal öfters; von 9 bis 12 Uhr, von 13 bis 17 Uhr, und immer ordentlich mit einer Mittagspause, die vom Vernehmer mit genauer Uhrzeit in der Akte festgehalten ist. Ein voller Arbeitstag für alle, Anschuldiger und Angeschuldigte. Die Fragen sind immer dieselben. Aber die in den Antworten beschriebenen Pläne der Verhörten werden mit jeder Woche schlimmer.

Einer der drei soll eine Pistole besitzen, die er auf dem Friedhof vergraben habe. Sein Freund habe bei der Entlassung (nicht in Ehren) aus der Nationalen Volksarmee 30 Handgranaten mitgenommen. Der Dritte soll mit Unkrautgift und Zucker Sprengsätze gebastelt haben, um das SED-Kreisleitungsgebäude im Ort in die Luft zu sprengen. Die Geschichte sieht schlimm und schlimmer aus. Auch die Sprache, in der die drei Beschuldigten sich selbst bezichtigen, klingt nach Umsturz. Sie wird im Laufe der Vernehmungen der Sprache der Stasi-Befrager immer ähnlicher. Zu Anfang der Verhöre erklärt der Brandstifter noch, er habe sich für seine schlechte Eingliederung nach einer vorhergegangenen Gefängnisstrafe «rächen wollen». Am Ende erklärt er, er habe nicht nur das Haus der Kreisleitung, sondern auch das örtliche MfS-Quartier in die Luft sprengen wollen. Warum? «Während die SED-Kreisleitung die Macht der SED in der DDR verkörpert, verkörpert die Kreisdienststelle des MfS [Ministerium für Staatssicherheit] die Sicherheit der Arbeiterklasse.» Die Worte müssen ihm von den Vernehmern in den Mund gelegt worden sein. Ein Foto des SED-Gebäudes liegt in der Akte und stellt der «Macht der SED» ein glanzloses Zeugnis aus: Es zeigt ein graues und bescheidenes Reihenhaus in einer Straße mit anderen grauen und bescheidenen Reihenhäusern. Ende Juni 1971 sind die Verhöre so weit fortgeschritten, dass das Neuburger Bezirksgericht seinen Eröffnungsbeschluss fassen kann. Die Anklage lautet auf «Terror»: Die drei Freunde hätten den Scheunenbrand und einen Anschlag auf die SED-Kreisleitung geplant, um dann mit Waffengewalt die Grenze zu durchbrechen und in der Bundesrepublik als politische Flüchtlinge anerkannt zu werden.

In der Verhandlung vor dem Bezirksgericht stellt sich sehr bald heraus, dass außer der Brandstiftung (die der Täter, selbst Mitglied der Freiwilligen Feuerwehr im Ort, auch sofort gemeldet hatte) keiner der schlimmen Pläne der Angeklagten über gelegentliche Phantasien herausgekommen war. Auf dem Friedhof lagen keine Waffen vergraben. Pistolen und Handgranaten gab es nicht: Der jeweils angebliche Besitzer hatte auf die beiden anderen Freunde mit seinen Waffenprahlereien Eindruck machen wollen. Auch dass der selbstgemachte Explosivstoff existierte, ist zweifelhaft. Die Akte enthält zwar das Foto einer Flasche mit heller Flüssigkeit, aber keine chemische Analyse ihres Inhalts. Die Fluchtpläne der drei (angeblich «zum Jahresende») waren nie konkretisiert worden. Eine Motoradtour zur Erkundung der Grenzanlagen war schon früh durch den Kollaps des Motorrads gescheitert. Dann war das Unternehmen in Vergessenheit geraten. Die drei Unzufriedenen hatten von Flucht und Rebellion nur geredet und geträumt – mehr nicht.

Aber das Erstaunliche an der Geschichte ist, dass Gericht und Staatsanwalt die Fadenscheinigkeit der wilden Pläne nicht als Zeichen ihrer Ungefährlichkeit zu deuten scheinen. Im Gegenteil, die durch keinen Realitätssinn gezügelte Abenteuerlichkeit der Phantasien ist für die Strafverfolger eher noch ein Zeichen ihrer besonderen Bedrohlichkeit. Das DDR-Strafgesetzbuch von 1968, das in § 101 «Terror» als «Unternehmen» definiert, erleichterte es den Richtern allerdings, die Grenze zwischen dem Beginn und Ende dieses «Unternehmens» zu verwischen. Aber der Hauptgrund für die absurden Urteilssprüche, in denen das Verfahren endet – jeweils sechs Jahre Gefängnis für die beiden älteren, drei Jahre für den jüngsten Angeklagten –, ist die Empörung der Juristen über die Unzufriedenheit und die Wut auf Staat und Partei, die aus den Phantasien der Angeklagten sprechen. Das Gericht reagiert auf ihre Gedankenspiele wie eine Mutter, deren Kind mit einer Spielzeugpistole auf sie zielt. Die Mutter weiß natürlich, dass das «Bang, bang!» nicht ihre physische Sicherheit bedroht. Aber sie erschrickt über die Aggressivität und Abgrenzung, die in dem Spiel zum Ausdruck kommen. Wie kann man sich auch nur mit dem Gedanken tragen, jemanden zu erschießen, den man doch eigentlich lieben sollte?

Übrigens verstehen nicht nur die Richter, sondern alle im Gerichtssaal, dass es in diesem Strafprozess nicht um Realität, sondern um Loyalität geht. Auch nur gedachte Illoyalität ist wirklicher Verrat. So scheinen die Prozessbeteiligten das Fehlen jeder tatsächlichen Attacke auf den Staat gar nicht mehr wahrzunehmen. «Dass die Ziele der Angeklagten nicht verwirklicht wurden, ist nicht ihr Verdienst», erklärt der Staatsanwalt. «Wer solche terroristischen Handlungen ausführt, kann keine Gnade erwarten», sagt der gesellschaftliche Ankläger, der das Arbeitskollektiv vertritt. Und auch die Täter selbst sprechen von ihren schlimmen Absichten wie von einer Gewissheit: «Wir wussten, dass es vielleicht Tote oder Verletzte geben würde.» Wodurch, um Himmels willen?

Ich finde noch andere Strafrechtsfälle im Stasi-Archiv in Neuburg, in denen die Grenze zwischen Einbildung und Wirklichkeit, zwischen Phantastereien, Vorsätzen und Taten so sehr verschwimmt, dass am Ende schon abtrünnige Gedankenspiele genügen, um jemanden als Staatsfeind ins Gefängnis zu bringen. Ein politisches System, das geliebt werden will, ist über die gedankliche Verweigerung dieser Liebe tiefer enttäuscht als über die Aggressivität und Selbstsucht von normalen Kriminellen. 1970 verurteilt das Bezirksgericht in Neuburg vier Lüritzer Teenager zu Gefängnisstrafen zwischen zwei und zehn Jahren, weil sie in einem Geheimclub mit dem unwahrscheinlichen Namen «Clan of Rusty Clabs» über politischen Umsturz, Beat-Musik und ihre zukünftige Zusammenarbeit mit der CIA schwadroniert hatten. Außer dem Entwurf eines gleich wieder zerrissenen Flugblattes und der Anfertigung von Pappausweisen mit aufgemaltem Stempel, die ihre Mitgliedschaft im Clan belegen sollten, hatten die Jungen nichts unternommen, um ihre Phantasien in die

Wirklichkeit umzusetzen. «Die Angeklagten waren skrupellos bereit, Verbrechen zu begehen», erklärte der Staatsanwalt in der Verhandlung. 1978 wird ein 20jähriger, der mit einem (noch nicht gestohlenen) Auto zur Grenze fahren und dort mit einer (noch nicht beschafften) Leuchtpistole die Grenzsoldaten überwinden wollte, wegen «Terrors» zu fünfeinhalb Jahren Gefängnis verurteilt. Er hatte «aus einem utopischen Film im Westfernsehen» gelernt, dass Schüsse mit einer Signalpistole dazu führen würden, dass der Getroffene «in kurzer Zeit innerlich ausbrennt», und der Staatsanwalt beklagt «die hohe Tat-Intensität» des Unternehmens. Und noch im Juni 1988 bestraft das Kreisgericht in Lüritz einen Kranfahrer mit 14 Monaten Gefängnis für die «Beeinträchtigung staatlicher Tätigkeit», weil er gedroht hatte, sich morgens um halb neun an einem Baum vor der Abteilung Inneres zu erhängen, wenn seinem Ausreiseantrag nicht stattgegeben werde. Den Strick hatte der Aufsässige gleich mitgebracht. Trotzdem wäre ihm der Selbstmord kaum gelungen: Das Haus vom «Inneren» liegt nahe am Lüritzer Marktplatz, die Bäume dort sind hoch und unerkletterbar, und «weil dort ja immer Sicherheitskräfte sind», hatte der angeblich Lebensmüde damit gerechnet, sofort bemerkt und – so der Plan – mit seinem Anliegen gehört zu werden. Ich denke mir, es wird die Ankündigung des Mannes gewesen sein, die Fürsorge des Staates durch Selbstvernichtung zu unterlaufen, die zu der strengen Strafe führte: So etwas darf ein Kind, das seine Eltern liebt, ihnen nicht einmal im Spaß androhen. Das Kreisgericht ist über den gefühllosen Erpressungsversuch so schockiert, dass es den Fall ans Neuburger Bezirksgericht meldet, das seinerseits über die Geschichte nach Berlin berichtet. Bei einer Prügelei oder einer Unterschlagung hätte sich niemand aufgeregt.

Aber auch wenn der sozialistische Staat bis in das letzte Lebensjahr der DDR unglaublich leicht von seinen Bürgern zu verletzen oder zu beleidigen bleibt, beruhigt sich das Strafrecht nach der Paranoia der 1950er Jahre und nach der allmählichen Konsolidierung, die dem Bau der Mauer folgte, in den 1970er Jahren doch genug, um sich zunehmend um realere Gefahren Sorgen zu machen. In diesem Jahrzehnt sind es vor allem die «Asozialen», die die Strafrechtsakten füllen: Bummler und Drückeberger, die nur unregelmäßig an ihrem Arbeitsplatz auftauchen; Landstreicher, die sich durch Betteln und ein paar Aushilfearbeiten über Wasser halten; Gelegenheitsdiebe und -schwindler; Leute, die ihre Unterhaltsschulden nicht bezahlen und sich von Freunden und Verwandten durchfüttern lassen und dergleichen – alles Menschen mit wenig Selbstdisziplin und Durchsetzungsvermögen; mit einem gebrochenen Verhältnis zur Arbeit; oft mit gestörten Sozialbeziehungen und meistens noch dazu mit Alkohol-Problemen. 1973 sind von 297 Straftätern, die von der Strafkammer in Lüritz/Stadt verurteilt werden, 124 «Asoziale»: die weitaus größte Gruppe aller Rechtsverletzer. Im selben Jahr kommen nur 17 Angeklagte wegen Fluchtversuchen und 15 Angeklagte wegen Staatsdelikten vor die Richter in Lüritz/Stadt.

Kein Rechtssystem mag Bürger mit unordentlichem und ziellosem Lebenswandel, und die Reaktion des Rechts auf derartige Außenseiter fällt umso schärfer aus, je intoleranter und autoritärer der Staat ist, dem sie sich nicht anpassen können oder wollen. Die Nationalsozialisten wiesen «Asoziale» erst in Gefängnisse ein und brachten sie später in Konzentrationslagern um.[33] In der Bundesrepublik konnte man noch bis 1959 wegen «Arbeitsverweigerung» bis zu vier Jahre ins Arbeitshaus geschickt werden. In der DDR war Arbeitsscheu zu allen Zeiten strafbar: zuerst, wie in Westdeutschland, nach den Regeln des alten deutschen Strafgesetzbuches von 1871; dann durch «Arbeitserziehung», die im August 1961 eingeführt wurde, wenige Tage nach dem Beginn des Mauerbaus; und schließlich, ab 1968, durch § 249 des DDR-Strafgesetzbuches, der «asoziales Verhalten» unter Strafe stellte. Zwar änderten sich die Strafarten, mit denen «Asoziale» rechnen mussten: Haft oder Arbeitshaus in den frühen Jahren; ab 1961 (als nach dem Mauerbau auch die gesellschaftlichen Umerziehungspläne des Systems ins Kraut schossen) Einweisung in ein «Arbeitserziehungskommando», und mit dem Abflauen des Erziehungs-Optimismus (das 1977 zur Abschaffung der «Arbeitserziehung» führte) mit Gefängnis bis zu zwei und, bei einschlägigen Vorstrafen, bis zu fünf Jahren.

Auch die Definition strafrechtlich relevanter Arbeitsscheu änderte sich im Laufe der Jahrzehnte. Die «Verordnung über Aufenthaltsbeschränkung», die im August 1961 DDR-Kreisgerichte ermächtigte, auf Antrag örtlicher Organe «arbeitsscheue Personen» zur «Arbeitserziehung» zu verurteilen, enthielt keinerlei Begriffsbestimmung für «Arbeitsscheu» und erlaubte damit praktisch jedem Bürgermeister oder Polizeichef, die Einweisung unliebsamer Personen in ein Arbeitskommando zu beantragen. So kurz nach dem Mauerbau wird die juristische Ungenauigkeit politische Absicht gewesen sein. Die

Verordnung sollte sicher helfen, mögliche Gegner des Systems unter staatliche Kontrolle zu bringen. Allerdings scheint sie, jedenfalls in Lüritz, so gut wie niemals angewandt worden zu sein. Ich finde in den Akten der frühen 1960er Jahre nur sehr gelegentliche Verurteilungen wegen Landstreicherei oder Prostitution.

§ 249 des neuen Strafgesetzbuches von 1968 definierte «asoziales Verhalten» ausführlicher (aber nicht unbedingt genauer) als «die Gefährdung des gesellschaftlichen Zusammenlebens oder der öffentlichen Ordnung» dadurch, dass jemand sich trotz Arbeitsfähigkeit hartnäckig einer geregelten Arbeit entziehe. «Gefährdung» kann vieles heißen. Vor allem kann eine «Gefahr» schon lange vor einem tatsächlich noch ungewissen Schaden bestehen. § 249 StGB erlaubte es dem Staat, sich gegen eine Zukunft zu verteidigen, die möglicherweise nur in der Furcht eines autoritären Systems vor jedem unkontrollierten Lebenswandel existierte. 1974 verlegte das DDR-Recht seine vorsorgliche Reaktion auf nur befürchtete Gesetzesbrüche noch weiter in die Zukunft hinein, indem es in einer sogenannten «Gefährdeten-Verordnung» die Registrierung und Überwachung solcher Bürger anordnete, deren unordentlicher Lebenswandel es möglich erscheinen ließ, dass sie zu einem *späteren* Zeitpunkt einmal das Gesetz verletzen könnten.

Dies war vorbeugende Strafrechts-Medizin. Das Gesetz sollte schon im Vorfeld nur gesellschaftlicher Auffälligkeiten jeden Bürger zu einem guten, angepassten Sozialisten machen. Die Pläne passten gut in die 1970er Jahre der DDR, in denen die utopischen Erziehungshoffnungen des Rechtspflegeerlasses von 1961 konkreter, bürokratischer und auch – jedenfalls was die Asozialen betrifft – menschlich rücksichtsloser durchgesetzt werden, als es im vorangegangenen Jahrzehnt noch beabsichtigt gewesen war. In Lüritz steigen die Verurteilungen wegen Arbeitsscheu von 0,7 % aller Verurteilten im Jahre 1964 auf fast 42 % im Jahre 1973 und betragen auch 1979 immerhin noch 34,5 %. «Asoziale» kommen fast immer sofort in Untersuchungshaft. Sie sind nie durch einen Rechtsanwalt vertreten. Oft kommen sie in Gruppen vor Gericht: drei oder vier Männer oder Frauen, die am selben Tag verhaftet wurden und nun in einem Aufwasch abgeurteilt werden (in der Regel nach Geschlecht getrennt). Bis zu ihrer Abschaffung im April 1977 bekommen fast alle Asoziale «Arbeitserziehung» aufgebrummt, die theoretisch «bis zur Erreichung des Erziehungsziels» dauern sollte und praktisch (nach einem

Ordner mit einschlägigen «Beschlüssen», den ich im Lüritzer Archiv entdecke) jedenfalls in Lüritz im Durchschnitt 19 1/3 Monate Arbeit in einer Strafkolonne in oder außerhalb des normalen Strafvollzugs bedeutete. Zum Vergleich: 1973 betrug in Lüritz die Durchschnittsstrafe für Fluchtversuche 17 Monate und für Straftaten gegen Staat und öffentliche Ordnung (von denen nur die Hälfte zu einer Freiheitsstrafe führten) 10,6 Monate Gefängnis. 1979 (nunmehr nach Abschaffung der «Arbeitserziehung») mussten Asoziale in Lüritz noch immer mit einer Gefängnisstrafe von 18 bis 24 Monaten rechnen. Für Rückfalltäter summierte sich die Zeit hinter Gittern oft zu vielen Lebensjahren. Von allen Angeklagten, die in Lüritz selbst (und nicht in Neuburg) abgeurteilt wurden, erhielten nur Sexualverbrecher und eine Handvoll von besonders rücksichtslosen Dieben und Betrügern härtere Strafen als fast jeder Asoziale.

Es kann in der DDR gar nicht so einfach gewesen sein, jeder nützlichen Tätigkeit erfolgreich aus dem Weg zu gehen. Die sozialistische Gesellschaft sah nicht untätig zu, wie jemand langsam zum Alkoholiker und Arbeitsbummler verkam. Schon nach den ersten Fehlschichten gab es Aussprachen im Betrieb, allerhand Verwarnungen und in der Regel auch eine oder mehrere Verhandlungen vor der Konfliktkommission. Manchmal schickte die Brigade Kollegen, die einen Langschläfer morgens aus dem Bett holten und zur Arbeit brachten. Als Nächstes wurde die Abteilung Inneres bemüht, die einen chronischen Faulenzer als «gefährdet» erfassen und mit Auflagen dazu anhalten konnte, sich regelmäßig bei der Polizei zu melden, die Arbeitsstelle nicht zu wechseln und bestimmte Gaststätten und Trinkgenossen zu meiden. Und auch wenn einem Unverbesserlichen schließlich doch gekündigt wurde, wurde ihm immer neue Arbeit zugewiesen. Erst wenn sonst nichts mehr half, erhob der Staatsanwalt Anklage wegen «Asozialität». Der Anklage ging regelmäßig die Verhaftung des Betroffenen voraus. «Zur Disziplinierung unumgänglich», schrieb der Richter in solchen Fällen zur Begründung seines Haftbefehls. Dem ziel- und willenlosen Lebensstil von «Asozialen» (oder «Assis», wie sie kurz und rücksichtslos in der DDR-Alltagssprache hießen) ließ sich anscheinend nur durch die Verhaftung ein Ende machen. Vielleicht auch das nicht: Im Gefängnis brauchte ein «Assi» keine eigenen Entscheidungen mehr zu treffen.

Ich kann beim Lesen dieser Fälle nicht umhin, die Hartnäckigkeit zu bewundern, mit der sich «Asoziale» den Erziehungsmühen ihres

Staates widersetzten. Meine Akten sind angefüllt mit Klagen über ihre Unbelehrbarkeit. «Sie nimmt absolut keine Lehren an und macht gerade, was sie selber will», beschwert sich 1976 der Chef einer Angeklagten, der an ihrer Strafverhandlung teilnimmt. Ich habe keine Schwierigkeiten, viele ähnliche Zitate aufzutreiben. «Er ließ die vielen Bemühungen und Erziehungsmaßnahmen des Kollektivs, des Betriebes, und der Abteilung Inneres unbeachtet.» «Er hat sich nicht einsichtig gezeigt.» «Das Kollektiv schätzt ein, dass der Angeklagte von sich aus nicht bereit ist, sich grundlegend zu ändern.»

Das ist es, was der Sozialismus jedem Bürger als Pflicht abverlangte oder als Chance anbot: sich grundlegend zu ändern. Aber «Assis» wollten oder konnten sich nicht ändern. Und hier, glaube ich, liegt auch der Grund dafür, warum sie dem Sozialismus so bedrohlich schienen: weil sie mit ihrer bloßen Lebensweise die Erziehungsprätentionen des Systems für jeden sichtbar täglich Lüge straften. Auch mit den größten Anstrengungen schaffte der Staat es nicht, «Assis» zu neuen Menschen umzumodeln. Kein Wunder, dass das Oberste Gericht asoziales Verhalten «zerstörerisch» und «demoralisierend» nannte und noch 1979 davon sprach, dass Asoziale «dem Reservoir des Gegners» zugehörten.[34]

Der letztere Verdacht war unbegründet. Auch im Kapitalismus sind «Assis» unbeliebt, und nach der Wende schloss das «Unrechtsbereinigungsgesetz» von 1992 Verurteilungen nach § 249 DDR-Strafgesetzbuch nicht in den «Regelkatalog» von sozialistischen Strafurteilen ein, die im wiedervereinigten Deutschland automatisch zur Rehabilitierung des Betroffenen berechtigten. Trotzdem war «asoziales Verhalten» in der DDR ein politisches Delikt: nicht, weil die Täter selbst sich als Dissidenten verstanden hätten, sondern weil das System ihr Verhalten zu einer Staatsbedrohung hochstilisierte und dementsprechend hart bestrafte. Manchmal, wenn ich diese Akten durchblättere, frage ich mich allerdings, ob die erstaunliche Beharrlichkeit, mit der sich Asoziale ihrem Staat verweigerten, nicht doch gewisse politische Untertöne hatte. In den Vernehmungsprotokollen sprechen jedenfalls viele der Verhörten im aufsässigen Ton von Rebellen. «Keine Lust», antworten die meisten auf die Frage, warum sie so lange nicht gearbeitet hätten. «Arbeit schmeckt mir nicht», erläutert jemand. «Zu schönes Wetter», sagt einmal eine junge Frau. «Nicht genug Geld», erklären viele, und kein Wunder, da ihnen von dem schmalen Lohn für die oft eintönige Arbeit, die ihnen meistens zugewiesen wurde, oft auch noch Ratenzahlungen für ihre diversen Schulden abgezogen werden. «Dazu kann ich sagen, dass ich für 350 Mark nicht zur Arbeit gehe», sagt jemand einmal. Manche Saisonfaulenzer schlagen sich lieber mit Gelegenheitsarbeiten durch. «Ich halte nichts von Kollektivarbeit und will nach meiner eigenen tatsächlichen Arbeit bezahlt werden», sagt ein 34jähriger Tischler und kommt damit politischer Kritik gefährlich nahe. Und noch ein Zeichen von Aufsässigkeit: Obwohl Asoziale fast nie durch einen Rechtsanwalt vertreten waren, haben sie doch die höchste Berufungsrate unter den Lüritzer Verurteilten. Nicht, dass es ihnen viel geholfen hätte; die meisten ihrer Berufungen werden abgewiesen. Aber mir scheint, Asozialen machte es weniger als anderen Bürgen aus, sich mit dem Staat anzulegen. «Nur die Assis waren freier», sagte einmal ein Lüritzer Handwerksmeister zu mir, der mir erklären wollte, wie sehr er im Sozialismus Herr seines eigenen Lebensstils gewesen war.

Aber die Freiheit von Asozialen beruhte auch auf ihrer Hoffnungslosigkeit. Sie hatten in der Regel nichts mehr zu verlieren. «Ich kann nicht sagen, wie es mit mir weitergehen soll», sagt einer der Angeklagten auf Befragen des Gerichts. «Jetzt ist es zu spät», erklärt ein anderer. Und ein Dritter: «Aus mir wird doch nichts mehr.» Die meisten Asozialen in Lüritz sind von ihren Familien schon lange abgeschrieben worden. Auch Ehepartner bieten keinen Halt: 1973 sind 63% der nach §249 StGB Verurteilten unverheiratet und 26% geschieden. Auf die Frage des Richters, wer denn von ihrer Verhaftung benachrichtigt werden solle, sagen die meisten: «Niemand.» In den Arbeitskollektiven, wo die Fehlstunden der Bummelanten durch Mehrarbeit der anderen Kollegen wieder ausgeglichen werden müssen, steigt der allgemeine Zorn auf Drückeberger. Zur Beschwichtigung der arbeitsamen Mitarbeiter im Betrieb erlässt die Lüritzer Werft 1984 eine neue Vorschrift, nach der «kriminell gefährdete» Arbeiter aus dem Überschicht-Plan auszuschließen sind und der durch ihre Fehlstunden entstandene Schaden an den Rest des Kollektivs zurückzuzahlen ist. Auch außerhalb der Arbeit wollen die Kollegen von «Assis» nicht viel wissen. «Das Kollektiv hat es mir auch schwer gemacht», entschuldigt sich 1985 eine junge Frau in ihrem Strafprozess. «Ich bin aus dem Knast entlassen und damit war ich abgestempelt. Von allen Feiern und Feten wurde ich ausgeschlossen.» «Die Kollektive konnten sehr gemein zu Asozialen sein», bestätigte mir eine Lüritzer Richterin.

So blieb für viele nur der Rückhalt im Kreis der anderen Kumpel. «Jedenfalls hat mir dieses Leben besser zugesagt, als wenn ich schon zur Frühschicht in die Arbeit gehen muss», sagt einmal jemand. Aber der Besuch von Gaststätten und Trinkkumpanen verletzte oft die Auflagen, derartigen Versuchungen aus dem Weg zu gehen, die die Abteilung Inneres nach der Gefährdeten-Verordnung erteilen konnte und die das Gericht einem «Asozialen» oft bei einer früheren Verurteilung gemäß §48 StGB aufgegeben hatte. Neue Gesetzesverstöße – neue Strafprozesse. Im Gefängnis geht es dann oft ganz ordentlich; auch die Schulden werden notgedrungen abgetragen. Aber nach der Entlassung fängt die ungeliebte Arbeit wieder an; oft schmutzige und schlecht bezahlte Arbeit, die niemand anderes machen will (Müllabfuhr bei der Stadtwirtschaft, Rostklopfen auf der Werft), und es dauert meist nicht lange, bis der Entlassene wieder Trost beim Trinken sucht. 1982 sind 63 % bis 65 % aller Asozialen in der DDR Rückfalltäter.

Der Sozialismus konnte weder die Ungebundenheit von Asozialen tolerieren noch die finanziellen und menschlichen Verluste akzeptieren, die aus ihrem Lebensstil erwuchsen. Dies war ein Rechtssystem, das seine Kinder weder ausscheren ließ noch fallenlassen wollte. Aber weder Strafrecht noch Arbeitsrecht scheinen fähig, das Problem zu lösen oder auch nur einzugrenzen. In Lüritz nehmen Bummelstunden eher zu als ab: 1979 muss die Werft 4,43 Fehlstunden pro Beschäftigtem verzeichnen, 1986 sind es im Seehafen 8,4 Stunden pro Beschäftigtem. Die Betriebe machen bei der Rehabilitierung von «Assis» nicht mehr mit. «Die von Ihnen geforderte Aussprache im Kollektiv wird nicht durchgeführt», schreibt 1984 der VEB Großhandel ohne weitere Entschuldigungen an die Polizei, die einen arbeitslosen Asozialen beim Betrieb untergebracht hatte, wo er kein einziges Mal zur Arbeit erschienen war und ihm nach sechs Wochen fristlos gekündigt wurde. Viele staatseigene Arbeitgeber, denen von den Behörden Arbeitsbummelanten aufgeredet werden, versuchen, sie mit (gesetzwidrigen!) befristeten Verträgen oder Einstellungen «auf Probe» oder mit einem Antrag auf Einleitung eines neuen strafrechtlichen Ermittlungsverfahrens wegen Arbeitsscheu so bald wie möglich wieder loszuwerden. Manche Asozialen-Prozesse finden ohne Kollektivvertreter statt, weil die Brigade keine Lust mehr hat, sich für die Angeklagten noch irgendwelche Mühe zu geben. Auch die Abteilung Inneres, die sich um die «Gefährdeten» in Lüritz kümmern soll, ist nur halbherzig bei der Sache. 1981 sind 64 Lüritzer Bürger als «Gefährdete» erfasst; die meisten von ihnen Alkoholiker, aber die Betriebe helfen nicht genug bei ihrer Umerziehung, die Betreuung durch «Inneres» ist oft oberflächlich und schematisch, und es kommt immer öfter vor, dass «Asoziale» amtliche Vorladungen zu Aussprachen und dergleichen einfach ignorieren, ohne dass es deswegen zu erkennbaren Konsequenzen kommt.

Nicht nur die Stadt Lüritz hat Probleme mit ihren Arbeitsbummlern. Die Haftanstalten in der ganzen DDR sind mit Asozialen überfüllt, die noch 1988 fast ein Viertel aller Strafgefangenen ausmachen; viermal so viel wie die wegen «Straftaten gegen die staatliche und öffentliche Ordnung» Verurteilten.[35] Regelmäßige Amnestien schaffen zwar vorübergehend neuen Platz in den Gefängnissen. Aber die vorzeitigen Entlassungen von «Asozialen» erregen den Ärger der gesetzestreuen Bürger, auch in Lüritz. «Die Unzufriedenheit bei der Bevölkerung wird größer», berichtet Frau Walter (jetzt Direktorin des Kreisgerichts) 1981 auf einer Beratung mit Justizfunktionären aus Berlin. Und wie soll es mit den «Assis» selber weitergehen? 1973 liegt das Durchschnittsalter der wegen Arbeitsscheu in Lüritz verhafteten Personen bei 27,3 Jahren; 1980 ist es (wahrscheinlich wegen der Rückfalltäter) auf immer noch jugendliche 29,1 Jahre gestiegen. Das sind nicht müde alte Leute kurz vor ihrer Pensionierung, von denen die Gesellschaft nicht mehr viel erwarten kann. Das sind Menschen im besten Mannes- oder Frauenalter. Ich finde in den 1980er Akten eine Reihe von Asozialen-Strafverhandlungen, zu denen das Lüritzer Gericht Schulklassen eingeladen hat, mit denen der Staatsanwalt im Anschluss an die Urteilsverkündung über die Gefahren von Alkohol und Arbeitsunlust spricht. Hat der Staat Angst, dass diese Krankheit ansteckend sein könnte? Und wenn es eine Krankheit ist: Lässt sie sich durch das Strafrecht kurieren?

Die ersten Zweifel an der Asozialen-Strafrechtspraxis tauchen in der DDR schon Ende der 1970er Jahre auf. Im Juni 1979 bringt das 3. Strafrechtsänderungsgesetz eine Umformulierung des § 249 StGB, der nunmehr nicht schon die «Gefährdung», sondern erst die «Beeinträchtigung» der öffentlichen Ordnung und Sicherheit verlangt, bevor Arbeitsscheu als Straftat gelten kann. «Beeinträchtigung» impliziert einen konkreten Schaden, nicht nur eine mögliche Bedrohung. Eine Woche später erstreckt eine Neufassung der Gefährdeten-Verordnung die staatliche Kontrolle und Überwachung auch auf solche Bürger, deren Verhalten *keine* Anzeichen von asozialem Lebensstil erkennen lässt, die aber trotzdem von «Erziehungs-, Betreuungs- und Unterstützungsmaßnahmen» durch zuständige Organe profitieren könnten, wozu die Verordnung auch «Auflagen zur Arbeitsaufnahme» zählt. Offensichtlich versucht das DDR-Recht, den Kampf gegen «Asozialität» vom Strafrecht ins Verwaltungs- und Sozialrecht zu verlagern. Auf Anordnung des Obersten Gerichts weist das Bezirksgericht in Neuburg seine Untergerichte an, im Strafprozess sorgfältig zu prüfen, ob das Verhalten eines Arbeitsbummlers tatsächlich «die öffentliche Ordnung und Sicherheit» beeinträchtigt habe; genauer die Tage zu ermitteln und zu zählen, an denen ein Angeklagter nicht am Arbeitsplatz erschienen sei, und festzustellen, ob er nicht vielleicht mit Saison- oder Aushilfsbeschäftigungen genug gearbeitet habe, um nicht mehr als «asozial» zu gelten. 1980 kritisiert das Bezirksgericht in Neuburg in einem Rundschreiben an seine Kreisgerichte die Fehler in ihrer Asozialen-Rechtsprechung, die auch meinen Lüritzer Richtern vorzuwerfen sind: «Verabsolutierung von Vorstrafen», «ungenügende Auseinandersetzung mit dem Tatbestand»; teilweise «eklatante Mängel der Sachaufklärung». Noch im März 1983 kritisiert ein Brief des Obersten Gerichts «Erscheinungen des Formalismus» bei den Kreisgerichten, deren Rechtsprechung zum Asozialen-Problem eine «nicht gerechtfertigte ausweitende Tendenz» zeige. Auch dieser Brief kommt meinen Lüritzer Richtern auf den Tisch.

Allmählich zeigen die Ermahnungen ihre Wirkung. In den 1980er Jahren geht in Lüritz der Anteil der Asozialen an der Gesamtzahl aller Strafverurteilten deutlich zurück: von 41,8 % im Jahre 1973 auf 19,2 % im Jahre 1980 und 7,6 % im Jahre 1984. Trotzdem bin ich mir nicht sicher, wie viel sich bei der Reaktion des Rechts auf Arbeitsbummelei tatsächlich verändert hat. Wenn ich die Strafrechtsdaten für die Jahre 1980, 1984 und 1988 vergleiche (ich habe sie für jedes Jahr, immer in Bündelchen von vier Senkrecht-Strichen und einem Schrägstrich, mühsam nach Deliktsarten ausgezählt), stellt sich heraus, dass zwar die Verurteilungen für «asoziales Verhalten» im Laufe der 1980er Jahre sinken, dafür aber die Eigentumsverletzungen steigen, und dass beide zusammen (Asozialität und Eigentumsdelikte addiert) in jedem der drei Jahre konstant 57 % bis 58 % aller Straftaten ausmachen. Die meisten Arbeitsbummler, die in Lüritz vor den Richter kamen, hatten sich auch gelegentlich mit Mundraub oder einem

Scheckbetrug über Wasser gehalten; vielleicht auch aus einer fremden Laube einige Konserven gestohlen, wenn das Geld nicht mehr für eine Bockwurst reichte. In den 1970er Jahren wurden derartige Sünden als Folge unverbesserlicher Arbeitsscheu verdammt und als «asoziales Verhalten» bestraft. In den 1980er Jahren war das Gericht eher bereit, über die Arbeitsunlust hinwegzusehen, und konzentrierte sich stattdessen auf die Eigentumsverletzungen. Aber es ist wahrscheinlich, dass das Problem selbst in beiden Jahrzehnten das gleiche blieb: die strafrechtliche Ausgrenzung einer großen Anzahl unproduktiver und lebensuntüchtiger Menschen; viele von ihnen bindungslos und alkoholabhängig; von der Bevölkerung verachtet; in den eigenen Augen wertlos; vom Sozialismus ebenso verhätschelt wie enttäuscht; vom Recht, kaum aus der Haft entlassen, durch neue Strafen für die Verletzung von Kontrollmaßnahmen in die Gefängnisse zurückgetrieben; gleichzeitig Buhmann und Produkt einer arbeitsbesessenen Erziehungsdiktatur.

Auch in Berlin erkennt man, dass es so nicht weitergehen kann, und sucht nach neuen Wegen, um die Ausgegrenzten in die Gesellschaft zurückzuholen. Die Reform beginnt mit neuen Überlegungen zu den Ursachen von Asozialität. Im Juli 1983 weist ein Brief des Bezirksgerichts meine Richter an, «in Erfüllung eines Auftrags der Partei an das Oberste Gericht», innerhalb von zwei Wochen eine Aufstellung aller in Lüritz verurteilten Täter anzufertigen, deren Handlungsweise «soziale Unselbstständigkeit» verrate. Offenbar soll die neue Asozialenpolitik auf empirische Untersuchungen gestützt werden. «Termin unbedingt einhalten», mahnt der Brief aus Neuburg – der Partei muss die Sache wichtig sein. Eine Liste von Symptomen, nach denen das Oberste Gericht Ausschau hält, liegt dem Schreiben bei: Intelligenzminderung, Verhaltensstörungen, Anpassungsschwierigkeiten, Bindungslosigkeit, Alkoholprobleme. Man suche nach Tätern, die «sich selbst bei entsprechendem Wollen nicht bessern können», heißt es in dem Brief.

Es ist das erste Mal, dass ich die DDR-Justiz dabei ertappe, Zweifel an ihren eigenen Erziehungsmühen zuzugeben. Das Zugeständnis reflektiert die Versachlichung des Rechts im letzten Lebensjahrzehnt der DDR. Mit weniger ideologischem Ballast wird es den Juristen jetzt leichter, Strafpolitik auch aus der Sicht des Bürgers zu verstehen. Schon im März 1983 hatte das Oberste Gericht in einer Anleitung zum Asozialen-Problem die Untergerichte davor gewarnt, ihren Strafurteilen gemäß § 249 StGB zu viele Kontrollmaßnahmen anzuhängen, die einem Verurteilten verboten, Wohnort und Arbeitsplatz zu verlassen oder mit alten Trinkkumpanen zu verkehren. Erstaunlicherweise hatte das Gericht die Warnung nicht mit der durch die Kontrollmaßnahmen verstärkten Rückfall-Anfälligkeit von Asozialen begründet, sondern mit ihren Persönlichkeitsrechten: Derartig «weitreichende und das künftige Leben der Betroffenen stark einschränkende» Maßnahmen seien nur zulässig, wenn sie für die Wiedereingliederung des Betroffenen wirklich «unabdingbar» seien. Ein Stempel im Briefkopf – «nur für den Dienstgebrauch» – mahnte die Empfänger, die neuen und menschlicheren Einsichten des Obersten Gerichts nicht an die Öffentlichkeit dringen zu lassen. Fast scheint es, als ob sich das Gericht seiner eigenen Reformversuche schäme.

Auch als am 9.1.1985 das Präsidium des Ministerrats einen «Beschluss über Aufgaben zur Einflussnahme und Kontrolle gegenüber psychisch auffälligen Bürgern, die sich asozial verhalten» fasst (jetzt werden medizinische Vokabeln gebraucht), wird dieser Beschluss nicht nur *nicht* veröffentlicht, sondern – wie ich aus einem Bericht von Frau Walter ans Neuburger Bezirksgericht erfahre – nicht einmal an die Lüritzer Richter weitergeleitet. Was ich über die neue Asozialenpolitik weiß, muss ich aus indirekten Quellen zusammenbasteln. Das Herzstück der Reform sind sogenannte «besondere Brigaden»; kleine Gruppen von «Assis» und «Gefährdeten», die unter Leitung eines besonders tüchtigen und erfahrenen Brigadiers sozusagen in «geschützten Kollektiven» Arbeiten erledigen sollen, derer sie auch tatsächlich fähig sind. Bemerkenswert an den «besonderen Brigaden» ist die Fürsorge und Flexibilität, mit der sie auf die voraussehbaren Schwächen und Rückfälle ihrer Mitglieder reagieren sollen. Auch scheinbar unverbesserliche Faulenzer sollen nicht entlassen werden; stattdessen organisiert der Brigadier Hilfestellung durch lebenstüchtigere Kollegen; kümmert sich um die medizinischen Probleme seiner Schützlinge; leitet Entziehungskuren in die Wege und findet Volontäre, die sich um einen Rückfallkandidaten auch in den Stunden nach der Arbeit und am Wochenende bemühen sollen. Es ist ein guter, ein bewundernswerter Plan. Ich kann mir die Tatsache, dass die Justizautoritäten die eigene Reform zu verheimlichen versuchen, nur damit erklären, dass sie befürchten, die rigorose Kur könne auch die Schwere der Krankheit verraten, die sie heilen soll.

Ob die Reform erfolgreich ist, ist eine andere Frage. Das Bisschen, was ich im Lüritzer Archiv über «besondere Brigaden» finde, klingt enttäuschend. Im Oktober 1985 berichtet Frau Walter auf Anfrage des Bezirksgerichts, dass der Rat der Stadt die Bildung von fünf Sonderbrigaden beschlossen habe; wie zu erwarten vor allem in den unbeliebten Betrieben, in denen Asozialen auch früher Arbeit zugewiesen wurde (wie der Stadtwirtschaft oder dem VEB Straßenbau). Wie viele Lüritzer in diesen Jahren in Sonderbrigaden betreut werden (und wie viele von ihnen auch tatsächlich bei der Arbeit erscheinen), ist unklar. Als das Bezirksgericht Frau Walter im Januar 1988 um genaue Zahlen bittet, muss sie passen: Die Stadtverwaltung beteilige das Gericht nicht an der Bildung und Kontrolle der Brigaden und nehme Hinweise des Gerichts zur Identifizierung und Unterstützung von «Problembürgern» ohne Reaktion zur Kenntnis. Frau Walters Bericht klingt gekränkt. Aber auch den Gerichten fällt es nicht leicht, Asozialität als Krankheit zu betrachten. Als ein 25jähriger Alkoholiker seine selbstgeschriebene Berufung gegen eine Verurteilung zu 22 Monaten Gefängnis für Arbeitsscheu und Diebstahl damit begründet, dass er wegen einer «organisch abhängig verursachten schwerwiegenden Persönlichkeitsentwicklung» schuldunfähig sei (man sieht, die neue therapeutische Einschätzung hat sich auch unter «Assis» herumgesprochen), macht das Bezirksgericht nicht mit: «Grundsätzlich ist davon auszugehen, dass ein erwachsener Täter uneingeschränkt fähig ist, sich nach den gesellschaftlichen Verhaltensnormen zu entscheiden.» Auch als in einem anderen Asozialen-Fall der Rechtsanwalt des Angeklagten die Einholung eines medizinischen Gutachtens über die Zurechnungsfähigkeit seines Klienten beantragt («Er ist ein kranker Mensch.»), winkt mein Lüritzer Richter ab und wird vom Bezirksgericht in seiner Ablehnung des Beweisantrags bestätigt. Trotzdem verrät die Tatsache, dass jetzt – 1986 – ein «Assi» tatsächlich einmal einen Anwalt hat, dass Veränderungen in der Luft liegen. Schon in einem Urteil vom Juli 1984 entdecke ich den ersten Freispruch eines wegen der «Verletzung von Kontrollmaßnahmen» angeklagten «Asozialen»: Man «könne es ihm nicht zur Last legen», dass ihm nach seiner letzten Entlassung keine zumutbare Arbeit angeboten worden sei. Zwar finde ich den Freigesprochenen schon fünf Monate später wieder im Gefängnis, aber bei der Rechtsprechung, die unbefriedigende Wiedereingliederungmethoden nicht nur dem Arbeitsbummelanten, sondern auch dem Staat ankreidet, bleibt es. *The times they are a-changing.*

Nicht nur für Asoziale. Nach meinen Auszählungen beginnt der juristische Gesinnungswandel Ende der 1970er Jahre und führt zu einer wachsenden Entspannung und Normalisierung des Strafrechts in der DDR, die nur in den allerletzten Lebensjahren des Systems wieder in Angst und Panik teilweise zurückgenommen wird. Strafrecht verliert im Verhältnis zum Zivilrecht an Bedeutung: Im Bezirk Neuburg fallen die Strafrechtseingänge zwischen 1980 und 1985 von 37,6 % auf 27,5 % der Fall-Last der Gerichte. Straftäter beginnen, sich auf ihre Rechte zu berufen. Während 1979 nur 5,6 % aller Lüritzer Angeklagter durch einen Rechtsanwalt vertreten waren, sind es 1985 11,8 % und 1988 16 %. Der Anteil der Freiheitsstrafen für alle in Lüritz abgeurteilten Delikte fällt von 65,1 % im Jahre 1979 auf 53,3 % im Jahre 1988.

Auch das politische Strafrecht ist in die Veränderungen einbezogen. Aber weil in der Politik am Ende so viel auf dem Spiel steht und weil die Richter zwischen ihrer neuen Sachlichkeit und ihrem alten Gehorsam gegenüber der Partei hin- und hergerissen sind, ist die Entwicklung des politischen Strafrechts im letzten Lebensjahrzehnt der DDR gequälter und widersprüchlicher als auf anderen Rechtsgebieten. Wenn ich mir zum Beispiel die Strafrechtsstatistik des Bezirksgerichts in Neuburg ansehe (die ich mir aus den Karteikarten des Gerichts zusammenbasteln kann), so scheint das Arbeitspensum des Gerichts zunehmend unpolitischer, undramatischer, sachlicher und für bürgerliche Augen «normaler» zu werden. Die Strafverfahren gegen Klassengegner, Konterrevolutionäre und Saboteure, die das Gericht in den 1960er und 1970er Jahren in Atem hielten, werden im letzten DDR-Jahrzehnt immer seltener und verschwinden schließlich ganz. 1968 entscheidet das Bezirksgericht noch 44 «Hetze»-Fälle im Bezirk; 1985 (das letzte Jahr, in dem ich «Hetze» in der Gerichtskartei entdecke) nur noch einen. Für das Jahr 1970 entdecke ich noch einmal zehn Fälle «staatsfeindlicher Gruppenbildung» in den Akten – die meisten, wie der «Clan of Rusty Clabs» in Lüritz, von jungen Leuten unternommen, die der Langeweile eines reglementierten Alltags entfliehen wollen –, nach 1970 finde ich keinen einzigen mehr. Ab 1979 gibt es auch keine «Terror»-Strafverfahren mehr, die bedrohlich genug schienen, um vom Bezirksgericht abgeurteilt zu werden. Jedenfalls im Bezirk Neuburg scheint das DDR-Recht seine dramatischsten Ängste in dem Maße zu verlieren, wie der reale Sozialismus seinem Untergang zutreibt.

Auch eine zweite Gruppe von politischen Delikten verschwindet in den 1980er Jahren aus der Urteilssammlung des Bezirksgerichts: die sogenannten «Straftaten gegen die staatliche und öffentliche Ordnung» wie «Widerstand gegen staatliche Maßnahmen» (§ 212 StGB), «Beeinträchtigung staatlicher Tätigkeit» (§ 214 StGB), «Missachtung staatlicher Symbole» (§ 222 StGB) und dergleichen. Aber das liegt nicht daran, dass die Bürger des Bezirks Neuburg nicht mehr auf die Regierung schimpfen oder sich mit der Polizei anlegen. Im Gegenteil, die Zahl derartiger Delikte nimmt in den 1980er Jahren eher zu. Wegen der deutlichen politischen Einfärbung dieser Fälle werden sie auch in wachsendem Maße vor dem Bezirksgericht in Neuburg *angeklagt:* Die 1 bis 3 Fälle pro Jahr in den 1970er Jahren steigen ab 1979 auf 20 bis 30 Fälle im Jahr und machen im Schlussjahr 1989 ganze 40 «Widerstands-» und «Beeinträchtigungs-Delikte» aus. Nur: Das Bezirksgericht macht diese Sachen nicht mehr selbst. Stattdessen verweist es sie entweder an das Kreisgericht am Tatort oder ans Kreisgericht Neuburg/Stadt, das diese peinlichen Entgleisungen immer noch in diskreter Distanz zu ihren jeweiligen Heimatorten erledigen kann und das es dem Bezirksgericht erspart, sich mit politischen Bagatell-Delikten weiter die Hände schmutzig zu machen. Ab 1975 operiert das Kreisgericht Neuburg/Stadt praktisch als Zweigstelle des Bezirksgerichts für Widerstands-Straftaten zweiter Klasse. Die Abneigung der Oberrichter gegen diese Art von Delinquenten ist verständlich. Die meisten sind betrunkene junge Männer zwischen 30 und 40, die ihrem Ärger auf Staat und Partei mit wilden Reden, Prügeleien und Sachbeschädigungen Luft machen. Wenn sie erst einmal ausgenüchtert sind, wissen sie in der Regel nicht mehr, was sie taten. «Es war doch wohl zu viel», gibt 1988 ein Angeklagter zu, der 40 doppelte Cognacs getrunken hatte, bevor er im Lüritzer Polizeirevier die Tür eintrat. Es ist keine sehr ehrliche Entspannung, wenn das Bezirksgericht durch Abgabe dieser Fälle ans Kreisgericht Neuburg/Stadt noch immer dafür sorgt, dass die örtliche Bevölkerung von derartigen Wutausbrüchen möglichst wenig erfährt. Aber die Verweisungspraxis zeigt auch, dass die Bezirksrichter in diesen letzten Jahren lieber normale Berufungsrichter sein möchten, die sich mit Allerweltsstraftaten beschäftigen, die es auch im Westen gibt, als Erfüllungsgehilfen der Stasi.

Übrigens mildern sich, auf Anleitung von oben, auch die vom Lüritzer Kreisgericht selbst verhängten Strafen für Beeinträchtigungen der «staatlichen und öffentlichen Ordnung». Schon 1980 hatte das Bezirksgericht die undifferenzierte Strenge seiner Kreisgerichte gegenüber «Widerstands-Delikten» kritisiert: «Der Schutz der staatlichen Ordnung wird nicht durch überspitzte, sondern nur durch richtige Maßnahmen gewährleistet.» 1986 mildert das Bezirksgericht das Urteil gegen eine Lüritzer Bürgerin, die einen Polizisten als «letzten Dreck» (und Schlimmeres) bezeichnet hatte, auf eine Bewährungsstrafe ab: Auch bei Straftaten gegen die staatliche Ordnung sei «die objetive Tatschwere Grundlage für die Strafbemessung». Politische Witze bringen die Erzähler, soweit ich sehen kann, in den 1980er Jahren ebenfalls nicht mehr ins Gefängnis. «Wir sahen das nicht mehr so verbissen», erzählte mir eine ehemalige Lüritzer Staatsanwältin. So gibt es jetzt in den meisten Staatsschutz-Fällen in Lüritz Strafbefehle zwischen 300 und rund 1 000 Mark oder Bewährungsstrafen. Das gilt auch für eine Reihe von Fahnenabrissen und -verbrennungen, für die die in der Regel jugendlichen Täter meist nur mit Geldstrafen belegt werden.

Die wachsende Gelassenheit – vielleicht sollte ich lieber «relative Gelassenheit» sagen, denn bei einem autoritären Regime ist man leicht in Gefahr, von Liberalisierungen übermäßig beeindruckt zu sein –, die relative Gelassenheit also, mit der die Lüritzer Justiz auf Aufsässigkeiten gegenüber Partei und Staat reagiert, ist umso erstaunlicher, als viele dieser Fälle ein hohes Maß an Wut und Ärger auf den Sozialismus verraten. Die Sprache der «Herabwürdiger» oder «Staatsverleumder» ist grob und deutlich: «Scheißbullen»; «Scheißstaat»; «Flachzangen, Verbrecher und Blödmänner.» Oft ist der Antikommunismus der Betrunkenen mit neofaschistischen Parolen vermischt: «Sieg Heil!»; «Heil Hitler!»; «Juden raus.» Ich finde eine Reihe besorgter Wochenmeldungen des Neuburger Bezirksgerichts in meinen Akten, in denen Frau Nissen, die Direktorin des BG, den obersten Justizbehörden in Berlin von Hakenkreuzschmierereien, Friedhofsschändungen und ausländerfeindlichen Beschimpfungen im Bezirk berichtet. Eine besonders beunruhigende Meldung vom Juni 1987 hat Justizminister Heusinger (den ich an seiner grünen Minister-Tinte erkenne) selber angestrichen.

Die DDR-Justiz leugnet jetzt nicht mehr vor sich selbst, dass viele ihrer Bürger unzufrieden, unkooperativ und (wenn überhaupt) nur schwer umzumodeln sind, und dass das Strafrecht als Erziehungsmittel nicht besonders tauglich ist. Vielleicht beruhigen sich die Reformer auch mit dem Gedanken, dass viele Delinquenten (wie die Asozialen) keine artikulierten und prinzipientreuen Gegner des Systems sind, sondern eher triebhafte, hilfsbedürftige und sozial isolierte Einzelgänger. Das erklärt auch, warum eine dritte Gruppe von Staatsgegnern – die Republikflüchtigen – jedenfalls in Lüritz in diesen Jahren mit weniger strengen Reaktionen rechnen dürfen als zuvor. Während 1973 noch alle in Lüritz wegen versuchter Republikflucht Angeklagten eine durchschnittlich eineinhalbjährige Freiheitsstrafe erhielten, gibt es in den 1980er Jahren in rund der Hälfte aller Fälle Einstellungen oder Bewährungsstrafen. In meiner Stadt bleibt die Zahl der Republikflucht-Fälle relativ konstant: zwischen 15 und 25 Strafverfahren im Jahr. Die Zahl der in Neuburg angeklagten Grenzverletzungen steigt: von 24 Fällen im Jahr 1978 auf 68 Fälle im Jahr 1988 und 111 Fälle im allerletzten Jahr der Mauer. Aber schon in den späten 1970er Jahren gibt das Bezirksgericht fast alle Anklagen nach § 213 StGB ans Kreisgericht Neuburg/Stadt weiter. Die allermeisten Straftäter dieser Fälle sind sogenannte «Sperrbrecher» oder hofften, es zu sein. Sie planten, ebendiese Mauer-Sperre, die sie im Arbeiter- und Bauern-Staat gefangen hielt, durch List und physische Kraftanstrengungen zu überwinden: durch Schleichen, Rennen oder Klettern, durch die Beförderung im Kofferraum eines Schlepper-Autos oder – so die allermeisten – durch Rudern, Paddeln oder Schwimmen. Das alles sind Unternehmungen, die eher leichtsinnige junge Männer als besonnene Familienväter ins Auge fassen. Fast alle in Lüritz oder Neuburg wegen versuchter Republikflucht Angeklagten waren jung, ungeduldig und unwillens, sich den Autoritäten in ihrem Leben anzupassen. Erstaunlich viele hatten Vorstrafen wegen Asozialität. Die Fluchtversuche dieser jungen Männer waren für den Staat enttäuschend. Aber sie stellten keine Bedrohung dar. Daher wahrscheinlich auch die wachsende Bereitschaft der DDR-Justiz, in diesen Fällen relative (wirklich nur relative) Nachsicht an den Tag zu legen.

In der Geschichte (und dem Mythos) der deutsch-deutschen Grenze spielten die «Sperrbrecher» auch viele Jahre nach dem Fall des Sozialismus in Rehabilitierungsklagen, Mauerschützen-Prozessen und dergleichen immer noch die Hauptrolle. Dabei kamen bis auf das erste und das allerletzte Lebensjahr der Mauer weitaus mehr DDR-Bürger auf legalem als auf illegalem Wege in die Bundesrepublik. Auch unter den illegalen Ausreisern waren die «Sperrbrecher» mit durchschnittlich rund 6,5 % aller Übersiedler in einer kleinen Minderheit.[36]

Den meisten anderen «Illegalen» gelang die Flucht durch Besuchsreisen in die BRD, von denen sie nicht in die DDR zurückkehrten, oder durch Touristenreisen in Drittländer, von denen aus es leichter war, den Westen zu erreichen. Zwar war auch «illegale Nicht-Rückkehr» nach §213 Abs. 2 StGB als Republikflucht strafbar. Aber diese Täter waren in der Regel schon im Westen in Sicherheit, wenn die Polizei von ihrer Flucht erfuhr, und tauchen daher nicht in meinen Lüritzer Strafrechtsakten auf.

Aber Anfang der 1980er Jahre beginnt sich das Profil der Ausreißer aus der DDR entscheidend zu verändern. Zum Teil war dies die Folge einer Liberalisierung, die von der DDR-Regierung selbst ausging, und die, wie wir sahen, auch die DDR-Justiz erfasste. Sie führte 1982 zur «Anordnung über Reiseerleichterungen in dringenden Familienangelegenheiten» und zwei Jahre später zu einer plötzlichen und unerwarteten Großzügigkeit der DDR-Behörden bei der Genehmigung von Übersiedlungen in die Bundesrepublik: Die Zahl der legalen Westwanderungen aus der DDR schnellte von rund 7700 im Jahre 1983 auf knapp 35000 im Jahre 1984 hoch.[37] Zwar wurden die Konzessionen schon im nächsten Jahr wieder zur Hälfte zurückgenommen,[38] aber die Ausreisewelle vom Frühjahr 1984 ließ die Mauer durchlässiger erscheinen als zuvor, und sie konnte auch solchen Leuten Hoffnung auf einen Ausweg in den Westen machen, die nicht bereit waren, den halsbrecherischen Weg eines «Sperrbrechers» zu gehen. In Lüritz steigt nicht nur die Zahl der Anträge auf Ausreise in die Bundesrepublik, sondern auch die Hartnäckigkeit und Unverfrorenheit, mit der die Antragsteller die Behörden dazu bringen wollen, sie aus dem Sozialismus zu entlassen.

Ausreisewillige hatten auch in früheren Jahren schon versucht, den Widerstand des Staates durch immer wiederholte Anträge zu zermürben. Jetzt werden die Intervalle zwischen den Behördengängen immer kürzer und die Sprache der Antragsteller immer deutlicher. Im Januar 1987 weigert sich jemand in Neuburg, die Räume der Abteilung Inneres zu verlassen, bevor er seine Entlassung in die Bundesrepublik erhalten habe: «Eher gehe ich hier nicht raus.» 1988 erklärt ein Lüritzer, der in zwei Jahren 13 Ausreiseanträge gestellt und abschlägig beschieden bekommen hat, den nunmehr wohl bekannten Funktionären vom «Inneren»: «Sie können mich zum Wrack machen, aber meine Hoffnung, hier fortzugehen, werden Sie mir nicht nehmen.» Der uns schon bekannte Kranfahrer kommt mit seinem Strick zum Lüritzer Marktplatz und droht mit Selbstmord. Zunächst versucht der Staat in solchen Fällen, die Reisewilligen durch gutes und nicht so gutes Zureden von ihrem Vorhaben abzubringen. Sie werden vom Betrieb und der Abteilung Inneres zu immer neuen Aussprachen beordert. Manchmal werden auch Verwandte vorgeladen und angewiesen, den ausreisehungrigen Sohn oder Bruder nach Möglichkeit zur Rücknahme seines Antrags zu bewegen. Antragsteller werden unter Druck gesetzt: durch Kündigungen oder Versetzungen im Betrieb; durch allerhand arbeitsrechtliche Schikanen; durch offene Drohungen mit dem Strafrecht. Manchmal versucht der Staat, jemanden durch eine bessere Wohnung oder einen begehrten Arbeitsplatz im Lande zu halten. Es scheint alles nicht viel zu nützen. 1985 kündigt eine Antragstellerin selbst ihren Arbeitsplatz auf, weil sie sich durch die ewigen Aussprachen im Betrieb, die sie für die DDR zurückgewinnen sollen, «belästigt fühlt». Lüritzer Ausreiser werden immer erfinderischer bei ihren Bemühungen, den Staat so lange in Verlegenheit zu setzen, bis er sie gehen lässt: verschicken – «zur weiteren Verwendung» – Kopien ihrer Anträge an westdeutsche Verwandte oder, besser noch, an Ikonen des Kapitalismus wie das ZDF, die Zeitschrift «Hilferufe von drüben» oder Franz Josef Strauß, oder sie versuchen, alle Welt mit Spruchbändern und Handzetteln auf ihre Ausreisebemühungen aufmerksam zu machen. Im Frühjahr 1988 finden auf dem Lüritzer Marktplatz wöchentliche «Protest-Spaziergänge» von Antragstellern statt, bei denen kleine Grüppchen von Personen, meist schwarz gekleidet, über den Marktplatz schlendern, sich kurz treffen, bald wieder auseinandergehen und sich schließlich verlaufen. Ein Fotograf wird dabei ertappt, wie er das Ereignis durch eines der oberen Fenster eines anliegenden Hauses filmen will.

Es sieht sehr danach aus, als ob Lüritzer Ausreisekandidaten in diesen Jahren vor Staat, Partei und Stasi keine Angst mehr haben. Jedenfalls nicht genug Angst, um Konfrontationen aus dem Weg zu gehen. Im Gegenteil, viele der Unternehmen scheinen darauf angelegt, den Staat zu provozieren. Manchmal krass und direkt, wie im Falles eines Lüritzer Krankenfahrers, der sich 1988 selbst bezichtigt, demnächst einen Fluchtversuch unternehmen zu wollen, um so verhaftet und am Ende von der Bundesrepublik freigekauft zu werden. Manchmal schlau und flexibel, wie bei den Lüritzer Markt-Spaziergängen, bei denen die Flaneure immer nur für so kurze Zeit zusammenkommen, dass niemand allen Ernstes von einem Auflauf sprechen kann. Als 1986 die West-Berliner Schwester eines Ausreisekandidaten für ihn einen Medienfeldzug in die Wege leitet (inklusive Lautsprecher-Forderungen an der Mauer) und Stasi-Vernehmer ihn beschuldigen, die Kampagne selbst mitinszeniert zu haben, bestreitet der Angeschuldigte nichts und erklärt nur kühl: «Meine Sache liegt jedenfalls bei meiner Schwester in guten Händen.» Als zwei Jahre später wiederum Stasi-Offiziere einen Lüritzer Antragsteller verhaften wollen, der seine Ausreise durch eine Plakataktion erzwingen wollte, besteht der Beschuldigte darauf, erst einmal einen Haftbefehl zu sehen, und lässt die Polizisten, wenn auch nur für eine kurze Unterbrechung der Aktion, betreten wieder abziehen. Schon im September 1985 hatte bei einer sogenannten «Leiterberatung» in Lüritz (auf der die Repräsentanten von Sicherheit und Ordnung, unter ihnen auch der Direktor des Kreisgerichts, einmal im Monat Sicherheitsprobleme im Kreis besprachen) der Stasi-Vertreter in der Runde über die «zunehmende Aggressivität» von Übersiedlungskandidaten geklagt und konsequente Reaktionen gefordert: «Es geht nicht an, dass wir uns von derartigen Personen so etwas bieten lassen müssen.»

Nur waren die «derartigen Personen» jetzt andere Leute als die, die üblicherweise in Lüritz wegen Verletzungen von Sicherheit und Ordnung vor den Richter kamen. «Republikflüchtlinge» waren meistens dumme Jungen; «Asoziale», sozial hilflose Außenseiter; Bürger, die «Widerstand gegen die Staatsgewalt» und ähnliche Aufsässigkeiten unternahmen, hemdsärmelige, machohafte junge Männer, meistens Arbeiter, die zu viel getrunken hatten. Dagegen hatten «Antragsteller» in der Regel eine gute Ausbildung und oft auch einen guten Job. Sie waren oft «Intelligenzler»: Facharbeiter, Lehrer, Ärzte, Techniker, manchmal sogar Leitungskader – die Art von Leuten, die sich zutrauten, auch in der Bundesrepublik voranzukommen, und auf die der Sozialismus nicht verzichten konnte. Schon unter den Übersiedlern der Ausreisewelle vom Frühjahr 1984 waren die berufstätigen Familienväter zwischen 25 und 40 Jahren im Verhältnis zur allgemeinen DDR-Bevölkerung entschieden überrepräsentiert gewesen.[39] Unter den Lüritzer Markt-Spaziergängern (wie ich von Frau Walter weiß) waren besonders viele Ärzte und Psychiater. Während sie die auf dem Marktplatz stationierten Polizisten und Stasi-Beobachter zum Narren hielten – die Mäuse spielen mit der «Katze Staat» –, machten sich die Lüritzer Stadtväter darüber Sorgen, dass zu viele

Mediziner die Stadt verließen. Im Herbst 1989 sind im Kreiskrankenhaus in Lüritz 39 Ärzte-Stellen unbesetzt. Was tun?

So ist es kein Wunder, dass ich hinter den Kulissen der Justiz wachsende Panik entdecke. Alles starrt wie gebannt auf die deutsch-deutsche Grenze. Die wöchentlichen Meldungen des Bezirksgerichts an die Justizbehörden in Berlin sind angefüllt mit Fluchtgeschichten und politischen Gerüchten. Im Herbst 1983 berichtet Frau Nissen über wiederholte Fälle im Bezirk, in denen westdeutsche Autofahrer, offenbar absichtlich, von der Transit-Strecke abgekommen seien: «In Verbindung mit dem ständig verstärkten Druck auf die Staatsgrenze entsteht der Eindruck, dass mit diesem Verhalten gezielt Möglichkeiten der Verletzung der Bestimmungen der DDR getestet werden sollen.» Ein Jahr später meldet sie besorgt, dass wiederholt West-Anwälte direkt bei Kreisgerichten im Bezirk angerufen hätten, um Auskünfte zu erbitten: «Da es sich hier offensichtlich um Anrufer handelt, die möglicherweise ‹Schwachstellen› suchen, wird darüber informiert.» Frau Nissens Wortwahl – «Schwachstellen», noch dazu defensiv in Anführungsstriche gesetzt, die die Realität der «Schwachstellen» nicht wahrhaben wollen – macht die Angst dieses Staats um seine eigene Verletzlichkeit nur noch sichtbarer. Ab 1985 finde ich die Meldungen des Bezirksgerichts über Grenzverletzungen nicht mehr in den normalen «Wochenmeldungen», sondern in den dringlicheren «Sofortmeldungen». Bei Toresschluss drehen sich drei Viertel aller «Sofortmeldungen» aus dem Bezirk um Fluchtversuche oder Ausreiser-Proteste. Ob jemand einen «Antrag» gestellt hat oder nicht, wird zum Lackmustest für seine Vertrauenswürdigkeit. Beurteilungen sprechen von jemandes «rechtswidrigem Ersuchen zur Übersiedlung in die BRD.» «Ein Antrag auf Übersiedlung wurde nicht gestellt», steht öfters in den Abschlussberichten über Strafgefangene, die vorzeitig entlassen werden sollen. «Ein Antrag wurde *noch nicht* gestellt», heißt es einmal; «noch nicht» – wer weiß, wie lange man sich noch auf die Loyalität von Bürgern verlassen kann. Als eine Schöffin meines Kreisgerichts die Ausreise beantragt, geht der Bericht über ihre Treulosigkeit bis zum Minister und wird, wie ich wieder aus seinen grünen Tintenstrichen entnehmen kann, auch von ihm gelesen.

Weil sie nicht weiterwissen, greifen die Autoritäten, um die Flut zu steuern, wiederum zum Strafrecht; dem Strafrecht, das bei anderen Auflehnungen gegen die Autorität des Staates doch gerade erst begonnen hatte, sich zu mildern und zu versachlichen. Das DDR-Strafgesetzbuch enthielt eine Reihe von sich teilweise überschneidenden Straftatbeständen, die ein kontakt-ängstliches System vor ungewollten Berührungen mit der kapitalistischen Außenwelt abschirmen sollten und die für die Unternehmungen von Antragstellern wie zugeschnitten schienen und zum Teil auch waren: die erst 1979 eingeführte «ungesetzliche Verbindungsaufnahme» (wie Briefe an BRD-Politiker oder -Zeitungen, die die westdeutsche Öffentlichkeit zur Unterstützung eines Antrags mobilisieren sollten), «landesverräterische Nachrichtenübermittlung» (wie die Übersendung der Unterlagen eines Antragstellers zu denselben Zwecken) oder «landesverräterische Agententätigkeit» (ein sehr ähnliches Delikt, das die «Mitarbeit» mit West-Personen und -Behörden unter Strafe stellte). Trotz der dramatischen Bezeichnungen ging es bei keiner dieser Handlungen um die Übermittlung von *geheimen* Informationen. Dass der Kontakt den Interessen der DDR schadete oder auch nur schaden konnte, reichte aus. Als sich in den letzten Jahren die öffentlichen Protestaktionen von Ausreisekandidaten häuften, tauchte noch ein viertes typisches Ausreiser-Delikt in meinen Akten auf: «Beeinträchtigung staatlicher oder gesellschaftlicher Tätigkeit». Der junge Mann, zum Beispiel, der sich weigerte, ohne Ausreisevisum die Räume der Abteilung Inneres zu verlassen, «beeinträchtigte» die Arbeit der Verwaltung. Das Gleiche gilt für unseren Freund mit seinem Strick auf dem Lüritzer Marktplatz, der die Autorität der Polizei «beeinträchtigte». Manchmal finde ich auch eine Anklage wegen «Beeinträchtigung durch Verbindungsaufnahme» in meinen Akten; sozusagen ein kondensiertes und doppelt gefährliches Ausreiser-Delikt.

Ich kann an der Verteilung dieser Fälle zwischen dem Neuburger Bezirksgericht und dem Kreisgericht Neuburg/Stadt nicht nur die politische Bedeutsamkeit des Ausreiser-Problems, sondern auch das rapide Verblassen der Hoffnung ablesen, es mit Hilfe des Strafrechts in den Griff zu bekommen. Ende der 1970er und Anfang der 1980er Jahre bearbeitet das Bezirksgericht die meisten «Verbindungsaufnahmen» noch in eigener Regie. In meinen Akten erscheint «Verbindungsaufnahme» zunächst als ausgesprochenes Mittelklassen-Delikt: Der Gedanke, westdeutsche Politiker bei der Propagierung des eigenen Ausreiseantrags einzuspannen, kommt wohl am ehesten Leuten, die es gewohnt sind, Ideen zu Papier zu bringen. 1980 sind von elf wegen «Verbindungsaufnahme» Verurteilten vier Ärzte und fünf andere Akademiker. Um solche Leute bemüht sich das Bezirksgericht zunächst noch selbst. Als sich die Nützlichkeit der Strategie unter Antragstellern herumspricht und 1984 38 Fälle von «Verbindungsaufnahme» in Neuburg angeklagt werden, darunter viele mit Tätern aus der Arbeiterklasse, resigniert das Bezirksgericht und verweist «Verbindungsaufnahme» zunehmend ans Kreisgericht Neuburg/Stadt. Ab 1985 erledigen die Bezirksrichter nur noch «landesverräterische Nachrichtenübermittlung» und «Agententätigkeit»: die Strafprozesse der hartnäckigsten und waghalsigsten Ausreise-Kandidaten. Die Urteile sind hart in diesen Fällen: durchschnittlich knapp vier Jahre Gefängnis. Zum Vergleich: Die Durchschnittsstrafe für «Verbindungsaufnahme» sinkt von 32 Monaten im Jahre 1981 auf 19 Monate (nunmehr in Neuburg/Stadt verhängt) im Jahre 1988. 1989 sind die «Verbindungsaufnahmen» und ihre Überweisungen nach Neuburg/Stadt aus den Karteikarten des Bezirksgerichts verschwunden. Das Recht ist nicht mehr fähig, den Informationsfluss und das Hin und Her von menschlichen Kontakten zwischen beiden Deutschlands zu verhindern. Dasselbe gilt für die drastisch zunehmende Zahl der Grenzverletzungen (1985: 29 Fälle; 1988: 68 Fälle; 1989: 106 Fälle), die alle in Neuburg/Stadt entschieden und ab August 1989 regelmäßig eingestellt werden. Weiß der Himmel, warum das Bezirksgericht in diesem allerletzten Jahr noch fünf Fälle von «Nachrichtenübermittlung» und «Agententätigkeit» selbst aburteilt; den letzten davon im September 1989. Es muss ein Versuch gewesen sein, im Sog der Ereignisse politisches Gesicht zu wahren. Aber Frau Nissen und ihrem Stab wird klar gewesen sein, dass der Kampf «politisches Strafrecht» gegen «Ausreisehunger» für den Staat verloren war.

Er war verloren, denke ich mir, weil Staat und Recht in der DDR sich in den 1980er Jahren schon zu sehr verändert hatten, um ungeniert die Strafmacht anzuwenden, die nötig gewesen wäre, um die vielen Ausreisewilligen im Lande zu halten. Das wussten auch die Antragsteller selbst. Zwar waren Richter und Staatsanwälte durchaus bereit, rabiate Dissidenten zunächst durch Haftbefehle einzuschüchtern. «Zur nachdrücklichen Disziplinierung des Beschuldigten ist eine Inhaftnahme unumgänglich», schreibt das Bezirksgericht zum Beispiel 1988, als es die Haftbeschwerde eines wegen einer Protestaktion festgenommenen Antragstellers ablehnt, und beweist damit, dass die Verhaftung nicht der Sicherung des Strafverfahrens, sondern der

Fügsammachung des Beschuldigten dienen sollte. Aber es fehlt der Justiz an der rechten ideologischen Überzeugung, um an der eigenen Rücksichtslosigkeit auch festzuhalten. Lieber versucht der Staat, Konfrontationen durch Nachsicht aus dem Weg zu gehen. Verhaftungen gehen in der Regel mehrere Verwarnungen voraus. Einmal hängt ein Protestplakat in Lüritz fast drei Monate in einem Fenster, bevor die Polizei es offiziell zur Kenntnis nimmt. Die Lüritzer Marktspaziergänger werden im Februar 1988 verhaftet, im Stasi-Gefängnis in Neuburg eingebuchtet, zwei Wochen später wieder freigesetzt und mit Strafbefehlen von 2000 bis 3000 Mark belegt. Dem Fotografen des Ereignisses wird sein Film weggenommen, aber das Strafverfahren gegen ihn wird eingestellt. Wenn Ausreiser wegen Verbindungsaufnahme und dergleichen verurteilt werden, werden sie oft vorzeitig entlassen (oder freigekauft) und dürfen in die Bundesrepublik übersiedeln. «Der Zweck der Freiheitsstrafe ist als erreicht anzusehen», heißt es in solchen Fällen im Entlassungsbescheid. Aber es scheint eher der Zweck des Verhafteten als der des Staates gewesen zu sein, der erreicht wurde.

Ein gutes Beispiel für die zunehmende Belanglosigkeit des politischen Strafrechts finde ich auch in den Haftbefehlen meines Lüritzer Gerichts. Das Beispiel zeigt zugleich, wie der Verfall des Rechts durch die unsichere und widerwillige Nachgiebigkeit der Machthaber selbst gespeist wird. Es geht wieder einmal um Republikflucht, aber diesmal nicht um die «Sperrbrecher» (die, wie wir sahen, in diesen Jahren in Neuburg die Flucht-Statistik in die Höhe schnellen ließen), sondern um Leute, die der DDR durch «illegale Nicht-Rückkehr» entkamen. Die Methode war hürdenreich, aber physisch ungefährlich: Man beschaffte sich (wie auch immer) ein Reisevisum in die BRD und benachrichtigte nach Ankunft Freunde, Verwandte oder auch direkt die Polizei, dass man nicht mehr zurückzukommen plane. Weil «illegale Nichtrückkehr» gemäß §213 StGB wie jede andere Flucht mit einer Freiheitsstrafe bis zu zwei (und in schweren Fällen bis zu acht) Jahren strafbar war, wurden für die Entkommenen umgehend Haftbefehle ausgestellt. Diese Haftbefehle – dicke Bündel von rosa Formblättern, aus denen ich Alter, Geschlecht und Beruf der Flüchtigen sowie das Datum ihrer Flucht entnehmen kann – gehören zu meinen Schätzen aus dem Holzkeller. Ich brauche die «Nicht-Rückkehrer» nur noch für die verschiedenen Jahre auszuzählen.

Zur Erinnerung: «Nichtrückkehr» war nur bei Kooperation der Abteilung Inneres möglich, die einem das ersehnte Besuchsvisum ausstellen musste. Vor den Reiseerleichterungen von 1983 scheint das nicht oft der Fall gewesen zu sein: Ich entdecke nur sehr wenig «Nichtrückkehrer» in den Lüritzer Haftbefehlen. Der Staat war knauserig mit seinen Ausreisegenehmigungen; ließ Familienväter oder -mütter nur alleine reisen, um sicher sein zu können, dass sie auch wiederkommen würden, und hielt argwöhnisch Ausschau nach Zeichen unerlaubter Reiselust. Noch 1984 verurteilt das Lüritzer Gericht zwei Freunde wegen «Vorbereitung zur ungesetzlichen Nichtrückkehr im schweren Fall»: Sie hatten Reisegenehmigungen nach Ungarn beantragt und offensichtlich ihre weitergehenden Pläne nicht sorgfältig genug verschwiegen. «Begehungsweise: Zugreise», heißt es in einem Polizeibericht von 1976 über einen anderen Fluchtversuch. Die DDR war lange Zeit ein Land, in dem Zugfahren einen ins Gefängnis bringen konnte.

Aber das ändert sich ganz plötzlich in den letzten Jahren. Für 1987 finde ich unter den 14 Haftbefehlen, die das Lüritzer Kreisgericht für «Republikflucht» ausstellt, 5 «Nichtrückkehrer»; 1988 sind es von 75 mit Haftbefehl gesuchten Flüchtlingen 32 «Nichtrückkehrer» und 1989 sind es von 111 Gesuchten 81. Allen 81 Nichtrückkehrern muss der Staat durch Reiseerlaubnisse Hilfestellung geleistet haben. Und dies sind nicht mehr die leichtsinnigen jungen Männer, die sich bisher als versuchte «Sperrbrecher» vor dem Lüritzer Kreisgericht wiederfanden. Nach meinen Haftbefehlen lag 1973 das Durchschnittsalter aller wegen «Republikflucht» Ausgeschriebenen bei 20 Jahren; 1980 war es auf 23,6 Jahre gestiegen. Aber 1989 waren nur noch 40 % der gemäß § 213 Gesuchten unter 25; 28 % waren sogar über 40 Jahre alt, und knapp ein Drittel der Ausgerissenen waren Frauen. In Lüritz und anderswo liefen der DDR gerade die standfesten und arbeitsamen Bürger weg, deren mürrische Loyalität das Land bisher zusammengehalten hatte.

Die Ausreisezahlen für die gesamte DDR bestätigen mein Bild. Von 1963 bis 1988 waren jährlich rund ein Drittel aller Übersiedler aus der DDR in die Bundesrepublik «Illegale»; ein Prozentsatz, der nur 1984 (dem Jahr der großzügigen Ausreisegenehmigungen) auf 14,6 % sank, weil es in diesem Jahr nicht mehr so nötig war, das Land bei Nacht und Nebel zu verlassen. Durchschnittlich kamen in den allermeisten Jahren also rund zwei Drittel aller Ausreiser (und 1984:

85,4%) mit Genehmigung der DDR-Regierung in den Westen. Man könnte sagen, dass in diesen Jahren sowohl das DDR-Recht wie die DDR-Gewalt noch funktionierten: Das Recht ließ eine (bis auf das Wunderjahr 1984) verhältnismäßig kleine Zahl von Unzufriedenen geordnet in den Westen reisen, während die DDR-Gewalt den Rest der schweigenden oder auch meckernden Mehrheit im Lande hielt. 1989 brechen Recht und Gewalt zusammen. Die Zahl der Übersiedler schießt um fast das Neunfache des Vorjahrs in die Höhe. Aber die meisten – 70,4% – gehen jetzt *illegal* nach Westen,[40] von einem System geduldet (und sogar durch Reisevisen assistiert), das nicht mehr den totalitären Mumm aufbringt, um sich selbst durch Rücksichtslosigkeit und Gewalt zu schützen. Niemandem macht es noch viel aus, dass «Nichtrückkehr» verboten ist. Das Recht als Leitungsinstrument, als Strafandrohung für staatsfeindliches Verhalten, als Disziplinierungsmittel für Bürger, deren Staatstreue nur bedingt zu trauen ist, hat seine Macht verloren. Wie soll die SED das Land im Griff behalten können?

8. Die Partei

Vielleicht hätte ich der Partei schon in einem früheren Kapitel ihren Auftritt geben sollen. Geschah denn irgendetwas ohne ihre Billigung? Für Westdeutsche war es schon immer beschlossene Sache, dass in der DDR alles halbwegs Wichtige von der Partei entschieden wurde. Aber auch meine Lüritzer Gesprächspartner teilten diese Ansicht. Auch sie waren durchweg davon überzeugt, dass in ihrem Land letzten Endes alles von der Partei abhing. Müsste ich die DDR-Justiz und die Partei also in einem Atem schildern, um an die Wahrheit über beide heranzukommen?

Was immer ihre Rolle war, im Lüritzer Archiv hat die Partei erstaunlich wenig Spuren hinterlassen. Bis jetzt sind wir ihr nur selten in Person begegnet: zum Beispiel 1959, als Volksrichter Steinmetz die Klage von Frau Hille am Widerstand der «SED-Kreisleitung/ Abteilung Fischwirtschaft» scheitern ließ, 1983, als das Oberste Gericht «in Erfüllung eines Auftrags der Partei» auch das Lüritzer Gericht auf eine neue Strafpolitik für Asoziale hinzusteuern suchte, oder 1984, als die Lüritzer Parteileitung im Falle Orff einen Gewerkschaftsvertreter dazu bringt, *gegen* die Interessen eines Gewerkschaftsmitglieds auszusagen. Derartige Zufallstreffer ergeben ein sehr widersprüchliches Porträt. Die Partei als Verächterin des Rechts in Sachen «Fischwirtschaft»? Als Reform-Kraft in Sachen «Asoziale»? Als Marionettenspielerin im Hintergrund im Falle Orff? Nach dem, was wir bisher gesehen haben, ist die Partei am ehesten noch eine Cheshire-Katze, deren Lächeln (oder auch Stirnrunzeln) unangekündigt und scheinbar körperlos hier oder dort auftaucht und verschwindet, bevor die Leserin der Akten die Erscheinung packen und nach den Regeln ihres Auftretens befragen kann. Um zu verstehen, welche Rolle die SED denn nun wirklich im Rechtsalltag der Lüritzer spielte, muss ich mich systematisch auf die Suche nach ihr machen.

In den Justizakten selbst, das heißt, als allen erkenntliche und schriftlich festgehaltene Mitspielerin im Prozess, taucht die Partei nur in den frühesten Jahren auf, als in Lüritz eine zusammengewürfelte Richter-Crew von Volksrichtern und alten Bürgerlichen wie Herrn Curtius so gut es ging versuchte, der Prozessflut Herr zu werden, und als die neuen Machthaber vor Ort noch ungeschickt und klotzig mit dem Einfluss umgingen, der ihnen plötzlich zu Verfügung stand. 1948 zum Beispiel, in einem Streit zwischen einer Witwe und ihrem Schwager um ein von dem verstorbenen Mann der Klägerin hinterlassenes Fahrrad, erklärt der Verklagte, offenbar Parteimitglied, dass auch die Lüritzer SED-Leitung sich in die Sache «eingeschaltet habe». Die Behauptung tut ihre Wirkung. Statt nach juristischen Begründungen zu suchen, spricht Herr Curtius das Rad dem Genossen Schwager zu. Aber ich finde in den frühen Jahren auch offene Kritik an der Partei. «Gerade zu dieser Zeit waren unmögliche Zustände in der Kreisleitung der SED», heißt es in einem Strafurteil von 1952, das einen unglückseligen Angestellten für eine Minus-Differenz in der Literaturkasse der Partei nur mit «Arbeitsbewährung» bestraft. Im selben Jahr belehrt Kreisrichter Schlumm die Parteien in einem Zivilprozess, sie hätten «lieber ihre Anträge besser begründen sollen, anstatt zur SED zu laufen und diese einzuschalten.» Zwar verschwindet Herr Schlumm, ein «Bürgerlicher», 1953 aus den Akten; Herr Curtius war schon ein Jahr früher aus dem Amt geschieden. Aber in den allerersten Jahren der DDR gibt es unter den Richtern noch Variationen im Umgang mit der Macht. Übrigens schaltet sich zu dieser Zeit nicht nur die SED in laufende Verfahren ein. Die staatliche Kontrolle lässt das Gericht wissen, wie es entscheiden soll: Wohnungsbehörden mischen mit; örtliche Bürgermeister nutzen ihren Einfluss aus; die Bauernpartei springt für einen ihrer Angehörigen in die Bresche und bittet das Gericht, zugunsten eines prozessierenden Partei-Freundes doch bitte «entsprechende Schritte zu unternehmen». Man hat den Eindruck einer Rechtslandschaft, in der die einzelnen Parzellen noch nicht abgemessen und verteilt sind, in der noch keine Zäune stehen und in der die allgemeine Regellosigkeit energische und rücksichtslose Spieler zu Übergriffen auf das Territorium anderer ermutigt.

Mit der Befestigung der Verhältnisse in der DDR verschwindet die Partei allmählich aus den Prozessakten des Kreisgerichts. Das heißt natürlich nicht, dass die Partei an dem Gericht nicht länger interessiert ist. Aber die Art und Weise des Interesses ändert sich. Den Protokollen der Kreisleitungs-Sitzungen der SED in Lüritz (ich fahre zum Landesarchiv nach Gronau, um sie einzusehen) entnehme ich, dass das Kreissekretariat in den 1950er Jahren noch durchaus bereit war, sich in die tägliche Arbeit der Richter einzumischen. So kritisiert die Kreisleitung im April 1953 (nur kurz nach Stalins Tod und vor dem neuen Kurs, dem bald der Juni-Aufstand folgen würde) eine Reihe zu harter Strafen des Kreisgerichts in Neubauer-Verfahren und beauftragt den Staatsanwalt, «Maßnahmen einzuleiten», um ein besonders strenges Urteil gegen einen der Angeklagten umgehend aufzuheben. Offenbar wurden die Kritisierten auch zur Sitzung eingeladen. Punkt 10 der Tagesordnung: «Das Sekretariat zeigte dem Genossen Staatsanwalt und der Genossin Döring vom Kreisgericht konkret den Weg der Partei in dieser Frage auf.» «Konkret» ist hier das Schlüsselwort. Die ideologische Standfestigkeit des Kreisgerichts wird die Lüritzer Parteileitung auch in späteren Jahren noch beschäftigen (bald mehr darüber). Aber dass die Kreisleitung die Richter wegen bestimmter Urteile vergattert, kann ich nur in den Berichten der 1950er Jahre finden. Auch dass ein Richter bei der Sekretariats-Sitzung überhaupt dabei ist, wird immer seltener. Wenn ja, ist es nach 1965 entweder nur für einen Teil der Sitzung (während das Sekretariat zum Beispiel Richterwahlen diskutiert) oder bei einer der jährlichen Berichterstattungen des Gerichts, die zu den rituellen Pflichten eines Kreisgerichts-Direktors in der DDR gehörten. Seit den frühen 1960er Jahren werden spezifische Gerichtsverfahren in den Lüritzer Sekretariats-Sitzungen also nicht mehr offiziell genug erörtert, um in den Sitzungsprotokollen eine Spur zu hinterlassen. Das Gleiche gilt übrigens auch für das Politbüro in Berlin, das sich in den 1950er Jahren noch mit rund zehn konkreten Strafverfahren im Jahr beschäftigte, 1963 nur noch mit zweien und ab 1964 (von einer einzigen Ausnahme im Jahre 1971 abgesehen) mit keinem mehr.[41]

Der politische Stil begann, sich zu verändern. Schon als die SED/Abteilung Fischwirtschaft sich 1959 in den Streit um die vertragsgemäße Nutzung von Frau Hilles Speicher einmischte, mag den Genossen die Deutlichkeit des Eingriffs ein wenig peinlich gewesen sein. Jedenfalls wenden sie sich nicht persönlich ans Gericht, sondern decken dem VEB Fischwirtschaft nur indirekt den Rücken. Als ein Jahr zuvor in einem Lohnstreit die Parteiorganisation eines Beklagten gedroht hatte, die Sachaufklärung selbst zu dirigieren («Sollte nach der Zeugenvernehmung noch keine Klarheit bestehen, so wird unsere Parteiorganisation sich einschalten und die Dinge endgültig klarstellen lassen.»), hatte jemand im Gericht den Satz mit einem Rotstift unterstrichen, und der Genosse, dem die Drohung helfen sollte, verlor am Ende den Prozess. Auch seine Fürsprecher wussten 1958 schon, dass ihr Vorstoß regelwidrig war. «Trotzdem es Ihnen nicht erwünscht erscheint...›, beginnt der Brief, mit dem der GO-Sekretär [Grundorganisation] seine Einmischung ankündigt, und endet mit der Bitte, «den Inhalt unseres Schreibens streng vertraulich zu behandeln.» Die Rollenverteilung unter den verschiedenen Staatsorganen ist jetzt besser eingespielt als in den ersten Jahren der Republik; die Richter sind besser ausgebildet und werden sich beruflich ihrer Sache sicherer; die Partei kann ihre eigenen Genossen besser an der Kandare halten. Nach beiden Verfassungen der DDR sollten die Richter «unabhängig» und «nur dem Gesetz unterworfen» sein.

Danach soll es auch im Gerichtssaal aussehen. Als 1961 ein Hauseigentümer, der gegen eine seiner Mieterinnen auf Räumung klagt, sie eine «alte Hexe» schimpft und mit der Behauptung schlecht zu machen sucht, sie hänge an nationalen Feiertagen nicht die DDR-Fahne, «sondern ihren Schlüpfer ins Fenster», geht das Gericht auf die politischen Aspekte der Geschichte gar nicht ein. Zwar hatte die Parteiorganisation des Wohnblocks die Anschuldigung eifrig aufgegriffen und in einem Brief als «Sabotageakt und Lächerlichmachung unserer Gesellschaftsordnung» angeprangert. Aber Volksrichter Steinmetz behandelt diesen Mietstreit wie jeden anderen schlimmen Zank unter Hausgenossen: Er löst das Mietverhältnis zwischen den Parteien, bittet die Wohnraumlenkung, für die Verklagte eine neue Wohnung zu finden, und legt die Kosten für den Rechtsstreit dem Vermieter auf. Weil anderer Wohnraum nicht zu finden sein wird, heißt das praktisch (wie alle Beteiligten auch wissen), dass «die alte Hexe» bleibt, wo sie ist.

Auch die Abgrenzung des Gerichts von der Verwaltung ist seit den 1960er Jahren jedenfalls für die Außenwelt deutlicher markiert als früher. 1966 zum Beispiel schreibt die Lüritzer Abteilung Wohnraumlenkung einer Klägerin, die die Stadt als Alliierte für ihren Mietprozess gewinnen möchte, dass ein Fachorgan des Rates sich leider «nicht in einen Rechtsstreit einschalten und Entscheidungen treffen» könne. Die «Unabhängigkeit des Gerichts» bleibt bis zum Ende der DDR die Formel, mit der Staats- und Parteiorgane Forderungen der Bürger abwimmeln, sie in einem Rechtsstreit vor Gericht zu unterstützen. Sowohl den Richtern wie den Funktionären ist es zunehmend peinlich, bei der Verrichtung der Justizgeschäfte Arm in Arm miteinander angetroffen zu werden. 1988 beklagen sich sechs Angestellte des VEB Seehafens, die ihren Arbeitgeber auf zusammen 32 000 Mark Neuerervergütung verklagen, dass sie für ihren Prozess «parteilicherseits leider keine Unterstützung erhalten» hätten und dass auch eine Eingabe an den Ersten Kreissekretär «bis zum heutigen Tage unbeantwortet» geblieben sei. Im gleichen Jahr schreibt das Ministerium der Justiz an den Eingabenschreiber in einer Ehesache: «Ihrem Wunsch, mit Hilfe einer Eingabe auf den Inhalt einer gerichtlichen Entscheidung Einfluss zu nehmen, kann nicht entsprochen werden. Die Gerichte sind in ihrer Rechtsprechung unabhängig.» Wer's glaubt, wird selig. Jedenfalls die Bürger trauen dem Zauber nicht. Während sich die Partei selbst zunehmend aus den Prozessakten heraushält, rufen viele Bürger sie vom ersten bis zum letzten Tag der DDR zur Unterstützung ihrer Sache auf den Plan. Mag sein, dass ihre politischen Beschwörungen in den ersten Jahren ein bisschen ungenierter klingen als in späterer Zeit. «Ich als Genosse...» finde ich öfter in den Schriftsätzen der 1960er als der 1980er Jahre. Beteuerungen der politischen Loyalität eines Prozessbeteiligten sind in den Jahren vor der Mauer ausschweifender als danach. «Soweit wir es vermögen, helfen auch wir mit, den Frieden zu erhalten», schreibt zum Beispiel ein Kläger in einem Mietstreit 1951, und ein Verklagter, auch in einer Mietsache, im selben Jahr: «Vom sozialistischen Standpunkt aus betrachtet, bin ich der Meinung, dass dieser Vertrag in unsere antifaschistische-demokratische Gesellschaftsordnung nicht mehr passt.» Aber Not macht zu allen Zeiten erfinderisch. «Ich bereue meine Tat und denke, dass ich einen guten Ansatz gemacht habe, indem ich [in der Untersuchungshaft] die Materialien zum IX. Parteitag studierte», sagt ein Angeklagter 1976 in der Hoffnung auf eine Bewährungsstrafe. In den 1980er Jahren haben politische Argumente oft eine wirtschaftliche Färbung, etwa so: «Um gute gesellschaftliche Arbeit zu leisten, braucht man auch eine gute Wohnung.»

Aber noch immer sind Bezugnahmen auf die Partei erstaunlich unverblümt. Noch 1985 will der Kläger in einem jahrelangen Nachbarstreit um eine Hecke nach einer erfolglosen Berufung die Wiederaufnahme des Verfahrens dadurch erreichen, dass er dem Bezirksgericht mit eine Eingabe ans Zentralkomitee droht: «Da der Kläger auf der Ebene des Bezirks keine Unterstützung findet, muss er sich vertrauensvoll weiter an zentrale Dienststellen wenden.» Zwar bleiben die Neuburger Bezirksrichter angesichts der Drohung ungerührt (und das Zentralkomitee schickt die Eingabe, als sie tatsächlich kommt, «zur weiteren Bearbeitung» an die Justiz zurück). Aber der

Kläger feuert eine zweite Eingabe an das ZK ab (die diesmal die Vollstreckung des Urteils verhindern soll), weil er einfach nicht glauben will, dass die Partei nicht auch in Angelegenheiten der Justiz das letzte Wort haben soll. «Wir haben uns nicht getraut, über die Partei zu gehen», schreiben zwar die sechs Neuerer 1988 in dem Schriftsatz, mit dem sie die Abweisung ihrer Klage durch das Kreisgericht bei dem Bezirksgericht attackieren wollen. Aber es stimmt nicht; sie «trauten» sich sehr wohl; schrieben ihre Eingabe an den Ersten Sekretär noch während des laufenden Verfahrens vor dem Kreisgericht und sahen auch keinen Grund, ihre erfolglose Beschwörung der Partei nicht in ihrem Berufungsschreiben zu erwähnen. Auch die Justiz ist über derartige politische Annäherungsversuche nicht erstaunt. «Wir haben darüber lachen müssen», sagt Frau Nissen, die Direktorin des Bezirksgerichts, über die unzähligen Versuche beider Parteien in dem Heckenstreit, ihre Rechtslage durch Appelle an die Partei, die Stasi, die Nationale Front und jeden sonstigen Funktionär, der dem einen oder anderen Kontrahenten einen Bittbrief wert schien, zu verbessern. Frau Nissen hat sich über die Beeinflussungskampagnen amüsiert, aber nicht entrüstet. Keiner der angeschriebenen Funktionäre warf den Bittstellern die Illegitimität ihrer Ersuchen vor.

«Es gab im Sozialismus fünfmal so viele Bewegungsmechanismen wie heute», erklärte mir einer der drei Rechtsanwälte, die vor der Wende in Lüritz ihre Kanzlei hatten. Umgekehrt waren die «Bewegungsmechanismen» nach Ansicht vieler auch erforderlich, um vom Staat das zu bekommen, was man wollte; wie einer der Hecken-Kontrahenten mir erklärte: «Man brauchte für alles Beziehungen.» Gelegentlich finde ich sogar Prozesse in den Akten, in denen auch das Gericht die Wichtigkeit von «Beziehungen» juristisch anerkennt. 1966, zum Beispiel, verklagt ein Tierarzt einen Lüritzer «Angestellten», der behauptet hatte, dem Kläger eine Praxis besorgen zu können, weil «er im Kreisrat sei und sämtliche dafür zuständige Herren persönlich kenne». Als aus der Ankündigung nichts wird, klagt der Arzt die 200 Mark, die das Versprechen kostete, als «Anleihe» wieder ein. Und noch 1979 lässt Herr Taddäus in einem umgekehrten Prozess darüber Beweis erheben, «ob die vom Kläger behauptete Fürsprache» (die diesmal 700 Mark kostete) auch tatsächlich für einen erwünschten Wohnungstausch kausal gewesen und daher die Bezahlung vom Beklagten auch geschuldet sei. Ein Vertreter der Abteilung Wohnungswirtschaft wird vernommen: Ja, der Einfluss des Klägers, der mehrfach in der Sache vorgesprochen habe, habe das Wohnungsamt zu seiner Zustimmung bewogen. Beide Kläger gewinnen ihren Rechtsstreit übrigens nicht durch ein Urteil (das juristisch zu begründen gewesen wäre), sondern durch eine «Einigung» über die volle Summe des versprochenen Schmiergeldes (die nur die Zustimmung der beiden Kontrahenten und des Gerichts verlangte). Außerdem ging es in den Fällen, in denen auch das Gericht Beziehungen honorierte, um Verwaltungshandeln, nicht um die Justiz, und die Partei, soweit ich sehen kann, spielte bei den Arrangements keine Rolle. Aber es ist verständlich, wenn in einem Staat, der die Gewaltenteilung selbst nicht gelten lassen wollte, auch für die Bürger die feinen Unterschiede zwischen der Käuflichkeit der Zweiten und der Dritten Gewalt und zwischen beiden und der alles überschattenden Partei nicht sonderlich bedeutsam schienen.

Hatten die Bürger Recht, die unterstellten, dass die Partei, wenn es ihr nur passte, jeden Rechtsstreit in die von ihr gewünschte Richtung steuern würde? Ich kann die Frage jetzt noch nicht beantworten. Die Partei war ein so schillerndes und vielköpfiges Ungetüm, die Richter waren so sehr gewohnt, auf ihre wechselnden Launen mit wechselnden Strategien zu reagieren, dass jedes eindeutige Urteil über das Verhältnis zwischen der Partei und der Justiz nur falsch sein kann. Hier ist ein Rechtsstreit aus dem Jahr 1971, der belegen soll, dass beide Seiten – Richter und Parteivertreter – sich bei der Konfrontation von Macht und Recht auf unsicherem Terrain befanden und daher sorgfältig ihre Schritte setzten. Der Fall – Reimann gegen PGH Straßenbau – ist zugleich der frechste Korruptionsversuch durch einen Parteifunktionär, den ich in meinen Akten finden konnte; auch der letzte, denn spätere Eingriffe in die richterliche Unabhängigkeit spielen sich außerhalb der Prozessakten ab.

Hier ist der Sachverhalt. Herr Reimann, Hauptmann bei der Stasi in Neuburg, hatte wegen einer unbeleuchteten Barrikade der PGH Straßenbau in Lüritz einen nächtlichen Motorradunfall erlitten und verklagt die PGH auf Ersatz des Schadens an seinem Rad. Juristisch gesehen ist der Kläger zweifellos im Recht. Aber sein Vater, Reimann senior, Mitglied der SED-Kreisleitung in Lüritz, macht sich trotzdem Sorgen um den Fall und schickt zwei Briefe an das Kreisgericht, die an Deutlichkeit nicht zu wünschen lassen. Der erste, an die Sekretärin des Gerichts, beginnt herablassend: «Obwohl meine Zeit als politischer Mitarbeiter der Kreisleitung sehr bemessen ist, bin ich gerne bereit, Ihnen den Sachverhalt zu schildern.» Dann kommen Berufungen auf «die Genossin Petzold» (die Richterin, die in der Rechtsauskunft die Berechtigung der Forderungen von Herrn Reimann junior bereits bestätigt habe), «den Genossen Kaufmann» (den Staatsanwalt, mit dem der Schreiber auch gesprochen habe) und «den Genossen Kosewitz» (den Ersten Sekretär der Kreisleitung, der für die Sorgen seiner Mitarbeiter «jederzeit ein offnes Ohr» habe). Der Schlusssatz der drei Seiten langen Epistel: «Wir werden sehen, wie schnell und unbürokratisch Genosse Kosewitz in Verbindung mit den Genossen Petzold und Kaufmann die Angelegenheit bereinigen» wird.

Zunächst reagiert die Justiz kühl und souverän auf die Attacke. Ein zweizeiliges Antwortschreiben, von der Gerichtssekretärin unterzeichnet, stellt fest, dass angesichts der fehlenden Vertretungsmacht des Vaters für den Sohn sein Brief ins Leere gehe und «die Angelegenheit somit erledigt» sei. Aber der Schreiber lässt nicht locker: Er schickt einen zweiten Brief, diesmal an den Direktor, Herrn Taddäus; beruft sich darauf, dass noch ein weiterer Genosse von der Kreisleitung doch schon mit Herrn Taddäus über den Fall gesprochen habe; erwähnt auch die Unterstützung des MfS für die Sache seines Sohnes (wobei er bittet, «aus verständlichen Gründen die Staatssicherheit nicht weiter zu erwähnen») und schließt mit einem kollegialen Seufzer: «Ist es nicht traurig, werter Genosse Taddäus, mit welchen banalen Problemen sich Genossen herumschlagen müssen? Wir haben doch wirklich wichtigere politische Aufgaben zu lösen.» Dann noch eine Alibi-Erklärung: «Ich respektiere selbstverständlich die Forderungen des Kreisgerichts.» Das alles im vertraulichen Du, dass unter Genossen üblich ist.

Herr Taddäus macht, was alle Richter gerne machen, um Schwierigkeiten aus dem Weg zu gehen: Er beendet den Streitfall informell, mit einer Güteverhandlung, in der die PGH den Anspruch anerkennt und der Sohn seine Klage zurücknimmt. Ob es die väterliche Unverschämtheit war, die ihm zu seinem Sieg verhalf, ist schwer zu sagen, weil der Prozess auch ohne alle Einflussnahme zugunsten des Geschädigten hätte ausgehen sollen. Aber die Geschichte zeigt, wie schwierig richterliche Unabhängigkeit in einem politischen System zu bewahren ist, in dem die Akteure in einem unentwirrbaren Geflecht von Beziehungen schon im Vornherein miteinander verbunden sind. Alle – Richter, Staatsanwalt und Funktionäre – sind Genossen; alle kennen sich aus regelmäßigen Kontakten; fast alle duzen sich, so dass die Abwehr von unangemessenem Druck zugleich persönlich kränkend ist; und alle hängen von denselben höheren Autoritäten ab. Herr Taddäus ist offensichtlich ärgerlich über den frechen Vorstoß: Der erste Antwortbrief kann nicht ohne seine Mitwirkung geschrieben worden sein. Aber weder er noch der Staatsanwalt, den der Vater auch bedrängte, hatten es abgelehnt, mit ihm den Fall zu diskutieren. Die Partei ist überall; ihre vielen Inkarnationen sind nicht abzuschütteln. Sie braucht gar nicht im Gerichtssaal aufzutauchen, um ihren Einfluss aufs Prozessgeschehen geltend zu machen.

Wenn ich in der zweiten Hälfte der DDR-Rechtsgeschichte die Partei also so gut wie nie mehr mit Namensnennung in den Prozessakten antreffe, dann nicht notwendig deshalb, weil sie sich nicht mehr in Justizaffären einmischt, sondern vielleicht nur deshalb, weil sie gelernt hat, dass sie ihren Einfluss außerhalb des Gerichtssaals leichter und diskreter geltend machen kann. «Sie»? Ich spreche immer von «der Partei», als ob sie eine definierbare Figur mit klaren Konturen sei. Aber «die Partei» ist gleichermaßen das Politbüro in Berlin, Herr Kosewitz in Lüritz und alle anderen Genossen, die in «Reimann gegen PGH Straßenbau» eine Rolle spielen; Herr Reimann senior, Mitglied der Lüritzer Kreisleitung, mit eingeschlossen. Dass oft nicht sicher ist, wie hoch eine bestimmte Entscheidung in der Parteileitung eingebunden ist, macht das Lavieren zwischen den verschiedenen Spielern nur noch komplizierter.

Es gab viele Gelegenheiten, bei denen Lüritzer Vertreter der Partei und der Justiz zusammentreffen und Rechtsfragen besprechen konnten. Die Parteiorganisation im Gericht repräsentierte die intimste Verschmelzung von Partei und Recht im Arbeitsleben eines Richters. Sie umfasste Richter, Staatsanwälte und Notare am Gericht und wurde regelmäßig von einem Staatsanwalt geleitet. Bei den wöchentlichen «Sekretärsbesprechungen» mit Herrn Kosewitz im Büro der Lüritzer Kreisleitung waren Richter also in der Regel *nicht* dabei. Als Sekretär der Justizgruppe war ein Staatsanwalt anwesend und berichtete den Kollegen im Gericht das Nötige. Dafür traf sich der Kreisgerichtsdirektor in monatlichen «Sicherheitsbesprechungen» mit anderen «Sicherheitsorganen» der Stadt, die – wie das Gericht – für Ruhe und Ordnung unter den Bürgern sorgen sollten: dem Staatsanwalt, jeweils einem Vertreter der Volks- und Kriminalpolizei, dem Leiter der Abteilung Inneres, Herrn Rost (wichtig, weil «Inneres» für Ausreiser und Asoziale zuständig war, die oft mit dem Strafrecht in Konflikt gerieten), dem «Sicherheitsbeauftragten» der SED-Kreisleitung und der Stasi. Das weiß ich von Herrn Fechter, dem letzten Lüritzer «Sicherheitsbeauftragten» der Partei: ein kleiner, grauer, glattgekämmter Herr, der erst bei der Polizei, dann beim Militär, und seit 1976 der Verbindungsmann der Partei zu den «Sicherheitskräften» in der Stadt war, zu denen eben auch das Gericht gehörte; ein Hinweis darauf, welche Art von Unterstützung die Partei von Richtern erwartete. Herr Fechter sagt mir auch, worüber bei «Sicherheitsbesprechungen» geredet wurde: Flucht- und Ausreiser-Fragen vor allem; Brände; Jugendkriminalität; Asoziale («das haben wir sehr kollegial geregelt», erzählte mir bei anderer Gelegenheit Herr Rost) und andere unruhestiftende Ereignisse in der Stadt. Hier war eine Gelegenheit, bei der Herr Taddäus über anliegende Verfahren berichten und Herr Fechter den Kreisgerichtsdirektor wissen lassen konnte, wie die Partei zu den dabei aufgeworfenen Fragen stand. Erst auf einer Fachrichtertagung im Mai 1989 erklärte die Direktorin des Bezirksgerichts in Neuburg, Frau Nissen, dass «fehlerhafte Entscheidungen eines Kreisgerichts nicht Gegenstand der Sicherheitsberatungen» sein dürften. Bis dahin waren sie es also, oder konnten es zum mindesten doch sein. Dazu fanden die «Sicherheitsbesprechungen» im Büro der Kreisleitung statt, also auf dem Territorium und unter der Kontrolle der Partei. Erst 1986 wurden die monatlichen Treffen in die Räume der Staatsanwaltschaft verlegt – ein später und weitgehend symbolischer Versuch, zwischen Justiz und Macht ein wenig physische Distanz zu schaffen. Weil allerdings in Lüritz die Kreisleitung der SED und die Staatsanwaltschaft im selben Gebäude untergebracht waren (in dem großen Haus am Marktplatz, in dem heute die Sparkasse sitzt; die SED unten, der Staatsanwalt darüber), kann ich mir nicht denken, dass der Umzug das Autoritätsgefälle zwischen den Beteiligten sehr veränderte. An beiden Orten – so Herr Fechter – war die Stasi in der Runde mit dabei, unterschrieb aber keinen der Beschlüsse.

Herr Reimann senior kann als Mitglied der Lüritzer Kreisleitung [KL] also Herrn Kosewitz direkt im Parteibüro zu den Problemen seines Sohnes angesprochen haben; hatte vielleicht auch Herrn Kaufmann, dem Staatsanwalt, bei einer der «Sekretärsbesprechungen» in der KL sein Leid geklagt. Er kann den Vorgänger von Herrn Fechter, ebenfalls KL-Mitglied, gebeten haben, die Geschichte bei einer «Sicherheitsbesprechung» aufzugreifen. Dazu kamen die vielen informellen Kontakte. Weil beide, Kreisleitung der SED und Staatsanwaltschaft, im selben Hause wohnten, begegnete man sich leicht einmal auf der Treppe. Genossen in Amt und Würden trafen sich regelmäßig bei Honoratioren-Treffen in der Stadt. Man plante Vergnügungen zusammen: Herr Rost/Inneres spielte beispielsweise regelmäßig Skat mit Herrn Taddäus vom Kreisgericht. Über die uns bekannte Geschichte des Ausreisers mit seinem Strick erfuhr Herr Rost, wie er mir erzählte, bei einer Geburtstagsparty. Von wem?

Und schließlich gab es noch das Telefon. Zwar war «Telefon-Recht» nicht im Sinne der Partei: Telefonische Anweisungen von Funktionären an den Richter hinterließen in der Regel keine Spuren; waren daher nicht zu kontrollieren; erlaubten lokalen Machtpersonen, zentrale Entscheidungen zu unterlaufen, und unterminierten das Gesetz. Trotzdem werden die Richter kritische Verfahren jedenfalls gelegentlich mit der Partei besprochen haben. «Wegen der besonderen Bedeutung des Verfahrens (einer Gruppenklage zu Lohnfragen) erging schriftliche und mündliche Information an die SED-Kreisleitung», heißt es zum Beispiel 1986 in einem Bericht von Frau Walter (jetzt Direktorin des Kreisgerichts) an das Präsidium des Bezirksgerichts in Neuburg. Mitte der 1980er Jahre sind diese, wie Frau Walter sie nennt, «verdichtenden Informationen» an die Partei verhältnismäßig selten: im Arbeitsrecht (das einzige Gebiet, für das ich Daten habe) nur ein bis zwei Berichte im Jahr, die der Kreisleitung wahrscheinlich auch erst *nach* dem Abschluss des Verfahrens zugeschickt werden. Die «mündliche Information» (warum wird sie überhaupt erwähnt?) wird frühzeitiger gekommen sein. Auf jeden Fall wusste die Partei Bescheid darüber, was am Gericht an brenzligen Sachen anstand.

Aber *sagten* Parteivertreter einem Richter, wie er zu entscheiden hatte? Ein Brief von Herrn Taddäus aus dem Jahr 1977 legt nahe, dass in der Regel der Parteieinfluss diskreter war. Es geht um die Eigenbedarfsklage eines Handwerkers, der in eine der Wohnungen eines von ihm gekauften Mietshauses einziehen möchte und darum eine seiner Mieterinnen auf Räumung verklagt. Offenbar ist der Partei an seinem Sieg gelegen – vielleicht, weil er Beziehungen hat; vielleicht auch nur, weil es für ein heruntergekommenes Mietshaus gut ist, wenn der Eigentümer darin wohnt und selbst die nötigen Reparaturen erledigen kann. Jedenfalls steht im «Verteiler» eines Aktenvermerks über eine Aussprache, die mit der Mieterin im Referat Wohnraumversorgung stattgefunden hatte (nein, freiwillig gehe sie nicht aus ihrer

Wohnung heraus), auch «1 × Kreis-Ger. Gen. Taddäus, 1 × Kreisleitung Gen. Liebermann.» Die Partei ist also informiert.

Aber offensichtlich tut sie nicht genug, um für die Mieterin eine Ersatzwohnung zu finden, die diese akzeptieren möchte. Das erklärt den Brief von Herrn Taddäus, in dem er das Referat Wohnraumversorgung fragt, ob der Verklagten bald eine andere Wohnung zugewiesen werde. Wenn nicht, «bin ich gezwungen, das bei Gericht anhängige Verfahren fortzusetzen, was wir ja gemäß der gemeinsamen Absprache mit Gen. Liebermann nicht tun sollten.» Das heißt, die Partei (in Person von Gen. Liebermann von der Kreisleitung) hatte Herrn Taddäus gebeten, das Gerichtsverfahren aufzuschieben, um eine ihr genehme Lösung des Problems arrangieren zu können. Herr Liebermann hatte Herrn Taddäus *nicht* beordert, der Eigenbedarfsklage seines Protegés ohne Rücksicht auf die Interessen der Mieterin einfach stattzugeben – das hätte gegen das Gesetz verstoßen. Herr Taddäus war auch *nicht* bereit, der Partei zuliebe das Verfahren endlos auf die lange Bank zu schieben. Bei Wiederaufnahme des Prozesses würde (wie auch Genosse Liebermann zu erwarten scheint) die Entscheidung des Gerichts wahrscheinlich nicht den Wünschen der Partei gemäß ausfallen. Aber Herr Taddäus war willens, durch eine Unterbrechung des Prozesses der Partei die Chance zu einer ihr genehmen Schlichtung des Konflikts zu geben. «Einen Streitfall politisch lösen», nannte man das Verfahren.

Ich finde noch viele ähnliche Prozesse in den Akten, von denen ich vermute, dass sie eine «politische» Lösung gefunden haben. Sie sind erkenntlich an Vertagungen von Terminen, von denen viele niemals wieder aufgenommen werden, weil nach ein paar Wochen oder Monaten der Streit durch Klagerücknahme beendet wird. Manchmal mag ein ganz harmloser außergerichtlicher Vergleich der Parteien die Verzögerung verursacht haben. Aber in vielen Fällen hatten die Verwaltung oder die Partei (und oft auch beide) ihre Hand im Spiel. Vor allem Prozesse, die politische Spannungen oder Peinlichkeiten verraten konnten, wurden oft auf diese Weise abgeschlossen. So zum Beispiel 1978 eine Klage der Abteilung Jugendhilfe auf Entzug des Erziehungsrechts gegen eine alleinstehende junge Mutter, die über Ungarn in den Westen geflohen war und ihren vierjährigen Sohn bei der Großmutter zurückgelassen hatte, die ihn auch vorher oft versorgte. «Das war nicht schön von ihr», sagte auch die Großmutter über die Flucht der Tochter. Wie auch sonst oft, wollte die Abteilung Jugendhilfe den Jungen zur Adoption freiklagen: teils weil sie kleine Kinder gerne bei jüngeren Eltern unterbrachte, teils sicherlich auch als Strafe für die Republikflucht. Aber die Jugendhilfe hatte nicht mit dem Widerstand der Großmutter gerechnet, die leidenschaftlich um den Jungen kämpfte. «Was wollen Sie denn, es ist doch gar nicht Ihr Kind», hatte der Leiter der Jugendhilfe, ganz zermürbt, gesagt. «Ihr's auch nicht», hatte die Großmutter erwidert. Nach acht Monaten gab die Jugendhilfe den ungleichen Kampf auf und nahm die Klage zurück – sicherlich nicht, ohne sich vorher bei der Partei abgesichert zu haben.

Und noch ein Beispiel. In den 1980er Jahren häuften sich im Arbeitsrecht die «Gruppenklagen» von Mitarbeitern verschiedener VEBs, die sich zusammenschlossen, um vermeintlich ungerechtfertigte Benachteiligungen in Lohn- oder Prämienfragen vor Gericht zu attackieren. Der Sozialismus mochte «Gruppenklagen» nicht; vor allem nicht im Arbeitsrecht, weil sie nach Rebellion und Klassenkampf aussahen und weil Klageabweisungen in diesen Fällen (selbst wenn sie juristisch berechtigt waren) die Kläger unzufriedener und feindseliger zurückließen, als sie oft ohnehin schon waren. Daher ergingen gelegentlich Mitteilungen meines Kreisgerichts an das Bezirksgericht in Neuburg, man werde das Verfahren in einem solchen Streitfall zunächst aussetzen, um eine «politische Lösung» anzustreben. Praktisch hieß das, dass sich Kläger, Betrieb, Gewerkschaft und Partei mit dem Gericht zusammensetzten, um eine Lösung auszuhandeln, die für die Partei politisch akzeptabel war und die oft aufgebrachten Kläger jedenfalls teilweise beschwichtigen würde.

In vielem ähneln derartige Konfliktlösungen einem Vergleich im bürgerlichen Recht. Aber anders als bei einem Vergleich wurden «politische Lösungen» von Konflikten in der DDR weder von den Rechtsanwälten der Parteien initiiert (weil sie für ihre jeweiligen Klienten Kosten und Risiken vermeiden wollten) noch durch die Richter selbst (weil Richter beiderseits der Mauer gerne Zeit und Arbeit sparten). Stattdessen wurde der Kompromiss von Funktionären in die Wege geleitet, denen es weniger um die Interessen der Prozessparteien ging als um die Allmacht und das Ansehen des Staates. Manchmal schob das Gericht auch schon aus eigenem Antrieb die Bearbeitung einer politisch heiklen Frage auf, um sich bei höheren Instanzen zu erkundigen, wie in der Sache zu verfahren sei. «Ich habe zunächst noch keinen Termin angesetzt», schrieb der Kreisgerichtsdirektor in diesen Fällen ans Bezirksgericht in Neuburg.

Manchmal werden die betroffenen Bürger gar nicht gewusst haben, dass ihr Rechtsstreit von höheren Kräften in die Hand genommen worden war. In einem Kündigungsprozess aus dem Jahre 1987, zum Beispiel, beklagt sich ein vertragswidrig entlassener Musiker (und «Antragsteller») beim Bezirksgericht in Neuburg über die «Verschleppung» seines Falles durch das Kreisgericht, das seine Klage schon seit Monaten unbearbeitet gelassen habe. Was der Erzürnte nicht weiß: Dass das Bezirksgericht juristisch zwar auf seiner Seite ist, aber trotzdem alles tut, um die Gerichte aus der heiklen Angelegenheit herauszuhalten. So schreibt es in einer Wochenmeldung vom November 1987 ans Ministerium der Justiz: «Es wurden bisher sowohl beim Rat des Bezirks Neuburg als auch bei der Bezirksleitung der SED Bemühungen unternommen, das Verfahren ohne Verhandlung und Entscheidung zu beenden. Der Rechtsstreit kann nur mit dem Ergebnis abgeschlossen werden, dass der Kläger weiterzubeschäftigen ist, da eine rechtswirksame Beendigung des Arbeitsrechtsverhältnisses nicht erfolgt ist.» «Politische Lösungen» sollten der Justiz peinliche Rechts*sprüche* ebenso ersparen wie Rechts*brüche*.

Aber auch wenn sie zu einem akzeptablen Ausgang für den Bürger führten, war er doch im Namen der Partei manipuliert worden. Die Mieterin, deren Umquartierung die Genossen Taddäus und Liebermann im Sommer 1977 besprachen, zum Beispiel, erhielt am Ende eine neue Wohnung zugewiesen, die – nach ihrem eigenen Zugeständnis – ihren «Interessen entsprach». In vielen anderen Fällen – zum Beispiel bei Ausreiser-Klagen – wird die «politische Lösung» eines Falles vor allem darin bestanden haben, dem Kläger seine Klage auszureden. Die Klagerücknahmen, die in meinen Akten den manchmal unerklärlichen monatelangen Pausen in der Prozessführung folgen, werden Niederlagen ebenso kaschieren wie Erfolge. Auf jeden Fall bedeutete die Methode, dass politisch unangenehme Sachen von der Justiz in die Politik abgeschoben wurden. Das Recht – und die Autonomie-Erfolge, die Prozessieren für die Akteure mit sich bringen kann – war nur noch für politisch unverfängliche Auseinandersetzungen zuständig.

Also: Wenn die Partei an einem Rechtsstreit interessiert war, mischte sie hinter den Kulissen mit, wobei sowohl Partei wie Richter dafür Sorge trugen, die SED aus dem Gerichtssaal selbst herauszuhalten, und das Gericht sich Mühe gab – wenn es denn zur Entscheidung kommen sollte –, sie so zu treffen, dass sie mit dem Wortlaut des Gesetzes in Eintracht stand. Innerhalb der vier Wände ihres eigenen Verhandlungssaals waren DDR-Richter Positivisten – schon weil der Gesetzestext, der immerhin mit dem Segen der Partei entstanden war, die sicherste Gewähr dafür bot, dass sie den Rechtsstreit «richtig» entscheiden würden. Außerhalb des Gerichtssaals galten andere Regeln. Da war der Richter ein Genosse unter anderen und hatte mitzuhelfen, dass die jeweiligen Ziele der Partei verwirklicht wurden. Eine Arbeitsteilung also zwischen Justiz und Politik, zwischen einer engen Enklave für das Recht und einem weiten Umfeld der Parteipolitik, in der das Recht nichts zu sagen hatte. Die Richter, als Juristen und Genossen, standen mit einem Fuß in jedem der beiden Lager.

Sah die Partei es auch so? Ich beschließe, vor die rechte Schmiede zu gehen und Herrn Kosewitz selbst nach seinen Beziehungen zum Kreisgericht zu fragen. Klaus Kosewitz war von 1960 bis 1988 Erster Kreissekretär der SED in Lüritz oder, wie er selber sagt, «Ich habe die Stadt fast 30 Jahre lang regiert» – ein Prinz, der über die 80 000 Seelen von Lüritz Stadt und Land das Sagen hatte. Auch nach der Wende sprechen die Leute noch über ihn wie über einen Kleinstaat-Fürsten aus dem 19. Jahrhundert. Anhänger preisen seine Leutseligkeit: wie zugänglich er gewesen sei; wie liebevoll er seine kranke Frau im Rollstuhl versorgt habe; wie unbekümmert er mit einem Einkaufsnetz in der Hand durch die Stadt gegangen sei. Gegner kritisieren seine Eitelkeit und Herrschsucht: seine vielen Reden; dass er alles habe selbst entscheiden wollen; dass sein Bild ständig in der Zeitung habe stehen müssen. Auch Herrn Kosewitz' Gegner geben übrigens zu, dass er sich in die Arbeit des Gerichts nicht eingemischt habe. «Aber bei den Schulen!»

Herr Kosewitz ist ein kleiner, energischer, streitfreudiger Mann, mit dem es leicht ist, in ein lebhaftes Gespräch zu kommen. Ich frage ihn: Hat er sich in die Arbeit des Kreisgerichts eingemischt? Nein, nicht beim Gericht. Die Schulen seien ihm wichtiger gewesen. Aber außer bei Personalproblemen oder «Kaderfragen» habe es «Querverbindungen» zum Gericht nur gegeben, «wenn eine der beiden Seiten es initiierte». Kann er mir ein Beispiel geben? Ja, ein «weitverzweigter Skandal» über falsche Abrechnungen von Feierabend-Arbeit. Verschiedene Mitglieder des Kreisrates hatten sich bereichert; auch eine Reihe von SED-Genossen. Ein Untersuchungsrichter war vom

Bezirksgericht nach Lüritz gekommen, um die Sache aufzuklären. Aber Herr Kosewitz nutzte stattdessen die Partei zum Ausfegen des Augiasstalles. Eine Reihe von Leuten bekamen Parteiverfahren; es gab einige «strenge Rügen»; jemand wurde abgewählt. Nur der CDU-Kreisrat wurde vom Gericht vernommen. Aber es kam nicht zum Prozess. Auch der CDU-Vertreter wurde abgewählt und der Neuburger Richter reiste wieder ab. Er hatte an Herrn Kosewitz' Grenzziehung zwischen Partei und Recht, zwischen der Kompetenz der Justiz und der Lüritzer Kreisleitung, offenbar nichts auszusetzen gehabt. Wahrscheinlich wird auch der CDU-Mann mit Herrn Kosewitz' «politischer» Behandlung der Affäre zufrieden gewesen sein. Sie ersparte ihm ein Strafverfahren und den Richtern eine Menge Arbeit; ersparte der CDU und SED die Peinlichkeit einer öffentlichen Bloßstellung ihrer Funktionäre; ersparte der Partei auch die Ungewissheit darüber, was die Richter (wenn es denn zum Prozess gekommen wäre) am Ende aufdecken und bestrafen würden. Das Gericht selbst blieb unbenutzt und von Parteieinflüssen unbefleckt. Die gelegentlichen «Querverbindungen», von denen Herr Kosewitz spricht, betrafen also gleichzeitig auch Zuständigkeitsfragen. Macht ihr das oder wir?

Wenn ein Konflikt erst einmal vor den Richter kam, war das Politische an ihm also fast immer schon herausgefiltert. Wie ein Lüritzer Gewerkschaftsfunktionär mir einmal sagte: «Für Politisches waren Richter nicht da.» Diese Arbeitsteilung zwischen Macht und Recht galt nicht für Staatsanwälte; vor allem nicht für die Staatsanwälte der Ia-Abteilung des Bezirksgerichts in Neuburg, die bei der strafrechtlichen Unterdrückung von Kritik und Widerstand mit Stasi und Partei eng zusammenarbeiteten. 1968 zum Beispiel kam es in Lüritz zu einem geradezu generalstabsmäßig von Stasi, Staatsanwalt und SED-Kreisleitung geplanten Feldzug gegen eine Gruppe von Werftarbeitern, die mit den Ereignissen in der CSSR sympathisiert hatten. Nach den teils wörtlich in den Akten angeführten Aussprüchen der Angeklagten müssen die politischen Diskussionen an der Werft erstaunlich offen gewesen sein. Die Männer hatten das unehrliche DDR-Fernsehen kritisiert, auf «die Sauerei der Russen» geschimpft, hoffnungsvoll über ein mögliches Eingreifen der Westmächte spekuliert und voller Mitleid zugesehen, wie der sowjetische Einmarsch dem Prager Traum ein Ende machte: «Armes Volk, sie waren so schön im Gange.» Ich denke mir, die 14 Dissidenten werden auf der Werft mit ihrer Meinung nicht allein gewesen sein. Wahrscheinlich sollte die Aktion gegen sie die Ausbreitung ihrer gefährlichen Gedanken unter den 6500 anderen Werftarbeitern verhindern.

Jedenfalls wurde die Operation mit der Partei abgesprochen und von ihr koordiniert. Noch vor den Verhaftungen empfahl der Erste Kreissekretär, Herr Kosewitz (jetzt seit acht Jahren im Amt und mehr um die Autorität des Staates besorgt als in seinen Gewerkschaftstagen), «die Ermittlungsergebnisse propagandistisch in den Parteiorganisationen des Kreises Lüritz bzw. auf der Werft auszuwerten». Dann würden alle gewarnt sein. Ähnlich ein Fall von 1978, in dem ein besonders aufsässiger Maurer, wieder auf der Werft, nach entsprechenden Planungen (an denen diesmal außer Stasi, Staatsanwalt und Partei auch der Betrieb des Unruhestifters beteiligt war) wegen Staatsverleumdung verhaftet wurde. Jetzt – 1978 – lässt der Staat es allerdings mit einer Drohgeste bewenden. «In Abstimmung mit zuständigem Staatsanwalt, Kreisleitung Lüritz und Kreisdienststelle Lüritz (MfS)» wurde der Haftbefehl nach zwei Tagen aufgehoben, der Mann verwarnt und entlassen und eine «Auswertungsversammlung» in seinem Arbeitskollektiv inszeniert, die «der offensiven Einflussnahme auf die Verbesserung der politisch-ideologischen Situation im Arbeitsbereich des Beschuldigten dienen» sollte.

Bei derartigen politischen Aktionen zur Befestigung der Macht hatte das Gericht, wenn überhaupt, erst in der allerletzten Szene seinen Auftritt: verurteilte in unserem Beispielsfall von 1968 den Hauptbefürworter des Prager Frühlings (entsprechend dem Strafantrag des Staatsanwalts) wegen «Hetze» zu drei Jahren Freiheitsstrafe; gab 1978 dem rebellischen Maurer (entsprechend dem Strafantrag des Staatsanwalts) wegen «öffentlicher Herabwürdigung» eine Bewährungsstrafe, und setzte auch unter ähnliche Maßnahmen von Partei und Sicherheitsorganen den legitimierenden Stempel der Justiz. Die nötigen Vorschriften dazu ließen sich im Recht der DDR auch immer finden. Weil die Richter bei der Vorgeschichte der Verfahren nicht dabei gewesen waren, konnten sie sich darauf berufen, nichts anderes zu tun, als auf ihnen vorgesetzte Fakten die Gesetze anzuwenden. Sie mögen es ungern getan haben, aber ich glaube nicht, dass ihnen bei derartigen Entscheidungen das Gewissen schlug. Die allermeisten dieser Fälle wurden ja ohnehin in Neuburg abgeurteilt.

So gab es in den letzten Lebensjahren der DDR nur noch sehr wenig direkte Kontakte zwischen meinem Kreisgericht und der Partei. Ein Schreiben des Neuburger Bezirksgerichts vom Januar 1987, das noch einmal für alle seine Kreisgerichte die Regeln für ihre Zusammenarbeit mit der SED summierte, zählte nur noch vier Berührungspunkte auf: die Teilnahme des Kreisgerichtsdirektors an den Sicherheitsberatungen (über die wir schon gesprochen haben); die Berichterstattung des Direktors vor der SED-Kreisleitung (die manchmal auf Bestellung, aber in der Regel rituell einmal im Jahr stattfand); die Übersendung der Gerichtskritiken an den Ersten Sekretär der Kreisleitung (die *post festum* erfolgte, also die Unabhängigkeit der Richter nicht bedrohte) und die Mitarbeit von Gericht und Partei in der «Koordinierungsgruppe Rechtspropaganda/Rechtserziehung» der SED (über die ich nie etwas in meinen Akten fand und die es möglicherweise in Lüritz auch nicht gab). Aber das war am Lebensende des Systems. In den davorliegenden Jahren war die Demarkationslinie zwischen Macht und Recht undeutlicher gezogen.

Zu allen Zeiten konnte das System nur dann reibungslos funktionieren, wenn die Richter in ihrer Doppelrolle als Juristen und Genossen mit sich selbst im Einklang waren; wenn die rechte Hand wusste und billigte, was die linke tat. Daher die enorme Bedeutung der Kaderpolitik in der DDR, auch für die Justiz. Natürlich mussten Richter und Staatsanwälte für ihre Ernennung von der Kreisleitung bestätigt werden. Man brauchte Leute, zu denen sich, wenn nötig, «Querverbindungen» herstellen ließen und die man in der relativen Abgeschlossenheit des Gerichtssaals nicht an die Kandare nehmen musste. Man brauchte Glaubensgenossen. Wenn Westdeutsche sich «die Partei» vorstellen, sehen sie sie gern als Spinne im Netz, als böse Macht, um die sich alles dreht, die alle Fäden zieht und die ihre Opfer auf den Leim führt und verschlingt. Aber die Partei wollte nicht «Spinne» sein. Sie sah sich – wenn es denn so etwas wie ein Emblem zur Selbstbeschreibung der Partei gegeben hätte – eher als Papst: als Verkünder und Verwalter einer säkularen Religion. Wie Jünger, die ihr Gesicht auf Mekka oder Rom ausrichten, sollten Genossen nach Berlin blicken, um dort die Antworten auf alle wichtigen Fragen zu finden. «Spinne» und «Papst» ähneln einander darin, dass beide im Zentrum des von ihnen beherrschten Systems sitzen: Alle Fäden, alle Wege führen zu ihnen. Aber wie die Entscheidungen des Papstes waren auch die der Partei von moralischen Ansprüchen getragen.

Von Anfang an war die Ausbildung ostdeutscher Richter also auch auf die Vermittlung der reinen Lehre angelegt. In Volksrichter-

Zeiten, als viele der Schüler nur eine Volksschulbildung hatten, war diese Lehre simpler, plakativer, auch legendenreicher als in späteren Jahren, als Jura-Studenten, nunmehr alle mit Abitur, Vorlesungen wie «Geschichte der Arbeiterklasse» oder «dialektischer Materialismus» belegen mussten. Abschlussklausuren wie Frau Rüstigs über den «Zusammenbruch des imperialistischen Kolonialsystems und die Auswirkung auf die imperialistischen Gegensätze» wurden in den 1980er Jahren so nicht mehr geschrieben. (Sie kriegte nur eine «3–», weil sie das Problem der Weltwirtschaftskrisen «vereinfacht» hatte, was ich glauben will.) Auch die Gewichtsverteilung zwischen ideologischem und juristischem Lehrstoff verschob sich: Während sich (rein nach Seitenzahlen gemessen) noch die Hälfte aller von Frau Rüstig verfassten Examensklausuren um Ideologie drehten, schrumpfte das Ideologie-Pensum ostdeutscher Jura-Studenten in den 1980er Jahren auf etwa ein Drittel des Lehrstoffes zusammen. Was blieb, war die erstaunliche Abgeschottetheit beider Unterrichtskomplexe voneinander. Frau Rüstigs juristische Klausuren – über den Unterschied zwischen Totschlag und Mord, den Irrtum im Vertrag, die rechtlichen Folgen eines Verkehrsunfalls – hätten ähnlich auch in Westdeutschland geschrieben werden können. Ihre politischen Klausuren hätten einen westdeutschen Leser nicht einmal auf die Idee gebracht, dass ihre exotischen Themen auch etwas mit Recht zu tun haben könnten. Bei dieser schizophrenen Spaltung blieb es auch in der juristischen Ausbildung der 1980er Jahre. Die Rechtskurse nahmen jetzt allerdings mehr Zeit in Anspruch. 1985 hatte ein Jura-Student in der DDR etwa das gleiche Stundenpensum an juristischen Vorlesungen zu erledigen wie ein Kommilitone in den USA. Die Ideologie war extra.[42]

Dazu kam die staatspolitische Schulung aller Richter im Amt. Sie scheint nicht ohne Schwierigkeiten über die Bühne gegangen zu sein. Ich finde im Lüritzer Archiv eine Verfügung des Ministeriums der Justiz, die 1956 die «*Neuordnung*» der Schulung regelt, und eine andere, die zwei Jahre später die sofortige «*Wiederaufnahme*» der Schulung («in Zusammenarbeit mit der GO der SED») anweist. Zunächst werden die Grundthemen noch vom Ministerium vorgegeben (Mai 1957: «Das Beweisrecht im Strafverfahren»; Juni 1957: «Die Durchbrechung der Gesetzlichkeit im Bonner Bundesstaat und die Rechtswillkür westdeutscher Gerichte»). 1958 soll der vom Ministerium mitgeschickte Themenplan «selbstverständlich nur eine Empfehlung für die Parteiorganisationen der einzelnen Kreise» sein. Man wäre in Berlin lieber «Papst» als «Spinne» und hofft auf selbstgesteuerten Enthusiasmus und auf Wissensdurst auch an der Basis. 1981 fasst das Präsidium des Ministerrates noch einmal einen «Beschluss zur Durchführung der marxistisch-leninistischen Weiterbildung der Kader des Staatsapparates»; auch jetzt heißt es, dass die Studienobjekte «im eigenen Verantwortungsbereich» der Kreisgerichte auszuwählen seien. Aber in Lüritz hält man sich lieber an die monatliche Themenliste, die das Bezirksgericht aus Neuburg schickt. Jetzt, in den 1980er Jahren, geht es bei diesen Referaten meistens mehr um Wirtschaft als um Ideologie: «Der Volkswirtschaftsplan als entscheidendes Leitungsinstrument des Staates» (so das Thema für Dezember 1983); «Die Schwerdter Initiative zur Erhöhung der Effektivität des Arbeitsvermögens» (Januar 1984); «Die konsequente Stärkung der Exportkraft der DDR» (Februar 1984). Nicht nur die Richter müssen reihum referieren; auch die Gerichts-Sekretäre sind in die monatlichen Seminare einbezogen. Sie finden jeweils am ersten Montag eines Monats statt; nach den Kalender-Eintragungen, die ich im Holzkeller entdecke, morgens früh um sieben; eine sozialistische Morgenmette mit einer, denke ich mir, unausgeschlafenen Gemeinde. Der monatliche «Parteilehrgang» fand abends nach der Arbeit statt (auch eine müde Tageszeit) und dauerte zwei bis drei Stunden.

Die Partei kümmerte sich auch um die moralische und physische Verfassung ihrer Richter. Es wird erwartet, dass ein Richter sein persönliches Leben so lebt, dass er den Bürgern Vorbild ist. Ein Volksrichter und eine Volksrichterin, die in den 1950er Jahren zusammenleben, müssen heiraten, um ihre Ämter zu behalten – die Partei missbilligt, wenn nicht Sünde, so doch unbürgerliche Unordnung. Bevorstehende Scheidungen von Richtern werden bis nach Berlin gemeldet. In den frühen Jahren kommt es vor, dass ein Lüritzer Richter und ein Staatsanwalt entlassen werden, weil sie ihre Mitgliedschaft in der NSDAP geleugnet hatten (wobei die Lüge auf die Frage der Partei hin schwerer zu wiegen schien als die Mitläuferschaft unter den Nazis). Noch im Sommer 1989 wird Herrn Rodewaldt verboten, seine Privatinteressen durch einen Rechtsstreit durchzusetzen, weil Richter sich nicht öffentlich mit einem Nachbarn um ihren materiellen Vorteil zanken.

Dafür hilft die Partei auch, wenn ein Richter Unterstützung braucht. Als Frau Rüstig 1963 in Schwierigkeiten kommt, weil es ihr nicht gelingt, die greise Eigentümerin des Hauses, in dem die Rüstigs wohnen, dazu zu bringen, ihre TV-Antenne *nicht* nach Westen auszurichten (Frau Rüstig findet, bei der alten Dame seien radikale Umerziehungsmühen nicht mehr angebracht), hilft ihr Herr Kosewitz persönlich aus der Klemme: beschwichtigt ihre Kritiker, lobt Frau Rüstigs gute Arbeit und arrangiert einen dreiwöchigen Kuraufenthalt für die Richterin, währenddessen sich die Wogen in Lüritz wieder glätten können. Die Fernsehantenne wird nie umgedreht. Als Herr Taddäus 1982 keine Genehmigung für die Benutzung eines 1000-Watt-Heizofens in der eiskalten Pförtnerloge des Gerichts erhält (Energie sparen!), geht er zur Kreisleitung der SED, die dafür sorgt, dass der Pförtner zu seinem Ofen kommt. Als zwei Jahre später Herr Taddäus aus der Justiz ausscheiden will, weil ihm die Enge seiner Arbeit und seine Feindschaft mit der Direktorin des Bezirksgerichts zu viel werden, wendet er sich an den Ersten Sekretär persönlich, der das Unmögliche bewirkt und Herrn Taddäus' ehrenwerte Entlassung aus dem Dienst erreicht. Ohne die Hilfe der Partei konnte man ihr nicht entkommen. Noch im Herbst 1988 werden die Bezirksleitung der SED in Neuburg und die Kreisleitung in Lüritz eingeschaltet, um einen von Klatsch und Gerüchten angeheizten Streit innerhalb der Lüritzer Staatsanwaltschaft beizulegen, der eine Staatsanwältin dazu gebracht hatte, nicht mehr kandidieren zu wollen. Nichts an der Affäre hat mit Politik zu tun: Es geht um Liebesgeschichten, böse Nachreden, einen machohaften Vorgesetzten und dergleichen. Aber die Partei – ganz Papst – will nicht nur, dass der rechte Glaube, sondern auch, dass geschwisterliche Eintracht unter ihren Kindern herrscht.

Die Arbeitsteilung zwischen Politik und Recht verlangte die Verinnerlichung des Sozialismus durch die Richter. Sie sollten (wie ein Missionar im Feld oder wie ein Priester in seiner Gemeinde) im Gerichtssaal, ihrem Arbeitsplatz, allein gelassen werden können, weil ihr ideologisches Gewissen (im Sozialismus auch «Parteilichkeit» genannt) sie schon die richtigen Entscheidungen treffen lassen würde. Das hieß, dass die Partei sich auch um das ideologische Innenleben ihrer Richter kümmern musste: Bewusstseinsbildung gehörte in die Kompetenz der Politik. Als es in den späten 1950er und den 1960er Jahren für örtliche Parteiorgane zunehmend politisch unpassend wird, sich unmittelbar in spezifische Gerichtsentscheidungen einzumischen, konzentriert sich die Lüritzer Kreisleitung stattdessen umso energischer auf das sozialistische Bewusstsein ihrer Richter. Der Ansprechpartner für die ideologischen Erziehungsmühen der Partei ist die Parteiorganisation im Gericht (als Gruppe von Genossen verstanden, nicht von Richtern) und vor allem als Erster GO-Sekretär der Staatsanwalt. Er ist bei den wöchentlichen Sekretärstreffen im Büro von Herrn Kosewitz mit dabei; er schreibt die Berichte, die die Kreisleitung über die politische Stimmung im Richterkolleg aufklären sollen; und seine Aufgabe ist es, die Kollegen im Kreisgericht ideologisch auf Vordermann zu bringen.

So jedenfalls das Agitprop-Ziel der Partei. Die Protokolle der SED-Sekretariats-Sitzungen, die sich mit den ideologischen Zuständen am Lüritzer Kreisgericht befassen, erzählen eine andere Geschichte. Sie lesen sich wie eine Litanei der Misserfolge. Nach meinen Akten schlägt die Lüritzer Partei zum ersten Mal im Herbst 1958 Alarm. Es kommt zu einem «Brigade-Einsatz» der Lüritzer Kreisleitung beim Gericht, der «zu schwach entwickelte Parteiarbeit», «zu wenig politisches Bewusstsein» und «Tendenzen der Behäbigkeit» feststellt. Bei den Gerichtsentscheidungen (nun allgemein gesprochen; bestimmte Urteile werden nicht erwähnt) schwankten die Richter zwischen zu harten Strafen und «Versöhnlertum». Die Prüfer vermissen einen politischen Kompass bei der Justizarbeit: «Scheinbar fällt man von einem Extrem in das andere.» Das sieht nicht nach Verinnerlichung der wahren Lehre aus.

1965 – nunmehr im Kielwasser des Rechtspflege-Erlasses – kommt es zu zwei neuen, von der SED-Kreisleitung angeregten Untersuchungen am Kreisgericht. Die beiden Berichte darüber werden auf einer Sekretariats-Sitzung vom Juni 1965 ausgewertet und liegen in den Akten: ein vom Polizeichef und vom Staatsanwalt zusammen unterzeichneter Report über die «Durchsetzung der Parteibeschlüsse» am Gericht und eine Zusammenfassung der Kreis-Parteikontrollkommission «über den politisch-moralischen Zustand der GO Kreisgericht, Staatsanwaltschaft und Staatliches Notariat.» Beide bemängeln «bürgerliche Sachlichkeit», «Restposten alter Denkgewohnheiten» und «ideologische Windstille» in der Justiz. Bis Ende 1964 seien bei den Parteiversammlungen im Gericht «nur fachliche Fragen beraten worden». Man tröste sich über das mangelnde politische Engagement mit der Behauptung hinweg: «Wir leisten ja durch unsere fachliche Arbeit ständig Parteiarbeit.» Aber so will die Partei die Arbeitstrennung zwischen Politik und Recht nicht verstanden wissen. Wo ist der Glaube, der dem Richter hilft, sich auch bei der Justizarbeit auf die Partei zu orientieren? Herr Bald, der Kreisgerichtsdirektor, erhält eine «strenge Rüge» und wird vom Amt des Direktors (wenn auch nicht als Richter) abgesetzt; angeblich wegen persönlicher Verfehlungen, aber wahrscheinlich wegen seiner laschen Ideologie. Im September 1965 kommt es im Büro der Kreisleitung noch einmal zu einer Aussprache mit den Parteisekretären (Gericht, Staatsanwaltschaft, Notariat) in der Justiz. Ich finde einen handschriftlichen Zettel in der Akte, der einem der Parteivertreter bei dem Treffen als Spickzettel für eine Gardinenpredigt gedient haben muss: «Warum kommt ihr nicht selber zu kritischen Positionen?... Die Staatsorgane müssen ein kritisches Verhältnis zu den Rechtspflegeorganen haben.»

Das klingt nach einer Verschärfung des missionarischen Drucks auf die Justiz. Aber den Sitzungsprotokollen der folgenden Jahrzehnte nach zu urteilen, findet die ideologische Renaissance an den Gerichten doch nicht statt. Eher entdecke ich etwas, das man «Entspannung durch Routine» nennen könnte. Im Juni 1965 war der Justiz-GO am Kreisgericht noch vorgeworfen worden, dass sie die Kreisleitung nur spontan und mündlich über den Meinungsaustausch und die Stimmungen am Gericht informiere. Das scheint sich in den Folgejahren zu ändern. Jetzt gibt es schriftliche Berichte. Sie werden vom Staatsanwalt als GO-Sekretär verfasst und geben ihrem Autor Gelegenheit, am eigenen Schreibtisch, in aller Ruhe und mit der Autorität, die Druckbuchstaben innewohnt, den ideologischen Bewusstseinszustand am Gericht ins beste Licht zu rücken. Mit eilfertigen und nichtssagenden Worten schildern sie den Enthusiasmus der Kollegen für die jeweiligen politischen Ziele der Partei, beschreiben die Mühen der Justiz bei ihrer Durchsetzung, geben gelegentlich auch Fehler zu und enden immer mit der Beteuerung, dass man es in Zukunft noch besser machen werde. Aus einem Bericht des Staatsanwalts vom Mai 1969: «Wir gehen immer mehr dazu über, nicht rein fachliche, sondern echte ideologische Probleme in den Mittelpunkt der Parteiarbeit zu stellen.» Vom November 1977: «Grundsätzliche Aufgabe: die Stärkung der Kampfkraft der GO und die Erhöhung der politisch-ideologischen Arbeit.» Weiß der Himmel, was von den Beteuerungen wirklich stimmt. Einem Sitzungsbericht vom September 1968 entnehme ich, dass man sich am Gericht sehr lebhaft und mit Sympathie über den Prager Frühling unterhalten hatte. Das wird mit einer GO-Versammlung zu den Ereignissen in der CSSR wieder ins rechte Lot gebracht, auf der «alle Genossen den Einmarsch der fünf sozialistischen Länder begrüßen» und die mit dem Versprechen endet, dass am Gericht «das politische Gespräch noch verstärkt werden würde.» Jetzt hat man's schriftlich. Derartige Ankündigungen «nimmt die Kreisleitung entgegen» und legt sie zu den Akten, wo ich sie 35 Jahre später wiederfinde. Energischeres scheint in den 1970er und 1980er Jahren nicht mehr zu passieren. Gelegentlich plant das Sekretariat noch «Rechtskonferenzen» im Kreis, für die nicht das Gericht, sondern der Sicherheitsbeauftragte der Kreisleitung zuständig ist.

Dafür verlagert sich die ideologische Erziehung der Richter mehr und mehr auf die Justizbürokratie. Das Ministerium der Justiz schickt lange «Leitungsdokumente» aus Berlin zu Fragen der ideologisch richtigen Rechtsanwendung. Zusätzliche Anweisungen kommen vom Bezirksgericht in Neuburg, das seinen Lehrbriefen oft Kopien von Urteilen anderer Gerichte beilegt, die ihre Sache besonders gut und richtig gemacht haben und daher den Geschwistergerichten als Rollenmodell dienen können. Es sind lange, hektographierte Texte, die wie mürbe Teppiche von vielen blanken Flecken durchschossen sind, für die die Tinte der Kopiermaschine nicht mehr reichte, und deren makellose Glätte noch nach 40 Jahren verrät, dass sie nur selten in die Hand genommen wurden. Das befürchtet man offensichtlich auch in Neuburg und Berlin und mahnt zum Lesen. 1965 schreibt das Bezirksgericht an alle seine Kreisgerichte: «Es hat sich bei den durchgeführten Diskussionen [zum neuen Familienrecht der DDR] herausgestellt, dass nur dann eine wirkliche Diskussion zu erreichen ist, wenn die Teilnehmer den Text des Gesetzesentwurfs kennen.» «Allen Richtern zur Kenntis geben», lese ich auf einer vom Bezirksgericht übersandten Gerichtskritik von 1964. «Die Kenntnisnahme ist aktenkundig zu machen.» Oder, 1976: «Durcharbeiten und gründlich diskutieren.»

Leichter gesagt als getan. Das «Leitungsinstrument zur Verwirklichung der Beschlüsse des IX. Parteitages», das die Lüritzer Richter 1976 «gründlich diskutieren» sollten, ist 37 Seiten lang, auf milchkaffeefarbenem, seidigem DDR-Kopierpapier gedruckt, das sich beim Lesen in der Hand zusammenrollt, und mit liturgischen Beschwörungsformeln gespickt, die wie Weihrauch das eigentliche Thema des Papiers vernebeln. «Allseitige Stärkung unseres sozialistischen Staates der Arbeiter und Bauern als einer Form der Diktatur des Proletariats.» «Führende Rolle der Arbeiterklasse und ihrer marxistisch-leninistischen Partei.» Die Wortschlangen nehmen kein Ende. Auch wenn man eine Seite gerade durchgelesen hat, ist es schwierig zu sagen, was drinstand. Einer der Empfänger hat sich die Mühe gemacht, mit einem Rotstift Wichtiges zu unterstreichen, aber auf Seite 20 erlahmt sein guter Wille, und auf den nächsten 17 Seiten finde ich nur noch zwei Unterstreichungen. «Von hinten mit dem Lesen anfangen», hatte mir Herr Kosewitz empfohlen, bei dem ich mich über die Undurchdringlichkeit sozialistischer Parteiveröffentlichungen beklagte. Manchmal hilft der Rat, weil viele der Papiere dem gleichen rhetorischen Muster folgen: Allgemeinheiten über die historische Rolle der Partei; die weltpolitische Lage; die Situation in der DDR – und erst dann, fast wie ein Nachgedanke, das konkrete Problem, das für die Abfassung der Epistel der eigentliche Anlass gewesen war.

Aber «von hinten lesen» ist etwas anderes als «gründlich durcharbeiten». Der Wortwust der Parteitexte erstickte, was sie ihren Lesern – vielleicht – an Glaubens-Funken überhaupt vermitteln konnten, und lehrte sie stattdessen, auf die Lektüre so wenig Zeit wie möglich zu verwenden. Weil auch die Partei argwöhnte, dass ihre Ermahnungen ins Leere gingen, forderte sie Beweise für die Aufmerksamkeit ihrer Schüler an: verlangte, dass alle Richter ihre Paraphe auf einen Mahnbrief setzten oder dass das Gericht über eine gemeinsame Beratung eines Textes nach Neuburg und Berlin Bericht erstattete.

Aber schon in den doch eigentlich noch ziemlich glaubensfesten 1950er und 1960er Jahren finde ich Beschwerden der Justizverwaltung in den Akten darüber, dass «Unmengen von Telefongesprächen» nötig seien, um die Kreisgerichte zur Übersendung von derartigen Berichten zu bewegen. Informationen werden immer wieder angemahnt. Um etwas Regelmäßigkeit in das System zu bringen, führt das Justizministerium in den 1970er Jahren «Berichtsblätter» zur staatspolitischen Weiterbildung der Richter ein, auf denen die erwünschten Reaktionen der Belehrten, schon nach Rubriken unterteilt, nur noch in die freigelassenen Stellen eines Fragebogens einzutragen sind: «inhaltliche Schwerpunkte», «aufgetretene Probleme», «Vorbereitung», «Schlussfolgerungen». «Schlussfolgerungen wurden in der Weise gezogen, dass die Schulungsveranstaltung für jeden von Interesse war», lese ich über ein Treffen im November 1976. Und sechs Monate später: «Schlussfolgerungen: intensivere Vorbereitung durch Selbststudium.» Aber bald werden die Meldungen lakonischer.

Die «Schlussfolgerung» für die marxistisch-leninistische Schulung am 26.3.1979: «Die bisherige Form der Schulung kann beibehalten werden.» Am 21.1.1980: «keine». Am 30.11.1981: «keine». Am 25.11.1982: «Wie immer.» Bei einer Marxismus-Leninismus-Schulung [ML] im Dezember 1988 fehlen ein Drittel aller zur Teilnahme verpflichteten Mitarbeiter am Gericht; davon zwei «unentschuldigt zum wiederholten Male». Aber auch die Anwesenden scheinen sich kaum noch mit Marxismus-Leninismus abzugeben. In einem Richtertagebuch von 1986 (im Holzkeller gefunden) sind die meisten monatlichen Schulungsstunden mit einem Querstrich notiert: «ML/ Schöffenschulung», «ML/Kommunalpolitik.» Hier hat man offenbar die ideologische Stunde genutzt, um praktische Probleme zu besprechen. Dass in den letzten Jahren in den ML-Morgenstunden fast nur noch täglich anfallende Justizprobleme erörtert wurden, hatte mir auch Frau Walter schon erzählt. Am Ende ist man also bei dem Zustand wieder angelangt, den die Lüritzer Kreis-Parteikontrollkommission schon 1965 kritisiert hatte: dass nämlich bei Parteiversammlungen im Gericht «nur fachliche Fragen beraten wurden».

Natürlich heißt das alles nicht, dass meine Lüritzer Richter und Staatsanwälte politische Dissidenten gewesen wären. Aber es heißt, dass den allermeisten von ihnen (die frühen Volksrichter vielleicht ausgenommen) die Juristerei wahrscheinlich mehr am Herzen lag als die Politik. Die Partei, die doch so gerne Papst gewesen wäre, konnte sich immer weniger auf ihre Glaubensfestigkeit verlassen. So wurde sie der Justiz gegenüber zunehmend argwöhnisch und aufpasserisch.

Zu den aufschlussreichsten Papieren, die ich im Holzkeller gefunden habe, gehören auch zwei amtliche Beschreibungen der Eigenschaften, die ein Richter in der DDR besitzen sollte; die erste aus dem Jahre 1969, die zweite aus dem Jahre 1988. Die Unterschiede zwischen beiden Dokumenten verraten auch die ideologische Ernüchterung, die in den zwei Jahrzehnten stattfand, die die Listen voneinander trennen. Der Text von 1969 ist eine «Konzeption für die Erarbeitung der Beurteilungen» für Richter, die das Bezirksgericht zur Vorbereitung der anstehenden Richterwahlen an seine Kreisgerichte schickte. Er zählt eine lange Reihe von Kriterien auf, die Richterkandidaten zu erfüllen haben. An erster Stelle steht «das Verhalten der Genossen im Prozess der Arbeit»: Leistungsfähigkeit, Einsatzvermögen, Selbstständigkeit, Zuverlässigkeit, realistische Selbsteinschätzung und dergleichen. Dann kommt, unter 2.), «das politische

Verhalten und die weltanschauliche Einstellung» des Kandidaten. Aber wie die folgenden Sub-Kategorien verraten, sind auch die politischen Erwartungen an einen Richter nicht ideologiebesessen, sondern ganz pragmatisch auf seine Mitarbeit am Aufbau einer neuen Gesellschaft ausgerichtet: «Bereitschaft, gesellschaftliche Aufträge zu erfüllen», «Einstellung zum Neuen», «Leiterfähigkeiten und -methoden». Von der grundsätzlichen Machbarkeit dieser neuen Gesellschaft einmal abgesehen, hat man den Eindruck einer vernünftigen und praxisorientierten Justizverwaltung. Die Bundesrepublik wird in dem 1969er Text nicht erwähnt.

Auch das 1988er Papier enthält «Kriterien für die Einschätzung der Kader», vom Justizministerium ausgearbeitet und vom Bezirksgericht an seine Kreisgerichte weitergeleitet. An erster Stelle der erwünschten Richterqualitäten stehen nun «Probleme der ideologischen Haltung und Entwicklung» des Beurteilten, darunter vor allem «das Verhältnis zur SED», «die Bereitschaft... zur Umsetzung von Parteibeschlüssen» und «die ideologische Grundhaltung... zur Politik der Abgrenzung von der imperialistischen BRD». Als Nächstes kommen «Probleme der sozialistischen Arbeitsmoral», aber nicht etwa pragmatisch verstanden, sondern ebenfalls als Ausdruck politischer Loyalität gesehen, wie zum Beispiel «Staatsdisziplin» oder «Wahrung der Sicherheit und Wachsamkeit». Erst an vierter Stelle auf der langen Liste, und auch dort erst am Ende eines Paragraphen, finde ich die Eigenschaften, die ein Richter zur fachmännischen und termingerechten Erledigung seines Arbeitspensums braucht, wie «Effektivität der Arbeit» oder «Kenntnisse und Erfahrungen». 1988 wagt die DDR-Justizverwaltung kaum noch auf erstklassige Rechtskenntnisse ihrer Richter zu bestehen. Auch auf ihren Glauben an den Sozialismus kommt es nicht mehr an. Was zählt, ist nur noch ihre Treue; nicht als innere Verbindung und Verpflichtung verstanden, sondern – wie für einen Liebhaber, der weiß, dass er die Zuneigung seiner Dame schon seit langem verloren hat – als Zurückhaltung gegenüber anderen Verehrern. Ein sozialistischer Richter darf nicht mit dem Westen flirten.

Zwar war die DDR-Justiz ihr ganzes Leben lang von dem Vergleich zum bundesdeutschen Rechtssystem besessen, ja, wie ein Kaninchen auf die Schlange, geradezu auf es fixiert. Während es für einen ostdeutschen Richter praktisch unmöglich war, sein Amt aus Unfähigkeit zu verlieren, mussten in der 40jährigen Lüritzer Rechtsgeschichte drei Richter ihre Arbeit wegen «Kontaktproblemen» niederlegen – alle übrigens nicht wegen eigener Westkontakte, sondern, gleichsam in Sippenhaft, weil ihnen Nahestehende sich mit dem Klassengegner eingelassen hatten. Frau Döring wurde 1953 abberufen, weil ihre Tochter in den Westen geflohen war. Herr Machnow flog 1982 aus dem Amt, weil sein Stiefsohn über eine Drittadresse von einer Tante in Westdeutschland ein paar Armbanduhren erhalten und sie auf dem schwarzen Markt in Lüritz verkauft hatte. Die für mich unverständlichste Absetzung eines Richters betrifft Frau Christiansen – ja, die tüchtige und dem Sozialismus mit so viel Überzeugung dienende Volksrichterin Frau Christiansen –, die 1965 über Nacht aus den Lüritzer Justizakten verschwindet. Ich erfahre erst von Frau Rüstig, warum: weil ihr 16-jähriger Sohn Lars, Lehrling bei der DDR Handelsmarine und, wie Frau Rüstig mir berichtet, schon immer jemand «mit eigenem Kopf», bei der Passage seines Schiffs durch die Enge von Gibraltar von Bord sprang, um den Westen schwimmend zu erreichen und ertrank. Die Geschichte wird noch schlimmer. Von allen Lüritzer Richtern, die vorzeitig und in Ungnade aus dem Amt scheiden müssen, wird nur Frau Christiansen von dem System nicht nur bestraft, sondern auch fallengelassen. Alle anderen werden, wie ein Kind von erzürnten Eltern, nach der Strafe wieder aufgefangen. Frau Döring wird nach ihrer Abberufung Leiterin der Jugendhilfe. Herr Machnow findet neue Arbeit als Justitiar der Abteilung Gebäudewirtschaft. Und auch Herr Taddäus, der zwar mit dem widerwilligen Segen der Partei, aber in Widerspruch zu ihrem Prinzip der praktischen Unkündbarkeit des Richteramtes durch den Richter selbst, aus dem Dienst scheidet, findet mit Herrn Kosewitz' Hilfe eine Tätigkeit als Justitiar des Lüritzer Kreiskrankenhauses. Nur Frau Christiansen verschwindet nicht nur aus den Akten, sondern auch aus der Stadt. Ich frage Frau Rüstig, wie sie sich die unmenschliche Reaktion der Partei erklären kann. «Das konnten sie auch nur mit einer alleinstehenden Frau machen», sagt Frau Rüstig. Wie soll ich das verstehen? Waren es Frau Christiansens wiederholte Auseinandersetzungen mit den männlichen Kollegen von der Lüritzer Staatsanwaltschaft, die ihre Position besonders verletzlich machte? Oder wurde sie so hartherzig verstoßen, gerade weil sie vor ihrem Fall ein Lieblingskind der Partei gewesen war?

Aber auch wenn zu allen Zeiten in der DDR «Kontaktprobleme» Grund genug waren, um einen Richter aus dem Amt zu werfen, unterscheiden sich doch die frühe und die späte Westphobie der ostdeutschen Justiz. In den 1960er Jahren wird die Bundesrepublik nicht nur angegriffen, sondern auch als ideologische Konkurrentin ernstgenommen. Immer wieder finde ich Vergleiche zwischen Ost- und Westdeutschland in meinen Akten, in denen zum Beispiel die niedrigere Kriminalitätsrate der DDR oder ihre eifrigere Verfolgung von Nazi-Tätern herausgestrichen wird. Gelegentlich entdecke ich sogar schüchterne Hoffnungen von DDR-Juristen auf Anerkennung durch den geschmähten großen Bruder. Nach dem Erlass des neuen Strafgesetzbuches von 1968 verschickt das DDR-Justizministerium ein vertrauliches Schreiben an alle Gerichte, das von «Reaktionen westdeutscher, westberliner und ausländischer Publikationsorgane auf das neue sozialistische Strafrecht» erfahren will. Neben zornigen Erwiderungen auf westdeutsche Kritik wird auch, nicht ohne Stolz, verhaltenes westdeutsches Lob zitiert. Als 1969 eine westdeutsche Dissertation die Mühen der DDR-Juristen bei der Transformation eines ererbten bürgerlichen Rechtssystems in sein sozialistisches Gegenstück beschreibt,[43] wird der unverhofft sachliche Bericht der wissenschaftlichen Anfängerin von der Partei so ernst genommen, dass das Politbüro eine Kommission einsetzt, die sich mit ihren Argumenten auseinandersetzen soll.[44]

In den späten 1970er und 1980er Jahren geht es der ostdeutschen Justiz nur noch um die eindeutige und fast panische Abgrenzung zum Westen. Im Mai 1978 erlässt das Ministerium der Justiz eine Rundverfügung «Zur weiteren Durchsetzung der Ordnung und Sicherheit im Bereich der Justiz», die, soviel ich sehen kann, die Abschottung ostdeutscher Justizangehöriger gegenüber dem Westen zum ersten Mal quasi-gesetzlich regelt. «RV 7/78» ist Verschluss-Sache, und ich finde im Lüritzer Archiv nur eine Abschrift ihrer wichtigsten Bestimmungen. Die Anordnung verbietet alle außerdienstlichen Westkontakte und Westreisen für alle Mitarbeiter der Justiz. Ausnahmen für Postkontakte und für Besuche bei Verwandten ersten Grades können durch den Direktor des Bezirksgerichts *mündlich* genehmigt werden. Für den Direktor eines Kreisgerichts gilt die Ausnahmebestimmung nicht: Er kann frühestens drei Jahre nach seinem Ausscheiden aus dem Amt um die Erlaubnis zu Familienreisen in den Westen bitten. Anlässlich einer Neufassung der Rundverfügung kommt im Dezember 1985 eine Anfrage vom Bezirksgericht, das wissen will, ob es in Lüritz «im Kollegium besondere Diskussionen zu dieser Ordnung» gegeben habe. Das weiß ich nicht. Aber ich weiß, dass im Herbst 1986 Herr Taddäus, nunmehr seit zwei Jahren nicht mehr Direktor des Kreisgerichts, sondern Justitiar beim Bezirkskrankenhaus in Lüritz, eine Reisegenehmigung zur Silberhochzeit seines Bruders in Westdeutschland beantragt und dass sein Antrag unter Berufung auf RV 7/78 abgelehnt wird. Auch eine Eingabe an den Papst in Berlin persönlich ändert an der Entscheidung nichts. Herrn Taddäus' sieben Seiten langer Brief an Erich Honecker ist eine emotionale Schilderung aller Opfer, die der Schreiber dem Sozialismus gebracht habe, und von gallenbitterer Enttäuschung durchzogen. Er schäme sich, auf Aufforderung der Partei die Beziehungen zu den inzwischen gestorbenen Eltern und den Geschwistern in Westdeutschland abgebrochen zu haben. «Wenn wir manchmal über den Sinn unseres Lebens nachgedacht haben, glaubten wir, die Achtung vor uns selber verloren zu haben.»

Aber es nützt nichts: Die Petition an Honecker wird ans Bezirksgericht in Neuburg weitergeleitet, das die neue Direktorin des Kreisgerichts, Frau Walter, beauftragt, ihrem ehemaligen Kollegen den abschlägigen Bescheid in einer «klärenden Aussprache» mitzuteilen. Es war ein peinliches Gespräch, erzählt Frau Walter. Aber Regeln sind Regeln; für Richter mehr noch als für andere Leute. Als im Juni 1986 die RV 7/78 für andere Justizfunktionäre aufgehoben wird, erstreckt sich die Entspannung nicht auf Richter: Für sie sind Westkontakte weiterhin tabu. «Was glauben Sie, was geschehen wäre, wenn ich ohne Parteiabzeichen im Gericht erschienen wäre», erzählte mir ein ehemaliger Richter des Obersten Gerichts der DDR über seine letzten Jahre und Monate im Amt. Die äußere Loyalität der Richter musste jetzt ihre innere ersetzen.

In Lüritz führt die ideologische Routine und Verflachung in der Justizarbeit zwar zu ihrer zunehmenden Professionalisierung, aber nicht zu größerer Autonomie der Richter. Aber die direkte Abhängigkeit der Justiz von der Partei wird zunehmend durch ihre Abhängigkeit von der Justizbürokratie ersetzt. Die hierarchische Struktur, in der die Richter operieren, verändert sich. Wenn in den 1950er und 1960er Jahren die SED-Kreisleitung vor Ort Justizpolitik betrieb (erst durch direkte Einflussnahme, dann durch Bewusstseinsbildung am Gericht), ist es jetzt vor allem das Bezirksgericht, das die in Berlin von der Partei, dem Ministerium der Justiz und dem Obersten Gericht ausgehandelte Rechtspolitik an seine Kreisgerichte weitergibt.

Zwar hatte das Ministerium der Justiz schon seit den allerersten Lebensjahren der DDR die Arbeit seiner Instanzgerichte durch Inspektoren aus Berlin oder durch Revisionen der Justizverwaltungsstellen der Bezirke überwachen lassen. Wegen der wackeligen Rechtskenntnisse der Volksrichter und ihrer mangelnden Erfahrung in Verwaltungsdingen war das zunächst auch nötig. Von Frau Christiansen (die ihre Justizkarriere als Inspekteurin begann, bevor sie 1953 Richterin in Lüritz wurde) finde ich besorgte Urteile über die Inspizierten in den Akten. «Wird kaum zu fördern sein», schreibt sie 1952 über eine Volksrichterin in Neuburg. «Seine Rechtskenntnisse sind ausreichend», heißt es 1953 über einen frischgebackenen Kreisgerichtsdirektor in Neuburg/Stadt. Aber «er hat Schwächen in der deutschen Sprache» – und dass der Überprüfte gelegentlich im Kurzwarengeschäft seiner Schwiegereltern als Verkäufer aushilft, «ist auch unangebracht».

So schweifen die Inspekteure aus Berlin durchs Land: hospitieren bei Gerichten; lesen Urteile; sprechen mit den Richtern; erkundigen sich nach Arbeitslasten, Personalsorgen und Bürgerreaktionen; überprüfen «Wachsamkeit und Ordnung» im Gericht, Buchführung und Rechtschreibung; loben und tadeln, und versuchen, die Überprüften auch ideologisch auf Trab zu bringen. In den Lüritzer Urteilen zum Familienrecht «wird zu wenig das Wesen der Ehe gewürdigt», lese ich in einem Inspektionsbericht vom März 1954. Oder ein paar Monate später über ein Strafrechtsurteil: «Das Kreisgericht hatte nicht erkannt, dass die Handlung des Angeklagten den Klassenkampf auf dem Lande in prägnanter Form widerspiegelte.» Im November 1953 kostet es zwei Inspekteure und einen Sachbearbeiter zusammen 72 Arbeitsstunden, um die Arbeit des Kreisgerichts Lüritz/Stadt gründlich zu durchleuchten; im März 1955 brauchen sie 100 Arbeitsstunden für Lüritz/Land.

Zu Anfang sind die Inspektionsberichte nach Berlin sachlich und detailgespickt, ohne lange politische Vorreden, und auch in ihren ideologischen Kritiken praxisorientiert. Bei einer so zusammengewürfelten und untrainierten Richterschaft muss die Justizverwaltung wissen, wie es an der Basis aussieht. «Wir danken Ihnen für Ihren guten und umfangreichen Bericht», schreibt das Ministerium 1952 an Frau Christiansen. Aber mit der sich immer mehr verbessernden juristischen Ausbildung der Richter in der DDR scheint die politische Funktion der Überprüfung in den Vordergrund zu rücken. Im August

1958 geht es den Inspekteuren um die Auswertung des V. Parteitages am Gericht; im September 1961 um die «Reaktion der Justiz- und Sicherheitsorgane auf provokatorische Reaktionen gegen die Maßnahmen der Regierung», mit anderen Worten: den Mauerbau. Das Ministerium sorgt für Linientreue am Gericht.

Aber die regelmäßigen Kontrollbesuche und das Zusammenspiel von Kontrolleuren aus Berlin, der Justizverwaltungsstelle im Bezirk und dem Bezirksgericht schaffen auch Probleme. Richter und Ministerialbeamte sind sich nicht einig in der Frage, ob die Überwachung der Gerichte besser von außen durch Abgesandte des Ministeriums oder innerhalb der Justiz durch die übergeordneten Gerichte zu bewerkstelligen sei. Im Justizministerium beklagt man sich über die Spontaneität und fehlende Formalität mancher Überprüfungen. Im April 1957 kritisiert Hauptinspektor Weise vom Ministeriums der Justiz [MdJ] eine «gewisse Tendenz» der Revisionen, statt mit schriftlich festgehaltenen Dienstbesprechungen «zu sehr mit persönlichen Notizen und Gesprächen über den Schreibtisch» zu arbeiten. «Das erschwert nicht nur Kontrolle und Selbstkontrolle, sondern verführt auch zu einer gewissen Zufälligkeit der Arbeit.» Inspektionsberichte verraten, dass die überwachten Richter sich über zu viele Berichtspflichten beschweren und gelegentlich versuchen, die unterschiedlichen Belehrungen verschiedener Inspekteure gegeneinander auszuspielen. Ein Bericht des MdJ vom Februar 1972 bemängelt die «Uneinheitlichkeit» der Überprüfungstätigkeit, die es erschwert, die Kontrolleure ihrerseits zu kontrollieren. «Eine generelle Schwäche besteht noch in der unmittelbaren Einflussnahme auf die Richter im Prozess der Arbeit. Das liegt an der unzureichenden operativen Tätigkeit der Bezirksgerichte und an den fehlenden Hospitationen in den Verhandlungen.» Mit anderen Worten, statt unsystematisch und diffus von außen in ihre Arbeit reinzureden, wäre es vielleicht besser, die Kontrolle der Untergerichte den sachlich und örtlich näheren Berufungsgerichten zu überlassen.

So kommt es auch. Im Laufe der 1970er Jahre werden die Visitationen der Ministerialbürokratie in Lüritz seltener. Der Jahresplan des Justizministeriums für 1979 sieht nur noch Besuche bei zwei Kreisgerichten im Bezirk Neuburg vor, keiner davon in Lüritz. Die Inspektionsberichte, die ich für die späten 1970er Jahre in den Akten finde, beschreiben Finanzrevisionen, die unter der Regie des Neuburger Bezirksgerichts die Kassenbücher meines Kreisgerichts und die Beachtung all der Haushaltsregeln überprüfen, mit denen ein verarmter und verplanter Staat versucht, die Kosten der Justiz in Schach zu halten. Um Ideologie geht es bei diesen Inspektionen nicht.

Die wird jetzt professioneller und auch eleganter durch das Bezirksgericht in Neuburg und durch berufliche Tagungen und Treffen aller Art vermittelt, auf denen immer noch Experten aus Berlin, aber nicht mehr Inspekteure, sondern Professoren, Richter des Obersten Gerichts oder hohe Ministerialbeamte die Kreisrichter beruflich und politisch auf dem laufenden halten. Es gibt «KGD-Tagungen», bei denen die Direktoren aller Kreisgerichte im Bezirk zusammenkommen; «Fachrichtertagungen», auf denen es um ein bestimmtes Rechtsgebiet wie Strafrecht oder Arbeitsrecht geht, und eine Fülle von «Arbeits-» und «Dienstbesprechungen» im Lüritzer Gericht. All diese Treffen waren hierarchische Affären: Jemand von oben sagte meinen Richtern an der Basis, was sie tun und denken sollten. Bei Direktorentagungen referierten in der Regel hohe Partei- und Justizfunktionäre; bei Fachrichtertagungen kamen Richter vom Bezirksgericht dazu; Arbeitsbesprechungen im Gericht wurden von der Direktorin oder dem Direktor geleitet, gelegentlich in Gegenwart eines Besuchers vom Bezirksgericht. Zum Mindesten bei den aushäusigen Veranstaltungen gab es keine Kritik von unten. Die Tagungen «waren ganz straff organisiert», erzählte mir die ehemalige Direktorin des Bezirksgerichts, Frau Nissen. «Da verstand keiner Spaß.» Ein «Reservekaderlehrgang für künftige Kreisgerichtsdirektoren» vom August 1983, zum Beispiel, dauerte drei Wochen, mit Vorträgen von 8 bis 12 und 14 bis 18 Uhr, einer Leseliste von 23 Titeln und einer einzigen «Wochenendheimfahrt» in der Mitte. Da war für das Hin und Her von Diskussionen keine Zeit. «Wir haben unsere Richter auch durch Überlastung gegängelt», sagte Frau Nissen. Der Satz war für den Arbeitsalltag meiner Richter gemeint, aber er konnte auch für die vielen Tagungen und Kurse gelten.

Ich habe im Holzkeller eine Reihe von Notizbüchern gefunden, die von Lüritzer Teilnehmern an Richtertagungen stammen, darunter auch vier Kolleghefte, die Frau Walter zwischen 1981 und 1990 führte. Statt mit gedruckten Gesetzeskommentaren (die schnell veralteten und von denen es in der DDR nur eine Handvoll gab), arbeiteten ostdeutsche Richter mit selbstgeschriebenen Notizbüchern und Zetteln, um auf dem Laufenden zu bleiben. Die Quelle ihrer Weisheit war nicht, was westdeutsche Juristen «die H. L.» nennen, die «herrschende Lehre», die den jüngsten Stand von Wissenschaft und Praxis reflektiert, sondern das, was Höherstehende in der Justizbürokratie ihnen auf Richtertreffen aller Art erzählten. Natürlich war der Ausgangspunkt einer richterlichen Entscheidung, wie in Westdeutschland, der Gesetzestext. Aber die Interpretationen kamen aus Berlin. Weil sie sich, zusammen mit der Linie der Partei, leicht ändern konnten, war es wichtig, auf dem jeweils letzten Stand zu bleiben. Daher die Sorgfalt, mit der Frau Walter und ihre Lüritzer Kollegen das auf Richtertagungen Gelernte niederschrieben.

Ihre Notizen zeigen die allumfassende Kontrolle, um die es ging. Manche Lektionen waren praktisch: «Bei größeren Räumungsvollstreckungen Spedition beauftragen und Umzugsversicherung abschließen», schreibt Frau Walter im Juli 1983 in ihr Heft. Ich finde Hinweise zu Gesetzesauslegung («Vorbereitung zur Republikflucht schon dann, wenn Täter Sachen ins NSW [nicht-sozialistisches Wirtschaftsgebiet] bringt, um sie sich zu sichern»); zu Rechtsprechungstendenzen («bei § 249 [asoziales Verhalten] Strafbemessung zu hoch»); zu Verfahrensfragen («bei § 249 in Zukunft keine Urteilsausfertigung für den Angeklagten mehr geben; Urteilsverkündung gilt als Zustellung»); zur Wiedereingliederung von Verurteilten («bei Grenzdelikten im gleichen Umfange zu prüfen, wie bei anderen Straftaten»). Auch um die ideologische Rückenstärkung ihrer Richter geht es den Dozenten. «Erhaltung des Friedens – Hauptaufgabe», notiert Frau Walter auf einer Fachrichtertagung im März 1983. Und ein Jahr später, bei ähnlicher Gelegenheit: «Wir brauchen die Hingabe der Menschen für unsere edlen Ziele.» Entdecke ich einen Hauch von Ironie in der genauen Wiedergabe der Beschwörungsformel?

Das waren die *präskriptiven* Formen der Steuerung; Hinweise darauf, wie in Zukunft zu verfahren sei. Sie werden ergänzt durch *nachträgliche* Evaluierungen der Arbeit meiner Richter: Kritik an Fehlern, die sie schon gemacht haben. Auf Direktoren- und Fachrichtertagungen sind derartige Kritiken meistens allgemein gefasst: Nicht ein bestimmtes Urteil wird vom Vortragenden aufs Korn genommen, sondern generische Rechtsprechungsfehler werden bloßgestellt («mehr Wahrung der Staatsautorität» im Strafrecht, etwa). Auch bei den Dienstbesprechungen im Gericht geht es meistens um allgemeine Probleme der Rechtsprechung und Arbeitsorganisation. «Festgestellt, dass bei Neu. monatelang Statistik nicht erledigt», heißt es zum Beispiel in einem Protokoll vom März 1983 (Was, bei der resoluten Frau Neumann?), oder im März 1986: «Bearbeitungsfristen für Eheverfahren müssen kürzer werden.» (Die Fristen machten allen DDR-Gerichten zu schaffen: Die Kombination von Arbeitsüberlastung und sozialistischer Gemächlichkeit in der Justiz ließ die Listen der Rückstände überall im Lande immer länger werden.) Aber gelegentlich konnten Dienstbesprechungen auch sehr konkret werden. Bei einer Besprechung im März 1985, zum Beispiel, kritisiert ein Gast vom Neuburger Bezirksgericht, wie es scheint, eigens zu diesem Zwecke angereist, die Lüritzer Rechtsprechung zu Vergewaltigungen. «Auffallend beim KG: Bewährungsverurteilungen», steht im Protokoll der Sitzung. «Deswegen Akten angesehen. In zwei Fällen Entscheidungen falsch... Bei derartigen Straftaten sind Bewährungsstrafen die Ausnahme. Mit Ri. auswerten.» «Ri.» – in diesem Fall Herr Sailer, einer von den alten Richtern, schon seit 1963 mit dabei und sehr oft krank – wird sich in Zukunft hüten, bei Vergewaltigungen Bewährungsurteile auszusprechen. Ganz gut so, denke ich. Aber was ist mit seiner von der Verfassung versprochenen «Unabhängigkeit»? Zumal die Sitzungsprotokolle aller Dienst- und Arbeitsbesprechungen meines Kreisgerichts ans Bezirksgericht in Neuburg weitergeschickt wurden, damit man dort jedem einzelnen Lüritzer Richter auf den Fersen bleiben konnte.

Auch die DDR-Justizverwaltung scheint sich über die «Unabhängigkeit» ihrer Richter Gedanken gemacht zu haben. Die «Anleitung» der Rechtsprechung durch die DDR-Instanzgerichte – die endlosen Berichterstattungen, Überprüfungen, Anweisungen und Kritiken von oben, denen die Richter an der Basis ausgesetzt waren – boten zahllose Gelegenheiten, bei denen Oberrichter ihrem Fußvolk einfach sagen konnten, wie sie in einem konkreten Falle zu entscheiden hatten. Aber sie taten es in der Regel *nicht,* oder jedenfalls nicht, bevor ein Richter ein bestimmtes Urteil fällen würde, oder doch nicht in so *kruder* Form, dass dem belehrten Richter nicht die Möglichkeit geblieben wäre, anders zu entscheiden, und jedenfalls nur selten in politisch *unverfänglichen* Prozessen, und anscheinend *auch nicht gerne.* Wie wir gesehen haben, waren Staatsanwälte etwas anderes. Ein Strafvorschlag des Staatsanwaltes wurde vor der Hauptverhandlung im Staatsanwaltskollegium abgesprochen und in politisch wichtigen Fällen von oben, und manchmal auch von ganz oben, vorgeschlagen oder abgesegnet.

Aber die Anleitung von Richtern war verhüllter; vielleicht den Beteiligten auch peinlicher als die Anleitung von Staatsanwälten. Ich weiß davon nicht aus den Lüritzer Urteils-Akten selbst (in denen Anleitungen, außer gelegentlichen kleinen Umlaufzetteln, die die *Rücksendung* einer Akte vom Bezirksgericht verraten, keine Spuren hinterließen), sondern nur aus den Wochenmeldungen des Bezirksgerichts an die Justizbehörden in Berlin. In Wald- und Wiesen-Fällen wurden «falsche» Urteile meiner Richter meistens erst nachträglich durch Berufungen und Kassationen korrigiert. Wenn es dafür zu spät war, blieb es eben bei der bemängelten Entscheidung. «Zeitlich keine Kassation mehr möglich», heißt es zum Beispiel in dem Protokoll, das Herrn Sailers Milde bei Vergewaltigungen kritisierte. Es lohnte sich nicht, derartige Entgleisungen durch die *vorherige* Kontrolle von Gerichtsentscheidungen zu vermeiden. Die Kosten an Legitimität, an Zufriedenheit der Richter, die reinen Verwaltungskosten einer derartig umfangreichen Kontrolle wären viel zu hoch gewesen.

Oft war die präventive Überwachung der Justiz auch gar nicht nötig. Meine Lüritzer Richter fragten in komplizierten Fällen ganz von selbst in Neuburg an, wie wohl am besten zu verfahren sei, und das Bezirksgericht reichte diese und andere Fragen an das Oberste Gericht oder das Justizministerium weiter. Der Ton bei derartigen Erkundigungen war höflich und kooperativ. «Unserer Ansicht nach ...», schreibt das Bezirksgericht zum Beispiel und erläutert, wie es einProblem in Angriff nehmen möchte. «Keine Bedenken», kommt vielleicht die Antwort aus Berlin. Bis Nachricht von oben kommt, wartet das Kreisgericht mit seiner Anberaumung von Terminen. Das System ist in den 1980er Jahren so gut eingespielt, dass man beim Lesen dieser Akten nicht den Eindruck von Ressentiments oder Spannungen zwischen denen oben und unten hat, sondern eher den einer zwar straff geführten, aber auch kameradschaftlichen Zusammenarbeit. Alle Beteiligten sind Arbeiter im Weinberg der Justiz, und jeder tut an seinem Platz das Beste, um richtige Entscheidungen zu treffen. Auch als das Bezirksgericht in Neuburg einmal ein Arbeitsrechtsproblem anders entscheidet, als die Juristen der beliebten Fernsehsendung «Alles, was Recht ist» vorgeschlagen hatten, schickt es sein Urteil vorsichtshalber zur Kommentierung an das Ministerium der Justiz – die TV-Juristen hatten ihre Meinung angeblich mit dem Staatssekretariat für Arbeit und Löhne abgestimmt, und das Bezirksgericht will mit seinem Urteil nicht aus der Reihe tanzen. Dass die Fernseh-Leute keinerlei *Mandat* für die Entscheidung von Rechtsfragen hatten, machte in diesem auf Einigkeit versessenen Rechtssystem anscheinend nicht viel aus. Alle – ob mit oder ohne Rechtsprechungsbefugnissen – sollten harmonieren. In einem solchen Klima musste die richterliche Unabhängigkeit, die sozusagen im Alleingang aufblüht, selbst dann, wenn sie im Prinzip gebilligt wurde, sehr verletzlich sein.

Das war sie auch, sobald sie mit anderen wichtigen politischen oder gellschaftlichen Zielen in Konflikt geriet. Hier ist ein Beispiel. Im Januar 1985 erfährt das Bezirksgericht in Neuburg, dass ein Neuburger Krankenhaus eine Patientin auf Bezahlung ihrer Entbindungskosten verklagt habe, die wegen der langjährigen Arbeitslosigkeit der Frau nicht von der DDR-Sozialversicherung getragen würden. Den Bezirksrichtern will nicht in den Kopf, dass im Sozialismus eine arbeitslose Mutter ihre eigenen Entbindungskosten bezahlen soll. Weil das Kreisgericht bereits einen Termin angesetzt hat, ist es für eine Vertagung des Prozesses zu spät. So weist das Bezirksgericht den Unterrichter an, zwar zu verhandeln, aber noch keine Entscheidung zu treffen, bevor es seinerseits die Frage mit der Verwaltung der Sozialversicherung klären kann.

Hier ist die Justizkoordination also einmal schief gelaufen: Das Bezirksgericht wurde nicht rechtzeitig genug von einem möglicherweise explosiven Streitfall unterrichtet. Die Dinge laufen weiter schief, als der Ehemann der Patientin sich in der Verhandlung vor dem Kreisgericht zur Zahlung der Forderung des Krankenhauses bereit erklärt und als «die mit der Anleitung beauftragte Richterin» (so die BG-Wochenmeldung nach Berlin) von der Abteilung Gesundheitswesen im Bezirk erfährt, dass derartige Rechnungen für unversicherte Patienten gelegentlich vorkämen und ohne Bedenken einzufordern seien. So gibt das Kreisgericht der Klage statt. Und das Bezirksgericht sieht sich gezwungen, das peinlicherweise gegen seine Anweisung ergangene Urteil seines Kreisgerichts den eigenen Vorgesetzten in Berlin erklären zu müssen. Die Wochenmeldung über die Geschichte ans Ministerium der Justiz versucht, die Eigenmächtigkeit des Kreisgerichts mit der Bestätigung der Krankenhausrechung durch das Gesundheitsministerium zu entschuldigen: So hätten «der Vorsitzende der Kammer [des Kreisgerichts] und der an der Verhandlung teilnehmende Richter des Zivilsenates [des Bezirksgerichts] sich für befugt gehalten, von der leitungsmäßig getroffenen Feststellung abweichen zu können.»

Der ungewöhnlich deutliche Bericht bestätigt schwarz auf weiß, was ich normalerweise nur erraten könnte: dass die «Steuerung» des sozialpolitisch heiklen Verfahrens im Bezirksgericht abgesprochen und beschlossen wurde; dass das Bezirksgericht einen bestimmten Richter als Liaison und Aufpasser für das überwachte Kreisgericht abkommandierte; dass dieser Richter sogar an der Verhandlung vor dem Kreisgericht teilnahm – und dass trotz alledem der Überwachungsprozess für Lenker und Gelenkte nicht so einschüchternd war, dass es unmöglich schien, sich der Lenkung aus gutem Grund zu widersetzen. Auch die Fortsetzung der Geschichte ist aufschlussreich. Das Bezirksgericht tut alles in seiner Macht Stehende, um die Vollstreckung der missbilligten Entscheidung zu verhindern: zieht sofort die Verfahrensakte bei; veranlasst, dass die Ausfertigung des Urteils den Parteien nicht zugestellt wird; ersucht den Direktor des Bezirkskrankenhauses, die Forderung einstweilen noch nicht einzutreiben; rät der Verklagten, erstmal nicht zu zahlen, und bittet das Ministerium der Justiz, die Zulässigkeit staatlicher Zahlungsforderungen für die medizinische Versorgung unversicherter Patienten zu überprüfen. Wie ein Aktenvermerk des Ministeriums der Justiz verrät, wird die Frage dort an das zuständige Dezernat weitergeleitet.

Die Haltung des Bezirksgerichts in der Affäre ist in diesem Fall nicht von Intoleranz oder Furcht vor Dissent getrieben, sondern von sozialem Verantwortungsbewusstsein und Gerechtigkeitsgefühl. Auch sind die Oberrichter offenbar bemüht, sich, so gut es geht, im Rahmen des Gesetzes zu bewegen, und das leider nun einmal erlassene Urteil des Kreisgerichts nicht frontal zu attackieren, sondern erstmal nur seine Vollstreckung herauszuzögern. Wahrscheinlich hofft das Bezirksgericht auf Unterstützung seiner Rechtsansicht durchs Ministerium der Justiz und will für eine «politische» Lösung des Konflikts – das heißt: für den Versuch, das Krankenhaus zur Nicht-Durchsetzung seiner Forderung zu überreden – Zeit und Argumente gewinnen. Vielleicht hofft es auch auf eine Kassation des Urteils durch das Oberste Gericht.

Aber der Fall zeigt auch, dass der Respekt der DDR-Justiz vor dem Gesetz eher dem materiellen Recht als dem Prozessrecht gilt und dass die Richter wenig Sinn für die autonomiebewahrende Funktion von Verfahren haben. Sie sind auch nicht an Autonomie interessiert, sondern an der sachgemäßen Erledigung gesellschaftlicher Aufgaben. So bleibt der Freiraum, in dem ein Richter an der Basis seine «Unabhängigkeit» ausüben kann, auf die Entscheidung des konkreten Einzelfalls beschränkt und ist auch dort gerade nur so groß, wie die «Anleitung» durch das Bezirksgericht und das richterliche Rückgrat des Entscheidungsfinders es erlauben – ein unbestimmtes und durch keine festen Regeln abgesichertes Terrain, ständig dem politischen Wind und Wetter ausgesetzt. Und dieses Wetter wird in den 1980er Jahren immer ungemütlicher. Immer öfter finde ich Berichte, nach denen das Bezirksgericht in Neuburg ein Lüritzer Verfahren, wie es schreibt, «unter Kontrolle nimmt»: das heißt, durch Überwachung, Belehrung und Ausweichmanöver aller Art dafür sorgt, dass der Richter an der Basis eine politisch akzeptable Entscheidung trifft. «Dem Kreisgericht wird bei der Durchführung des Zivilprozesses weiterhin Anleitung gegeben», versichert zum Beispiel das Bezirksgericht dem Ministerium der Justiz, als 1981 ein Bürger die Stadt Lüritz auf den Ersatz von Wasserschäden verklagt, die durch unsachgemäße Straßenbauarbeiten entstanden waren. An sich nur eine Zivilrechtsklage, die aber von den Oberrichtern offenbar auch als möglicher Angriff auf die Staatsautorität gesehen wird. Oder, 1987, bei einer Gruppenklage von sieben LPG-Arbeitern auf die Weiterzahlung eines versprochenen Überbrückungsgeldes: «In dieser Sache wird eine Anleitung durch den Senat für Arbeitsrechtssachen des Bezirksgerichts vorgenommen werden.» Die in den 1980er Jahren zunehmenden Arbeitsrechtsverfahren, in denen Arbeitnehmer sich zusammentun, um Prämien, Lohnzulagen und dergleichen einzuklagen, werden fast immer vom Bezirksgericht gesteuert. Aber die meisten Verfahren, die das Bezirksgericht «unter Kontrolle» nimmt, betreffen Ausreiser-Prozesse; vor allem Kündigungen und Änderungsverträge für «Antragsteller». «Termin zur mündlichen Verhandlung wurde noch nicht angesetzt», melden die Neuburger Richter 1983 nach Berlin, als eine wegen «Ungeeignetheit» (in anderen Worten, wegen eines Antrags auf «Familienzusammenführung») entlassene Lehrerin ihre Kündigung anficht. «Die Durchführung des Verfahrens erfolgt unter Kontrolle und Anleitung des Bezirksgerichts.»

Wenn die Bezirksrichter bei der Lösung eines Falles selbst im Ungewissen sind, sichern sie sich ihrerseits nach oben ab. «Es ist vorgesehen, den Einspruch des Klägers gem. § 28 ZPO als offensichtlich unbegründet abzuweisen», schreiben die Neuburger 1983, wieder bei einer Ausreiser-Kündigung, an das Oberste Gericht. «Termin zur Verhandlung wurde bisher nicht anberaumt» – man will, so scheint es, warten, bis das Oberste Gericht dem Lösungsvorschlag zustimmt.

«Entsprechend unserer Orientierung hat das Kreisgericht das Verfahren zunächst unterbrochen», melden die Bezirksrichter 1987 in einem Zivilverfahren gegen einen Autospekulanten an das Oberste Gericht – vordergründig, um eine Auskunft der Stadt Lüritz, Abteilung Preise, in der Sache einzuholen, aber wahrscheinlich auch, um dem Obersten Gericht Gelegenheit zur Stellungnahme zu den immer mehr verwildernden Schwarzmarktgeschäften mit gebrauchten Autos in der DDR zu bieten. Und auch als 1988 das Kreisgericht eine Pilotklage von 34 Schichtarbeitern auf die Gewährung von Zusatzurlaub abweist (wohlgemerkt *nach* einer vorausgegangenen «Konsultation» mit dem Obersten Gericht) und das Urteil auf das «Unverständnis» der Betroffenen stößt, schlägt das Bezirksgericht Alarm. Zwar sei «beabsichtigt, die Entscheidung des Kreisgerichts zu bestätigen», melden die Neuburger. Aber der Ärger von fast drei Dutzend Schichtarbeitern auf ein Gericht des Arbeiter-und-Bauern-Staats ist ein beunruhigendes politisches Ereignis, vielleicht sogar ein schlimmes Wetterzeichen, und muss nach oben gemeldet und fest in die Hand genommen werden.

So diente die «Kontrolle» der Rechtsprechung in der DDR zunehmend der Kontrolle möglicher politischer Gefahren. Ein Steuerungssystem, das in seinem Idealzustand die Einheitlichkeit, die Rationalität, die gesellschaftliche *Richtigkeit* der Rechtsprechung garantieren sollte, wird immer mehr zum Überwachungsapparat eines verunsicherten Staates. Nur alles im Griff behalten, scheint sein Motto. Nur nichts dem Zufall überlassen. Nur wachsam bleiben. Auch die Justiz ist «Sicherheitsorgan». «Am Sonnabend, dem 14.4.1981, wurde die Arbeitsbereitschaft aller Kreisgerichte im Bezirk Neuburg überprüft», heißt es zum Beispiel anlässlich des X. Parteitages der SED in einer der Wochenmeldungen des Bezirksgerichts. «Bei allen Kreisgerichten sind außerhalb der Arbeitszeit und an Wochenenden wirksame Maßnahmen getroffen worden, um ständig den Haftrichterdienst und die Durchführung beschleunigter Verfahren zu gewährleisten.» Dabei passierte gar nicht viel in diesen Tagen im Bezirk: Ich finde nur vier Berichte über abgerissene Fahnen. Aber es könnte doch jederzeit etwas passieren. Manche Wochenmeldungen des Bezirksgerichts klingen wie politische Stoßseufzer der Erleichterung darüber, dass wieder einmal alles gut gegangen ist: «Anlässlich des Pfingsttreffens der FDJ in Neuburg hat es keine größeren Vorkommnisse gegeben», zum Beispiel (11.6.1981), oder: «Es kann eingeschätzt werden, dass die Volkswahlen sehr gut und ohne Störungen verlaufen sind» (18.6.1982).

Die Furcht vor gesellschaftlicher Unordnung zeigt sich auch in einem Bericht, den Frau Nissen, die Direktorin des Bezirksgerichts, anlässlich des Besuches hoher polnischer Richter in Neuburg an ihren Justizminister schickt. «Um ungestört sprechen zu können», hatte sie die Gäste zusammen mit «Genossen der Parteileitung» und Kollegen vom Bezirksgericht zum Abendessen in ihre Wohnung eingeladen. Die Gäste (zwei von ihnen Mitglied von *Solidarnosc*) schilderten «sehr offen die Entwicklung»: Polen im Aufruhr; den «fast völligen Zusammenbruch staatlicher Macht»; das «wirtschaftliche Chaos». Frau Nissens Beschreibung des Besuchs für den Minister klingt sachlich, aber kritisch: Die Polen sind Freunde, aber sie gehen den falschen Weg. «Ich habe den Eindruck», schreibt sie, «dass durch die polnischen Genossen die Schaffung eines möglichst reibungslos funktionierenden Wirtschaftssystems als Schlüssel für die Klärung aller Probleme betrachtet wird, ohne dabei die notwendige straffe Führung durch Partei und Staat ins richtige Verhältnis zu setzen.» So entstehe nur «Unruhe», von der «niemand einen Nutzen habe.» Zwei Wochen später erklärt General Jaruzelski in Polen den Ausnahmezustand. Im Bezirk Neuburg – so die erleichterte Wochenmeldung, die Frau Nissen nach Berlin schickt – hatte es anlässlich der Rebellion im Nachbarland «keine besonderen Vorkommnisse gegeben». Die ostdeutsche Rechtsordnung – ganz Ordnung – hatte standgehalten.

Aber das ist nur eine Seite der Geschichte. Zugleich mit Zeichen wachsender Besorgnis um die effektive Kontrolle der Justiz entdecke ich auch erstaunliche rechtsstaatliche Tendenzen in den 1980er Jahren: Bemühungen um sorgfältigere Beweisführung im Strafprozess; Forderungen nach mehr Respekt für den Verteidiger; Warnungen vor zu leichtfertig erlassenen Haftbefehlen. Ebenso wie die Kontrolle kommen auch die Liberalisierungsanstöße von oben. In meinen Akten sind es vor allem das DDR-Justizministerium und das Oberste Gericht, die jetzt auf mehr juristische Genauigkeit in der Arbeit der Untergerichte drängen. Auf Schulungen und Richtertagungen aller Art erklären Abgesandte aus Berlin (und in ihrem Auftrag, Vertreter des Bezirksgerichts aus Neuburg) meinen Lüritzer Richtern, dass sie bei ihrer Rechtsprechung mehr «richterliche Unabhängigkeit» bewahren müssten. Im Oktober 1983, bei dem Vortrag eines Richters vom Obersten Gericht, schreibt Frau Walter in ihr Notizbuch: «Gericht hat eigenverantwortlich die Anklage zu prüfen. Die objektive Wahrheit ist festzustellen. Das Kernstück ist die wachsende Verantwortung aller Richter für ihre Entscheidungen.» Und ein Jahr später, bei einer Direktorentagung mit Frau Nissen: «Eigenverantwortlichkeit des Richters muss gestärkt werden.» In den allerletzten Jahren der DDR fließen noch deutlichere rechtsstaatliche Elemente in die Ermahnungen von oben ein, so zum Beispiel auf einem Lehrgang an der Richterakademie in Wustrau im Oktober 1986, wieder von Frau Walter mitgeschrieben: «Bürger misst Rechtssicherheit an der persönlichen Durchsetzung seiner Rechte.» Oder 1988, bei einem Bericht Frau Nissens vor dem Obersten Gericht zu Praktiken der Untersuchungshaft in ihrem Bezirk: Man brauche eine «bessere Abwägung zwischen den ... Schutzinteressen der Gesellschaft und dem Eingriff in die Grundrechte» des Beschuldigten. Das mit den *Grundrechten* des Beschuldigten ist neu. Bis dahin hatte man in Diskussionen um die «Unumgänglichkeit» der Untersuchungshaft «Rechtssicherheit» immer nur als Sicherheit *unbeteiligter* Bürger vor weiteren Straftaten von zu Unrecht *nicht* verhafteten Gesetzesbrechern verstanden.

Aber wie vermittelt man den so lange fest an der Hand geführten Richtern, dass sie in Zukunft ihre eigenen Entscheidungen zu treffen hätten? Durch Anleitung, natürlich. Frau Walter und ihre Richter werden *angewiesen*, unabhängiger zu sein, und wenn sie es nicht sind, muss es daran liegen, dass sie Hinweise von oben nicht beachtet haben. Auf derselben Direktorentagung, auf der Frau Walter 1984 «Eigenverantwortlichkeit des Richters muss gestärkt werden» in ihr Kollegheft schreibt, notiert sie auch noch andere Ermahnungen: «Hauptvorwurf war, dass die zentralen Dokumente nicht in dem Richterbereich umgesetzt worden sind», zum Beispiel, und streicht den Satz dick an. Frau Walter ihrerseits «orientiert», wie sie berichtet, ihre eigenen Richter dahingehend, größere Selbstständigkeit an den Tag zu legen. Und Frau Nissen vom Bezirksgericht (dem Bindeglied zwischen den Reformern vom OG und den Kreisrichtern an der Basis) meldet 1987 nach Berlin, dass ein «straffes Anleitungs- und Kontrollsystem» bei der beabsichtigten Rückenstärkung ihrer Richter Erfolge zu versprechen schien. «Die vielfältigsten Formen und

Methoden der Leitungstätigkeit wurden genutzt, um Sachkunde, politisches Verantwortungsbewusstsein [und] den Mut der Entscheidung... bei den Richtern weiter auszuprägen und bei den Direktoren diese Eigenverantwortung auch im Hinblick auf die Kontrolle und Anleitung der Untersuchungshaftspraxis zu erhöhen», berichtet sie im Herbst 1988 vor dem Obersten Gericht.

Stimmt es, dass meine Lüritzer Richter in den letzten Jahren des Sozialismus selbstsicherer und unabhängiger geworden sind? Die Untersuchungshaft-Praxis, von der Frau Nissen spricht, ist ein gutes Beispiel dafür, wie schwierig es ist, Aufmüpfigkeit zu befehlen. Die Verhängung von Untersuchungshaft und vor allem die einheitliche Interpretation der dabei anzuwendenden Gesetzesbestimmungen durch alle Kreisgerichte in der DDR war auch schon in früheren Jahren Thema der Justizsteuerung gewesen. Im Frühjahr 1981 hatte eine «gemeinsame Kontrollgruppe der zentralen Justizorgane» (OG, Generalstaatsanwalt und Ministerium der Justiz) unter anderem die U-Haft-Praxis im Bezirk Neuburg überprüft und dabei «keine fehlerhaften Tendenzen» festgestellt. Aber die Liberalisierungshoffnungen der 1980er Jahre, zusammen mit wachsenden Sorgen um die ostdeutsche Asozialen-Politik, ließ auch das Untersuchungshaft-Problem in neuem Licht erscheinen. Weil «Asoziale» sehr oft Wiederholungstäter waren (und daher Freiheitsstrafen zu erwarten hatten) und weil es schwer war, sie von ihrem richtungslosen Lebenswandel abzuhalten, wurden viele von ihnen bei den ersten Anzeichen des Rückfalls oft schon «zur Disziplinierung» festgenommen. 1976 hatten in Lüritz 86% aller wegen «asozialen Verhaltens» Verurteilten vor ihrem Prozess in Untersuchungshaft gesessen, verglichen mit 29% aller übrigen Straftäter. Auch sonst schienen Staatsanwalt und Polizei daran gewöhnt, dass ihnen das Kreisgericht bei der Einbuchtung von Tatverdächtigen keine Schwierigkeiten machen würde. Nur sehr, sehr selten wies das Gericht den Antrag des Staatsanwalts auf Erlass eines Haftbefehls zurück. In manchen Bezirken der DDR – so der stellvertretende Direktor des Neuburger Bezirksgerichts auf einer Tagung im Februar 1988 – gab es jahrelang überhaupt keine Ablehnungen von Haftbefehlen.

Die in Berlin inszenierten Unabhängigkeitskampagnen, die Mitte der 1980er Jahre auch mein Kreisgericht überfluten, sollen der Willfähigkeit der Unterichter jetzt ein Ende setzen. «Sich nicht immer durch den Staatsanwalt beeindrucken lassen!», sagt jemand 1988 auf der Tagung für Kreisgerichtsdirektoren im Bezirk Neuburg, auf der es drei Tage lang nur um Haftbefehle geht. «In Zweifelsfällen auch einmal einen Antrag ablehnen», ermahnt ein Oberrichter vom Bezirksgericht. Frau Walter berichtet auf der Tagung, dass ihre Lüritzer Richter inzwischen eingesehen hätten, dass einige ihrer Haftbefehle «nicht hätten erlassen werden dürfen.» Im Winter 1988, wieder auf einer Tagung für die Kreisgerichtsdirektoren des Bezirks Neuburg, erklärt ein Abgesandter vom Bezirksgericht, man habe jetzt «die Haftbefehlspraxis in der Hand.» Frau Nissen, wenig später zur Berichterstattung vors Oberste Gericht zitiert, wiederholt die Erfolgsmeldung: «auf der Grundlage der Erhöhung der Eigenverantwortung der Richter» seien im Bezirk Neuburg «größere Sicherheit und Stabilität in der Untersuchungshaftspraxis erreicht» worden.

In Lüritz ist in der Tat der Anteil der wegen Asozialität Verurteilten mit vorheriger Untersuchungshaft von 85,4 % im Jahre 1980 auf 52,6 % im Jahre 1984 und 43,8 % im Jahre 1988 zurückgegangen. Der Prozentsatz der Ablehnungen von Haftbefehlen hat sich ein wenig verbessert: Während 1987 4 % aller Haftanträge des Staatsanwalts vom Gericht zurückgewiesen wurden, sind es 1988 5 % und 1989 7,6 %. Aber die Zahl der erlassenen Haftbefehle ist *gestiegen:* von 121 Haftbefehlen 1987 auf 170 Haftbefehle 1989. Von «Asozialen» einmal abgesehen, ist der Anteil der Lüritzer Straftäter, die vor ihrem Prozess in Untersuchungshaft gesessen haben, von 1980 bis 1989 ziemlich gleichbleibend ein knappes Viertel aller Angeklagten. Was hat sich in der DDR-Justiz seit den Liberalisierungsbestrebungen der 1980er Jahre wirklich verändert?

Die Spannungen und Widersprüche im System sind offenkundiger und unlösbarer geworden. Für jede Auflockerung finde ich eine neue Einschränkung in den Akten; für jedes «Hü» ein «Hott». Die Berliner Reformer, die die Liberalisierung in die Wege leiten, sind gleichzeitig couragiert und ängstlich; sie wollen Neuerungen, aber mit diesen Neuerungen nicht bei der Partei anecken. Sie sprechen von Menschenrechten und sorgen sich um ihren guten Ruf. «Wir dürfen im Verfahren keine Angriffsflächen bieten», sagt im Oktober 1986 der Vizepräsident des Obersten Gerichts auf einem Lehrgang, und ein Jahr später schreibt Frau Walter auf einer Tagung über Untersuchungshaft-Probleme in ihr Notizbuch: «Internationale Regelungen beachten. Ausland achtet drauf.» Den Ermahnungen an meine Richter, mehr Unabhängigkeit zu zeigen, folgen im selben Atemzug Erinnerungen an die Allmacht der Partei. «Umsetzung zentraler Entscheidungen muss ständig im Blickpunkt stehen. Eigenständige Einschätzungen dazu», notiert Frau Walter auf einer Direktorentagung im Juli 1984. «Unabhängigkeit des Richters ist Verfassungsgebot. Auch in der Rechtsprechung gilt das Primat der Politik», erläutert 1986 ein Vortragender vom Obersten Gericht den Teilnehmern eines Lehrgangs an der Richterakademie in Wustrau. Und im April 1988 hält Frau Walter diesen delphischen Satz auf einer Direktorentagung fest: «Einheit von demokratischem Zentralismus, Eigenverantwortung und Unabhängigkeit des Richters.» «Wichtig», schreibt sie noch an den Rand. Was mag sie sich nur bei dem Satz gedacht haben?

Aber die Partei? In diesem Kapitel sollte es doch um die Partei gehen. Wir haben sie bei der Erörterung der Steuerung der Richter durch die höhere Justizbürokratie scheinbar schon lange aus den Augen verloren. Natürlich ist sie hinter den Kulissen so präsent wie immer. Aber die Art und Weise ihres Einflusses auf die Justiz hat sich verändert. Als die Partei noch «Papst» war, konnte sie mit offenen Appellen an den Glauben ihrer Richter operieren (der Rechtspflegeerlass von 1963, zum Beispiel, war ein solcher Appell). Jetzt, aus dem Hintergrund, angesichts einer Richterschaft, deren politischer Glauben brüchig und deren juristische Ausbildung zunehmend solider geworden ist, kann die Partei nur noch «Spinne» sein: auf der Lauer liegen, alles im Auge behalten, auf die Ängstlichkeit ihrer Umwelt hoffen und dann und wann aus ihrem Versteck hervorschießen, um eine Fliege zu schnappen oder ihr Netz zu reparieren. Hier ist ein Beispiel dafür, wie unübersichtlich und verwildert die Beziehungen zwischen Partei und Richtern im letzten Lebensjahr des Sozialismus geworden sind:

Im November 1988 erhebt der Lüritzer Staatsanwalt Anklage wegen «Wirtschaftsschädigung» gegen Walter Ockham, den Leiter eines riesigen Geflügelzuchtbetriebs eine halbe Autostunde von Lüritz entfernt. Auch in der DDR wurde Hühnerfleisch gewissermaßen am Fließband hergestellt. Herrn Ockhams Betrieb, ein VEG, war für die erste Phase der Produktion von einem Drittel aller «Broiler» verantwortlich, die in der DDR auf den Tisch kamen: die Brut und die erste Lebenswoche der ausgeschlüpften Küken. Danach wurden die Tiere an Mastbetriebe weitergeliefert, die auch das Schlachten übernahmen. Brut, Mästung und Schlachtung aller Küken im Bezirk und vor allem die Mengen des zu produzierenden Geflügels wurden vom «Kombinat für Geflügelwirtschaft» koordiniert; leider sehr unvollkommen, mit dem Ergebnis, dass die Zahlen für Angebot und Nachfrage der beteiligten Betriebe oft nicht übereinstimmten. Aber das mag weniger die Schuld des «Kombinats Geflügelwirtschaft» gewesen sein, als die der Langsamkeit und Unbeweglichkeit einer Planwirtschaft. Auf jeden Fall hatten sich die an der Geflügelzucht beteiligten Betriebe im Bezirk schon oft über Diskrepanzen zwischen ihren verschiedenen Produktionsvorgaben beschwert.

Im Oktober 1988 sah die Lage für Herrn Ockhams VEG besonders schwierig aus. Eine Broiler-Schwemme in der DDR bedeutete, dass seine Abnehmerbetriebe ihre gemästeten Hühnchen nicht mehr absetzen konnten und daher ihrerseits Bestellungen stornierten, die in Herrn Ockhams Hühnerproduktion schon lange eingeplant gewesen waren. Von Juli bis September 1988 hatte es Abbestellungen von rund 500 000 Küken gegeben. Als Herr Ockham am 10. Oktober ein Telegramm erhält, mit dem ein Partnerbetrieb die Abnahme von 40 000 frisch geschlüpften Küken ablehnt, weil kein Handelsbetrieb in der DDR mehr Hühner kaufen will, weiß er nicht mehr, wohin mit seiner Produktion. Ein Telefon-Notruf zum «Kombinat Geflügelwirtschaft» braucht fünf Stunden, um durchgestellt zu werden; der Fernschreiber ist schon seit Tagen kaputt. So hilft Herr Ockham sich selbst: lässt 60 000 Eier aus dem Brutofen nehmen und die 40 000 schon geschlüpften Küken töten. Sie werden in einem nahegelegenen Wald verscharrt, wo Spaziergänger das Massengrab entdecken und die Geschichte an die Zeitung weitergeben. Jetzt, ein Jahr vor der Wende, wird sie auch gedruckt. Wahrscheinlich erfährt so der Staatsanwalt und bald auch die Parteispitze in Berlin davon.

Niemand in Lüritz möchte, dass Herr Ockham wegen dieser Verzweiflungslösung vor den Richter gezerrt wird: nicht der Kreisstaatsanwalt; nicht die Richter; nicht die Kreisleitung der SED. Zwar ist allen klar, dass es die vorsätzliche Vernichtung von Nahrungsmitteln, die keinen Absatz finden, eigentlich nur im Kapitalismus geben darf. Aber vor Ort weiß man auch, in welcher Zwangssituation Herr Ockham steckte. Trotzdem, auf Anweisung von oben, erhebt der Staatsanwalt Anklage wegen «Wirtschaftsschädigung», und das Bezirksgericht nimmt das Verfahren «unter Kontrolle». Nicht nur das Bezirksgericht. Bei der Verhandlung im Dezember 1988 sitzen auch (wie ich von Frau Nissen weiß) verschiedene Beobachter aus Berlin mit im Gerichtssaal. Zwei Wochen vorher hatte nämlich Erich

Honecker auf der 7. Tagung des Zentralkomitees auch über Koordinierungsprobleme bei der Geflügelzucht geredet. Um Stauungen zu vermeiden, «ging man zum Teil ungesetzlich vor, indem man 100 000 Küken tötete», sagte er. «Das ist unvertretbar; hier hat sich mit Recht der Staatsanwalt eingeschaltet.» Damit war sicher, dass Herrn Ockhams Strafprozess nicht mit einem Freispruch enden konnte. Die Spinne war unter ihrem Blatt hervorgeschossen.

In Lüritz möchte man ihr Gift neutralisieren. Frau Walter, die dem Strafprozess gegen Herrn Ockham vorsitzt, verurteilt ihn gemäß § 166 Abs. 1 StGB zu sechs Monaten Gefängnis auf Bewährung und setzt die Bewährungszeit auf ein Jahr fest; die nach dem Gesetz erlaubte Mindestzeit. Ich nehme an, dass die Strafe von höheren Gewalten abgesegnet worden war. Das Urteil lobt ausdrücklich die Mitwirkung des Verteidigers in dem Prozess, die dazu beigetragen habe, «die komplizierte Situation und das Motivationsgefüge des Angeklagten zu erhellen». Eigentlich hatte – so die Anweisung von Frau Nissen – der zur Kontrolle des Lüritzer Verfahrens abgeordnete Vertreter des Bezirksgerichts das Urteil für Herrn Ockham selber schreiben sollen. Aber Frau Walter weist den Vorschlag zornig von sich. Schließlich einigen der Abgesandte vom Bezirksgericht und meine Lüritzer Richterin sich darauf, dass sie das Urteil schreibt, aber dass der Aufpasser aus Neuburg seiner Direktorin, Frau Nissen, berichten werde, er habe es verfasst. Ich habe die Geschichte von Frau Neumann, die während der Verhandlungen der beiden Richter (beide, denke ich mir, über den Anlass ihres Streits beschämt) im Richterzimmer war. Abhängigkeit und Unabhängigkeit des Gerichts sind im letzten Jahr der DDR-Justiz wie ein Weichselzopf verflochten.

Mehr als ein Jahrzehnt später unterhalte ich mich mit Herrn Ockham über das Verfahren. «Hat Ihnen das Gericht Unrecht getan?», frage ich. «Das Gericht!», sagt Herr Ockham verächtlich. Er war damals ja ein einflussreicher Mann im Kreis und jemand, in dessen Leben die SED wichtiger gewesen sein wird als die Justiz. «Ich habe mein Recht bis dahin immer von der Partei bekommen!» Er fühlt sich von der Partei verraten, nicht von dem Gericht. Aber es ist ein Gericht, nunmehr schon im Kapitalismus, das ihn im November 1990 rehabilitiert.

9. Hoffnungen und Lügen

Bis zu diesem Punkt in meiner Rechtsgeschichte habe ich mich um den Realitätssinn und die Wahrheitsliebe der Justiz in Lüritz kaum gekümmert: wie eine Schlittschuhläuferin, die weiß, dass sie sich auf dünnem Eis bewegt und lieber weiterläuft, bevor sie einbricht. Meine Leser werden argwöhnischer gewesen sein. So muss ich endlich auf die erstaunliche Unehrlichkeit des ostdeutschen Rechtssystems zu sprechen kommen: seine utopischen Hoffnungen; seine Schönfärberei; seine Manie, so viel wie möglich geheim zu halten; seine Vortäuschungen und Ausweichungen; seine krassen Lügen. Hoffnungen und Lügen in diesem Rechtssystem bedingen sich gegenseitig. Die Hoffnungen führen zu unerfüllbaren Versprechungen; die Lügen sollen helfen, sie zu verwirklichen, und müssen am Ende nur noch den Kollaps der Hoffnungen kaschieren.

Die Schwierigkeiten beginnen schon mit den Berichten meiner Zeitzeugen. Manche ihrer Behauptungen sind offensichtlich unwahr, aber harmlos; etwa, wenn mir ein früher einflussreicher Mann erzählt, er sei nie in der Partei gewesen. Derartige Lügen brechen fast immer bald in sich zusammen. Sie sollen mich auch eigentlich nicht am Aufspüren der Wahrheit hindern, sondern nur die Glaubwürdigkeit meines Gesprächspartners bezeugen, der befürchtet, dass ich ihm als einem ehemaligen Parteimitglied nicht unvoreingenommen zuhören werde. «Ich war nicht in der Partei» soll heißen: «Schreibe mich nicht ab.» Aber ich schreibe ihn nicht ab, so oder so nicht, und frage nie danach, ob ein Informant in der Partei war. Die Lüge «Ich war nicht in der Partei» wird immer vom Sprecher selbst freiwillig angeboten.

Eine andere Art von Lüge, auch gutwillig, auch darauf ausgerichtet, den Selbstrespekt des Sprechers zu verteidigen, kann mich eher in die Irre führen: die rosigen Erinnerungen eines Zeugen, die sein Verhalten noch nachträglich in den eigenen und meinen Augen rechtfertigen sollen. Hier helfen oft die Akten, die lange zurückliegende Ereignisse unverbrämter schildern. Frau Rüstigs Erinnerung an ihr Volksrichter-Examen, zum Beispiel – «alles Recht, keine Politik» –, wird durch die Akten widerlegt, aus denen ich sogar die Themen ihrer ideologischen Klausuren kenne. Ihren Stolz auf den Rosenstrauß, den das dankbare Ehepaar ihr nach der gerichtlichen Aussöhnungsverhandlung in den frühen 1960er Jahren gebracht hatte, stellt nicht nur Frau Rüstigs eigenes Eingeständnis, sondern auch eine Karteikarte im Archiv in Frage, nach der die hoffnungsvoll Versöhnten ein Jahr später doch geschieden wurden.

Vor allem machen die regelrechten Lügen mir Sorge, mit deren Hilfe ein Sprecher Peinliches vor meinen Blicken verbergen will. Auch manchen dieser Lügen kann ich auf die Sprünge kommen, weil nicht selten die Ehrlichkeit des einen Zeugen die Unehrlichkeit des anderen wieder ausgleicht. Frau Walter, zum Beispiel, erzählt mir von den Ausreiser-Marktspaziergängen vom Februar 1988; Herr Kosewitz, den ich auch danach befrage, weiß von nichts. Er kann sich angeblich auch nicht daran erinnern, dass Frau Christiansen, die geradlinige und tüchtige Frau Christiansen, wie ich von Frau Rüstig weiß, 1965 ihr Richteramt und die Stadt verlassen musste, weil ihr Sohn Lars bei einem Fluchtversuch im Mittelmeer ertrank. «War das nicht eine Beförderung?», sagt Herr Kosewitz entschuldigend, als ich auf die Absetzung zu sprechen komme. Nein, Herr Kosewitz; es war ein kaltherziger Rausschmiss. In diesem Fall weiß ich Bescheid. Aber ich werde nicht alle Falschinformationen mit Hilfe anderer Quellen korrigieren können.

Übrigens schüren auch manche Interviewten selbst meinen Argwohn. Gisela Nissen, zum Beispiel, Tochter von Ruth Nissen, der Direktorin des Bezirksgerichts, und in den letzten Lebensjahren der DDR junge Kreisrichterin in Lüritz, warnt mich davor, polizeilichen Durchsuchungsprotokollen zu glauben. Die beiden «unbeteiligten Personen», die gemäß § 113 Abs. I StGB jeder Haussuchung als Zeugen beizuwohnen hatten, seien oft von der Polizei gleich mitgebrachte Stasi-Agenten gewesen, die unten auf der Straße gewartet hätten, bis ein Polizist die angeblichen Passanten als neutrale Beobachter in die Wohnung des Durchsuchten gebeten hätte. Stimmt der Vorwurf? Ich verbringe einen Nachmittag damit, in einem dicken Bündel richterlicher Bestätigungen von Durchsuchungsprotokollen (ein Holzkeller-Fund) die Namen und Adressen aller «unbeteiligter Personen» zu vergleichen. Viele von ihnen sind offensichtlich Hausbewohner oder Nachbarn des Durchsuchten. Aber es kommt bei den rund 150 Haussuchungen der Lüritzer Polizei im Jahre 1980 immerhin fünfzehnmal vor, dass die «unbeteiligten Personen» nicht deswegen hinzugezogen wurden, weil sie um die Ecke wohnten, sondern weil sie schon vorher mit der Polizei in Verbindung standen: Ich kenne ihre Namen nämlich auch aus früheren Polizeieinsätzen. Aber verbergen sich Agenten der «Firma» hinter diesen Namen? Sind Diebstahlsfälle, bei denen die Polizei «eine lange blaue Herrenhose» oder «48 Rollen Klopapier» beschlagnahmt, tatsächlich Stasi-Material? Hat die Polizei, um sich die Suche nach Zufallszeugen zu ersparen, vielleicht nur ihre eigenen Leute mitgebracht? (Das wäre auch nicht dem Gesetz entsprechend, aber nicht ganz so beunruhigend wie eine Stasi-Beteiligung.) Als einmal wirklich Politisches beschlagnahmt wird («2 Plakate von Wolf Biermann, 1 beschriebenes Blatt mit Auszügen UNO-Artikel und Helsinki-Konferenz»), ist das Durchsuchungsprotokoll von Zeugen unterschrieben, deren Namen ich zum ersten Mal begegne. Was nicht heißen muss, dass sie nicht doch Stasi-Agenten waren.

Ich finde noch vieles andere in den Akten, das meinen Argwohn schürt. Auslassungen, zum Beispiel. 1984 beklagt sich ein Asozialer in seiner Berufungsschrift an das Bezirksgericht, dass man ihm beim Kreisgericht nur wegen seines Ausreiseantrags dauernd über den Mund gefahren sei – aber das Protokoll der Kreisgerichtsverhandlung lässt nichts davon erkennen. Als Herr Taddäus 1986 keine Reiseerlaubnis zu einer Familienfeier in Westdeutschland bekommt und seiner Enttäuschung über den Sozialismus in einer viele Seiten langen Eingabe an Erich Honecker Luft macht, liegt dieser Brief zwar in der Eingabenmappe des Gerichts, aber Frau Walter meldet bei ihrer jährlichen Analyse von Bürgerschreiben bei «Eingaben mit ideologischen Problemen» für 1986 Fehlanzeige. Obwohl ich aus mehreren Wochenmeldungen weiß, dass in den letzten Jahren des Sozialismus viele «Antragsteller» die Rechtsauskunft aufsuchten, um Ausreise-Probleme zu besprechen, ergibt sich nichts dergleichen aus den Besucherbüchern meines Kreisgerichts.

Gut, vergleichbare weiße Flecken könnte ich vielleicht auch in westdeutschen Gerichtsakten finden. Auch der Verdacht, dass Parteigenossen vom Gericht besser behandelt werden als Durchschnittsbürger, träfe (auf andere Gruppen von Privilegierten bezogen) wahrscheinlich auch gelegentlich im Rechtsstaat zu. 1964, zum Beispiel, erhält ein Rohrschlosser in Lüritz, SED-Genosse und mehrfacher Aktivist, für den langjährigen sexuellen Missbrauch seiner Stieftochter eineinhalb Jahre Gefängnis mit Bewährung, während im selben Jahr ein 18jähriger Lehrling für ein sehr ähnliches Delikt zu 14 Monaten Zuchthausstrafe verurteilt wird. Der Schlosser sei «vorbildlicher Arbeiter» und Gruppenleiter seines Kollektivs; er sei auch ohne Freiheitsstrafe rehabilitierbar, heißt es in dem Urteil meines Kreisgerichts. Bei schwerwiegenden Straftaten (etwa Betrügereien großen Stils) werden Parteigenossen in der Regel erst aus der Partei ausgeschlossen und dann zu angemessenen Strafen verurteilt. Aber bei leichteren Delikten kommen Leute mit Ämtern und Parteiabzeichen besser weg, so scheint mir, als andere Sterbliche. Wie verdächtig ist das? Ein erfolgreicher und solider Lebenslauf (wozu in der DDR eben auch die SED-Mitgliedschaft gehören konnte) lässt einen Täter wohl in allen Rechtsordnungen eher der Besserung fähig erscheinen als ein hilfloses und richtungsloses Leben am Rande der Gesellschaft. Was mir eher Sorgen macht, sind die Rechtsprobleme von Parteigenossen, von denen ich gar nichts weiß, weil sie «politisch gelöst» und daher in den Akten nicht festgehalten wurden.

So viel steht fest: Dies war ein Rechtssystem, das keine Öffentlichkeit vertragen konnte. Die DDR-Justiz hatte mehr Angst vor Kritik und Widerspruch, vor neugierigen Blicken der Nachbarn oder der Wissbegierde ihrer eigenen Bürger, vor frischem Wind, der einen Vorhang lüften oder Blitzlichtern, die in dunkle Ecken scheinen konnten, als die Justiz in einem Rechtsstaat haben darf. Ihre Geheimniskrämerei ließ sich auch leichter realisieren als im Rechtsstaat. Als 1982 vor dem Kreisgericht in Neuburg/Stadt ein Bestechungsverfahren gegen den Leiter der Abteilung Wohnraumverwaltung verhandelt wird, meldet das Bezirksgericht ans Ministerium der Justiz: «Es wurden Maßnahmen getroffen, die Sachverhalte nicht an die Öffentlichkeit dringen zu lassen. Presseveröffentlichungen erfolgen nicht. Das Verfahren wird von uns angeleitet und kontrolliert.» «Nicht vor erweiterter Öffentlichkeit verhandeln», heißt es, wenn «provokatorische Aussagen» eines Angeklagten zu erwarten seien. «Wir haben schon mehrfach darauf hingewiesen», dass politische Motive für die Nichtarbeit eines «Asozialen» nicht im Urteil anzuführen sind, belehrt ein Schreiben des Bezirksgerichts im Jahre 1980. Als 1987 der Neffe eines DDR-Fernseh-Prominenten zahlreiche Lüritzer Bürger durch vorgetäuschte Geschäfte mit begehrten Sport-Artikeln beschwindelt und sich anschließend in den Westen absetzt, weist das Bezirksgericht meine Lüritzer Richter an, aufgebrachten Gläubigern nicht mitzuteilen, wo der Betrüger sich befindet, sondern nur von «unbekanntem Aufenthalt» zu sprechen.

Die Geheimhaltungs-Manie der DDR-Justiz ließ sie so wenig Informationen aus der Hand geben, wie nur möglich. Urteile in politisch peinlichen Verfahren – Fluchtsachen, Neofaschistisches, gelegentlich auch Urteile in Prozessen gegen Asoziale – wurden den Betroffenen nicht ausgehändigt, sondern nur zur Einsicht vorgelegt. Damit alles seine Ordnung hatte, musste der Verurteilte dann einen Zettel unterschreiben: «Durch meine Unterschrift bestätige ich, dass mir das Urteil am heutigen Tage verkündet wurde. Ein Merkblatt über die Einlegung einer Berufung wurde mir ausgehändigt.» «Ich verzichte auf das Lesen des Urteils», schreibt im Herbst 1984 einmal ein «Asozialer» auf das Blatt – vielleicht, weil er das Verfahren nicht durch seine Unterschrift legitimieren will; vielleicht auch nur, weil er die Prozedur schon zu oft durchgemacht hat. Aber auch unter Leuten, denen die Machthaber doch eigentlich vertrauen sollten, scheinen sie es manchmal für erforderlich zu halten, sich durch Mündlichkeit zu schützen. Auf einer Fachrichtertagung im Februar 1988, zum Beispiel, *verliest* die Direktorin des Bezirksgerichts, Frau Nissen, «vom Obersten Gericht zur Verfügung gestellte Informationen zu Erscheinungen normabweichenden und strafrechtswidrigen Verhaltens von Personen und Personengruppen in der DDR». Mehr und Genaueres zu diesem Thema schriftlich festzuhalten, scheint offensichtlich zu riskant. Die Erwähnung eines Urteils durch Frau Nissen («gegen Müller und 7 andere») bestätigt meinen Verdacht, dass es sich bei der vorsichtigen Umschreibung um die Proteste von Berliner Skinheads und anderen Widerständlern gegen das Regime handelte.

Allerdings hinterlässt Mündlichkeit zwar weniger Spuren als Geschriebenes, ist aber auch schwieriger von oben zu kontrollieren und zu steuern. Zum Beispiel muss die Praxis, politisch peinliche Urteile dem Verurteilten nur kurz zum Lesen auszuhändigen, den Richtern immer wieder neu erläutert werden. «Hinweis: Kenntnisnahme des Urteils heißt, ihm muss es zum Lesen gegeben werden. Muss aus der Akte ersichtlich sein», lese ich im Protokoll einer Fachrichtertagung vom Frühjahr 1983. Und wenig später in Notizen zu einer Dienstbesprechung im Gericht: «Verurteilter muss selbst Urteil gelesen haben.» Trotzdem scheint die Aushändigung oder Nicht-Aushändigung eines Strafurteils in der Lüritzer Praxis oft Glückssache gewesen zu sein. Auch die Durchsetzung einer anderen, soweit ich sehen kann, nur mündlich verbreiteten Anordnung des Obersten Gerichts, scheint nicht immer zu gelingen: dass nämlich Ausreiser-

Klagen gegen ihre Kündigung nicht, wie unverfänglichere Kündigungsgeschichten, von den Konfliktkommissionen verhandelt werden dürften, sondern vom Kreisgerichtsdirektor heranzuziehen und ohne mündliche Verhandlung durch Beschluss abzuweisen seien. Der Zweck der Anordnung (von der ich nur einmal eine getippte, undatierte Fassung ohne Briefkopf, Ortsangabe oder Unterschrift zu Gesicht bekam, die mir ein ehemaliger Richter des Obersten Gerichts zeigte), war offensichtlich: Politisch motivierte Kündigungen sollten vor der Außenwelt und vor dem Arbeitskollektiv des Entlassenen möglichst geheim gehalten werden. Ich kann mir nicht denken, dass die Täuschung sehr erfolgreich war. Aber als 1984 einmal die Konfliktkommission des VEB Getreidewirtschaft eine derartige Ausreiser-Klage aus Versehen selbst entscheidet und – noch schlimmer – die Sache per Berufung an das Kreisgericht weitergeleitet wird, ohne dass die Arbeitsrichterin erfährt, um *welche Art* von Kläger es sich handelt, scheint die Bloßstellung dem System so skandalös, dass das Bezirksgericht eine entschuldigende Wochenmeldung an das Justizministerium schickt.

Auch Löbliches verschweigt die Justiz, wenn sich aus ihren gutgemeinten Entscheidungen vielleicht negative Rückschlüsse auf dahinterliegende Fehler oder Schwächen ziehen ließen. Manche auch nach dem Gesetz zu harte Urteile meines Kreisgerichts *kassiert* das Bezirksgericht nicht etwa (das hieße, vor dem Bürger einen Fehler eingestehen), sondern korrigiert es unter der Hand mit einer Anweisung an den Lüritzer Richter, «beschleunigt» eine Strafaussetzung auf Bewährung zu veranlassen, wobei «an die Stellungnahme im Führungsbericht [der Haftanstalt] keine überspitzten Anforderungen zu stellen» seien. Als 1980 das Ministerium der Justiz eine interne Rundverfügung erlässt, die es erlaubt, Opfern von Straftaten, die von dem Täter selbst keinen Schadensersatz erhalten konnten, durch eine staatliche Schadensausgleichszahlung zu helfen, gerät eine Lüritzer Richterin in Schwierigkeiten, weil sie dem halberblindeten Opfer einer Körperverletzung vorschlägt, sein Heil mit einem solchen Anspruch gemäß RV2/80 zu versuchen. Er reicht einen Antrag ein, der ans Justizministerium weitergeleitet wird. Das Ministerium reagiert postwendend mit einer Gardinenpredigt für mein Kreisgericht: Der Geschädigte habe nicht zur Stellung eines Antrags ermutigt werden dürfen. «Dadurch wurde die Pflicht zur Geheimhaltung einer ‹vertraulichen Dienstsache› verletzt.» Der Hilfesuchende dürfe erst dann von seinem Schadensausgleich erfahren, wenn sein Anspruch bewilligt worden sei. Wenig später ermahnt eine Anordnung des Bezirksgerichts zum gleichen Thema meine Richter, bei einer Ablehnung des Ausgleichsanspruchs den Geschädigten nur *mündlich* zu informieren. Schriftliche Zu- oder Absagen von Hilfeleistungen könnten Bürger auf den Gedanken bringen, dass sie auf die Unterstützung einen Anspruch haben. Der sozialistische Staat will großzügig erscheinen; auch helfen, wenn es sich machen lässt, aber nicht die Kontrolle über die eigene Generosität verlieren. Als 1958 das Passrechtsänderungsgesetz erfolgreich in den Westen Geflohene durch Straferlass zur Rückkehr in die DDR bewegen soll, vertuscht das Justizministerium, so gut es geht, die geplante Milde. «GEHEIM! Nicht aus der Hand geben!», steht auf der Instruktion, die meinen Richtern die Handhabung der neuen Rechtsprechung erklären soll. Noch 30 Jahre später wird die Einführung von sozial-therapeutischen «besonderen Brigaden» für «Asoziale» (und die darin enthaltene Abkehr von der bis dahin rein repressiven Asozialenpolitik der DDR) wie ein peinliches Geheimnis vor der westlichen Außenwelt verborgen.

Selbst die täglichen Arbeitsmaterialien einer ordentlichen Justizverwaltung, die Daten und Zahlen, die den Arbeitsalltag von Richtern und Verwaltungsleuten am Gericht markieren, wurden in der DDR unter Verschluss gehalten. Außer sechs mageren Seiten im Statistischen Jahrbuch gab es keine veröffentlichte Justizstatistik in der DDR. Als Frau Walter im Oktober 1985 von der Frauenkommission der SED-Kreisleitung in Lüritz um Zahlen zur Scheidungsrechtsprechung des Gerichts gebeten wird, weist sie offiziell die Bitte ab: Sie sei zur Weitergabe dieser Daten «nicht berechtigt». Aber sie könne mündlich Auskunft geben, fügt ihr Antwortbrief hinzu. Die Geschichte zeigt, dass Mündlichkeit die Geheimniskrämerei der DDR-Justiz nicht nur erleichtern, sondern auch unterlaufen konnte: VS-Informationen werden oft nicht nur «von Hand zu Hand», sondern auch «von Mund zu Mund» ihre Runde gemacht haben. Mit dem Ergebnis, denke ich mir, dass viele Entscheidungen im Rechtsverkehr der Stadt sich, statt auf öffentliches Wissen, auf Gerüchte stützen mussten. Richtlinien für die Errechnung von Prämien oder Leistungszuschlägen, zum Beispiel, waren oft nur in unveröffentlichten ministeriellen Anweisungen zu finden. Arbeitsanweisungen des Ministeriums der Justiz waren regelmäßig «nur für den Dienstgebrauch». Die Tatsache, dass ein Rechtsstreit oder eine Rechtsauskunft einen Bürger betraf, der einen Ausreiseantrag gestellt hatte, ergab sich nur aus einer Schlüsselzahl im Eingangsbuch des Gerichts. Die soziale Stellung rechtssuchender Bürger in Verwaltungsangelegenheiten war ebenfalls chiffriert.

Sogar die Urteile des Obersten Gerichts, die im letzten Jahrzehnt der DDR nicht mehr in Buchform veröffentlicht wurden (zu teuer und wegen der jahrelangen Verspätungen des Drucks auch zu unaktuell), waren den Augen der Außenwelt entzogen. Sie wurden ab 1977 nur noch als «OG-Informationen» in hektographierter Form direkt an die Gerichte abgegeben; jedes Exemplar war nummeriert (damit bei unberechtigter Weitergabe die Quelle der Indiskretion leicht ermittelt werden konnte), und Rechtsanwälte mussten sich lange Zeit mit *einem* Exemplar pro Rechtsanwaltskollegium im Bezirk begnügen, womit der Rückgriff auf die Rechtsprechung des höchsten Gerichts im Lande manchen Anwälten nur nach längerer Anfahrt möglich war. Selbst wenn man ihrer habhaft wurde, war – so der Präsident des Obersten Gerichts in seinem Geleitwort zu der Serie – «eine ausdrückliche Bezugnahme in Publikationen und Entscheidungen auf die ‹OGI› nicht gestattet.»[45] «Ein Krampf», beschrieb Herr Mohr, einer der damals drei Rechtsanwälte der Stadt, die Prozedur. Immerhin arbeitete er nur eine gute Autostunde von seinem Rechtsanwaltskolleg in Neuburg entfernt.

Und dann die Sprache dieses Rechtssystems! In der noch von den Volksrichtern geprägten Anfangszeit des Gerichts war sie zwar juristisch ungenau, aber ideologisch deutlich: wenn etwa im Wirtschaftsstrafrecht Angeklagte regelmäßig als «Schädlinge am Volksaufbau» bezeichnet wurden, die man «bei uns in der DDR nicht brauchen» könne. Zwar fiel es den Volksrichtern in den frühen Jahre nicht immer leicht, die damals noch gern benutzte sozialistische Terminologie auch technisch richtig zu gebrauchen. In einem Arbeitsrechtsurteil, das von der «menschlichen Arbeitskraft als wichtigste[r] Produktionskraft» spricht, hat zum Beispiel der Tintenfüller eines Inspekteurs «Produktionskraft» durchgestrichen und mit «Produktivkraft» korrigiert. Im ersten DDR-Jahrzehnt wird Sprache manchmal noch so unbekümmert manipuliert, dass die Absicht hinter der Verdrehung offensichtlich ist. So unterscheidet ein Bericht des Bezirksgerichts in Neuburg über die «soziale Herkunft» der Straftäter des Jahres 1955 zwischen «Arbeitern» und «echten Arbeitern», mit dem erfreulichen Ergebnis, dass der Proletarier-Anteil an den

Straftätern des Berichtsjahres von der knappen Hälfte aller Sünder auf rund ein Drittel sinkt.

So durchsichtig ist die Unehrlichkeit der späteren Jahrzehnte nicht mehr. Allmählich spielen sich die Regeln ein, nach denen Wirklichkeit durch Worte verschleiert wird. 1958 verliest Frau Christiansen in einem Strafverfahren wegen «Staatsverleumdung» noch ungeniert die politischen Witze des Angeklagten für das Protokoll. 1964 schildert ein Richter die strafrechtlich relevanten Witze eines Angeklagten jedenfalls noch in vorsichtiger Umschreibung: Er habe «mehrfach den Vorsitzenden des Staatsrats der DDR mit einem Schimpfwort, welches sich gegen das Äußere des Staatsratsvorsitzenden richtete, herabgewürdigt» (der Angeklagte muss vom «Spitzbart» gesprochen haben). 16 Jahre später, im Arbeitsrechtsverfahren von Herrn Orff, werden die frechen Sprüche, die sich in der Schreibtischschublade des Klägers fanden, nur noch diskret und flüchtig als «Sentenzen» erwähnt.

Auch in der Bundesrepublik war die Juristensprache vor allem in den 1950er und 1960er Jahren politisch aufgeladen und diente nicht nur der Bezeichnung, sondern auch der ideologischen Rechtfertigung des Beschriebenen. In einem Unterhaltsprozess von 1958 gegen einen Lüritzer Vater, der sich in den Westen abgesetzt hat, spricht das Amtsgericht Bad Dürckheim, das in Rechtshilfe den Vater vernimmt, von «Mitteldeutschland», die Lüritzer Klägerin von «der Ostzone» und das Gutachten der Lüritzer Jugendhilfe von «unserem Arbeiter- und Bauernstaat» – alles drei Vokabeln mit politischem Programm. Aber während sich die westdeutsche Rechtssprache im Laufe der Jahrzehnte versachlichte, wird in der DDR Unehrlichkeit zur sprachlichen Routine. Meine Texte werden zunehmend geschickter in der verharmlosenden Beschreibung unerfreulicher Ereignisse und Tatsachen. Der Angeklagte habe «Unklarheiten über die Sicherungsmaßnahmen vom 13.8.1961» gehabt, heißt es in einem Strafrechtsurteil aus dem Jahre 1964. 1982 berichtet das Bezirksgericht in einer Wochenmeldung nach Berlin, ein Grenzdurchbrecher habe sich «bei der Tatausführung verletzt» und eine Beinamputation benötigt. Zum Schluss sind die Umschreibungen, die eine unerwünschte Wirklichkeit verhüllen sollen, so farblos und banal, dass sie nicht einmal mehr politische Missbilligung erkennen lassen. Wenn jemand einen «Antrag auf Genehmigung zu einem Wohnungswechsel» gestellt hat, weiß ich, in welche Richtung der Umzug gehen sollte. Wenn die Kündigung eines Arbeitnehmers «aus objektiven Gründen» erfolgte, kann ich sicher sein, es mit einem Ausreiser zu tun zu haben.

Manchmal erfolgt die sprachliche Irreführung mit so viel Unverfrorenheit, dass ein Sachverhalt in sein genaues Gegenteil verwandelt wird. Der im DDR-Prozessrecht viel verwandte Begriff «erweiterte Öffentlichkeit», zum Beispiel, dem wir schon verschiedentlich begegnet sind, bezeichnete eine Verhandlung, zu der gezielt solche Bürger eingeladen wurden, die aus dem Rechtsstreit etwas lernen sollten: Eisenbahner etwa wurden zu einem Strafprozess zusammengetrommelt, in dem es um die Verletzung von Sicherheitsbestimmungen im Bahnverkehr ging, oder Mietschuldner zu einem Gerichtsverfahren, das sich um die Eintreibung von Mietrückständen drehte. Die «erweiterte Öffentlichkeit» bezeichnete also eine Zuschauergruppe, die nicht «erweitert», sondern im Gegenteil zielstrebig begrenzt war, und eine «Öffentlichkeit», die nicht der Kontrolle des Gerichts durch die betroffenen Bürger diente, sondern der Kontrolle der Bürger durch die pädagogische Beeinflussung durch das Gericht.

Dann und wann stoße ich unter all den sprachlichen Verrenkungen auch auf unverhoffte Lichtblicke der Ehrlichkeit in meinen Akten, wenn jemand vergisst, oder vielleicht auch nur keine Lust mehr hat, dem Staat Unliebsames zu verbrämen. 1974, zum Beispiel, spricht ein Bericht des Neuburger Bezirksgerichts ans Ministerium der Justiz von den «phrasenhaften Beteuerungen über ihre Einstellung zum sozialistischen Staat», mit denen manche Scheidungskläger und -verklagte das Gericht für sich einzunehmen versuchten. Manchmal verrät ein kleiner Fehler des Schreibers Sehnsüchte, für die im engen Heimatland kein Raum ist, wie bei dieser Schiffsverklarung von 1966, bei der eine Sekretärin des Lüritzer Gerichts die Beschädigung einer Schiffsfracht aus Neapel durch schweres Wetter im ägäischen Meer zu Protokoll nimmt: «Das Schiff rollte, stampfte und *fiebrierte* in der aufgewühlten See.» Sie mag wohl fiebern beim Gedanken an einen Süden, den sie nie zu sehen bekommen wird. Und einmal, in einem langen Positionspapier des Ministeriums der Justiz, wirft ein Freudscher Sprachschnitzer einen Wahrheitsblitzstrahl auf den nebelhaften Text: Statt, wie sonst üblich, vom «antifaschistischen Schutzwall» zu sprechen, hat jemand «antidemokratischer Schutzwall» hingeschrieben. Weil niemand die Epistel gelesen zu haben scheint (die Seiten sind wie üblich jungfräulich und glatt), hat auch niemand die Entgleisung korrigiert. Erst in einem Lüritzer Strafurteil von 1988 finde ich statt «Schutzwall» wieder das Wort «Mauer», allerdings immer noch in Anführungsstriche gesetzt.

Das war am Lebensende der DDR-Justiz, als die Anführungsstriche nicht mehr der Täuschung, sondern nur noch der politischen Rückendeckung des Schreibers dienen konnten. In den Anfangsjahren waren die Unwahrheiten meiner Richter energischer und hoffnungsvoller. Man kann sie eigentlich nicht Lügen nennen: Wenn jemand auf eine leuchtende Zukunft zustrebt, scheint ihm auch schon die graue Gegenwart von Morgenröte überstrahlt. So benutzen meine Richter ihre Urteile als Plattform, um den Sozialismus anzupreisen, und lassen dabei Wunschbilder wichtiger als Wirklichkeit erscheinen. Es sei ihm «in seinem Leben noch niemals so gut gegangen» wie seit Empfang von Bodenreformland aus der Hand des Staates, belehrt Frau Christiansen 1958 in einem Strafverfahren einen Bauern, der nach wirtschaftlichen Misserfolgen schon zwei Neubauernstellen aufgegeben hatte. Und wieder Frau Christiansen, ein Jahr später, bei einer Aussprache über ein Strafverfahren wegen Trunkenheit am Steuer, bei der sie auch den Angeklagten ermutigt, «seine Freizeitgestaltung zu verbessern»: «Es wird einmal der Zeitpunkt eintreten, wo die Kenntnisse des Angeklagten mit der immer stürmischer voranschreitenden Technik in der Landwirtschaft nicht Schritt halten, wenn er es unterlässt, sich die dazu erforderlichen Fähigkeiten anzueignen.»

Dies sind die Jahre, in denen die Sitzungen der SED-Kreisleitung noch mit dem Singen der «Internationalen» enden und in denen neue landwirtschaftliche Produktionsgenossenschaften auf traumwandlerische Namen wie «Weltniveau» oder «Freies Leben» getauft werden. Hoffnung liegt in der Luft. Am Kreisgericht glaubt man an die Erziehbarkeit des Menschen und daran, dass die Justiz mitzuhelfen habe, ihn durch Belehrung und, wenn nötig, auch durch Drohungen auf eine bessere Gesellschaft vorzubereiten. Der neue Mensch soll fleißig, selbstlos und wissensdurstig sein, sich nicht von «Wohlstandsstreben» leiten lassen, nicht «nur an den eigenen Vorteil denken» und Arbeit als Bedürfnis empfinden. «Die Angeklagte lebt am Leben vorbei», heißt es 1959 in einem Strafurteil gegen eine Nur-Hausfrau. Ein Jahr vorher schreibt Frau Christiansen in einem Urteil gegen einen mehrfach vorbestraften Dieb, er müsse erst einmal «arbeiten lernen». «Er wird dann schon nach wenigen Monaten feststellen, dass eine Tätigkeit ihm Freude bereitet und er seine Bedürfnisse befriedigen kann.»

Weil meine Richter keine wilden Revolutionäre, sondern trotz aller proletarischen Beteuerungen eigentlich gutwillige und solide Bürger sind, sieht auch ihr «neuer Mensch» gutwillig und solide aus: jemand, der «sauber und anständig lebt»; sich durch «eingehendes Studium der Presse und durch das Lesen guter Bücher» oder durch «den Besuch kultureller Veranstaltungen wie Theateraufführungen» bessert und der in Unterhaltungen mit den Genossen «keine Zoten und zweideutigen Redensarten [benutzt], sondern an erster Stelle [über] die Planerfüllung [spricht]». Die in diesen Jahren unternommene Umkrempelung der menschlichen Natur ist nicht von Freiheitsdurst von unten, sondern von politischen Plänen von oben getrieben.

Trotzdem führten auch diese bescheidenen Erziehungsziele zu revolutionären Veränderungen in der Arbeit der Gerichte. In ihren ersten zwei Jahrzehnten – das heißt, von der noch unartikulierten Aufbruchsstimmung in den frühen Jahren bis zum Erlahmen des Hoffnungsschubs, der auf die Programmatische Erklärung vom Oktober 1960 folgte – suchte die DDR-Rechtspolitik nach etwas, das man als die menschliche Erwärmung der Justiz beschreiben kann. Dazu brauchte man volksnahe Richter, ein pädagogisch wirksames Verfahren, eine menschlich eingängige Gerichtssprache, die Beteiligung von Laien (die Parteien und Angeklagte mit ihrem Kollektiv verbinden sollten) und die soziale Nachsorge des Gerichts auch nach der Urteilsfällung, damit die Bürger mit den Folgen des Prozesses nicht allein gelassen wurden und damit noch andere als die unmittelbar Beteiligten aus der Geschichte etwas lernen konnten.

Die volksnahen Richter hatte man mit den «Volksrichtern» schon früh gefunden. Anders als die Mittelklasse-Richter eines bürgerlichen Staates unterschieden sie sich in ihrer Klassenherkunft und Erziehung kaum von den meisten Menschen auf der anderen Seite ihres Richtertisches. Auch andere Richterprivilegien wurden abgeschafft. Die Personalpolitik von Hilde Benjamin nahm die traditionelle Vorherrschaft von Männern in der deutschen Justiz aufs Korn. 1950 sind 15,3 % aller ostdeutschen Richter Frauen; zehn Jahre später sind es schon 30,4 % und von den sechs Richtern des Lüritzer Kreisgerichts sogar die Hälfte. 1989 sind 51,3 % aller Richter an den Kreisgerichten Frauen. 1954 werden richterliche Roben eingezogen – sehr zur Zufriedenheit der frischgebackenen Volksrichterin Frau Rüstig, die (wie sie mir ein halbes Menschenalter später erzählt) ihre Bürger-Schüler nicht durch «Mummenschanz», sondern durch Überzeugung für den Sozialismus gewinnen wollte. Die neue ostdeutsche Justizpolitik sorgt auch dafür, dass ihre Richter über der Schreibtischarbeit nicht vergessen, was es heißt, sich auf dem Feld oder am Fließband abzurackern. Ende der 1950er Jahre führt die Partei für ihre Funktionäre Kampagnen der «körperlichen Arbeit» ein, die auch Richter und Staatsanwälte jährlich für mehrere Wochen in die Produktion schicken. 1958 wird das Lüritzer Kreisgericht dafür gelobt, seine Verpflichtung von 200 Arbeitsstunden mit 596 Stunden übererfüllt und außerdem noch «2½ Morgen Rüben in persönliche Pflege» genommen zu haben. Im nächsten Herbst begleitet Herr Kellner die Mannschaft eines Kutters drei Wochen lang zum Fischfang auf die Ostsee, während Frau Christiansen wahrscheinlich nützlichere Tage auf einer LPG verbringt.

Aber wenn auch die Richter schon die Hoffnungen des Sozialismus zu verkörpern schienen, war doch das Recht, das sie anzuwenden hatten, in vielen Fällen noch das alte bürgerliche Recht. Das galt für das Strafrecht nur begrenzt. Die Strafrechtsnormen, die die DDR zu ihrer Selbstverteidigung zu brauchen glaubte, waren schon früh, zum Teil noch vor der Gründung des neuen Staates, erlassen worden. Im Oktober 1952 (am selben Tag wie das Gesetz zum Schutze des Volkseigentums, dem wir schon im Strafrechtskapitel begegneten) wurde auch eine neue Strafprozessordnung verabschiedet, die den Klassenkampf verfahrensrechtlich regelte und dem Staat bei der Verfolgung seiner Feinde weiten Spielraum gab. Unter anderem erleichterte die neue StPO vorläufige Festnahmen ohne Haftbefehl; ermöglichte es dem Gericht, unbequeme Beweisanträge eines Angeklagten loszuwerden; erlaubte den Ausschluss der Öffentlichkeit, «wenn das Gericht es für angemessen hielt»; ließ Hauptverhandlungen auch gegen flüchtige Angeklagte zu und legitimierte die Geheimhaltung «aller in der Verhandlung zur Sprache kommenden Tatsachen und Umstände». Mit der Erziehung eines neuen Menschen hatte dieses Strafprozessrecht nichts zu tun.

Aber im Zivilrecht, also bei der Schlichtung von Streitigkeiten zwischen gesetzestreuen Bürgern, die der Sozialismus gerne für sich gewinnen wollte, mussten meine Richter bis 1975 mit dem alten BGB von 1900 und der noch älteren Zivilprozessordnung von 1877 auskommen; Gesetzen, die den Glauben an Privatautonomie und an die Legitimität von Selbstinteresse verkörperten und Rechtskonflikte in einem formalen Gegenspiel von juristischem Punkt und Kontrapunkt entschieden. Als Regieanweisung für die gründliche Erforschung und Therapie gesellschaftlicher Widersprüche konnten diese Gesetze keine Hilfe bieten. Statt im Prozess nur die «formelle Wahrheit» aufzudecken, das heißt, nur diejenigen tatsächlichen Aspekte eines Rechtskonflikts, die nötig waren, um die Argumente der Juristen faktisch auszufüllen, sollten meine Richter etwas finden, das man «materielle Wahrheit» nannte: ein fotorealistisches Porträt des Sachverhalts, das nicht nur den Streitfall selbst, sondern auch seine gesellschaftlichen Ursachen und Folgen umfassen musste, wenn ähnliche Zusammenstöße in Zukunft vermieden werden sollten. Das galt auch für das unpolitische Strafrecht. Wenn ein Angeklagter den Weg in die Gesellschaft zurückfinden sollte, musste der Richter, wie ein guter Arzt, der Pathologie seines Lebenslaufes auf den Grund gehen. «Schildern Sie Ihre persönliche und gesellschaftliche Entwicklung!», hieß in der DDR der erste Satz in einer strafrechtlichen Hauptverhandlung. «Wir fingen beim Ur-Schlamm an», formulierte es eine Richterin für mich.

Wie dringt man mit den formalen Regeln einer bürgerlichen Rechtsordnung bis zum Ur-Schlamm vor? Indem man diese Regeln durch Auslegung ausweitet und flexibel macht. Schon im Dezember 1954 war im Ministerium der Justiz die Aussonderung nicht mehr verwendbarer bürgerlicher Literatur bei den Gerichten beschlossen worden. Jedes Kreisgericht sollte außer Gesetzessammlungen und einigen wenigen anderen Texten nur jeweils *ein* Lehrbuch des bürgerlichen Rechts, *einen* ZPO-Kommentar und *einen* Kommentar zum BGB behalten dürfen. Es brauchte eine Weile, bis die Anordnung verwirklicht wurde – jedenfalls listet ein Bestandsverzeichnis der Lüritzer Gerichtsbibliothek von 1956 zahllose Titel aus dem bürgerlichen Erbe auf, aber nur einen einzigen Jahrgang (1947) der DDR-Zeitschrift «Neue Justiz». Die Literaturwäsche wird auch durch Geldmangel behindert gewesen sein. Aber die *Auslegung* der notgedrungen übernommenen Gesetze wird unter Leitung des Obersten Gerichts den neuen sozialistischen Verfahrenszielen angepasst. Vorschriften, die einem Richter die gründliche Erforschung eines Sachverhalts erlauben, werden jetzt großzügig interpretiert. Regeln, die ihm ermöglichen, den Prozess auch ohne die Aufklärung der Geschehnisse voranzutreiben, werden eng gelesen.

Die Möglichkeiten zur Neudeutung sind zahlreich. Aus dem kapitalistischen «richterlichen Fragerecht» des § 139 ZPO wird die sozialistische «richterliche Fragepflicht» zur umfassenden Diagnose eines

Streitfalls. Zivilrechtliche Beweislastregeln sind suspekt, weil sie erlauben, ein Urteil auf die *Nicht*-Aufklärung umstrittener Tatsachen zu stützen. Zeugnisverweigerungsrechte finden wenig Sympathie, weil sie der staatlichen Aufklärung eines Sachverhalts im Wege stehen («Sehr bezeichnend war auch, dass die Ehefrau die Aussage verweigerte», lese ich in einem Strafurteil von 1952). Fristbegrenzungen werden nachlässig gehandhabt: Sie treiben zwar den Prozess voran, helfen aber nicht dabei, herauszufinden, was sich nun wirklich zugetragen hat. Bis ganz zum Ende ist mein Gericht daher erstaunlich großzügig mit der Vertagung von Terminen: weil einer der Prozessbeteiligten Urlaub hat; weil sich ein Rechtsanwalt auch noch um andere Mandanten kümmern muss; weil Ladungen in der Post verloren gingen; und einmal – warmes Recht! – weil der Staatsanwalt Geburtstag hat. Wenn es das Ziel des Richters ist, gesellschaftliche Widersprüche zu entwirren, ist Warten sinnreicher als ein Bestehen auf Formvorschriften, das nur neuen Ärger schaffen könnte. Manchmal werden Gebote bürgerlicher Fairness jetzt auch nur deswegen beachtet, weil sie die Erziehung eines Bürgers förden können. Frau Rüstig erzählt mir zum Beispiel von einem Strafverfahren wegen Vergewaltigung, bei dem beide Schöffen Frauen waren. Der Angeklagte hatte sich beschwert, weil kein einziger Mann auf der Richterbank gesessen hatte. Sie hatte daraufhin ihre Schöffinnen gegen Schöffen ausgetauscht. Warum? «Ja, der konnte doch nichts aus seinem Urteil lernen, wenn er den Richtern nicht vertraute.»

Wahrscheinlich war auch dies eine Verbrämung der Erinnerung, denn dass die Bürger-Schüler ihren Richter-Lehrern immer trauten, erscheint mir zweifelhaft. Sicher ist, dass die Suche nach der «materiellen Wahrheit» meinen Lüritzer Richtern neue Mühen machte, die sich auf die Dauer kaum durchhalten lassen würden. Statt um formaljuristische geht es jetzt um faktische Genauigkeit. Urteile aus den frühen Jahren nennen selten Paragraphen, aber beschreiben menschlich einleuchtend ausführlich den umstrittenen Gegenstand: «ein transportabler Kachelofen (neu) in der von den Mitarbeitern der PGH angegebenen Größe für die Beheizung des Zimmers und die Tragfähigkeit des Fußbodens». Klagerücknahmen, Anerkenntnis- und Versäumnisurteile, die einem bürgerlichen Richter erlauben, einen Fall schnell und oberflächlich abzuhaken (schließlich ist ein Beklagter, der seine eigenen Sache nicht verficht, an seiner Niederlage selber schuld), müssen jetzt Tatbestand und Gründe enthalten, damit die gesellschaftliche Legitimität der Streitlösung auch überprüfbar ist. 1965 begründet Frau Dankwarth einen arbeitsrechtlichen Vergleich, der den Beklagten verpflichtet, 150 Mark in vier Raten an seinen Betrieb zurückzuzahlen, mit einer sieben Schreibmaschinenseiten langen Schilderung des Sachverhalts und seiner sozialpädagogischen Entwirrung. Urteile fügen dem Machtspruch des Richters gerne noch eine Moral hinzu: «Dem Antragsteller muss empfohlen werden, seine Lehren aus der heutigen Beratung zu ziehen.»

Manche Prozessakten aus den 1950er und 1960er Jahren lesen sich wirklich wie Protokolle einer erfolgreichen Unterrichtsstunde. Das gilt vor allem für das Arbeitsrecht, in dem die Lieblingskinder des Systems unter sich waren. Aber auch im Zivilrecht hoffte man auf Harmonie. Prozessrechtlich gesprochen hieß das, dass meine Richter streitige (das heißt, bis zum bitteren Ende ausgefochtene) Entscheidungen vermieden und stattdessen die Parteien zu Vergleichen zu bewegen suchten. Auch bürgerliche Richter ziehen arbeitssparende Vergleiche einem arbeitsintensiven Urteil vor. Aber meine Lüritzer Richter mussten ihre Vergleiche in diesen Jahren ja begründen, und wenn ich mir etwa Frau Dankwarths Vergleiche oder Klagerücknahmen besehe, oft erst in mehreren Terminen so pädagogisch ausgefeilt, wie es ihr vor Augen schwebt, so erscheint Arbeitserleichterung ein unwahrscheinliches Motiv für ihre Mühen. Es ging um Friedensstiftung. 1975 ersetzte die neue DDR-Zivilprozessordnung das Wort «Vergleich» durch das Wort «Einigung» und zeigte damit an, welches Prozessergebnis sich das Recht erhoffte: nicht eine rechnerische Abwägung und Teilung von Gewinn und Verlust zwischen den Parteien, sondern ihre menschliche Verständigung.

Den Zahlen nach zu urteilen, sieht es so aus, als ob das Experiment gelang. Nicht nur in Lüritz, sondern in der ganzen DDR scheint sich das Recht tatsächlich zu erwärmen. Zivil- und Arbeitsrechtsprozesse nehmen ab: zwischen 1956 und 1968 (ihrem niedrigsten Punkt in der DDR-Rechtsgeschichte) sinken die Zivilrechtseingänge bei den Kreisgerichten um fast zwei Drittel.[46] Jedenfalls vor Gerichten streiten sich DDR-Bürger wesentlich weniger als ihre Vettern in der Bundesrepublik. Während in Westdeutschland im Laufe der Jahrzehnte bei den Amtsgerichten Vergleiche (also von den Parteien ausgehandelte Kompromisslösungen) sinken und streitige Urteile (für die besonders bitter ausgefochtenen Konflikte) steigen, ist es an ostdeutschen Kreisgerichten genau umgekehrt: Vergleiche (und ab

1975 Einigungen) steigen, streitige Urteile werden seltener. 1985 enden in Lüritz 43,3 % aller Zivilrechtsstreitigkeiten mit einer Einigung. In der Bundesrepublik machen im selben Jahr vor Gericht abgeschlossene Vergleiche nur 8,1 % aller Erledigungen an den Amtsgerichten aus.[47]
Rechtliche Auseinandersetzungen scheinen nicht nur friedlicher, sondern auch persönlicher zu werden. In der Bundesrepublik fungieren die Zivilgerichte vor allem als Inkasso-Organisationen, mit deren Hilfe Anbieter aller Art von ihren Schuldnern Geld eintreiben. Kläger und Verklagte sind in der Regel nur durch unpersönliche Beziehungen auf dem Markt verbunden. Aber in Lüritz kennen sich die Prozessparteien oft näher, als ihnen lieb ist: Über die Jahre hinweg finden rund 45 % aller Zivilrechtsprozesse zwischen ehemaligen Ehegatten oder Lebenspartnern, Verwandten, Hausbewohnern oder Kollegen statt. Weil ich aus den Akten nicht immer ersehen kann, wie gut sich die Parteien kennen, ist der tatsächliche Prozentsatz von Streitigkeiten unter einander Nahestehenden wahrscheinlich noch höher. Auch wenn es um Geld geht, gründen sich mehr als ein Drittel der Forderungen nicht auf kommerzielle Marktgeschäfte, sondern auf einmalige Gelegenheitsgeschäfte unter Bürgern. Auch dass ein Rechtsanwalt sich zwischen die Rechtsuchenden und ihren fürsorglichen Richter schiebt, wird immer seltener. 1979 haben nur noch 15,3 % aller Zivilrechtsparteien und 5,6 % aller Angeklagten in Strafverfahren einen Anwalt.

War es wirklich die neue familiäre Wärme in der Beziehung zwischen Staat und Bürger, die zu den Veränderungen führte? Natürlich stecken hinter den von mir genannten Zahlen noch viele andere mögliche Erklärungen. Der Rückgang der Zivilrechtsstreitigkeiten in der DDR, zum Beispiel, hängt auch (wahrscheinlich sogar hauptsächlich) mit dem Verschwinden des Privateigentums in der DDR-Planwirtschaft zusammen. Die Tatsache, dass Lüritzer Prozesse sich zunehmend um persönliche statt um Marktbeziehungen drehen, liegt auch daran, dass es in einer sozialistischen Volkswirtschaft nicht viel zu kaufen gab und dass die staatseigenen Verkäufer und Vermieter an der Eintreibung von Geldschulden nicht sonderlich interessiert waren. Um zu beurteilen, ob das Rechts-Klima in Lüritz tatsächlich wärmer (oder vielleicht nur stickiger und enger) geworden ist, muss ich genauer in die Akten sehen. Wie reagieren meine Lüritzer Protagonisten auf die Erziehungsmühen des Gerichts?

Meine Spurensuche führt mich wieder einmal in den Holzkeller. Wie alle Richter in der DDR mussten auch die Lüritzer Richter einen großen Teil ihrer Zeit mit der Belehrung der Bevölkerung verbringen: durch Verhandlungen vor «erweiterter Öffentlichkeit» im Gerichtssaal oder – seltener, weil noch zeitraubender – in Lokalterminen am Entstehungsort eines Konflikts; durch Auswertungen von Urteilen (hauptsächlich Strafurteilen) im Arbeitskollektiv des Täters oder der Parteien; durch Vorträge in Schulen, LPGs, Gewerkschaftstreffen, Kleingärtnervereinen. Je mehr Veranstaltungen, desto besser. Aus den Berichten über diese Treffen an das Bezirksgericht in Neuburg kann ich in vielen Fällen lernen, worum es in einer Schulungsstunde ging, wer anwesend war, und gelegentlich auch, was in der Diskussion gesagt wurde. Weil in den 1980er Jahren vom Vortragenden meistens nur noch ein Fragebogen über das Ereignis auszufüllen war, weiß ich über die späteren Versammlungen weniger, als über die noch mit Enthusiasmus und Drama angefüllten Lehrveranstaltungen der frühen Jahre. Oft muss ich raten: Was haben sich die Zuhörer wohl gedacht? Was hätte ich gedacht, wenn ich dabei gewesen wäre?

Manche der Lektionen sehen auch aus heutiger Distanz vernünftig aus. 1961, zum Beispiel, anlässlich einer Schadensersatzklage gegen eine LPG, die durch die Überbelastung eines Transformators ausgelöst worden war, schreibt Frau Rüstig an den VEB Energieversorgung Neuburg und bittet darum, einen Netzmeister zu einer Schulungsveranstaltung in die LPG zu schicken. Es bestünde unter den Bauern «noch immer erhebliche Unsicherheit im Umgang mit E-Motoren.» Da will ich glauben, dass die Belehrung auch, wie Frau Rüstig schreibt, «dem Wunsch der LPG-Mitglieder» entspricht.

Manche Versuche zur Umerziehung waren so erfolglos, dass auch die Akten es nicht vertuschen können. 1959 arrangieren zum Beispiel Frau Christiansen, Frau Rüstig und Staatsanwalt Clemens drei LPG-Versammlungen zur Auswertung eines Strafurteils gegen einen LPG-Bauern, der durch falsche Fütterung das Aufblähen von Kühen und damit einen geringeren Milchertrag und den Tod einer Kuh verursacht haben soll. Alle drei Veranstaltungen sind eine pädagogische Katastrophe. Die anwesenden Bauern versuchen, «das Aufblähen der Kühe als etwas Unvermeidliches hinzustellen.» Sie «überbetonen die objektiven Schwierigkeiten bei der Unterbringung der Tiere.» Sie nehmen den Verurteilten «in jeder Hinsicht in Schutz.» Sie weigern sich, gegen ihn im Namen der LPG eine Schadensersatzklage anzustrengen und erklären stattdessen, «den Schaden lieber gemeinsam» tragen zu wollen. Solidarität, aber aus der Sicht des Staates die falsche Solidarität, die statt nach Verbesserungen nach Entschuldigungen sucht.

Ich stelle mir eins dieser Treffen vor: Rund 20 Bauern aus dem Dorf, viele davon mehr oder weniger willig in der neuen LPG organisiert, in deren «Kulturraum» Frau Rüstig oder Frau Christiansen ihre Schüler versammelt hat; der Rest noch Einzelbauern. Beide Richterinnen sind 1959 noch keine 40 Jahre alt; eine gelernte Kontoristin und eine Zigarrenmacherin, die den störrisch im Saal sitzenden Bauern erklären, wie sie ihre Kühe füttern sollen. Was Staatsanwalt Clemens, auch Produkt eines Volksrichterlehrgangs, gelernt hat, weiß ich nicht, aber Landwirtschaft wird es nicht gewesen sein. Bei allen Anwesenden muss die forcierte Kollektivierung der Landwirtschaft in der DDR in diesen Jahren Ärger und Ressentiments angesammelt haben. Ist es ein Wunder, dass sie der Predigt keinen Glauben schenken? Am Ende einer der Versammlungen fragt Frau Christiansen die drei oder vier noch nicht kollektivierten «Einzelbauern» unter den Zuhörern, ob sie nunmehr gewillt seien, in die LPG einzutreten. Nein. «Auf entsprechende Vorhaltungen über die Herkunft ihres Vermögens nach den Ausführungen des Genossen Walter Ulbricht vor der Volkskammer zur Begründung des Gesetzes über den Sieben-Jahresplans verhielten sich die Einzelbauern schweigend.»

So viel sichtbaren Widerstand gegen das Erzogenwerden finde ich in den späteren Jahren nur noch gelegentlich in Haftbefehlen für versuchte Republikflucht, die auch die «Stellungnahme» des Verhafteten zu seiner Tat enthalten. Da es in diesen Fällen für Vorsicht ohnehin zu spät ist, geben sich viele der Befragten keine Mühe mehr mit Lügen. «Mir gefällt das ewige Lernen in unserem Staat nicht», sagt zum Beispiel ein 16jähriger Schüler, der im August 1988 geschnappt wird, als er schon zum zweiten Mal versucht, über die Grenze zu schleichen. Aber die sesshaften Bürger mit Arbeitsplätzen und Familien, denen ich in den Berichten meiner Richter über ihre Öffentlichkeitsarbeit begegne, können sich den Luxus der Ehrlichkeit nicht leisten und weichen den Erziehungsmaßnahmen ihres Staates diplomatischer aus. Sie sagen einfach, was von ihnen erwartet wird. Aus dem 1979er Bericht über die Auswertung eines Strafurteils für einen Gruppendiebstahl auf der Phoenix Werft: «Die Kollegen verurteilen die Handlungen der Straftäter und sind mit den ausgesprochenen Urteilen und Erziehungsmaßnahmen einverstanden. Es ist persönliches Anliegen jedes Kollegen, zur Mehrung des sozialistischen Eigentums durch die Verhinderung von Straftaten beizutragen.» Und eine ähnliche Meldung aus demselben Jahr: «Alle Kollektivmitglieder zogen ernsthafte Lehren und sind gewillt, ihre Aufgaben in Ehren zu erfüllen.»

Am glaubwürdigsten klingen die Antworten auf die Rubrik des Auswertungsbogens, die wissen will, ob die Teilnehmer an der Veranstaltung noch andere juristische Belehrungen durch Richter oder Staatsanwälte wünschten. Die Antwort ist nicht immer «nein». Aber wenn die Zuhörer um weitere Auskunft bitten, ist es immer zu Themen, die nicht staatliche, sondern persönliche Interessen betreffen: Erbrechts- oder Scheidungsfragen, zum Beispiel. Es kommt auch vor, dass die zu Belehrenden die Anwesenheit eines Richters in ihrem Kollektiv ausnutzen, um eigene Sorgen anzusprechen und so die geplante Lehrstunde in eine Auskunftsstunde umzufunktionieren. Schon die erbosten Bauern in dem Fütterungsprozess von 1959 hatten die Gelegeneheit benutzt, um sich bei Frau Rüstig und Frau Christiansen über ihren LPG-Vorsitzenden zu beschweren, der sich um nichts kümmere und schon mittags im Wirtshaus sitze. Allerdings sind die häufigsten Antworten auf die Frage, ob das Kollektiv noch weitere Belehrung wünsche, höfliche Verneinungen: «leider aus zeitlichen Gründen nicht möglich»; «gegenwärtig nicht»; «ein rechtserläuternder Vortrag fand bereits vor zwei Jahren statt». Oft ist der Fragebogen an dieser Stelle gar nicht ausgefüllt.

Und wie sieht es mit der Friedensstiftung unter den Benutzern der Gerichte aus? Ursprünglich sollte die Suche nach der «materiellen Wahrheit» es dem Richter unmöglich machen, einen Streit mit formalen Argumenten aus dem Weg zu räumen, ohne auch den gesellschaftlichen Problemen, die dahinter standen, auf den Grund zu gehen. Daher die Missbilligung von Versäumnisurteilen und daher die Pflicht des Richters, auch Klagerücknahmen und Vergleiche zu begründen, um so zu dokumentieren, wie und warum die ehemaligen Gegner sich vertragen hatten. Die Energie, die zu einer so gründlichen Streitschlichtung nötig war, musste allmählich erlahmen. Ende der 1970er Jahre ist das Lüritzer Gericht durchaus bereit, beim Fehlen des Beklagten den Prozess schon auf der Basis schwacher und kaum hinterfragter Behauptungen für den Kläger zu entscheiden. «Sachverhalt ausreichend geklärt», diktiert der Richter dann ins Protokoll. «Abwesenheitsurteil» nennt man das jetzt. In den 1980er Jahren entdecke ich auch Fälle, in denen einem nicht erschienenen Beklagten «wegen unentschuldigten, provokatorischen, die Würde des Gerichts missachtenden Fernbleibens von der mündlichen Verhandlung» eine Ordnungsstrafe aufgebrummt wird. Solch ein Klaps ist ein zeitsparenderes Erziehungsmittel, als ernsthafte Versuche, einen Sünder umzumodeln.

Zwar bleiben bis zum Lebensende der DDR Vergleiche die bevorzugte Methode der Streitlösung vor Gericht. Also doch eine Erwärmung der Justiz? Nein, denn die Vergleiche scheinen mehr und mehr nicht den Parteien, sondern dem Gericht zu dienen, das bei einem hohen Prozentsatz von Vergleichen bei seinen Vorgesetzten einen guten Eindruck macht, Zeit und Arbeit spart, und sich in einem Rechtssystem, in dem es nie genug Gerichtsvollzieher gibt, um die Vollstreckung nicht so viele Sorgen zu machen braucht.[48] Zwar müssen auch Vergleiche zum Beweis ihrer materiellen Richtigkeit begründet werden, aber faktische Gründe reichen aus und «Einigungen» werden daher so gut wie nie mit juristischen Argumenten gerechtfertigt. Offensichtlich drängen meine Richter die Parteien, sich zu einigen. Viele Einigungen sind so nachlässig und vage formuliert, dass es zwischen den Parteien bald neuen Grund zum Streiten geben muss. «Die Parteien sind sich darüber einig, dass sie zum Mindesten versuchen werden, eine außergerichtliche Einigung über die Verteilung des Nachlasses zu erzielen», lese ich in einem Vergleich von 1979, oder, 1982, in einem Streit zwischen geschiedenen Eheleuten, die noch zusammen in der gemeinschaftlichen Wohnung leben müssen: «Die Parteien sind sich darin einig, dass sie hinsichtlich der Verteilung ihres gemeinsamen Eigentums eine mündliche Einigung geschlossen haben und dass sie diese mündliche Einigung halten werden und sie demnächst schriftlich formulieren und austauschen werden.»

Viel Mühe hat sich Herr Taddäus in den beiden Fällen nicht gemacht. Weil es ihm und seinen Lüritzer Kollegen bei fast allen Vergleichen außerdem gelingt, die Parteien «nach entsprechender Belehrung» dazu zu überreden, auf den Widerruf ihrer gerichtlichen Einigung zu verzichten, sind diese Konfliktlösungen in der Regel auch berufungsfest und brauchen daher einem Richter auch für die Zukunft keine Sorgen mehr zu machen. Auch wenn sie nicht mehr «Vergleiche» heißen, sind Einigungen also wieder eine Methode richterlicher Arbeitsersparnis.

Ich entdecke auch, dass viele dieser Einigungen (anders als ein Vergleich im bürgerlichen Recht) gar keinen Kompromiss zwischen den

Parteien fixieren, der unter ihnen ausgehandelt worden wäre und so die Kontrahenten, in einem gegenseitigen Prozess des *give-and-take*, einander vielleicht näher gebracht haben könnte. Stattdessen gewinnt bei einem runden Drittel aller Lüritzer «Einigungen» die eine Seite alles und die andere nichts. Dies sind streitige Urteile im Gewand von «Einigungen». Der Grund für die juristische Verkleidung: Der Richter empfiehlt am Ende der Verhandlung den Parteien, seinen Urteilsspruch in eine «Einigung» umzuformulieren, womit sich die Gerichtskosten für sie halbieren und der Richter die Entscheidung nicht mehr mit juristischen Argumenten zu begründen braucht. Wieder ein Zeitgewinn für ihn, wenn auch wahrscheinlich die Parteien wie bei einer streitigen Entscheidung mit Triumph auf der einen und mit Wut und Enttäuschung auf der anderen Seite auseinander gehen.

Ich muss mich entschuldigen, so viel Zeit auf ein so technisches Thema zu verwenden wie die unterschiedlichen Methoden der Erledigung von Zivilrechtsstreitigkeiten. Ich möchte zeigen, wie die Hoffnungen des Sozialismus in den Jugendjahren des Systems wie frische Nährlösung für eine Pflanze bis in die Verästelungen des Prozessrechts vordrangen und es ergrünen ließen und wie, beim Vertrocknen dieser Hoffnungen, Rechtsmechanismen, die der Erziehung eines neuen Menschen dienen sollten, wieder die Funktionen übernahmen, die sie schon vor dem Ausflug in die Utopie erfüllten. So wird das Ziel der DDR, durch Recht gesellschaftliche Solidarität zu schaffen, zunehmend unrealistisch und forciert. Hier ist ein Beispiel aus dem Jahre 1974. Eine Rentnerin verkauft für 150 Mark ein gebrauchtes Fahrrad an einen Mann, der von dem Angebot durch eine Kleinanzeige in der Zeitung erfahren hatte. Fahrrad und Geld wechseln die Besitzer. Aber der Mann, dessen Familie von dem Rad nicht sonderlich begeistert ist, bereut den Kauf nach ein paar Tagen. Er bringt das Rad zurück, will sein Geld wiederhaben, stellt der Verkäuferin, als sie nicht einverstanden ist, das Fahrrad einfach vor die Tür und erhebt Klage auf Rückzahlung der 150 Mark. Die Verkäuferin will davon zu Recht nichts hören: «Ich bin nicht gewillt, die 150,— zurückzuerstatten, da unser Kauf perfekt war und Herr W. für sein Handeln keine Gründe angibt.» Aber Herr Taddäus weist die unverschämte Klage nicht etwa ab. Stattdessen überredet er die Verkäuferin, den unzufriedenen Käufer mit einem Preisnachlass von 25 Mark zu beschwichtigen, den die alte Dame noch im Gerichtssaal zahlt. Statt mit einem streitigen Urteil kann Herr Taddäus den Prozess mit einer Klagerücknahme beenden. Aber damit ist der Streit nicht aus der Welt geschafft. Die Verkäuferin wird zornerfüllt nach Hause gegangen sein. Die Parteien, die sich vor dem Geschäft nicht kannten, stehen einander ferner als zuvor.

Mein Beispiel soll illustrieren, wie das «warme» Recht, nach dem der Sozialismus suchte, nicht unter Mithilfe der Bürger produziert, sondern ihnen von Autoritätspersonen vorexerziert und teilweise auch aufgezwungen wird. Vorschnelle Hoffnungen auf die wirklichkeitsverändernde Macht des Rechts verlieren daher bald ihre Überzeugungskraft und müssen zurückgenommen werden. Während zum Beispiel die erste Konfliktskommissions-Verordnung von 1953 noch vorsah, dass die Laienrichter Arbeitsrechtskonflikte im Betrieb «durch einstimmigen Beschluss» entscheiden sollten, reduziert die KK-Richtlinie von 1960 die erforderliche Mehrheit auf zwei Drittel der Kommissionsmitglieder und schon drei Jahre später kehrt die nächste KK-Verordnung von 1963 zu einfachen Mehrheitsbeschlüssen zurück. Offensichtlich ist Übereinstimmung auch unter Klassengenossen schwer erreichbar. Auch andere Wunschvorstellungen werden aufgegeben. 1961 weist die Justizverwaltungsstelle Neuburg meine Richter an, dass «körperliche Arbeit» nur noch bei sinnvollen konkreten Einsätzen zu leisten sei. Danach finde ich nichts mehr über das Thema in den Akten. Ich will die ideologische Bedeutung der Kampagne «körperliche Arbeit» nicht übertreiben. Sicherlich kam es dem Staat dabei auch auf die billige Beschaffung von Arbeitskräften an. Schon 1955 konnten meine Richter der physischen Arbeit durch Zahlung von 1 % ihres Lohns in einen Aufbaufonds entkommen; manchmal mussten sie es sogar. Eine sozialistische Ablass-Zahlung also: Das Geld, das im Kasten sprang, erkaufte den Beweis der Zugehörigkeit zum Arbeiter-und-Bauern-Staat. Trotzdem entstammt die Idee der körperlichen Arbeit einer romantischen Utopie, die ihre Richter im gleichen Habitus wie ihre Proletarier sehen wollte: in Arbeitskleidung und mit Schwielen an den Händen. Mitte der 1960er Jahre haben diese Phantasien keine Macht mehr.

Die Ernüchterung hat auch ihr Gutes. Hier sind zwei Beispiele, die illustrieren sollen, wie aus einem draufgängerischen, rücksichtslosen, formverachtenden Erziehungsstil vorsichtige und argwöhnische Planung wird, die jeden Aspekt einer Lehrveranstaltung unter Kontrolle halten will. Zwei Strafprozesse; beide öffentlichkeitswirksam inszeniert und beide in ihren Fakten fast identisch: Ein Angehöriger der

Lüritzer Werft wird der Unterschlagung von Beitragsgeldern bzw. des Diebstahls von Arbeitsmaterialien beschuldigt. Also keine besonders verbrecherische Tat, aber wohl eine Rechtsverletzung, die in einem Betrieb von rund 6500 Arbeitern und vielen Gelegenheiten, in Versuchung zu geraten, keine Schule machen darf. Die Abschreckung durch Recht ist daher wichtig. Der eine Prozess wird grobschlächtig und optimistisch geführt; der andere in sehr viel gemäßigterer Manier und ohne Illusionen einer Weltveränderung.

Das erste Strafverfahren findet im August 1952 statt; zwei Monate vor dem Erlass des Gesetzes zum Schutze des Volkseigentums und damit zu Beginn der Unterdrückungswelle, die die Bürger von der Unantastbarkeit des Staatseigentums überzeugen sollte. Es wird vor «erweiterter Öffentlichkeit» verhandelt, und diesmal trifft die Bezeichnung tatsächlich einmal zu: Die Hauptverhandlung, in einer Riesenhalle, die 800 Leute fasst, wird mit Lautsprechern nach draußen übertragen, wo weitere 2000 Zuhörer an dem Ereignis teilnehmen können. Ich stelle mir vor, wie die Stimmen über das Werksgelände dröhnen: die Vorwürfe des Staatsanwalts; die Zeugenaussagen; die Entschuldigungen des Angeklagten, der keinen Anwalt hat und für sich selbst spricht. Wenn er nicht entdeckt worden wäre, hätte er das unterschlagene Geld durch einen Hausverkauf seiner Mutter abdecken können, sagt er, und die Ausrede schallt aus den Lautsprechern in aller Ohren. Wie die Urteilsschrift im Lüritzer Archiv berichtet, reagieren die Kollegen mit Empörung. «Strafrechtliche Handlungen mit Geld abzudecken, sei im Kapitalismus möglich gewesen, aber nicht in der DDR.» Mit der Ungleichbehandlung wohlhabender und armer Täter «haben wir endgültig Schluss gemacht.» Der Angeklagte wird zu zweieinhalb Jahren Zuchthaus verurteilt.

Wie komme ich dazu, den Schauprozess, der offensichtlich allen Mitarbeitern der Werft Angst vor der Strenge des Gesetzes einflößen sollte, «optimistisch» zu nennen? Das Risiko, eine Strafverhandlung vor fast 3000 Leuten durchzuführen, von denen die zwei Drittel außerhalb des Verhandlungssaales kaum zu kontrollieren waren, scheint mir zu groß, um von Pessimisten unternommen worden zu sein. Bei der Entscheidung für das Massenspektakel muss auch die Überzeugung eine Rolle gespielt haben, dass der Staat die Mehrheit des Publikums auf seiner Seite haben werde. 1952 wird die Stimmung unter den Werftarbeitern nicht nur von Angst vor neuer Unterdrückung bestimmt gewesen sein, sondern auch von einem neuen Rausch der Gleichheit, der sich auch in den späteren Jahren der DDR nie ganz verflüchtigte. Ich finde auch in anderen Akten aus den frühen 1950er Jahren Anzeichen dafür, dass die «kleinen Leute» meinten, nun sei ihre Zeit gekommen. Viele von den ostdeutschen Bürgern mit Geld und Status waren in den Westen abgewandert. Die Zurückgebliebenen waren eher arm als reich. Sie hatten der Enteignung der großen Güter durch die Bodenreform und ihrer Verteilung unter mittellosen Flüchtlingen und Einheimischen auch mit Beifall zugesehen.[49] Und auf dem Werftgelände war die Zahl der Arbeiter, deren Mutter ein Haus zu verkaufen hatte, sicherlich nicht groß. Ich halte es für unwahrscheinlich, dass der Zorn des Publikums über die Ausreden des Angeklagten nur eine Erfindung des Berichterstatters war. Es wird auch echte Empörung unter den Zuhörern gegeben haben, auf die die Veranstalter glaubten, sich verlassen zu können.

Vielleicht kann der Kontrast zum zweiten Fall erhellen, was ich meine. Ein Strafprozess vom November 1965, wieder gegen einen Werftangehörigen, der «Materialien» vom Staat und unbenannte Gegenstände von Kollegen gestohlen haben soll. Wieder soll vor «erweiterter Öffentlichkeit» verhandelt werden. Der Anlass ist diesmal nicht das Ziel, 3000 Leute von der Heiligkeit des Volkseigentums zu überzeugen, sondern ein Besuch des stellvertretenden Staatsratsvorsitzenden Homann in Lüritz, für den ein dreitägiges Besuchsprogramm entworfen wird, zu dem auch die besagte Strafverhandlung gehören soll. Der Direktor des Lüritzer Kreisgerichts ist an den Planungen beteiligt und schreibt an das Bezirksgericht in Neuburg: Für den zweiten Besuchstag «ist die Durchführung einer Hauptverhandlung gegen den Betriebsangehörigen S. vorgesehen. An dieser Hauptverhandlung wird Dr. Homann teilnehmen und das Verhalten gesellschaftlicher Kräfte beobachten. Es wurde vorgeschlagen, diese Gerichtsverhandlung vor erweiterter Öffentlichkeit durchzuführen. Wir werden nach Eingang der Akte sofort mit der Betriebsleitung Rücksprache führen, um einen geeigneten Personenkreis für die Teilnahme an der Verhandlung im Gerichtsgebäude festzulegen. Die Genossen der Kanzlei des Staatsrats werden vor dem unmittelbaren Besuch des Herrn Dr. Homann mit uns Rücksprache führen und den Stand der Vorbereitung, insbesondere der Strafsache, kontrollieren. Ich würde empfehlen, auch einen Vertreter des Bezirksgerichts zu entsenden, der uns noch nähere Hilfe und Anleitung geben könnte.»

Also keine Massenveranstaltung unter freiem Himmel, sondern eine kontrollierbare Verhandlung im Gerichtsgebäude. Kein Zufallspublikum, sondern ein sorgfältig ausgewählter «geeigneter Personenkreis». Homanns Besuch in Lüritz sollte «insbesondere Probleme in der Verwirklichung des Rechtspflegeerlasses» vom Januar 1961 aufs Korn nehmen, also des Gesetzeswerkes, das die Rechtsprechung in der DDR durch die Beteiligung der Bürger zu einer Volksaufgabe machen sollte. Aber die Mitwirkung von Laien am Prozess wird schon zweieinhalb Jahre nach dem Erscheinen des Erlasses so sorgfältig geplant und inszeniert, dass das Anerbieten an den Gast, er werde «das Verhalten gesellschaftlicher Kräfte beobachten» können, fast danach klingt, als sei er eingeladen, den Volkstänzen einer Laientruppe zuzusehen. Bei der Vorführung wird nichts passieren, das die Veranstalter nicht geplant hätten.

Bei diesem Muster bleibt es auch in den folgenden Jahrzehnten. Der Sozialismus wünscht sich ein warmes und bürgernahes Recht, aber es darf dem Staat nicht aus der Hand geraten. So werden die menschlichen Errungenschaften dieses Rechtssystems sorgfältig inszeniert und zelebriert. «Spontan» heißt «unkontrolliert» und wird zum Schimpfwort. Als im Winter 1975 Herr Taddäus, Direktor des Kreisgerichts, für eine Plenartagung des Obersten Gerichts um einen Beitrag über die Lüritzer Rechtsprechung zum «Rowdytum» gebeten wird, soll diese Einladung eigentlich den Respekt des Obersten Gerichts für die Einsichten und Erfahrungen der Richter an der Basis belegen. Aber das heißt nicht, dass Herr Taddäus selbst entscheidet, was er sagen will. Das Bezirksgericht schickt «zur Vorbereitung auf Ihren Diskussionsbeitrag» ein seitenlanges Papier aus Neuburg; ein Richter des Obersten Gerichts kommt «trotz ungünstiger Witterungsverhältnisse» mit dem Auto aus Berlin, um die Abfassung von Herrn Taddäus' Beitrag an Ort und Stelle mitzuplanen, und was der Kreisgerichtsdirektor schließlich in seiner Viertelstunde in der Sonne auf dem Plenum vorliest (Freisprechen wäre zu riskant), hat mit «Diskussion» nichts mehr zu tun, sondern ist eine eilfertige und nichtssagende Beschreibung der Loyalität und Arbeitsbereitschaft seiner Richter.

Das gleiche Spiel wiederholt sich 1987, als Frau Walter im Ministerium der Justiz über die Lüritzer Erfahrungen mit Verhandlungen vor «erweiterter Öffentlichkeit» berichten soll. Im Allgemeinen hält Frau Walter das Zusammentrommeln von «erweiterten Öffentlichkeiten» für eine Zeitverschwendung. Sie würde Ausnahmen nur in solchen Fällen gelten lassen, in denen konkrete Personengruppen aus einer bestimmten Rechtsverletzung etwas lernen könnten: wie etwa das Verkehrssicherheitsaktiv eines Lüritzer Betriebes, das sie 1986 zu einem Strafprozess gegen einen Fahrer des Betriebs einlud, der einen schweren Autounfall verursacht hatte. Aber von Frau Walters erstem Entwurf für ihren Vortrag – ein vorsichtiger Versuch, zwischen Sinn und Unsinn von Publikumsbelehrungen zu unterscheiden – überlebt so gut wie nichts die Einwände des Bezirksgerichts sowie der auch diesmal aus Berlin angereisten Herren vom Ministerium. Auf dem Deckblatt der Endfassung ihres Vortrags sind die Zensoren aufgezählt, die dafür garantieren, dass dem Minister nichts Unbotmäßiges zu Ohren kommen wird: «Vorberaten mit: Bezirksgerichtsdirektor. Zur Beratung hinzugezogen: Abt. 3 Dr. Christoph, Dr. Dankwarth. Abt. Inspektion: Dr. Mücke.» Wie üblich wird das Endprodukt trotz seiner nunmehr perfekten Banalität den Augen der Öffentlichkeit entzogen. «Hinweis: Kein Direktumlauf! Nach Einsicht zurück an Abteilung 6», mahnt ein Begleitzettel an der Akte. Der Minister habe sich für ein paar Minuten mit ihr sehr freundlich unterhalten, erzählte mir Frau Walter Jahre später. Sie habe sich sehr überflüssig gefühlt.

Aber auch wenn ein «neuer Mensch» in meinen Lüritzer Gerichtsakten schwer zu entdecken ist, sind doch die Menschen, die meine Rechtsgeschichte 40 Jahre lang bevölkerten, am Ende nicht mehr das, was sie am Anfang waren. Sie sind nicht «neu» geworden, aber anders; nicht freier, selbstbewusster, hoffnungvoller oder solidarischer mit der Gesellschaft, aber doch sichtbar von dem System geprägt, dem sie sich vier Jahrzehnte lang anzupassen hatten. Ihre Welt, die anfangs chaotisch und voller Möglichkeiten war, ist jetzt eng und geordnet. Wie Herr Taddäus mir erzählte (und übrigens noch andere Lüritzer Rechts-Honoratioren, Rechtsanwalt Mohr, zum Beispiel, doch eigentlich ein Freigeist) hat ihn die Enge nicht gestört. «Aber mich störte herzloses Verhalten.» Eine merkwürdige Wortwahl, wenn man bedenkt, dass Herr Taddäus vom Staat sprach, bei dem ich nicht wüsste, wo ich nach dem «Herzen» suchen sollte. Aber in der DDR war «herzlos» eine oft benutzte Vokabel, um zu beschreiben, wie sich die Verwaltung gegenüber ihren Bürgern *nicht* verhalten sollte. Auch die Justiz tat ihr Bestes, um nicht herzlos zu erscheinen. So nahmen die Richter ihren Bürgern viel Arbeit ab, die sie im Westen selbst erledigen müssten. Ein großer Teil der Verwaltungstätigkeit meines Gerichts bestand zum Beispiel darin, die Adressen von Schuldnern (vor allem: säumigen Vätern) herauszufinden, wenn die Klägerinnen zu hilflos oder zu bequem waren, selbst zu suchen. Bei Strafprozessen entschied das Gericht auch ohne Antrag über einen möglichen Schadensersatzanspruch des Geschädigten und half ihm dabei, oft durch mehrfache Erinnerungen, die Entschädigung vor dem Zivilgericht auch einzutreiben. Jeden Freitag erteilten Richter bis in die Abendstunden freie Rechtsauskunft. Sie schickten ausführliche Erklärungsbriefe an Rechtsuchende, denen es nicht möglich war, selbst ins Gericht zu kommen. Als 1989 ein auswärtiger Kläger schreibt, man möge ihn doch bitte über die Zugverbindungen nach Lüritz informieren und ihm für die Nacht nach dem Verhandlungstag in der Stadt ein Zimmer reservieren, tut die langmütige Frau Neumann auch das und findet für den Kläger eine Übernachtungsmöglichkeit in einem Seemannsheim.

Die Hilfsbereitschaft meiner Richter erstreckt sich theoretisch auch auf Kritiker und Missetäter. In einem Rundschreiben von 1977 mahnt das Oberste Gericht auch bei Strafverfahren zu Geduld: «Eine qualifiziert durchgeführte Hauptverhandlung vermeidet eine hektische Verhandlungsatmosphäre infolge falsch verstandener Zügigkeit und Rationalität. Eine derartige Atmosphäre führt zu dem Ergebnis, dass z.B. die Beteiligten sich nicht zusammenhängend äußern bzw. nicht aussprechen können.» Die Ermahnung mag notwendig gewesen sein, weil familiäre Wärme gleichzeitig zu Distanz und Kälte gegenüber Außenseitern führen kann. Um alte und schwache Leute, sogar um Querulanten, kümmerten sich die Richter oft mit großer Nachsicht. Um «Antragsteller» nicht. Es waren die *selbstständigen* Menschen, mit denen der Sozialismus nicht zurechtkam; nicht die *Abhängigen*. Kritik war dann willkommen, wenn sie als Hilfesuche umgedeutet werden konnte. Als 1972 bei meinem Kreisgericht im ganzen Jahr kein einziger Beschwerdebrief eingeht, fragt das Bezirksgericht aus Neuburg besorgt an, «welche Gründe die Bürger der Stadt Lüritz bewegen, ihre Probleme nicht an das Kreisgericht heranzutragen». Die Frage war symbolisch zu verstehen. Die meisten Justizeingaben in der DDR kritisierten Verzögerungen bei Urteilsausfertigungen und Vollstreckungen, denen die Gerichte, die nie genügend Sekretärinnen und Gerichtsvollzieher hatten, oft abzuhelfen gar nicht in der Lage waren. So hatte es kaum Sinn, sich bei Gerichten zu beschweren. Weil die Gerichte auch nichts zu vergeben hatten – kein Geld, keine Wohnungen, keine Ausreisevisen–, gingen, im Gegensatz zu anderen Behörden in der DDR, nur wenige Eingaben bei ihnen ein. In Lüritz waren es meistens nur zwischen 15 und 20 Eingaben im Jahr; gelegentlich auch weniger. Trotzdem galt die jährliche «Eingabenanalyse» der Gerichte als wichtiger Beweis für ihre Bürgerfreundlichkeit. Auch für das eingabenlose Jahr 1972 schickten die Lüritzer daher eine «Analyse» ihrer Bürgernähe ans Bezirksgericht.

Dieser Staat suchte so gierig nach Beweisen seiner eigenen Wärme. Eingaben waren ideal für diesen Zweck, weil sie Gelegenheit zur Hilfe boten, ohne den Staat zur Hilfe zu verpflichten. Außerdem brachten sie den Eingabenschreiber unmittelbar mit der Staatsmacht in Verbindung: Er wandte sich – wahrscheinlich meckernd, aber in der Sprache des Systems «vertrauensvoll» – direkt an die väterliche Autorität, von der sein Wohlergehen abhing. Daher war es in der DDR auch ratsamer, seine Eingaben selbst zu schreiben, in menschlicher, holperiger Alltagssprache, als einen Anwalt mit der Formulierung zu bemühen. Als 1986 einmal eine von einem Rechtsanwalt für eine alte Frau verfasste Eingabe direkt an das Justizministerium gerichtet wird, gibt es im Ministerium die Reaktion, die ich von Eltern erwarten würde, deren Kinder ihnen durch einen Rechtsanwalt ihre Geburtstagswünsche übermittelten. «So stelle ich mir die Rolle eines Rechtsanwalts nicht vor», steht in der Aktennotiz des Sachbearbeiters, und sein Vorgesetzter stimmt ihm mit einem Nachtrag zu: «Der Eingabenweg ist dazu da, dass sich der Bürger mit Hinweisen, Anregungen und Kritiken an die staatlichen Organe wenden kann. Er verliert den Eingabencharakter, wenn durch einen Anwalt fremde Rechtsangelegenheiten besorgt werden sollen.» In anderen Worten: In das persönliche Verhältnis zwischen Staat und Bürger darf sich kein Dritter schieben, und ganz bestimmt nicht jemand, der so auf Widerspruch und Streit erpicht ist wie ein Anwalt. «Ja», steht in grüner Minister-Tinte neben dem Vermerk.

Viele Lüritzer in meinen Akten scheinen diese Sicht zu teilen oder, vorsichtiger gesagt, scheinen zum mindesten gelernt zu haben, sich so zu verhalten, als ob sie sich dem Staat persönlich verbunden fühlten. Sie erwarten Versorgung ohne Gegenleistung. Auch Leute mit genug Geld bezahlen zum Beispiel oft ihre Miete erst auf Druck, vielleicht auch, weil die Summen so gering sind, dass sie nicht als Gegenwert für eine Wohnung, sondern eher als pädagogisch motivierte Abzüge vom Taschengeld gesehen werden. Oft werden Säumnisse mit Begründungen entschuldigt, die die Nachsicht des Gläubigers schon vorwegzunehmen scheinen. «Ich hatte seit dem Einzug [vor fünf Jahren] Probleme mit meiner Mietzahlungsdisziplin», sagt ein Verklagter 1989, der 21,80 Mark im Monat zahlen soll, und es klingt wie die Selbstdiagnose einer Krankheit, für deren Therapie die staatlichen Versorgungsinstitute zuständig sind. «Die Fehlschichten führe ich auf persönliche Probleme zurück», entschuldigt sich eine Reinmachefrau, die in zwei Monaten an 34 Tagen nicht zur Arbeit erschienen war. «Ich habe auf Grund persönlicher labiler Nachlässigkeit des öfteren Schwierigkeiten und bitte Sie, mit zur Lösung des Problems beizutragen und einen realen Weg zur Klärung zu finden», sagt jemand mit 1003 Mark Stromschulden, und der VEB Energiekombinat erklärt tatsächlich vor Gericht, sich mit dem Schuldner auf einen annehmbaren Zahlungsmodus einigen zu wollen. Ich kann noch viele ähnliche Ausreden zitieren: «Ich schrieb doch schon, dass mein Sohn es mit den Nieren hat» (die Mutter eines jungen Mannes mit hohen Schulden bei der Sparkasse); «ich bin an Neubau gewöhnt» (ein «Asozialer», der sich über seine Wiedereingliederung beschwert); «ich bin der Meinung, dass mit etwas gutem Willen die fristlose Entlassung vermeidbar gewesen wäre, wenn man nur etwas mehr Geduld mit mir gehabt hätte» (ein nach 150 Fehlstunden entlassener Fahrer).

Aber ein Bürger, der Geduld von seinem Staat erwartet (und in vielen Fällen auch findet), darf nicht gleichzeitig auf seine Rechte pochen. Väterliche Langmut und Wärme haben ihren Preis. Ein Beispiel: Obwohl das Strafprozessrecht der DDR einem Angeklagten erlaubte, die Aussage zu verweigern [§§ 25, 26, 32, 33 StPO], bin ich in Hunderten von Strafrechtsfällen nur zwei Tätern begegnet, die von diesem Recht Gebrauch machten (einer davon ein Ausländer). «Ich hätte einem Mandanten auch nicht dazu geraten», bestätigte mir Rechtsanwalt Mohr. Treuherzigkeit half einem Angeklagten weiter als Widerborstigkeit. So finde ich auch Geständniswiderrufe erst in den allerletzten Jahrgängen meiner Strafrechtsakten. Der Sozialismus mochte Geständnisse. Sie wurden als Zeichen der Einsicht und der Umkehr eines Sünders gedeutet: sein erster Schritt zur Unterwerfung unter die moralische Autorität der Strafmacht. Der Widerruf eines Geständnisses nahm diesen Schritt zurück und machte es dem Staat unmöglich, den verlorenen Sohn wieder verständnisvoll an die Brust zu ziehen. Keine ratsame Strategie für einen Angeklagten, der auf Milde hoffte. Erst in einer Richtlinie von 1988 erwog das Oberste Gericht ernstlich die Möglichkeit, dass Geständnisse auch unter

Druck entstehen konnten und dass Geständniswiderrufe daher ernst zu nehmen seien.[50]

Stattdessen entdecke ich in manchen richterlichen Vernehmungsprotokollen eine umgekehrte Taktik (wenn es denn Taktik war und nicht nur Fügung in das Unvermeidliche): Beschuldigte gestanden oft *mehr,* als der Polizei schon ohnehin bekannt war. «Ich habe auch noch zwei gefälschte Schecks in Neuburg eingelöst», erklärte ein frisch Verhafteter vielleicht. «Das sind nun aber wirklich alle», sagt 1980 ein wegen mehrerer Diebstähle vernommener Landstreicher, der noch vier zusätzliche Fälle aufzählt, in denen er etwas mitgenommen habe. Jetzt hat er alles gebeichtet.

Statt Recht erwarten viele Protagonisten meiner Akten Nachsicht. Gelegentlich wollen sie auch Gnade *vor* Recht und versuchen zum Beispiel, mit Appellen an die Großmut des Staates rechtskräftige Gerichtsentscheidungen zu unterlaufen. So kommt es vor, dass die Verlierer von Zivilprozessen ihr Urteil nicht mit einer *Berufung* attackieren (für die es auch schon zu spät sein mag), sondern mit einer *Eingabe* in der Hoffnung, dass der Staat dem Richter gegenüber doch eigentlich das letzte Wort haben müsse. 1979 schreibt eine Frau, die mit dem gerichtlichen Vergleich über die Hausratsverteilung zwischen ihr und ihrem ehemaligen Lebenspartner nicht mehr zufrieden ist, in einer Eingabe an das Oberste Gericht: «Ich frage mich nur, wie solche Gesetze überhaupt möglich sind bei uns, da doch immer wieder gesagt wird, dass jedem geholfen wird.» Eine frisch geschiedene Frau wirft 1977 in einem Brief ans Kreisgericht dem Scheidungsrichter vor, nicht genug für die Erhaltung ihrer Ehe getan zu haben. «Warum hat man das Verhalten [ihres Mannes und seiner neuen Freundin] als gegeben hingenommen und nicht von gerichtlicher Seite versucht, meinen Mann zu seiner Familie zurückzuführen?»

Vom Anspruch auf Hilfe ist es nur ein kleiner Schritt zum Vorwurf, der Staat habe durch laxe Aufsicht oder schlechte Unterstützung den Fehltritt eines Bürgers mit verschuldet. In einer Kollektivaussprache zum Fluchtversuch eines Fabrikarbeiters in den frühen 1970er Jahren sagt einer der anwesenden Kollegen: «Man hätte schon längst hinterher sein müssen.» Ein Zweiter: «Die Handlung hätte verhindert werden können, wenn schneller eingegriffen worden wäre.» Und ein Dritter: «Unserer Ansicht nach wird vom Rat der Stadt zu wenig getan. Mit dem Rat wurde ein Vertrag zur gesellschaftlichen Erziehung von drei Kollegen abgeschlossen. Doch es dauerte fast ein dreiviertel Jahr, bis er sich einschaltete.» 1988 bemängelt die Berufungsschrift eines mehrfach Vorbestraften, dass der Lüritzer Richter nicht auch die schlechte staatliche Nachsorge für seinen Rückfall mit verantwortlich gemacht habe: «Es wurde nicht darauf eingegangen, dass ein sehr großer Teil der Schuld beim Rat der Stadt, Abteilung Arbeit, zu suchen war.»

Die familiäre Liaison von Bürger und Staat, die aus diesen Akten spricht, kann zu überraschenden Formen der Kooperation zwischen beiden führen. Die wenigen Denunziationen, zum Beispiel, die mir bei meiner Lektüre begegnet sind, stammen fast alle von Eltern, deren erwachsene oder halberwachsene Kinder mit Fluchtgedanken spielten oder sich vor der Arbeit drückten, und deren elterliche Autorität alleine nicht mehr reichte, um ihr Kind von seinem eigenen Unheil abzuhalten. Zwar führten die Informationen an die Polizei, wie zu erwarten, in der Regel zu der Verurteilung des Kindes wegen versuchter Republikflucht oder Asozialität. Doch besser, als an der Mauer erschossen zu werden oder in schlechter Gesellschaft zu versumpfen, mag sich der Denunziant oder die Denunziantin gedacht haben. In einer Erziehungsdiktatur, in der es feste, nicht zur Diskussion stehende Vorstellungen davon gibt, wie man sich zu verhalten hat, liegt das pädagogische Zusammenwirken zwischen staatlichen und familiären Autoritäten nahe.

Manchmal scheinen die Bürger mit ihren Erwartungen an ein «warmes» Recht fast päpstlicher als der Papst zu sein. Eine Reihe von Eingaben an das Ministerium der Justiz aus den 1980er Jahren kritisieren zum Beispiel die Aggressivität, Geldgier und Streitlust, also sozusagen das «kapitalistische» Verhalten, verschiedener Rechtsanwälte. «Ich hoffe, dass Sie das sozialistische Recht wieder in die richtigen Bahnen rücken», schreibt 1987 ein gerade geschiedener Ehemann, der sich über das rabiate Auftreten des Anwalts seiner früheren Frau aufregt. «Meine Meinung ist, eine solche Art darf kein Rechtsanwalt an den Tag legen.» Im Frühjahr 1989 beschwert sich ein Bürger darüber, dass der Gegenanwalt in seinem (gerade verlorenen) Zivilprozess an keiner Einigung interessiert gewesen wäre: «In der Verhandlung hat er keine Kompromisse und Annäherungen zwischen den Parteien gesucht. Statt Verständigung hat er unabwendbaren Zwiespalt behauptet. Das hat mich sehr befremdet, dass soetwas bei unserer Rechtspflege überhaupt möglich ist.» Man sieht, die Verfasser dieser Briefe sind von einem Rechtssystem geprägt, dem gesellschaftliche Harmonie lieber war als Streit. Das Justizministerium, das in den frühen Jahren selbst von Anwälten verlangte, dass sie nicht nur ihren Klienten dienen, sondern auch die Interessen der Gesellschaft fördern müssten, weist jetzt, kurz vor Toresschluss, Beschwerden gegen die zu eifrige Verteidigung von Mandanten-Rechten immer ab. Die Stellungnahme des 1987 kritisierten Anwalts (die in den Akten liegt) könnte auch von einem westdeutschen Kollegen stammen: der Eingabensteller verkenne offensichtlich, «dass ich als Prozessvertreter von Herrn S. einzig und allein dessen Interessen zu vertreten habe.»

Der Argwohn gegenüber Rechtsanwälten, der aus meinen Akten spricht, kann als Beispiel dafür dienen, wie die sozialistische Rechtskultur das Denken ihrer Bürger veränderte; vielleicht sogar noch mehr veränderte, als der Partei am Ende lieb war. Das lässt sich besonders gut an der weit verbreiteten Diskriminierung von Asozialen zeigen. Nirgends, so scheint mir, waren die didaktischen Bemühungen des DDR-Rechts so erfolgreich wie bei der Verurteilung von Arbeitsscheu und Drückebergertum. Zwar hatte die Ausgrenzung von Asozialen in der deutschen Rechtsgeschichte eine lange (und unter den Nationalsozialisten verbrecherische) Tradition.[51] Aber der Sozialismus passte diese Tradition der eigenen Erziehungs-, Arbeits- und Verbesserungsmanie in einer Weise an, die in den Köpfen seiner Bürger bis heute Spuren hinterlassen hat. Wenn ich bei dem Versuch, aus meinen Akten so etwas wie eine Lüritzer Rechts-Mentalität herauszudestillieren, meiner Interpretation der Quellen auch nicht immer sicher bin – hier doch. Die Texte sind eindeutig: Die meisten Sprecher oder Schreiber verachteten «Assis» als Außenseiter und Schmarotzer.

Dabei sahen wir schon im Strafrechtskapitel, dass an der Spitze der DDR-Justizverwaltung Mitte der 1980er Jahre der Versuch, «Problembürgern» Arbeitslust durchs Strafrecht einzubläuen, zunehmend Zweifeln begegnete, und dass man stattdessen nach sozialtherapeutischen Lösungen jedenfalls für solche Menschen suchte, die zu labil waren, um sich erfolgreich der Gesellschaft anzupassen. Aber zu dieser Zeit machte die Bevölkerung bei den Reformen nicht mehr mit. Als die Partei schon an der eigenen Asozialenpolitik verzweifelte («Dass wir das nicht in den Griff bekommen haben!», sagte Frau Nissen, die ehemalige Direktorin des Bezirksgerichts, zu mir), waren die Protagonisten meiner Lüritzer Akten sich noch immer darin einig, dass das Asozialen-Problem nur durch Härte zu lösen sei. Die Bürger erwarten «Abhilfe allein von den Sicherheits- und Justizorganen», berichtete das Bezirksgericht ans Ministerium der Justiz. Sie fordern rechtlich zweifelhafte und von der DDR-Strafpolitik schon überwundene Formen der Kontrolle über Asoziale. Vor allem bei den Urteilsauswertungen in den Betrieben sind die Kollegen hart und rufen gerne nach der strengen Hand des Staates. «Es wird bei uns zu lange gefackelt, ehe etwas gegen solche Menschen unternommen wird», sagt jemand 1985. Ein anderer Kritiker spricht nicht von «Menschen», sondern nur von «Elementen»: «Arbeitsscheue Elemente werden bei uns zu human behandelt.» Die gesichtslose Vokabel wird oft gebraucht. «Es wäre am besten, arbeitsscheue Elemente in zeitlich begrenzten Arbeitslagern zu erziehen, die es aber leider in unserer Republik nicht mehr gibt» (wieder aus einer Urteilsauswertung). Im Mai 1981 kommt es anläßlich von Betriebsfestspielen in Neuburg zu einem «öffentlichen Forum», auf dem sich der Volkszorn gegen Asoziale Luft macht. Das Ereignis ist ungeplant; die Bürger, die sich spontan zusammenfinden, nehmen kein Blatt vor den Mund. Ihre einhellige Meinung: Die Gerichte seien viel zu milde mit den «Assis». Die Richter hätten eben nicht «den Ärger mit den Asozialen, denn sonst würden sie anders herangehen.»

An der Anschuldigung ist richtig, dass die Fehlstunden von Faulenzern auch die Planerfüllung ihrer Brigade herunterdrücken konnten, so dass die ordentlichen und fleißigen Mitglieder eines Arbeitskollektivs entweder die Leistungslücken eines Drückebergers durch eigene Mehrarbeit ausgleichen oder die Kürzung ihrer Kollektivprämie in Kauf nehmen mussten. Das konnte einem Richter, der nur sein eigenes Monatspensum zu erfüllen hatte, nicht passieren. Aber der Zorn auf Asoziale war zu allgemein und virulent, um nur mit dem finanziellen Interesse einiger erklärt zu werden. Die eigentlichen Ursachen, scheint mir, lagen tiefer: in den Enttäuschungen über den Sozialismus und seine nicht eingehaltenen Versprechungen. Das galt für beide Seiten: Staat und Bürger.

Für den Staat bedeutete die Existenz eines Heers von arbeitsunwilligen, lebensuntüchtigen und alkoholabhängigen Bummelanten eine doppelte Niederlage: Es war dem Sozialismus weder gelungen, diese Menschen umzuziehen und zu integrieren, noch hatten die Gerichte die ordentlichen Durchschnittsbürger davon überzeugen können, dass neben Strafen auch Fürsorge und Geduld die richtigen Mittel seien, um «Problembürger» wieder in die Gesellschaft einzugliedern. Sie seien ganz froh gewesen, sich den Bürgern gegenüber bei der Verteidigung ihrer angeblichen Milde gegenüber Asozialen auf die Anleitungen der höheren Gerichte berufen zu können, erzählte mir eine Lüritzer Richterin; so ließ sich für sie der öffentliche Ärger über Nachsicht mit Schmarotzern ein wenig deflektieren. «Die Richter bemühen sich in diesen Fällen, die grundsätzlichen Gesichtspunkte bei der Bekämpfung der Asozialität als gesellschaftliche Aufgabe darzulegen», beschreibt das Bezirksgericht die pflichtschuldigen Mühen in einer Wochenmeldung an das Ministerium der Justiz.

Wieweit die Richter von der gemäßigteren Asozialenpolitik, die sie zu verfechten hatten, selber überzeugt waren, ist schwer zu sagen. Denn auch unter den örtlichen Vertretern der Staatsmacht war die Verachtung gegenüber Asozialen offensichtlich weit verbreitet. 1987 kommt es zum Beispiel in Lüritz zu einem Strafprozess gegen sieben Volkspolizisten, die während der Dienstzeit ihre Streifengänge planmäßig dazu benutzt hatten, Asoziale in ihren Unterkünften und bei Straßenkontrollen zu bestehlen und Betrunkenen Geld abzunehmen, das sie anschließend «gerecht» unter sich verteilten. Sie hätten «problembehaftete Bürger als Menschen niedrigerer Kategorie» betrachtet, sagt einer der Angeklagten im Prozess. Dazu sei «Hass» gekommen, weil Assis die Volkspolizei so viel Zeit und Mühe kosteten. Die Strafen für die 47 Diebstahlshandlungen, die die Anklageschrift aufzählt, sind milde: 27 Monate Gefängnis für den Rädelsführer (der nach der Hälfte der Zeit entlassen wird); Bewährung und Geldstrafen für die anderen sechs. Neue Menschen?

Der Ärger der ordentlichen Bürger auf die Asozialen, scheint mir, ist mit den Enttäuschungen ihres eigenen Lebens zu erklären. Was hatte der Sozialismus ihnen eingebracht? Hier ist die Stellungnahme eines 24-jährigen Werftarbeiters, der im September 1988 bei einem Fluchtversuch geschnappt wird:

«Aus folgenden Gründen wollte ich weg. Ich habe Probleme zu Hause mit meiner Mutter. Dann bekomme ich keine Wohnung. Und für meinen Lohn kann ich mir das nicht kaufen, was ich haben möchte, und teilweise habe ich sehr viele Laufereien, um etwas zu bekommen. Auf der Arbeit wird man gezwungen, Solidarität zu bezahlen. Wenn man es nicht tut, sagt der Meister, dann werdet ihr schon sehen, was ihr davon habt. Ich finde das auch nicht in Ordnung mit der DSF [Gesellschaft für deutsch-sowjetische Freundschaft]. Mir wurde gesagt, alle sind in der DSF und dann musst Du dich ja nicht ausschließen. Die Stempelkarten werden morgens von anderen mitgestempelt, obwohl diejenigen gar nicht da sind.»

Ein Eintopf der Unzufriedenheit, der im Falle des Sprechers mehr Unverdauliches enthalten haben mag als für manche der zu Hause Gebliebenen, aber dessen Zutaten den meisten Bürgern in der DDR nur zu vertraut gewesen sein müssen. Die «Assi»-Kritiker, so denke ich mir, sahen auf ihren eigenen bescheidenen Lebensstil und konnten nicht verstehen, warum jemand, der sich der ordentlichen Enge des Sozialismus nicht angepasst hatte, die gleichen Versorgungsansprüche haben sollte wie sie selbst. Auch Neid auf die Ungebundenheit von «Assis» und auf ihre offensichtliche Irreverenz dem Staate gegenüber mochten eine Rolle spielen. Wie in der Geschichte vom Verlorenen Sohn entrüsteten sich die Daheimgebliebenen über die Aufmerksamkeit und Nachsicht, die der Vater den schwarzen Schafen der Familie schenkte.

Dabei war es doch der Vater selbst gewesen, der seinen braven Kindern die Verwerflichkeit von Faulheit und Disziplinlosigkeit vorgehalten hatte, so lange sie denken konnten. «Ich selber muss meinen Lebensunterhalt durch eine geregelte Arbeit bestreiten», sagt einmal eine aufgebrachte Nachbarin in einem Strafprozess. «Wie kann es in unserer Gesellschaftsordnung geduldet werden, keiner geregelten Arbeit nachzugehen?» «Wieso wird ein Mensch, der derartig viele Schulden hat, nicht zur Arbeit gezwungen?», fragt ein Eingabenschreiber 1989. Besonders aufschlussreich ist eine Kollektivbeurteilung von 1980 in einem Verfahren gegen einen 19-jährigen, der zwar – weil er nicht arbeitete – auch seine Schulden nicht bezahlen konnte, sonst aber niemandem etwas zuleide getan hatte: «Es ist für die Kollegen, die ihre Arbeit ordentlich und zum Wohle unserer Republik durchführen, entwürdigend, wenn sie sehen, wie ein junger Mensch, der in unserem Staat groß geworden ist, asozial lebt und sich dabei wohlfühlt.» Es ist das Wohlgefühl, das man dem jungen Mann besonders übel nimmt. Die Kollegen fühlen sich «entwürdigt», weil der Sinn der eigenen Anpassung durch das zufriedene Schmarotzertum von Asozialen in Frage gestellt wird. Ich kann in diesen Akten keine Hoffnungen mehr entdecken; nur Enttäuschung und Müdigkeit.

Gegen diese Schilderung lässt sich einwenden, dass in DDR-Zivil- und Strafrechtsakten in der Regel nicht die Erfolgreichen, sondern die Menschen mit Problemen ihren Auftritt hatten, die viele Gründe zur Enttäuschung haben mochten; dass die Nicht-Straftäter, die Nicht-Entlassenen oder die nicht-geschiedenen Bürger von Lüritz wahrscheinlich mit ihren Leben zufriedener waren als die meisten Protagonisten meiner Akten, und dass mein Bild vom Rechts-Klima in den letzten Lebensjahren der DDR daher zu angepasst und depressiv ausgefallen ist. Es stimmt, in meinen Quellen treten so gut wie keine Bürger mit gesellschaftlichem Status, akademischer Ausbildung, Vermögen oder Einfluss auf. Was die gutbetuchten Leute vom Recht im Sozialismus hielten, kann ich aus diesen Akten nicht entnehmen. Allerdings finde ich von ihnen auch so gut wie keine Spuren des Widerstandes und der Kritik am Sozialismus. Erst ab 1985, nein, eigentlich noch später, tauchen im Lüritzer Archiv auch die sogenannten besseren Leute auf. Bis dahin glänzen sie durch Abwesenheit. Ob sie sich mit der Enge des Sozialismus abfanden oder nicht, kann ich auf der Basis meiner Quellen nicht sagen. Sie haben sich ihm zum mindesten nicht so entschieden widersetzt, dass sie wegen Kollisionen mit der Staatsgewalt in meinen Strafrechtsakten anzutreffen wären. Wahrscheinlich hatten die Leute mit gute Arbeitsstellen und harmonischen Familien auch andere Möglichkeiten, die Beschränkungen des Sozialismus zu umgehen oder abzumildern.

Auf jeden Fall sind bis kurz vor Toresschluss an den offenen Konfrontationen zwischen Staat und Bürgern, die ich in den Akten finde, fast nur Außenseiter, Asoziale oder halbe Kinder beteiligt. Ihre Versuche, den unerfüllten Hoffnungen des Sozialismus eigene Hoffnungen und Pläne entgegenzusetzen, sind meistens unüberlegt, unvorbereitet und durch Realitätssinn kaum gezügelt. Von ein paar Ausnahmefällen abgesehen, finde ich in den meisten «Widerstands»- und «Republikflucht»-Akten vor 1987/88 keine eindeutig politisch formulierte Kritik am Sozialismus. Erklärungen wie diese Aussage eines Studenten, der 1984 bei einem Fluchtversuch verhaftet wird, sind selten: «Ich wollte weg, weil ich hier in der DDR keine persönliche Freiheit habe; keine offenen Fragen stellen kann; keine ehrlichen Antworten bekomme.» Das ist eine politische Herausforderung an das System und wird von der Justiz auch so behandelt. Der Rechtsanwalt des jungen Mannes (es ist der pfiffige Herr Arhuis aus Dorndorf) gibt alles zu, macht nicht den geringsten Versuch, die Strafe herunterzuhandeln, und hofft auf Freikauf.

Zwar spricht auch aus den anderen Fluchtakten im Archiv eine Sehnsucht, die man Freiheitshunger nennen kann. Der Hunger ist intensiv und ungeduldig; vielleicht auch deswegen, weil diese Angeklagten so jung sind. Der Sozialismus war für junge Leute schwerer zu ertragen als für die Älteren. Leute mit Arbeitsplätzen und Familien erlebten nicht nur die Einschränkungen, sondern auch die Fürsorge des Staates. Die Jungen und die Bindungslosen sahen eher nur die Enge und die Unmöglichkeit, den eigenen Hoffnungen und Wünschen nachzulaufen. 1984 sagt ein Maurer, der mit zwei Freunden durch Plakat-Aktionen Ausreisegenehmigungen erzwingen wollte: «Ich bin jetzt 23 Jahre alt und habe von meinem Leben noch nicht viel Gutes gehabt. Man darf uns jungen Menschen keinen Vorwurf machen für das, was einmal war. Wir leben jetzt und nur das zählt für mich. Ich hasse das ganze System. Ich hasse mich bald selbst, weil ich mich nicht mehr frei bewegen kann, wie ich es gerne möchte.»

Die Leserin spürt die Verzweiflung des jungen Mannes; versteht seine Wut auf einen Staat, der ihn nicht herauslässt. Er beschreibt genau, was an diesem Staat falsch war: «Das Recht auf sich selber gibt es hier nicht; es hat sich jeder der sozialistischen Gemeinschaft unterzuordnen.» Aber er macht sich Illusionen darüber, scheint mir, wie wenig man sich in anderen Staaten einzuordnen habe. Die meisten Republikflüchtlinge, denen ich begegne, suchen nach Ungebundenheit und Glück. Sie hoffen, jenseits der Mauer ein Land der unbegrenzten Möglichkeiten zu finden. *Go West, young man!* «Ich fühle mich daran gehindert, in der DDR ein Leben nach meinen Vorstellungen aufzubauen», sagt zum Beispiel 1982 eine 16-jährige, die «eine Pferdezucht in Texas» betreiben möchte. Auf die Frage eines Schöffen, wo Texas liegt: «In Amerika oder Afrika. Genau weiß ich es nicht.»

Wie soll der Westen so überschäumende Erwartungen erfüllen können? In den späten 1970er Jahren versucht ein junger Bauarbeiter erfolglos zwei Grenzdurchbrüche, kommt beide Male ins Gefängnis, wird schließlich von der Bundesrepublik freigekauft und findet in Hamburg Arbeit und auch eine Wohnung. Aber die Arbeit ist eintönig und beengender, als er erwartet hatte, die Wohnung klein, und der Enttäuschte wird von der Volkspolizei ein drittes Mal verhaftet, als er 1978 versucht, mit einem illegalen Grenzdurchbruch von West nach Ost in die DDR zurückzukehren. Es liegt ein Foto von ihm in der Akte: ein junger Mann mit dunklem Lockenschopf, der lachend in die Kamera des Gefängnisfotografen blickt. Er hat sein Hemd ausgezogen, damit der Fotograf auch seine Tätowierung mit aufs Bild bekommt: ein dolchdurchstoßener Totenkopf mit der Unterschrift: «Lieber tot als Sklave.» Diesmal kommt er ins Stasi-Gefängnis nach Berlin. Wie in vielen dieser Fälle liegt kein Rehabilitierungsurteil in der Akte. Vielleicht, weil er und ähnliche Verurteilte, denen die Flucht missglückte, später im Kapitalismus nicht das Geld aufbrachten, um einen Rechtsanwalt für ihre nachträgliche Rechtfertigung anzuheuern; vielleicht auch, weil sie auch im Rechtsstaat zu sehr Außenseiter waren, um ihr Heil bei der Justiz zu suchen.

Nicht alle Ausreißer sind ganz so unrealistisch und ungestüm, wie die beiden zuletzt geschilderten. Aber die meisten «Sperrbrecher» ähneln den zwei Rebellen in ihrer Jugend, ihrer Ungeduld, ihren Klagen über die Langeweile in der DDR («alles zu langweilig und zu normal», sagt ein anderer 16-jähriger 1988), ihrer Hoffnung auf «die schönen Sachen» in der Bundesrepublik und ihrem Unwillen, sich zu Hause einer verkalkten Ordnung anzupassen. Ich habe den Verdacht, dass sie sich am liebsten gar keiner Ordnung unterwerfen möchten. Viele der Wegläufer haben Vorstrafen von früheren Zusammenstößen mit der Staatsmacht; meistens wegen asozialen Verhaltens oder kleiner Eigentumsdelikte. Erstaunlich viele wollten fliehen, weil sie in der DDR nicht zur See fahren durften – wie die Fremdenlegion in den 1960er Jahren, scheint die Schifffahrt in den 1980er Jahren der Inbegriff von Weiträumigkeit und Freiheit. «In der BRD wäre ich bei der Hochseefischerei», sagt einmal jemand mit drei Vorstrafen und 5500 Mark Schulden, als er bei einem Fluchtversuch gefasst wird. Wäre er es wirklich? 1988 erzählt ein frisch Verhafteter: «Ich dachte mir das so: dass ich mir 'ne Wohnung zuweisen lasse, eine Arbeitsstelle bekomme, und mir ein neues Leben aufbaue.» Noch unrealistischer ist ein 17-jähriger Lehrling in Frühjahr 1989: «Ich dachte mir, wenn ich abhaue, dann sind alle Probleme gelöst.» Die Bundesrepublik als Schlaraffenland, als *ultima Thule*, als Peter Pans *Never-Never-Land*, in dem man die Kompromisse von Erwachsenen nicht zu machen braucht.

Das also ist die Lage im Lüritzer Rechtsleben kurz vor dem zwölften Glockenschlag: eine Justizverwaltung, die sich die Fehlschläge ihrer eigenen Hoffnungen eingestehen muss; eine Bevölkerung, die gleichzeitig vom Staat abhängig und mit ihm unzufrieden ist, und ein Reservoir an Gegenhoffnungen auf die Bundesrepublik, die kaum realistischer sind, als die Utopien der ersten Volksrichter es für die Zukunft des Sozialismus waren. Aber von meinen Richtern wird noch immer ideologische Geschäftigkeit erwartet. 1984 macht das Lüritzer Kreisgericht außer der Justizarbeit 4 Berichterstattungen an den Kreistag, 1 Rechts- und Sicherheitskonferenz, 21 Verhandlungen vor erweiterter Öffentlichkeit, 25 Verfahrensauswertungen, 7 Aussprachen mit Arbeitskollektiven, 53 Vorträge vor verschiedenen Foren, 22 Lektionen und Schulungen, 7 Gerichtskritiken, 58 Hinweisschreiben an Betriebe und Verwaltungsstellen und 17 «sonstige» Veranstaltungen zur Propagierung der sozialistischen Gesetzlichkeit. Dazu kommen noch Fortbildungsunternehmungen für die Richter selbst: die Richtertagungen, Lehrgänge, Abordnungen zur Parteischule und dergleichen; die Selbstverpflichtungen zur Effizienz und Sparsamkeit (die durch die vielen Berichte über die Bemühungen und den dafür unvermeidlichen Papierverbrauch wieder untergraben werden); die Leistungsvergleiche zwischen den Gerichten («so ein Blödsinn», sagt Frau Nissen darüber nach der Wende); die vielen Geburtstagsfeiern im Gericht (dies ist doch ein warmes Rechtssystem!); die gemeinsamen Aufmärsche zum 1. Mai und anderen hohen Feiertagen – ich habe sicherlich noch vieles ausgelassen.

Weil in diesen Jahren kein Glauben hinter all dem Eifer steckt und weil die Richter sich lieber auf ihre Rechtsprechungsarbeit konzentrieren würden, versuchen sie, die ideologischen Pflichtübungen so formal und arbeitssparend zu erledigen wie nur möglich. 1986 berät man im Lüritzer Kreisgericht in einer viereinhalb Stunden dauernden Dienstbesprechung, wie sich die vorgeschriebene «Öffentlichkeitsarbeit» durch gründlichere *Berichterstattung* über die Bemühungen verbessern ließe. «Alles erfassen, was auch getan wurde, das heißt, alle Auskünfte zählen und auch die sonstigen Aktivitäten», schlägt Frau Neumann vor. «In Familiensachen nicht mehr telefonische Hinweise geben, sondern nur noch schriftliche», rät eine andere Richterin, weil sich ein Brief als «Hinweisschreiben» in die Liste der Öffentlichkeitsaktivitäten aufnehmen lässt. Wie Frau Walter mir erzählte, schummelte sie jetzt gelegentlich bei den Verhandlungen und zählte einen Termin, zu dem ein paar neugierige Arbeitskollegen des Beschuldigten gekommen waren, als «Verfahren vor erweiterter Öffentlichkeit».

Womit wir wieder bei den Lügen angekommen wären. Wenn Lügen in den Anfangsjahren nötig waren, um die Erreichbarkeit des Sozialismus vorzugaukeln, sind sie jetzt nötig, um seine Niederlagen zu vertuschen. So ist der Lüritzer Justizalltag von Lügen durchwachsen wie ein Feld von Unkraut. Frau Walter lügt mit ihren Erfolgsmeldungen an das Bezirksgericht. Der Staatsanwalt lügt, als Berichte über die Polizisten-Diebstähle an Asozialen einen Lüritzer Bürger bei der Staatsanwaltschaft anfragen lassen, ob man bei der Verhandlung zuhören könne. Er dürfe «über laufende Ermittlungen keine Auskunft geben», ist die ausweichende Antwort. Wie zu erwarten, wird der Skandal auch nicht in Lüritz, sondern unter Ausschluss der Öffentlichkeit in Neuburg abgeurteilt – auch eine Lüge eines Rechtssystems, das seine eigenen Blamagen nicht eingestehen kann. Sogar Herr Taddäus lügt, als er in seiner bewegenden Eingabe an Honecker von seiner Scham darüber spricht, nur wegen der Partei die Beziehungen zu seinen Eltern in Westdeutschland abgebrochen zu haben. Es stimmt nicht: Wie er mir selbst erzählte, traf man sich heimlich in Autobahnraststätten in der DDR.

Viele der Lügen sind notwendig, um die Sprecher vor Schwierigkeiten zu bewahren. Viele sind überflüssig und als Reflexe eines Rechtssystems, das Ehrlichkeit verlernt hat, zu erklären. Weil die Bürger dem Staat gegenüber argwöhnischer geworden sind als früher, finde ich auch manchmal lügenhafte Antworten von Amtsinhabern auf Fragen, die ein Bürger zehn oder fünfzehn Jahre eher aus Angst vor Repressionen vielleicht gar nicht gestellt hätte – insofern ist die Unehrlichkeit des Staates ein Fortschritt gegenüber früherer Unterdrückung und Gewalt. Die nichtssagenden Rechtsauskunfts-Bücher des Gerichts, zum Beispiel, in denen die vielen aggressiven Ausreiser-Erkundigungen der letzten Jahre sorgfältig verschlüsselt werden, verschweigen auch die neue Unverfrorenheit von Kritikern des Sozialismus. Der Bürger, der sich 1987 beim Staatsanwalt nach dem Lüritzer Polizisten-Skandal erkundigte, legte nicht nur Neugier, sondern auch Chuzpe an den Tag: Befragt, warum er denn an der Verhandlung teilnehmen wolle, sagte er: «Weil es sein allgemeines Interesse sei, bei derartigen Gerüchten die Wahrheit zu erfahren.» Aber der Staatsanwalt ist schon zu verunsichert, um die Herausforderung offen zurückzuweisen. Nach außen wimmelt er den Bürger ab; nach innen schickt er eine Aktennotiz über den Zwischenfall an «U-Abt. BVfS Neuburg», also an die Stasi. Aber ich glaube kaum, dass – so spät in der Geschichte – dem Fragenden aus der internen Reaktion noch echte Schwierigkeiten erwuchsen.

Denn es gibt Anzeichen dafür, dass auch die DDR-Justizverwaltung das viele Lügen leid ist. 1988, zum Beispiel, werden auch eine

Reihe *peinlicher* Strafverfahren in Lüritz vor «erweiterter Öffentlichkeit» verhandelt oder ausgewertet: Gruppenklagen von unzufriedenen Arbeitnehmern; ein Fall von vier Jugendlichen, die auf einem Friedhof Grabsteine umgeworfen hatten; ein Betrugsfall, in dem zwei Frauen durch die Manipulation von Aufkauflisten des Staatlichen Gemüseaufkaufs 30 000 Mark ergaunerten. Es kommt zu offener Kritik der Zuhörer in diesen Verhandlungen; einmal auch zu einer «umfangreichen, teilweise kontrovers geführten Diskussion mit hoher Beteiligung der Anwesenden». Gelegentlich scheinen solche halböffentlichen Unmutsäußerungen der Bürger auch zu helfen: «Maßnahmen waren bereits durch staatliche Leitung und Parteileitung ergriffen», heißt es in dem Bericht über eine der Verfahrensauswertungen. Die Justizsprache wird ein bisschen ehrlicher: Statt von «erweiterter Öffentlichkeit» zu reden, brauchen manche Texte des MdJ jetzt gelegentlich die zutreffendere Vokabel «gezielte Öffentlichkeit». Zum 1. Januar 1988 wird auch der Wegfall des Geheimhaltungsgrades «VD» vom Ministerium angeordnet. Die Gerichte werden angewiesen, bisherige VD-Sachen zurückzustufen.

Aber nach so vielen Jahren der Geheimniskrämerei ist es nicht einfach, plötzlich Offenheit zu praktizieren. Die Rückstufung geht langsam und ist im September 1988 am Lüritzer Kreisgericht noch nicht erledigt. Im Dezember 1988 kommt eine «Leitungsinformation» des Ministeriums, nach der auch ohne den VD-Stempel Dienstsachen «mit geheimzuhaltenden Informationen, die nicht Staatsgeheimnisse sind», registriert, nummeriert und quittiert werden müssen und nur, wenn «unbedingt notwendig», vervielfältigt werden dürfen. Die Einschränkung gilt für Arbeitsbücher, Wochenmeldungen, Analysen, «statistische und andere Ausarbeitungen mit vertraulichem Inhalt» und dergleichen; auch die «Leitungsinformation» selbst wird als «Dienstsache – 979. Ausfertigung/7Blatt» unter Verschluss gehalten. Wenn irgendjemand am Lüritzer Gericht sie hätte weitergeben wollen, so wäre der Täter schnell zu finden gewesen.

Es ist zu spät; die DDR-Justiz kann nicht über den eigenen Schatten springen. Die Liberalisierungsmühen selbst – voller Optimismus ausgeheckt, voller Ängstlichkeit alsbald zurückgenommen – schlagen von Hoffnungen in Lügen um. Ich finde in den Wochenmeldungen einen handschriftlichen Vermerk von Staatssekretär Peller im Justizministerium (selbst ein reformbereiter Mann), der deutlich macht, wie unentrinnbar die Unehrlichkeit im Recht der DDR geworden ist.

In einem Bericht darüber, dass ein Berliner Betrugsfall zu Lasten des sozialistischen Eigentums unter Ausschluss der Öffentlichkeit verhandelt werden würde, hat er an den Rand geschrieben: «Weshalb? § 211 StPO.» («Die Hauptverhandlung wird öffentlich durchgeführt», heißt es da.) Aber Herr Peller weiß genau, weshalb: Weil 40 Jahre Unehrlichkeit in der DDR-Justizgeschichte nicht mehr mit ministeriellen Randbemerkungen zu überwinden sind.

10. Das Ende

Der Anfang vom Ende beginnt in meinen Akten um das Jahr 1985 herum; das Jahr, in dem Michail Gorbatschow in der Sowjetunion an die Macht gelangte. Aber sein Name taucht in meiner Lüritzer Geschichte nicht auf. Es ist kein plötzliches Ereignis, das die Veränderungen bewirkt, sondern die langsame Summierung von Effekten, die schon vorher existierten: ein Krug läuft über; ein Bazillus, erst nicht beängstigend, breitet sich aus und verursacht eine Epidemie; ein Gerücht, erst nur geflüstert, schwillt an und wird zur öffentlichen Meinung. Frau Nissen vom ehemaligen Bezirksgericht in Neuburg bestätigt meine ungefähre Datierung für den Umschwung. In den letzten Jahren hätten sie und andere Richter, deren Verhältnis zur Bevölkerung vorher «sehr nett» und oft auch «herzlich» gewesen sei, «uns gegenüber Kälte verspürt». Nicht Desinteresse, sondern «Widergeist»: «Es ging nicht mehr synchron.»

Überall stehen Zeichen an der Wand. In der Justiz bröckeln die Kader ab. Zwischen 1984 und 1988 scheiden 9,2 % aller Schiedskommissions-Mitglieder im Bezirk Neuburg aus dem Amt, aber nur ein knappes Drittel der verlorenen Laienrichter können nachgewählt werden. Das Bezirksgericht meldet «zum Teil erhebliche Probleme bei der Kandidatengewinnung» ans Ministerium der Justiz. In Lüritz kommen nur noch 60% der Mitglieder zu den regelmäßigen Schulungen. Es wird «nicht verkannt, dass die objektiven Gründe für die Nichtteilnahme zugenommen haben», schreibt das Bezirksgericht. «Objektive Gründe»? Das werden die gleichen Gründe gewesen sein, die 1986 einen Schöffen bewegen, nicht zur Wahl zu gehen, und die bis 1989 22 Schöffen Rücktrittsbriefe (und manchmal auch einfach nur ihre Schöffenausweise) an das Lüritzer Kreisgericht schicken lassen. Viele Briefe der Aussteiger sind freundlich und bieten Ausreden an: «aus persönlichen Gründen...», «aus gesundheitlichen Gründen...»; «ich bitte um Ihr Verständnis...» «Ich möchte auf die Gründe, die mich zu diesem Entschluss bewegt haben, nicht weiter eingehen», schreibt ein Schöffe zur Wendezeit und bedankt sich «für die sehr gute Zusammenarbeit und das Vertrauen». Er hat etwas verloren, das ihm am Herzen lag.

Auch unter den Richtern ist die Stimmung schlecht. In einem von Frau Walters Notizbüchern («Dienstbesprechungen und Beratungen. Juli 1987–Juli 1988») finde ich hinter dem Juristischen, ganz am Ende des Heftes, ein paar freche Sprüche, offenbar bei Längen in den Sitzungen zu ihrer eigenen Unterhaltung aufgezeichnet, die sich über die zuvor notierten Anweisungen zu mokieren scheinen: «Wir stürmen vorwärts, kommen aber nur langsam voran», lese ich zum Beispiel. Auf einer Tagung im Juli 1988 listet Frau Nissen die Beschwerden vor allem junger Richter auf: die schlechte Ausstattung der Gerichte, die «unzureichende Anerkennung der richterlichen Autorität bei den öffentlichen Organen», das Fehlen von Leitbildern. «Den jungen Kollegen und Genossen muss Antwort gegeben werden», sagt sie.

Aber wo soll die Antwort herkommen? Die Richterschaft ist müde, und was die Bürger einmal an Respekt für die Gerichte hatten, scheint sich zunehmend zu verflüchtigen. Immer wieder fehlen Parteien bei Prozessen und Straftäter bei ihren Strafverhandlungen. 1986 geraten zwei sorgfältig geplante Strafverfahren vor erweiterter Öffentlichkeit in Schwierigkeiten, weil die Beschuldigten nicht erscheinen. Immerhin «konnte einer noch geholt werden». Aber «die Negierung staatlicher Autorität, wie Fernbleiben von gerichtlichen Hauptverhandlungen, hat in letzter Zeit nicht abgenommen», schreibt Frau Nissen 1988 nach Berlin. Im Januar 1988 entschuldigt eine Lüritzer Partei ihre Untätigkeit im eigenen Zivilprozess damit, dass «sie gegenwärtig ihre Wohnung tapeziert.» 1989 gibt eine Zeugin zu, nur deswegen für einen Kläger ausgesagt zu haben, weil er versprochen hatte, ihr Dach zu decken: «Wir hatten größte Schwierigkeiten bei der Bauausführung.» *First things first.* Statt der ordentlichen Leute, die jetzt öfters fehlen, kommen gelegentlich unordentliche Leute zu Gerichtsverhandlungen. So finde ich mehrere besorgte Wochenmeldungen in den Akten, in denen Kreisgerichte sich beklagen, dass in letzter Zeit «asoziale» Angeklagte zu ihren Strafverhandlungen gerne ihrer Kumpel mitbrächten; vielleicht zur Unterhaltung und Belustigung, vielleicht auch nur, um ihnen ein paar Stunden in der Wärme des Gerichtssaals zu verschaffen. Jedenfalls sehen die Richter dergleichen ungekämmte «erweiterte Öffentlichkeit» nicht gern. Die «Assis» hatten ja zu allen Zeiten am wenigsten Respekt vor dem Staat. Jetzt scheint die Haltlosigkeit und Regellosigkeit ihres Lebensstils um sich zu greifen. Berichte von faschistischen und rassistischen Pöbeleien füllen die

Wochenmeldungen ans Ministerium der Justiz. Der Alkoholmissbrauch in den Betrieben wird immer unverhüllter. Der schwarze Markt blüht und gedeiht. Das Recht scheint immer weniger imstande, die Bürger zu sozialistischen Manieren anzuhalten.

Die Abwertung der alten Regeln des Zusammenlebens in der DDR und die langsame Herausbildung von neuen Regeln lassen sich am besten im Zivilrecht zeigen, und zwar anhand des bürgerlichsten aller Zivilrechtsinstitute: dem Vertrag. Das Zivilrecht ist ein sehr viel genaueres Barometer für Umschwünge im Rechtsverständnis eines Landes, als es das Strafrecht sein kann. Strafrecht ist ein Instrument des Staates; es ist unabhängig vom Willen der Betroffenen und wird, je nach politischem System und Weltanschauung, so rücksichtslos oder penibel eingesetzt, wie es den jeweiligen Autoritäten in ihre Pläne passt. Aber das Zivilrecht regelt Beziehungen der Bürger untereinander. Die Benutzung oder Nicht-Benutzung seiner Mechanismen sagt auch etwas darüber aus, wie die Subjekte des Zivilrechts, eben die Bürger, ihre Beziehungen zu Mitmenschen und zum Staat verstehen. Und der Vertrag, das heißt: das Instrument, mit dem die Bürger das Verhältnis zueinander so regeln können, wie es ihren gegenseitigen Zielen und Interessen am besten entspricht, ist sozusagen das Herzstück eines Rechtssystems, das sich der Autonomie und der Legitimität des Selbstinteresses jedes Einzelnen verschrieben hat. An der Entwicklung des Vertragsverständnisses meiner Lüritzer Protagonisten lässt sich auch ablesen, wie weit sie sich vom Kapitalismus entfernt, beziehungsweise wie weit sie sich ihm wieder angenähert haben.

Von Anfang an war das Recht der DDR Verträgen gegenüber skeptisch. Das galt nicht nur fürs Wirtschaftsrecht, in dem der Plan für selbstbestimmte Rechtsgeschäfte unter Wirtschaftspartnern wenig Raum ließ. Auch Rechtsbeziehungen unter Bürgern wurden mehr und mehr durch staatlich festgesetzte Vorgaben wie Preisbindungen, Mietkontrollen, Rationierungen und dergleichen eingeengt. Obwohl das alte BGB von 1900 bis 1975 in der DDR in Kraft blieb, und obwohl das neue Zivilgesetzbuch, das ihm folgte, ein Vertrags-Kapitel hatte, finde ich in den Lüritzer Zivilrechtsakten wenig Sympathie für die Idee, dass jeder Bürger das Recht haben sollte, seine Beziehungen zu Mitbürgern so autonom wie möglich zu gestalten. Den frühen Volksrichtern ging es nicht um Vertrags*freiheit*, sondern um Vertrags*gerechtigkeit*, wobei das, was gerecht war, nicht von den Parteien, sondern von der sozialistischen Moral vorgeschrieben wurde. 1953 bestätigt Frau Rüstig die Wirksamkeit eines vereinbarten Kaufpreises für ein Pferd (den der Käufer nachträglich nicht mehr gelten lassen möchte) damit, dass der Bürgermeister und der Vorsitzende der Bodenkommission beim Abschluss des Vertrages dabei gewesen seien; so werde es mit dem Preis schon seine Ordnung haben. «Gerade die Funktionäre auf dem Lande sind verpflichtet, beim Abschluss von Verträgen darüber zu wachen, dass die Verträge gerecht, der Zeit entsprechend und ohne Vorteil eines Vertragspartners abgeschlossen werden.»

So gesehen dient das Vertragsrecht nicht mehr dazu, durch cleveres Verhandeln seinen eigenen Vorteil auszubauen, sondern ist nur noch ein Mittel, um gemeinsam mit dem Vertragspartner gesellschaftskonforme Austauschbeziehungen zu arrangieren. Wenn es später zum Streit kommt, sucht das Gericht nicht nach den Absichten und den Erwartungen der Parteien, sondern nach dem Ergebnis, das am besten mit den Zielen von Partei und Plan harmoniert. 1954, zum Beispiel, verliert ein Vermieter seine Klage auf Ersatz der Instandhaltungskosten für eine Wohnung, obwohl der Mietvertrag ausdrücklich bestimmt hatte, dass diese Kosten vom Mieter zu tragen seien. Aber dem Mieter scheint mit der politischen Entwicklung in der DDR die Gelegenheit zum Widerspruch gekommen, und er bestreitet die Gültigkeit der Absprache. «Wir haben eine neue Gesellschaftsordnung», sagt er. «Dazu sind wir zu alt», erwidert seufzend der Vermieter, und für die Schriftführerin bei dem Verfahren klingt der Einwand offenbar zentral genug, um im Protokoll festgehalten zu werden. Sie hat eigentlich auch Recht. Der Richter, Herr Steinmetz, ergreift Partei fürs «Neue»: Er erklärt, dass die Instandhaltungs-Klausel des Vertrags mit einem Mietpreisstopp kollidiere (obwohl sie dem Mietpreisstop *vorausgegangen* war); dass nach der Verfassung Eigentum verpflichte und es dem Mieter daher nicht zugemutet werden könne, das Eigentum des Vermieters zu erhalten, und weist die Klage ab.

Ich finde noch eine ganze Reihe derartiger Entscheidungen vor allem in den Akten der 1950er und 1960er Jahre: manchmal zu Recht mit öffentlich-rechtlichen Vertragsbeschränkungen begründet, manchmal nicht, aber in allen Fällen nicht besonders interessiert daran, was die Parteien eigentlich vereinbart hatten, sondern nur daran, welches Ergebnis eines Rechtsstreits gesellschaftliche Ziele am besten fördern würde. Mit der zunehmenden Befestigung der Planwirtschaft wird der private Spielraum für Verträge immer enger. Gesetzeslücken, die anfangs unternehmerischen Bürgern noch eine Weile lang erlaubten, sich mit Hilfe des Vertragsrechts erfolgreich am Rande des Planes entlangzuschlängeln, werden zunehmend vom Staat geschlossen. 1966 verliert ein Geflügelzucht-Fachmann seine Klage aus einem «Spezialistenvertrag» gegen seine LPG (der Vertrag hatte ihn zu einem höheren Gehalt berechtigt, als ihm nach den allgemeinen Regeln zugestanden hätte), weil der Bezirks-Landwirtschaftsrat in Neuburg, der den Vertrag jährlich unterschreiben musste, sich weigerte, ihn zu erneuern. Kein Wort darüber in der Entscheidung meines Kreisgerichts, ob diese Weigerung auch den Abmachungen der Parteien entsprach. Die Kollektivierung der Landwirtschaft ist jetzt abgeschlossen, und damit sind «Spezialistenverträge», die anfangs skeptische Fachleute für ihren Beitritt in die LPG gewinnen sollten, nicht mehr zeitgemäß. Vertragsrecht soll den Bürger integrieren, nicht ihm dabei helfen, sich unter anderen hervorzutun.

Das muss ein Lüritzer Mieter 1982 lernen, als er – vertragsgemäß – von der Kommunalen Wohnungsverwaltung die Materialkosten für eine Eigenrenovierung seiner Wohnung einklagen will. Er hatte 1972 die Vertragsklausel mit dem damals noch privaten Eigentümer des Apartment-Hauses ausgehandelt; 1977 war sie bei Übernahme des Hauses durch die KWV in seinen neuen Mietvertrag übernommen worden. Aber die Bestimmung war unüblich für KWV-Verträge; andere Mieter mussten ihre Renovierungskosten selbst bezahlen und, wie der Justitiar der KWV in der Verhandlung voller Vorwurf geltend macht: die KWV habe 1977 bei ihrer Übernahme des Hauses der Sondervereinbarung mit dem Kläger nur deswegen zugestimmt, «weil er sich geweigert habe, einen anders formulierten Vertrag zu unterschreiben.» Das ist auch dem Richter verdächtig. Obwohl § 104 Abs. II ZGB ausdrücklich die Vereinbarung abweichender Regeln für die Instandhaltung von Mietwohnungen erlaubt, drängt der Richter auf eine Einigung, nach der der Kläger nur zwei Drittel seiner Kosten von der KWV ersetzt bekommt und außerdem versprechen muss, einer Vertragsänderung zuzustimmen, «die der gegenwärtigen Praxis entspricht». Nur keine Extra-Wurst. Der Sozialismus wünscht sich selbstlose Verträge. Noch in einem Urteil vom Oktober 1989 schreibt Frau Neumann: «Der Klägerin ging es darum, diesen PKW um jeden Preis zu erhalten und dem Verklagten darum, dieses Fahrzeug so kostengünstig wie möglich zu verkaufen. Ein solches Verhalten kann nicht gebilligt werden.»

In diesem Rechtsklima scheinen manche Bürger zu verlernen, dass Verträge Versprechen sind, die eingehalten werden müssen. Vor allem Verträge über knappe und begehrte Güter wie Autos werden oft unglaublich leichtsinnig abgeschlossen. «Obwohl wir den Kaufvertrag unterschrieben haben, waren wir uns nicht so richtig klar, welche Bedeutung die Formulierung hat», sagt jemand 1988. Der Verkäufer eines Schuppens will 1982 den abgeschlossenen Vertrag nicht mehr wahrhaben, «weil er einen zu geringen Verkaufserlös bekommen» und inzwischen einen anderen Interessenten gefunden habe. Was eigentlich das Wesentliche am Vertrag ist, scheint vielen schleierhaft. «Ein Mietvertrag kam nur mündlich zustande, weil ein schriftlicher Vertrag verweigert wurde», sagt eine Untermieterin, bei der sehr unklar ist, was überhaupt zwischen den Parteien vereinbart wurde. Viele Zitate verraten ein Vermengen von formellen und materiellen Vorstellungen von Gerechtigkeit. «Es ist nicht in Ordnung, wenn ein Kollege [bei der Formulierung von Vertragsabsprachen] einen Fehler begeht, dies auszunutzen, um sich zu bereichern», erklärt ein Geschäftsleiter, der 1971 nicht mehr an der vereinbarten Bezahlung für eine Feierabend-Brigade festhalten will. «Es geht dem Kläger nicht in erster Linie darum, nach Paragraphen und Gesetz seine Anträge zu unterstreichen, vielmehr möchte er besonders auf das gesellschaftliche Interesse verweisen, diesen Tauschvertrag durchzusetzen», lese ich in einem Schriftsatz von 1979, der diesmal sogar von einem Rechtsanwalt aufgesetzt ist.

Vor allem bei sozialen Dauerbeziehungen wie Arbeits- oder Mietverhältnissen werden Verträge oft gar nicht abgeschlossen. Das ist zum Teil verständlich, weil das öffentliche Recht viele Aspekte dieser Rechtsbeziehungen wie Mieten, Löhne, Kündigungsbedingungen und dergleichen ohnehin schon vorgeschrieben hat. Aber auch das, was die Parteien selber regeln könnten, wird zwischen ihnen oft nicht einmal besprochen. Wenn es besprochen wird und man sich nicht einigt, ziehen Mieter auch ohne Vertragsschluss ein und Angestellte nehmen ohne Vertragschluss ihre Arbeit auf. So kann es vorkommen, dass ein Mieter seit 21 Jahren in einer Wohnung lebt, bei der es nie zu einem Mietvertrag kam, weil die vom Vermieter vorgeschlagenen Bedingungen «stets entgegen unseren Interessen standen» und daher vom Mieter nie unterschrieben wurden. Ähnlich ein Mietprozess von 1989, bei dem sich herausstellt, dass die Mieter die Schlüssel nicht vom Vermieter, sondern – nur zur Besichtigung – von der Wohnungskommission erhalten und einfach nie zurückgegeben hatten, dass sie schon einen Monat *vor* der Zuweisung in die Wohnung eingezogen waren, aber erst neun Monate *nach* dem Einzug mit den Mietzahlungen begonnen hatten, und dass sie teure Renovierungsarbeiten durchführen ließen, ohne je mit der Vermieterin darüber zu sprechen. Als sie die Kosten für die Arbeiten von der Vermieterin ersetzt bekommen wollen und der Fall endlich vor Gericht erscheint, sieht auch die Richterin den Streit nicht als ein Resultat fehlender Willensübereinstimmung zwischen den Parteien, sondern als ein Problem des Interessenausgleichs zwischen Vermieter und Mieter, das sozialverträglich zu entwirren ist.

Aber während im verplanten öffentlichen Wirtschaftsleben der DDR Verträge immer unwichtiger werden, gewinnen sie an Ausmaß und Bedeutung in der Schattenwirtschaft. Verträge über Feierabend-Arbeit (oft ohnehin am Rande der Legalität) und, mehr noch, Verträge auf dem schwarzen Markt ähneln kapitalistischen Verträgen. Sie sind nicht durch staatliche Vorgaben geprägt, sondern nur durch das Vorteilsstreben der Vertragsparteien, sie folgen daher Regeln, die auch dem bürgerlichen Recht zu Grunde liegen: *do ut des; pacta sunt servanda;* wie man sich bettet, so liegt man, und was dergleichen Weisheiten des Marktes mehr sind. Fast immer werden derartige Verträge nur mündlich abgeschlossen und Zug um Zug erfüllt (weil die Parteien sich nicht auf einen späteren Schutz durch ein Gericht verlassen können). «Warum die Mündlichkeit?», fragte ich einen Architekten, der im Sozialismus in Lüritz viele Feierabend-Bauten errichtet hatte. «Weil damals noch ein ehrlicher Handschlag galt», war seine Antwort. Es wird wohl eher der Wunsch gewesen sein, keine Spuren für den Staatsanwalt zu hinterlassen, der die Parteien schriftliche Abreden vermeiden ließ. Aber der Gebrauch des Wortes «ehrlich» ist bezeichnend. Mein Gesprächspartner meinte nicht die Ehrlichkeit dem Staate gegenüber (dessen Gesetze die Parteien ignorierten), sondern die Ehrlichkeit dem Vertragspartner gegenüber, mit dem man sich auf eine bestimmte Leistung geeinigt hatte. In der Schattenwirtschaft galt nur eine private Geschäftsmoral.

Wie schwierig diese Moral ohne den Schutz von Staat und Recht, also gewissermaßen in einem Zustand der Vogelfreiheit, einzuhalten war, zeigt die Entwicklung des Auto-Schwarzmarkts. Mitte der 1980er Jahre waren Automärkte in der DDR so alltäglich geworden, dass ich von ihnen schon 1986 von einem Staatsanwalt in Erfurt erfuhr, der mir ganz ohne Zeichen der Entrüstung die Regeln des Autokaufs in der DDR erklärte. Weil auch gebrauchte Autos der Preisbindung unterlagen, durften sie – legal – nur zum staatlich festgestellten Schätzpreis verkauft werden, der wesentlich unter dem Neuwert eines Autos lag, wenn es vom staatlichen Autohandel ausgeliefert wurde. Aber in einer Wirtschaft, in der man zehn Jahre und mehr auf einer Warteliste ausharren musste, um ein neues Auto vom staatlichen Autohandel zu ergattern, waren die offiziell zulässigen Preise für Gebrauchtwagen aberwitzig. Niemand bei Sinnen hätte sich zu diesen Preisen von einem solchen Wertobjekt getrennt, wie es ein Auto war. So lag der Schwarzmarktpreis für ein gebrauchtes Auto mindestens 100 % über seinem staatlichen Schätzpreis. Wenn allerdings ein illegaler Autoverkauf ans Licht kam, konnte der Staatsanwalt den zu Unrecht erhaltenen Mehrpreis vom Verkäufer wieder einziehen. Bei Gutgläubigkeit konnte auch der Käufer den zu viel gezahlten «Überpreis» vom Verkäufer wieder einklagen. Weil in den 1980er Jahren Polizei und Staatsanwaltschaft in Lüritz kaum noch bereit waren, sich über illegale Autoverkäufe zu erregen, tauchen die meisten «Überpreisgeschäfte» in meinen Zivilrechtsakten auf: als Klagen von enttäuschten Käufern, die nach dem Kauf besonders teurer und maroder Autos ihren Erwerb staatlich schätzen ließen und den Verkäufer auf Rückerstattung des illegalen Mehrpreises verklagten. Das Gericht gab ihnen in den meisten Fällen Recht.

Auch in Lüritz gab es auf dem großen Feld hinter dem Stadtwall einen monatlichen Automarkt. Verkäufer fuhren ihre Wagen auf das Feld, schlossen sie ab, drehten eins der Vorderfenster ein wenig herunter und warteten. Käufer begutachteten die abgestellten Wagen und warfen, wenn sie an einem Auto interessiert waren, einen kleinen Zettel mit der Summe, die sie zu zahlen bereit waren, durch den Fensterschlitz. Am Abend suchte der Verkäufer sich das beste Angebot aus. Bei den anschließenden Verhandlungen schlossen Käufer und Verkäufer in der Regel zwei Verträge: einen zum Schwarzmarktpreis, der nur mündlich abgesprochen wurde, und einen zweiten, schriftlichen Vertrag zum offiziell zulässigen Schätzpreis, der für Kontakte der Parteien mit dem Staat gedacht war.

Die meisten dieser mündlichen Verträge wurden lange Zeit auch eingehalten. Aber dies war ein Markt, auf dem die Nachfrage das Angebot erheblich überstieg. Mehr noch als anderswo stand in der DDR ein Auto auch für Luxus, Freiheit und Beweglichkeit; für Sehnsüchte, die in diesem engen Land schwer zu erfüllen waren. Die Interessenten für ein Auto waren oft so begierig, es zu kaufen, dass sie alle Vorsicht in den Wind schlugen und illegalen Preisen zustimmten, die ich angesichts der wackeligen «Wartburgs» und «Trabanten», um die es meistens ging, nur kopfschüttelnd notieren kann. Im Dezember 1988, zum Beispiel, kauft jemand abends um halb sechs auf dem Berliner Automarkt von einem Mann aus Lüritz für 10 000 Mark einen 20 Jahre alten «Trabi-Kombi». Weil es schon dunkel ist, kann der Käufer den Wagen nur unter einer Straßenlaterne besichtigen, wobei sich «zahlreiche Mängel» herausstellen. Aber der Verkäufer will nicht mit sich handeln lassen; «alle Versuche, zu einem Preisnachlass zu kommen, blieben ohne Erfolg», und der Käufer, der Angst hat, dass das Geschäft zerrinnen könne, zahlt schließlich den gewünschten Preis. Natürlich stellt sich im Licht des nächsten Morgens das Auto als noch angegriffener heraus, als der Käufer ohnehin befürchtete. Sollte er für seine eigene Ungeduld und seinen Leichtsinn nicht selbst verantwortlich sein?

Nein, denn er kann das Auto nachträglich schätzen lassen (4100 Mark sei es noch wert, sagt das KTA) und vom Verkäufer den illegalen «Überpreis» bei Gericht wieder einklagen. Jetzt, im Januar 1989, bekommt er allerdings nicht die ganze Summe zurück: Frau Neumann, die inzwischen auch die «Lebenserfahrung» bei Autogeschäften mit berücksichtigt, macht eine Einigung, bei der der Käufer nur ein rundes Drittel des illegal verlangten (und bereitwillig gezahlten) Mehrpreises zurückerhält. Aber auch diese Einigung nimmt dem Käufer die volle Verantwortung für seine eigenen Geschäfte ab. «Du brauchst nicht aufzupassen», sagt das Gericht mit Entscheidungen, in denen es leichtsinnig gezahlte Wahnsinnspreise für Autos wieder auf ein marktwidriges, aber gesetzlich zulässiges Maß zurückschraubt. «Wir beschützen dich.» Und zu den Verkäufern sagen die Entscheidungen: «Sei nicht so gierig. Verlange nicht den Preis, den du bekommen kannst, sondern nur den, den der Staat in seiner Weisheit für angemessen hält. Glaube nicht, dass du dich durch cleveres Kaufen und Verkaufen bereichern kannst.» Alles sehr sozialistische Ermahnungen.

Im illegalen Autohandel führte die Überpreis-Rechtsprechung der Kreisgerichte zu einer zunehmenden Verwilderung der Vertragspraxis auf dem schwarzen Markt. Käufer, die wussten, dass sie jedenfalls einen guten Teil des vereinbarten Kaufpreises vom Gericht zurückerhalten konnten, ließen den Wagen nach der Übergabe nicht einmal mehr schätzen, machten auch keine Mängel geltend, sondern gingen stracks zum Gericht, um den Mehrpreis wieder einzuklagen. Manche Käufer nahmen nicht einmal mehr den Umweg über das Gericht: Sie täuschten stattdessen vor, den vollen Schwarzmarktpreis zu zahlen, und übergaben dem Verkäufer einen Briefumschlag, der nur genug Geldscheine für den offiziellen Schätzpreis enthielt und im Übrigen mit Papier und einmal sogar mit zwei Kakaopackungen ausgestopft war. Man kann sich denken, wie dick die Geldpakete waren, die hinter dem Lüritzer Stadtwall den Besitzer wechselten. Einmal bringt ein hoffnungsvoller Käufer 60 000 Mark in bar mit auf den Automarkt. Weil die Einsätze so hoch sind, werden auch die Spielregeln immer ungezügelter. Beide Seiten, Käufer und Verkäufer, bringen starke Freunde mit zu dem Geschäft, die Übergriffe verhüten und bei Bedarf das für den einen oder anderen Günstige bei Gericht bezeugen sollen. Manchmal kommt es zu Gewalt. Die Polizei sieht bei solchen Gelegenheiten gerne weg. Im Oktober 1989 schreibt ein in einem Ketten-Geschäft betrogener Autokäufer ans Gericht: «Was die Umstände, unter denen auf unseren Automärkten und nicht nur dort Autos die Besitzer wechseln, betrifft, so kennt sie jeder, der es wissen will. Dort herrscht das Prinzip von Angebot und Nachfrage mit einen Höchstmaß von Rechtsunsicherheit.» Und ein anderer Unzufriedener: «Was sind das für Verträge? Man benutzt sie, wie man sie braucht.» Auch auf dem schwarzen Markt gilt der «ehrliche Handschlag» immer weniger.

Aber dann geschieht etwas Erstaunliches. Herr Zaster, einer der illegalen Autohändler in der Stadt, der einen so schwunghaften Handel mit Gebrauchtwagen betreibt, dass auch der Staatsanwalt ihn nicht länger ignorieren kann, wird 1987 wegen Spekulation in sieben Fällen zur Rückzahlung von 71 800 Mark Überpreis-Gewinn an die Stadt verurteilt. Woher das Geld nehmen? Mit der Hilfe von Rechtsanwalt Arhuis (wem sonst?) verklagt er einen seiner Zulieferer auf Rückzahlung des Überpreises, den er – Zaster – seinerseits hatte zahlen müssen, um das Fahrzeug zu erwerben, das er dann später mit unzulässigem Gewinn verkaufte. Es sind 6 800 Mark. Meine Lüritzer Richterin ist entrüstet: Auf diese Weise könne sich ein Spekulant durch Rückforderungsklagen schadlos halten! Sie regt die verwaltungsrechtliche Einziehung der Summe durch den Rat der Stadt Lüritz an (der abwinkt), bittet den VEB Kraftfahrzeuginstandhaltung um eine Wertschätzung zur Zeit des ersten Kaufvertrages (leider zu spät), gewinnt mit Mühe den Staatsanwalt zur Mitwirkung am Verfahren (der nicht viel sagt) und weist die Klage ab. Aber Herr Arhuis geht in Berufung, und das Bezirksgericht meldet besorgt ans MdJ, «dass die Forderung des Klägers gemäß §§ 68 II, 69 ZGB begründet sein dürfte». So kommt es zum Vergleich, bei dem Herr Zaster jedenfalls die Hälfte des «zu viel» gezahlten Preises von seinem Zulieferer zurückerhält; zwei weitere Prozesse gegen andere Lieferanten folgen, und allmählich sammelt der Autohändler mit Hilfe des Gerichts das Geld zusammen, das er dem Staat als Strafe für seine «Spekulationsgeschäfte» schuldet. Der schwarze Markt ist in den Gerichtssaal vorgedrungen. Die Rechtskultur der Schattenwirtschaft tritt in das Licht der staatliche Justiz.

Ich finde in diesen Jahren noch viele andere Fälle, in denen Bürger das Recht zur Durchsetzung von Ansprüchen benutzen, die der Staat eigentlich nur als Herausforderung betrachten kann. Zwar wehrten sich die Lüritzer zu allen Zeiten (mehr oder weniger erfolgreich) gegen öffentliche Übergriffe auf das, was sie als ihr eigenes Territorium betrachteten. Herr Böhnkes Kampf um das «Konsumhotel» war ein solcher Fall. 1971 weigert sich ausgerechnet der Hausmeister im Lüritzer «Haus der Pioniere», die von ihm auf dem Dach des Hauses angebrachte West-Antenne abzumontieren: Er habe in dem Haus eine Werkswohnung und könne daher machen, was er wolle. Als seine Frau auch noch den Zugang zum Dachboden verriegelt und so verhindert, dass die Jungen Pioniere die Antenne selbst umstellen, klagt der Verband; leider auch zu Recht, weil der Mietvertrag des Ehepaars die Installierung von Antennen nur mit Zustimmung des Vermieters vorsah. Dergleichen Fälle belegen, dass die Bürger auch im Sozialismus auf ihrem «guten Recht» bestanden. Was dieses «gute Recht» war, änderte sich im Laufe der Jahrzehnte. Arbeit, Wohnung, ein bescheidenes Eigentum gehörten zu allen Zeiten dazu. Die Klarheit und Zugänglichkeit der DDR-Gesetzesbücher, die den Alltag regelten – vor allem das ZGB und das Arbeitsgesetzbuch –, machten es meinen Protagonisten leicht, als «Feierabend-Juristen» ihre Rechte selbst zu recherchieren und durchzusetzen. AGB und ZGB waren in hohen Auflagen unter der Bevölkerung verbreitet. Die DDR Fernsehsendung «Alles, was Recht ist» war so beliebt, dass sie des Öfteren in selbst verfassten Schriftsätzen zitiert wurde.

Aber neu in den 1980er Jahren sind die politischen Untertöne und die Aggressivität bei der Rechtsbehauptung meiner Lüritzer Akteure. Sie benutzen Recht jetzt nicht nur zur Verteidigung von Besitzständen, sondern auch zur Attacke auf den Staat und seine Institutionen. 1982, zum Beispiel, verklagt ein LPG-Mitglied seine LPG darauf, seinem Ausscheiden aus der Genossenschaft zuzustimmen (seine Klage wird ohne mündliche Verhandlung durch Beschluss als unzulässig abgewiesen). Ich finde Bürgerklagen in den 1980er Jahren, die so heroisch in mehrjährigen Prozessen darauf bestehen, von einer unfähigen und gleichgültigen Verbraucher-Industrie die Leistung zu erhalten, zu der sie ihr Kaufvertrag berechtigt, dass ich die Energie und Insistenz der Kläger nicht mit ihrem materiellen Vorteil, sondern nur mit ihrem Zorn auf eine insolente Staatswirtschaft erklären kann. 1986 fragt ein Bürger bei der Rechtsauskunftsstelle in Neuburg an, wen er wegen Verweigerung einer Ausreisegenehmigung verklagen könne. «Obwohl dem Bürger in dem beratenden Gespräch eindeutig aufgezeigt wurde, dass dies nicht möglich ist, hat er hartnäckig immer wieder auf zwischenstaatliche Verträge hingewiesen», berichtet das Bezirksgericht nach Berlin. Aufgebrachte Kunden der Justiz verlangen Schadensersatz für falsche Rechtsauskünfte (und scheinen ihn auch zu bekommen); beschweren sich, wenn sie bei einer Verhandlung vor dem Bezirksgericht aufstehen sollen (wieso sollen «vom Volk gewählte Richter von ihren Wählern Ehrerbietigkeit verlangen dürfen?»), und werden argwöhnisch, wenn sie bei einer Strafverhandlung nicht in den Verhandlungssaal eingelassen werden. «Die abgewiesenen Bürger äußerten ihr Missfallen. Es wurde sogar die Auffassung vertreten, dass absichtlich so ein kleiner Raum genommen wurde, um keine Zuschauer zu haben», heißt es im Bericht des Kreisgerichts über das Ereignis.

Durchaus nicht alle dieser Kritiker sind Dissidenten. Die meisten sind unauffällige, kooperative Bürger, denen nur die Geduld ausgegangen ist. Übrigens waren auch die echten Dissidenten, die um 1987 beginnen, in meinen Strafrechtsakten aufzutauchen, nicht zu allen Zeiten ihres Lebens Feinde des Systems. Viele sind erfolgreiche Bürger aus der Mittelklasse mit Ämtern und Karrieren, gelegentlich auch Mitgliedsbüchern der SED, denen jetzt die Lust ausgegangen ist, sich weiterhin mit dem System zu arrangieren. Sie sind beherrscht und planend auch in ihrem Widerstand. Eine Studie des Obersten Gerichts von 1988 stellt fest, dass nur 7,5 % der wegen öffentlicher

Herabwürdigung und Beleidigung staatlicher Tätigkeit in der DDR Verurteilten «Übersiedlungsersuchende» waren. Dagegen handelten zwei Drittel der Täter unter Alkoholeinfluss und 42 % von ihnen waren wegen faschistischer und rassistischer Äußerungen verurteilt worden. Dissenter randalierten nicht; Randalierer waren in der Regel nicht Dissenter. Aber auch Flucht in den Alkohol und neonazistischer Größenwahn sind Zeichen der zersetzenden Unzufriedenheit, die sich in der DDR auszubreiten scheint. Sie erfasste die soliden geradeso wie die unsoliden Bürger.

Viele der politisch heiklen Klagen in den späten 1980er Jahren sagen einfach nur: Jetzt habe ich es satt. Im November 1988, zum Beispiel, verklagt eine Frau in Lüritz ihre eigene Schwester auf Schadensersatz für eine angeblich durch die Schwester ruinierte Reise in die BRD. Die Verklagte hatte das Gerücht verbreitet, die Klägerin wolle die Gelegenheit zur Flucht benutzen, was die Volkspolizei dazu bewog, ihr das schon gewährte Reisevisum wieder abzunehmen. Mein Kreisgericht und das Bezirksgericht in Neuburg melden die Geschichte voller Sorge nach Berlin: Ist das nicht eine zivilrechtlich verkleidete Klage auf Erstattung einer Ausreisegenehmigung? Aber mir scheint, es ist nichts anderes als die Geschichte von zwei Schwestern, die sich auf verschiedene Weise gegen eine nicht mehr erträgliche Eingeengtheit wehren: die Klägerin, durchaus regierungstreu, der durch die «üble Nachrede» eine begehrte Reise (und, wie sie behauptet, auch ihr guter Ruf) verdorben war; die Verklagte, selbst «Antragstellerin», die wahrscheinlich darüber böse war, dass nicht sie selbst, sondern nur ihre brave Schwester in den Westen fahren sollte. Die Tatsache, dass diese brave Schwester ihrer Enttäuschung durch eine Klage Luft zu machen sucht, ist allerdings zu Recht beunruhigend für das System. Wir erinnern uns – bis dahin galt die Regel: Politik ist nichts für die Gerichte. Jetzt scheinen viele Kläger diese Regel nicht mehr anzuerkennen. Wenn sonst nichts hilft, warum nicht die Justiz?

Der Stimmungswechsel hat auch die Lüritzer Rechtsanwälte, die Richter und sogar die Justizbehörden in Berlin erfasst. 1982 beruft sich Herr Mohr in einem Überpreis-Prozess (soweit ich sehen kann, zum ersten Mal) auf Fall-Recht: Gemäß einer OG-Entscheidung von 1977 sei ein dem Käufer bekannter Zustand des verkauften Autos Vertragsinhalt und könne nicht zur Begründung von Garantieansprüchen herangezogen werden. Warum soll es bemerkenswert sein, wenn ein Rechtsanwalt sich auf die Vorentscheidung eines höheren

Gerichts beruft? Weil Präzedenz-Fälle in einer sozialistischen Justiz, die nicht in die Vergangenheit, sondern in die Zukunft blicken wollte, nicht viel zählten: Nicht die Ansammlung alter Weisheiten, sondern die allerneueste Anweisung von oben sollte einen Fall entscheiden. Die Vorstellung, dass Fall-Recht einen Richter steuern könne, basiert auf einem Rechtsverständnis, in dem der jüngste Linienwechsel der Partei keinen Platz hat. Das gilt auch für die rein formalen Argumente (wieder hauptsächlich von Herrn Mohr benutzt), die ich jetzt zunehmend in den Akten finde: dass eine Klage abzuweisen sei, weil der Rechtsanwalt der Gegenseite zur Zeit der Klageerhebung keine Vertretungsmacht gehabt habe, zum Beispiel; weil Sachbeschädigung nur auf Antrag des Geschädigten verfolgt werde, der nicht gestellt worden sei; oder weil ein Foto, das als Beweismittel in einem Strafprozess fungierte, nicht datierbar sei. 1985 machen die Rechtsanwälte Mohr und Arhuis in zwei verschiedenen Strafverfahren zum ersten Male geltend, dass ihre Mandanten durch endlose Verhöre und Einschüchterungen zu ihren Aussagen gezwungen worden seien. 1988 stellt Rechtsanwalt Mohr in einem Asozialen-Prozess Beweisanträge wegen Polizei-Brutalität und bringt durch insistierende Fragen in der Hauptverhandlung auch ans Licht, wie anzüglich und verletzend die Polizisten vorgegangen waren. Zwar ist der Staatsanwalt über Herrn Mohrs Verteidigungsmethoden so empört, dass er die Ia-Staatsanwaltschaft in Neuburg über die «anmaßende und provokante Verhaltensweise» des Anwalts informiert. Aber das Gericht geht auf dessen Anschuldigungen jedenfalls teilweise ein, und auch der Staatsanwalt gibt das «nicht immer richtige Verhalten» der Polizisten zu. In diesen letzten Jahren werden auch Widerrufe von Geständnissen von Staatsanwalt und Richtern zunehmend ernst genommen. Jetzt kommt es übrigens auch manchmal vor, dass frisch Verhaftete das Begehen einer Straftat leugnen. Auch Lügen von Angeklagten werden häufiger, je mehr wir uns der Wende nähern. Das Recht wird mehr und mehr zum Instrument, das der Verteidigung der eigenen Interessen dient; auch gegen die Ansprüche der sozialistischen Moral und Politik.

Diese Sicht scheint auch in Berlin Schule zu machen. Am 14. Dezember 1988 erlässt die Volkskammer das «Gesetz über die Zuständigkeit und das Verfahren der Gerichte zur Nachprüfung von Verwaltungsentscheidungen» [GNV], das DDR-Bürgern erlaubte, den Staat tatsächlich auch in seiner Eigenschaft als Hoheitsträger zu verklagen. Allerdings kam der unmittelbare Anstoß zur Reform aus der Außenpolitik: Die DDR-Regierung hatte Angst, ohne gerichtlichen Rechtsschutz gegen die Verwaltung zunehmend bei der Wiener KSZE-Konferenz (Konferenz für Sicherheit und Zusammenarbeit in Europa) moralisch isoliert zu werden. Aber die Zeit für die Reform war reif, und mir scheint, dass man sich im DDR-Justizministerium und im Obersten Gericht auch mit eigenem Eifer an die Gesetzgebungsarbeiten machte.

Viel Zeit blieb nicht. Zwischen der «Anregung» zu dem Gesetz durch die ZK-Abteilung Staats- und Rechtsfragen im Dezember 1987 und seiner Verabschiedung schon ein Jahr später[52] ließ sich keine eigene DDR-Verwaltungsrechtsschutzlehre ausarbeiten. Von den zwei Hauptproblemen, mit denen sich jedes System eines Gerichtsschutzes gegen die Verwaltung auseinandersetzen muss, ging das neue GNV ausdrücklich nur das eine an: die Reichweite des Gerichtsschutzes. Anders als Rechtsordnungen, die einem Bürger mit einer «Generalklausel» erlauben, *jeden* Verwaltungsakt, der in seine Rechte eingreift, vor Gericht zu attackieren (so, zum Beispiel, die Bundesrepublik), ließ das neue GNV Klagen nur in bestimmten, aufgezählten Fällen zu. Wie Justizminister Heusinger im November 1988 einer Gruppe hoher Verwaltungsfunktionäre beruhigend erklärte: Nur ein kleiner, «überschaubarer» Kreis von Verwaltungsentscheidungen würde durch die Gerichte überprüfbar sein. Allerdings gehörte die brisanteste aller Verwaltungsentscheidungen in der DDR – die Ablehnung oder Gewährung eines Reisevisums in die Bundesrepublik – in diese Gruppe überprüfbarer Entscheidungen.

Die zweite Gretchen-Frage an ein Verwaltungsschutzsystem – wie hältst du es mit dem Ermessen der Verwaltung? – war zur Zeit des Erlasses des GNV in der DDR noch gar nicht ausdiskutiert und entschieden worden. Wie weit sollten die Richter den Verwaltungsbeamten in die Karten sehen und ihre Entscheidungen selbst nachvollziehen dürfen? Bei eindeutigen Rechtsvorschriften – etwa: «mit 18 Jahren darf ein Bürger wählen» – ist die Sache einfach. Ob jemand «Bürger» oder «18 Jahre alt» ist, lässt sich eindeutig bestimmen, und wenn ein Wahlleiter einen 19jährigen von der Wahl ausschließt, hat er das Gesetz verletzt. Aber was ist in Situationen, in denen der Gesetzgeber den Verwaltungsleuten, die ja an Ort und Stelle sachgerechte und faktspezifische Entscheidungen treffen müssen, für diese Entscheidungen absichtlich Spielraum gelassen hat? Sollen die Richter einem Verwaltungsfachmann vorschreiben dürfen, wie dieser Spielraum auszunutzen ist? Und macht es einen Unterschied, ob der Gesetzgeber bei der Ermächtigung von Verwaltungshandeln «kann-Bestimmungen» verwendet (etwa: «die Genehmigung *kann* verweigert werden») und damit den Beamten vor Ort Raum für eine Reihe möglicher Entscheidungen gibt, die *alle* dem Gesetz entsprechen, oder ob er sogenannte «unbestimmte Rechtsbegriffe» braucht («die Genehmigung kann *aus wichtigem Grund* verweigert werden») und damit vielleicht nur *ein* bestimmtes Resultat gutheißt; eben das, in dem konkret ein «wichtiger Grund» zur Verweigerung der vom Bürger beantragten Genehmigung vorliegt? Aber was ist ein «wichtiger Grund»? Und wie soll ein Richter in der Kühle des Gerichtssaals nachprüfen können, welche Gründe für den Verwaltungsfunktionär, der in der Hitze des Gefechts an Ort und Stelle entscheiden muss, nun wirklich «wichtig» sind und welche nicht?

Der Bundesrepublik wird gelegentlich vorgeworfen, ein «Rechtswege-Staat» zu sein, der seinen Richtern mehr Autorität zur Überprüfung von Verwaltungshandeln zugesteht, als einer demokratischen Verwaltung guttut. Die DDR-Regierung hatte mit dem GNV genau die umgekehrte Absicht: Sie wollte den Gerichten nur gerade so viel Macht zur Gesetzlichkeitskontrolle über die Verwaltung geben, wie die außenpolitische Reputation der DDR und das Rumoren unter der Bevölkerung notwendig machten. Das hieß: so wenig wie nur möglich. Einem autoritären Staat ist die zweite Gewalt sehr viel wichtiger als die dritte. Bei ihrer Befürwortung der Gesetzgebungsarbeiten am neuen GNV hatte die Abteilung Staats- und Rechtsfragen des ZK ausdrücklich vorgegeben, dass die Richter «nur die Einhaltung der Gesetzlichkeit» durch die Verwaltung prüfen sollten. «Es wird nicht der Ermessensspielraum der örtlichen Organe eingeschränkt.» Am 16. November 1988 sagte Justizminister Heusinger vor den versammelten Bezirksratvorsitzenden der DDR: «Ich möchte nochmals betonen: Bei diesen Maßnahmen *geht es nicht* um das Auseinanderdividieren von Gliedern der einheitlichen Staatsmacht; *geht es nicht* um das Bevormunden der örtlichen Machtorgane durch die Richter; *geht es nicht* darum, die vorbildlich entwickelte Kooperation zwischen Gericht und örtlichen Organen der Staatsmacht durch eine neue, vielleicht gar konträre Stellung zu ersetzen.» Wie eine Richterin, die bei dem Referat dabei war, mir erzählte, «ging ein Seufzer der Erleichterung» durch die Versammlung der Verwaltungsleute, als sie hörten, dass sie vor den Gerichten keine Angst zu haben brauchten.

Das klingt eindeutig genug: keine Nachprüfung von Verwaltungsermessen durch die Gerichte. Nur dass die Worte zu einer Zeit gesprochen wurden, als niemand in der DDR-Justizverwaltung eine rechte Vorstellung davon zu haben schien, wie diese Regel anzuwenden sei und was sie für die Durchsetzung des Nachprüfungsgesetzes bedeuten würde. Nur so lässt sich der Eifer und der Optimismus erklären, mit dem man sich im Justizministerium an die praktischen Vorbereitungen für eine DDR-Verwaltungsgerichtsbarkeit macht. Minister Heusinger rechnet mit einer «erheblichen Mehrbelastung» der Justiz, wenn, wie zu erwarten, rund 55 000 Verwaltungsrechtsfälle die Gerichte überschwemmen würden. Allein im Bezirk Neuburg sind 59 neue Planstellen für Richter vorgesehen. Mein Kreisgericht in Lüritz soll zu seinen gegenwärtigen fünf Richtern noch zwei neue Richter dazubekommen; dazu fünf weitere Planstellen für Sekretäre, Protokollanten und dergleichen. Frau Walter, jetzt Direktorin des Gerichts, weiß nicht, wo sie die Räume für die Neuen finden soll. An der Humboldt-Universität zu Berlin plant man die Zulassung von 200 zusätzlichen Jurastudenten für die Richterausbildung. Die Schulungskurse für Verwaltungsrichter laufen an: im März 1989 eine Tagung, die die Direktoren der Kreisgerichte auf die neue Arbeit vorbereiten soll; im Mai 1989 die erste Fachrichtertagung für Verwaltungsrichter im Bezirk Neuburg.

Und was geschieht, als das GNV am 1. Juli 1989 in Kraft tritt? Nicht viel. Es kommt zu keiner Welle von Verwaltungsrechtsklagen. Vier Monate nach dem Inkrafttreten des GNV sind im Bezirk Neuburg erst 74 Klagen erhoben worden, davon 7 oder 8 in Lüritz. Warum dieses erstaunliche Desinteresse der Bürger an einer Reform, die aus der DDR einen «sozialistischen Rechtsstaat» machen sollte? Weil die Schöpfer des GNV zu vorsichtig jeder inhaltlichen Überprüfung von Verwaltungshandeln aus dem Weg gegangen waren. Sie hatten außerdem auch nicht damit gerechnet, dass Rechtsinhaber nur dann klagen, wenn es keinen billigeren und bequemeren Weg zur Durchsetzung ihrer Interessen gibt. Zum Beispiel setzen Kunden in einer Marktgesellschaft auch dann, wenn sie einen Umtausch oder eine Reparatur erklagen könnten, ihre Rechte lieber durch Beschwerden beim Verkäufer durch, der ihnen schneller und kulanter abhelfen wird, als es ein Richter könnte. Im Sozialismus waren Bürger daran gewöhnt, die Rechte, die ihnen der Staat aus eigenem Antrieb zugestand, durch Eingaben zu verteidigen – wie Marktbeschwerden eine bequeme und oft auch erfolgreiche Form des Rechtsschutzes. Das neue GNV wäre für einen Bürger in der DDR nur dann von Wert gewesen, wenn es ihm die Durchsetzung von Rechten auch *gegen* den Willen der Verwaltung ermöglicht hätte. Aber das eine, das heiß ersehnte Recht, das viele Bürger gerne durch eine Klage vor Gericht vom Staat erzwungen hätten – Freizügigkeit –, war der Kontrolle der Justiz entzogen.

Zwar war die neue Reiseverordnung vom 30.11.1988 im Katalog der Vorschriften enthalten, deren Anwendung auf seinen eigenen Fall ein Bürger vor Gericht in Frage stellen konnte. Aber § 10 Absatz II der Verordnung machte die Gewährung einer Ausreisegenehmigung vom Vorliegen «humanitärer Gründe» abhängig. Nach DDR-Doktrin waren diese Gründe zu unbestimmt, um nachträglich von einem Richter hinterfragt zu werden. Stattdessen räume der Begriff «humanitäre Gründe» der Verwaltung einen Ermessensspielraum ein, der von ihr selber auszufüllen sei. Damit war eine Klage für den Bürger nutzlos. Die Abteilung Inneres brauchte nur das Vorliegen «humanitärer Gründe» zu bestreiten, um seinen Anspruch auf Erteilung eines Visums abzulehnen. Zwar konnten die Richter theoretisch noch einen «Ermessensmissbrauch» der Verwaltung attackieren. Aber von einer Richterschaft, die der Verwaltung immer aus dem Weg gegangen war, war eine aggressive Interpretation des GNV nicht zu erwarten. So redete man am Gericht den wenigen Ausreisekandidaten, die ihr Visum durch eine Klage erzwingen wollten, den Versuch in den meisten Fällen wieder aus. Von den sieben oder acht Ausreiser-Klagen, zu denen es in Lüritz kam (die Unterlagen sind sehr mager), wurden bis auf eine alle zurückgenommen. Wenn ich mir die handschriftlichen Vermerke von Frau Neumann über die Motive der Ausreiser ansehe («politische und wirtschaftliche Unzufriedenheit»; «Vertrauensverlust in den Staat und seine Repräsentanten»; «mit wirtschaftlichen und sozialen Verhältnissen in der DDR nicht einverstanden»), kann ich verstehen, dass die Richterin nicht gerne die humanitäre Berechtigung derartiger Gründe überprüfen wollte.

Das war im Frühherbst 1989. Im Oktober wird auch den Justizautoritäten klar, dass ein Verwaltungsrechtsschutz, der niemanden schützt, den Ruf des Staates eher untergräbt als fördert. Ich finde ein Schreiben des Bezirksgerichts vom 18. Oktober 1989 in den Akten, in dem es seine Kreisgerichte anweist, ernsthaft zu erwägen, ob die Verweigerung der Ausreisegenehmigung durch die Abteilung Inneres nicht doch vom Gericht zu überprüfen und in vielen Fällen aufzuheben sei. «Nicht um jeden Preis aufheben», mahnt das Bezirksgericht nur noch, denn es sieht seine Felle wegschwimmen und möchte jedenfalls an einem Zipfelchen von Verwaltungsautorität festhalten. Aber jetzt ist der Deich bereits gebrochen. Die Leute klagen nicht mehr, sondern laufen ohne Klage weg. Von der Epidemie werden auch bisher sesshafte und solide Leute angesteckt. «Der Fluchtgedanke kam mir mit der Ausreise meines Gesellen im Februar 1988. Nun habe ich es einfach nicht mehr ausgehalten», sagt ein Steinmetz, der im Herbst 1989 verhaftet wird. «Ich wollte über Ungarn in die BRD gelangen, weil das gegenwärtig viele junge Leute machen», sagt ein Heizer. «Ich habe mich erst in der letzten Woche entschieden, nachdem ein Kollege in der BRD geblieben ist und ich die ganze Problematik im Fernsehen beobachten konnte», erklärt ein Kraftfahrer, der mit Geburtsurkunde und Facharbeiterbrief in der Jackentasche am Bahnhof Lüritz festgenommen wird.

Auch die Justiz versucht nicht ernstlich, die Lawine aufzuhalten. Zwar finde ich noch 25 Lüritzer Haftbefehle wegen Republikflucht in den Akten vom September 1989 und 27 in den Oktober-Akten; der allerletzte Lüritzer Haftbefehl wegen Republikflucht wird am 25.10.1989 erlassen. Aber die meisten dieser Haftbefehle gelten Flüchtlingen, die die DDR durch «illegale Nichtrückkehr» verlassen haben und bereits im Westen sind, und kommen daher eher einer verwaltungsrechtlichen Abmeldung des Betroffenen als einer strafrechtlichen Fahndung gleich. Von den 30 Strafverfahren wegen Fluchtversuchen, die das Lüritzer Gericht im Jahre 1989 noch erledigt, werden 21 Fälle eingestellt; 5 enden mit Bewährungsstrafen. In Neuburg werden die politisch brisanten Fluchtfälle, die beim Bezirksgericht angeklagt und von diesem fast immer ans Kreisgericht Neuburg/Stadt abgeschoben werden, seit Ende August 1989 alle eingestellt. Am 27. Oktober 1989 erlässt die DDR-Regierung die erste und schon sechs Wochen später die zweite Amnestie für Grenzverletzungen – wie das Ministerium der Justiz in einem Schreiben an alle Bezirksgerichte erklärt, auch wegen «der äußerst angespannten Lage in den Strafvollzugsanstalten, die im Zusammenhang mit der tiefen Krise, in der sich unser Land befindet, zu sehen ist.»

Schon Ende Januar 1989 war unser Bekannter mit dem Strick, der durch seine Selbstmorddrohung auf dem Lüritzer Marktplatz seine Ausreise erzwingen wollte, vorzeitig aus der Haft entlassen worden;

er hatte statt der vorgesehenen 14 Monate seiner Strafe immerhin noch 7 abgesessen. Manche politische Strafverfahren in den letzten Monaten der DDR werden nicht abgeschlossen, sondern hören einfach auf. Es ist, wie wenn in einem Auto der Benzintank leer ist: Der Motor hustet und stottert noch ein wenig; dann steht er still. So wird ein 30jähriger Elektriker am 4. September 1989 in Neuburg wegen «landesverräterischer Agententätigkeit» zu zwei Jahren Gefängnis verurteilt; am 6. September legt sein Rechtsanwalt Berufung ein; am 1. November hebt das Oberste Gericht den Haftbefehl auf; dann nichts mehr. Die Akte ist zu Ende.

Es sieht sehr danach aus, als ob auch die Justizmaschinerie der DDR mit ihrer Energie am Ende ist. Ich finde auf einer Wochenmeldung vom März 1988 eine Randbemerkung von Justizminister Heusinger, mit der er den Bericht über eine der üblichen Selbstverpflichtungen zur Verbesserung der Arbeit an der Basis kommentiert: «Gut, aber reicht dazu unsere Kraft?» Sie reicht nicht mehr zur erfolgreichen Selbstverteidigung des Systems. Aber das erklärt noch nicht, warum die Machthaber nicht eine Flucht nach vorne wählten: warum die DDR-Justiz zum Beispiel nicht das ihr verbliebene Instrument des Strafrechts brauchte, um ihre Kritiker rücksichtslos zu unterdrücken, oder warum Staat und Partei in ihren letzten Tagen das Recht nicht allgemein zum Teufel schickten, um sich durch Unrecht zu verteidigen. Statt dem Druck von unten Druck von oben entgegenzusetzen, weichen sie zurück. Jedenfalls meine Lüritzer Akten legen nahe, dass das Ministerium der Justiz und die Parteileitung in Lüritz Gewalt um jeden Preis verhüten wollten. Minister Heusinger, zum Beispiel, begründet die zweite Amnestie vom 6.12.1989 damit, dass bei Überfüllung der Gefängnisse in der DDR sonst «ein massenhafter Ausbruch nur mit Schusswaffen zu verhindern wäre», was «keinesfalls geschehen» dürfe. Als die Lüritzer Kreisleitung am 20. Oktober 1989 berät, wie auf die zahlreichen Protestaktionen zu reagieren sei, die sich wie Wildfeuer in der Stadt verbreiten, beschließen die Parteigenossen zwar allerhand flexible, auch hinterhältige, Maßnahmen der Selbstverteidigung – Reformbereitschaft; Gespräche; die Unterwanderung von Versammlungen der Opposition durch eigene Leute; die Diskreditierung einzelner Dissenter und dergleichen – aber keine Gewalt. Zwar wird ein Antrag des Neuen Forums zur Genehmigung einer Demonstration am 7.11.1989 abgelehnt. Aber weil die Kreisleitung nicht damit rechnet, dass ihr Verbot Beachtung findet, beschließt sie gleichzeitig, die Versammlung «trotz Nichtzulassung ohne Eingreifen gewähren zu lassen.» Nur keine Gewalt.

Ich weiß, ich erzähle in diesem Buch nur eine lokale Rechtsgeschichte, und die politischen Entscheidungen in den letzten Lebenstagen der DDR wurden an wichtigeren Orten gefällt als Lüritz und von wichtigeren Leuten als die Richter meines Kreisgerichts und selbst Justizminister Heusinger es waren. Was für Lüritz galt, brauchte nicht für Berlin zu gelten. Trotzdem war das Recht auch außerhalb meines bescheidenen Lüritzer Rahmens von Bedeutung. Die Rechtsentwicklung in der DDR, so scheint mir, kann erklären helfen, warum der ostdeutsche Sozialismus praktisch ohne Gegenwehr zusammenbrach. Die Reformversuche in den letzten Jahren, deren Auswirkungen in Lüritz ich beschrieben habe, waren zwar im Wesentlichen erfolglos. Auch einem gemäßigteren Strafrecht gelang es nicht, die Bürger im Land zu halten; die Versuche, Asozialität nicht nur als Straftat, sondern auch als Krankheit zu verstehen, reduzierten nicht das Ausmaß des Problems; die neue Verwaltungsgerichtsbarkeit ließ die Bürger dem Staat nicht mehr vertrauen als zuvor. Aber auch erfolglose Reformen setzen Wegsteine, hinter die eine Regierung nicht so leicht zurückgehen kann. Ein Staat, der seinen Bürgern mit dem neuen GNV soeben erst den «sozialistischen Rechtsstaat» versprochen hatte, konnte nur schlecht ein paar Monate später Demonstranten durch Soldaten auseinander treiben lassen. So halbherzig die Rechtsreformen auch waren: Sie schickten die DDR auf einen Weg, auf dem sie nur schwer umkehren konnte.

In meiner Chronik dessen, was Gerechtigkeit in Lüritz in 40 Jahren DDR-Geschichte bedeutete, gibt es nicht eine, sondern zwei Entwicklungslinien. Die erste Linie zeichnet nach, was am Lüritzer Kreisgericht aus dem *Glauben an den Sozialismus* wurde. Es ist eine Kurve, die hoch ansetzt, langsam fällt, hier und da wieder etwas steigt, aber am Ende an einem Tiefpunkt anlangt. Von den Überzeugungen der frühen Volksrichter, einem gerechteren Staat zu dienen, als es bisher in Deutschland gegeben hatte, bis zu den ideologischen Notlügen meiner Richter in den letzten Jahren veranschaulicht diese Linie den Verlust an politischem Glauben in der DDR.

Meine zweite Entwicklungslinie folgt den beruflichen Überzeugungen und Praktiken meiner Richter; sie zeichnet nach, was aus ihrem *Glauben an das Recht* wird. Diese Linie beginnt tief unten bei der juristischen Unwissenheit und dem formalen Desinteresse der Volksrichter und folgt im Laufe der Jahrzehnte einer steigenden Entwicklung, bis sie im Jahre 1989 bei einem Rechtssystem anlangt, das sein Heil zunehmend in Formalität und juristischer Routine sucht.

Zwischen beiden Entwicklungskurven besteht ein Zusammenhang, den man als umgekehrte Relation zwischen politischem und juristischem Glauben bezeichnen könnte. Je hoffnungsvoller die politischen Heilserwartungen einer Gesellschaft, desto geringer ihr Bedarf für Recht. Vertrauen darauf, dass die Partei das Land zielsicher in eine bessere Zukunft führen werde, macht sachliche und neutrale Methoden der Entscheidungsfindung nicht nur weitgehend unnötig, sondern auch suspekt. Und umgekehrt: je zynischer und zweifelnder die Einstellungen der Bürger und der Richter zu ihrem Staat, desto größer der Bedarf für Recht. Wer nicht mehr glaubt, dass es auf alle Fragen nur eine richtige Antwort gibt (die der Partei), muss sich zunehmend auf die Neutralität und Formgenauigkeit des Rechtssystems verlassen können, das zwischen vielen widersprüchlichen Interessen vermitteln soll. In meiner Lüritzer Geschichte kreuzen sich die beiden Entwicklungskurven: Der juristische Glaube meiner Richter nimmt in dem Maße zu, wie ihr politischer Glaube abnimmt, bis er am Ende von Zynismus kaum noch zu unterscheiden ist.

Ich will die rechtsstaatlichen Instinkte der ostdeutschen Justizbürokratie zur Zeit der Wende in Lüritz (und sonstwo in der DDR) nicht übertreiben. Meine Richter waren noch immer Kinder ihres Rechtssystems: Positivisten (weil, was ein westdeutscher Richter mir einmal als «Auslegungsmut» beschrieb, in einem autokratischen Staat nicht gefragt war); in doktrinärer Raffinesse ungeschult (weil DDR-Recht gesellschaftlich belanglos war und daher technisch simpel bleiben konnte); mehr fürsorgliche Sozialarbeiter als streitbare Juristen. Aber sie waren Juristen *genug*, um schlechte Sozialisten abzugeben. «Juristen – böse Christen», sagte Martin Luther: weil sie zu sehr in Ausreden geübt sind; in pedantischem Wortgeklaube; in Zweifeln, Widersprüchen, einerseits-und-andererseits Betrachtungen. Luthers Juristenschelte muss für alle Religionen gelten, die von ihren Dienern unbedingten Glauben erwarten. Meine Richter waren nicht «böse», aber zum Mindesten unzuverlässige Sozialisten. Als die Wende kam, waren sie intellektuell besser auf den Rechtsstaat vorbereitet als fast alle anderen Berufsgruppen in der DDR (Schwarzmarkthändler vielleicht ausgenommen).

So ist es nicht erstaunlich, dass sich die Richter und Staatsanwälte in der DDR schon in den ersten Tagen nach dem Mauerfall anscheinend ohne Schwierigkeiten auf die Konventionen des Rechtsstaats umstellen konnten. In den Akten sieht der Übergang fast nahtlos aus. Die größte Veränderung, die ich in der Wendezeit bemerken kann, liegt im Ton der Dialoge zwischen Richtern und Klienten des Gerichts. In Lüritz scheint sich herumgesprochen zu haben, dass in einem Rechtsstaat der Bürger König und der Richter Diener des Volkes seien, und so finde ich Beispiele absurder Höflichkeit in Richteräußerungen und gelegentlicher Unverschämtheiten seitens der Benutzer des Gerichts. «Ich bitte Sie höflichst, sich mit der Rechtslage vertraut zu machen, bedanke mich im Voraus für Ihre Unterstützung und hoffe auf Erfüllung unserer Aufforderung», schreibt Richter Rodewaldt am 21.11.1989 in einem Zivilrechtsstreit und wird zwei Wochen später in einem Strafprozess (zu Unrecht, wie mir scheint) von Rechtsanwalt Möller (bisher kein Aufrührer) wegen des «militärischen Charakters seiner Verhandlungsführung» ausgeschimpft («Und so etwas passiert nach dem 9.11.1989!», sagt Herr Möller).

Aber dergleichen gibt sich bald (und spätestens, als im Oktober 1990 Westrichter die Rechtsprechung am neuen Amtsgericht in Lüritz übernehmen). In den ersten Wochen nach der Wende arbeiten ostdeutsche Richter und Staatsanwälte von Berlin bis Lüritz mit, wie mir scheint, von Euphorie, Hoffnung und Angst getriebenem Eifer an der Erneuerung der DDR-Justiz. In Lüritz ermittelt der Staatsanwalt schon am 9.12.1989 «gegen Unbekannt», um möglichen Missbräuchen von Amtsprivilegien in der Stadt auf die Spur zu kommen. In Neuburg schlägt Frau Nissen am 14.12.1989 dem Oberbürgermeister vor, das ehemalige Gebäude der MfS-Bezirksverwaltung dem Bezirksgericht zuzuweisen, weil es aus allen Nähten platze und inzwischen «unbestritten» sei, «dass den Gerichten zukünftig wesentlich mehr Autorität eingeräumt werden muss, als das in der Vergangenheit der Fall war.» Und in Berlin, wo das MdJ noch im Dezember 1989 am 1. Halbjahresplan für 1990 arbeitet, sieht dieser Plan «die Wiederherstellung der Gerechtigkeit in unserem Lande» vor. Ein Papier des Ministeriums vom 24.11.1989 spricht unter anderem von einem neuen Verfassungsgericht und davon, dass «die gesamte Problematik der Leitung der Rechtsprechung neu durchdacht werden» müsse.

Die Überlegungen haben etwas Surreales. Zwar waren sie zu Anfang noch auf Dauer angelegt (so machte man sich Ende Dezember 1989 zum Beispiel in Lüritz darüber Sorgen, ob die Zugehörigkeit zum neugeplanten DDR-Richterbund nicht vielleicht die Mitgliedschaft im FDGB und damit auch den Zugang zu Ferien- und Kuraufenthalten ausschließen würde). Aber das Tempo der politischen Entwicklung in der DDR lässt jeden Plan, kaum dass er beschlossen worden ist, auch schon überholt erscheinen. So machen die kühnen Zukunftspläne der Justiz vor allem den Eindruck der Selbstberuhigung. Sie klingen wie die kessen Töne eines Nachtwanderers, der im Dunkeln ein Liedchen pfeift, um sich die eigene Angst nicht einzugestehen, und werden bald von Maßnahmen zur Selbstverteidigung verdrängt.

Zunächst machen sich die Richter im Bezirk Neuburg Sorgen um die in Lüritz und anderswo gegründeten «Privilegienausschüsse», die die Bevorzugung von Bonzen und Parteigenossen unter die Lupe nehmen sollen. Zwar kommt es mir absurd vor, meine Lüritzer Richter, die weder Geld noch Einfluss hatten, als «Privilegierte» zu betrachten. Aber im Rausch der Wendezeit vermischen sich die westdeutschen Anschuldigungen gegen das System mit der ostdeutschen Beschämung über die in ihm erfahrenen Erniedrigungen zu einem Wut-Gebräu, in dem die verschiedenen Zutaten gar nicht mehr auseinanderzuhalten sind. Zwar fördern die Untersuchungen der Lüritzer Privilegienkommission am Ende wenig Anrüchiges zutage: keine finnische Sauna in der Kreisleitung der SED; kein West-Devisenfond beim Rat der Stadt; keine herabgesetzten Lohnsteuern für Parteibonzen – und nur solche vielleicht zu luxuriösen Repräsentationsausgaben durch den Staat, wie man sie auch an anderen Orten finden könnte. Aber schließlich waren auch Richter Repräsentanten des Regimes, auf das sich jetzt der ganze Zorn des Volkes konzentriert. Man erzählt sich, dass in Neuburg einige Richter Grab-Kränze mit ihrem Namen vor der Wohnungstür gefunden hätten. Am 5.12.1989 veröffentlicht der «Volksbote» eine von 68 Richtern im Bezirk Neuburg unterschriebene «Erklärung», die sich «voll zum demokratischen Prozess der Umgestaltung» in der DDR bekennt, aber vor allem der Verteidigung der eigenen Sache dient: «Wir wenden uns auch gegen Bürger, die öffentliche Foren oder Kundgebungen nutzen, um aus persönlichen Motiven Richter, die auf der Grundlage der Gesetze entschieden haben, zu diffamieren, und erklären uns mit den betroffenen Kollegen solidarisch.»

Zwei Lüritzer Richter, die ich fragte, ob sie den Aufruf mit unterschrieben hätten, konnten sich nicht mehr erinnern. Das ist nicht so erstaunlich, wenn man bedenkt, dass – von den ersten fieberhaften

Tagen abgesehen – ihnen die Wendezeit vor allem Erniedrigungen brachte, deren sich niemand gern erinnert. Unter dem Druck der Existenzangst zerbricht die Solidarität des Justizapparates in der DDR (die angesichts der strikten Hierarchie innerhalb der Richterschaft wahrscheinlich nie sehr fest gewesen war). Schon am 6. Dezember 1989 hatten zwei Erklärungen aus dem Bereich des Ministeriums der Justiz und des Obersten Gerichts die Schuld für den Kollaps des Rechtswesens in der DDR auf die Partei geschoben. Ein «offener Brief» von Juristen aus dem Ministerium gab zu, dass in der DDR «politische Konflikte mit strafrechtlichen Mitteln» gelöst worden seien. «In diesen Fällen war nicht auszuschließen, dass die Gerichte in die Rolle eines Willensvollstreckers der ehemaligen Partei- und Staatsführung und der Sicherheitsorgane kamen.» Am selben Tag schiebt eine Erklärung des Plenums des Obersten Gerichts die Schuld für die Entwicklung ebenfalls auf «die falsche Sicherheitsdoktrin der früheren Partei- und Staatsführung.»

Das nützt den Richtern an der Basis angesichts der örtlichen Attacken wenig. So kommt es schon im Dezember 1989 – in deutlicher Abgrenzung zu den obersten Justizbehörden – zu Plänen für einen Richterbund der DDR, der die institutionellen und beruflichen Interessen der Richter an den Kreisgerichten und den Bezirksgerichten vertreten soll. «Das Ministerium der Justiz und das Oberste Gericht haben es nicht verstanden, die Position des Richters im Interesse von Rechtsstaatlichkeit und Demokratie zu stärken», heißt es in einem Brief des Stadtbezirksgerichts Berlin-Hellersdorf ans Lüritzer Kreisgericht, in dem es um die Vorbereitungen für die Gründung des Richterbundes geht. Der Vorwurf ist richtig, aber nicht ganz fair, weil nicht nur die autoritäre Steuerung, sondern auch die Vorschläge zur Liberalisierung und Verrechtlichung der DDR-Justiz in allen Lebensjahren des Systems nicht von unten, sondern immer von der Spitze der Justizverwaltung kamen. Aber sehr bald wird klar, dass es den Unterrichtern weniger um Demokratie und Rechtsstaatlichkeit als um die Verteidigung des eigenen Arbeitsplatzes geht. Ich finde das Protokoll eines Richtertages in Neuburg am 13.1.1990 in den Akten, das belegt, wie schwer es ist, über die eigene Mitverantwortung für eine nationale Katastrophe nachzudenken, wenn einem das Wasser bis zum Hals steht.

Das Treffen sollte die Richter des Bezirks Neuburg zusammenbringen, um über die Aufgaben und die Struktur des neugeplanten Richterbundes zu diskutieren; auch Richter aus Lüritz sind mit dabei. Aber die vielen Wortmeldungen gelten alle nur der drohenden Gefahr, im Rechtsstaat überflüssig und verfemt zu werden. «Wir können uns nicht immer nur an die Wand drängen lassen», sagt ein Richter von dem bisher auf politisch brisante Fälle spezialisierten Kreisgericht Neuburg/Stadt. «Wir müssen deutlich machen: entweder bleiben alle oder keiner», sagt jemand vom Bezirksgericht. «Ich halte kadermäßige Veränderungen im OG und auch im Ministerium der Justiz für notwendig, aber an der Basis trägt keiner Verantwortung für die Situation.» «Ich meine, dass wir unsere Interessen nötigenfalls mit Streik deutlich machen sollen, um den Bürgern zu zeigen, für wen wir eigentlich arbeiten», sagt ein Dritter, und es wird einstimmig beschlossen, dass ein bezirksweiter Richterstreik ein zulässiges Kampfmittel des neuen Berufsverbandes sein sollte. Keiner der Lüritzer ergreift in der Diskussion das Wort. Warum der Rechtsstaat vielleicht gute Gründe dafür haben könnte, einen Richter nicht mehr zu verwenden, der vor 1989 im Sozialismus Recht gesprochen hat, wird nur indirekt erwähnt. «So lange keine Rechtsbeugung nachgewiesen ist, müssen wir Solidarität üben», sagt ein Vorsitzender Richter vom Bezirksgericht. «Wir müssen uns dagegen wehren, dass einzelne jetzt herausgesucht und entlassen werden, denn unser Apparat wird noch gebraucht und sie werden ihn nicht zerschlagen wollen.»

«Sie» sind die westdeutschen Beobachter und Kontrolleure der Reform, deren unbrüderliche Selbstgerechtigkeit gegenüber den Ost-Kollegen auch mit daran schuld ist, dass die zum Rechtsstaat neu Hinzugestoßenen die Sicherheit und den Mut zur Selbstbesinnung nicht finden können, und unter deren kritischen Augen die neu geschaffenen Richterwahlausschüsse jetzt jeden Richter in der DDR auf seine Tauglichkeit für den Rechtsstaat untersuchen sollen. Es dauert lange, bis die Ausschüsse ihre Arbeit aufnehmen; noch im September 1990 haben sie die Mannschaft des Lüritzer Kreisgerichts nicht überprüft. Aber dass sie in einem vereinigten Deutschland «noch gebraucht» würden, erscheint meinen Richtern immer zweifelhafter. So gehen sie von selber, einer nach dem anderen. Zuerst Frau Neumann, die im Juni 1990 ihren neuen Posten in der Rechtsabteilung der Werft übernimmt; zwei andere Kollegen scheiden im September 1990 aus, und nur Frau Walter und die beiden jüngsten Richter am Gericht, Herr Rodewaldt und Frau Nissen, halten das Fort so lange, bis nach der Wiedervereinigung die neuen Westrichter die viele Arbeit übernehmen können.

Nur Herr Rodewaldt, erst seit 1987 Richter und daher, so hoffte er, unbeschriebenes Blatt genug, um auch dem Rechtsstaat tragbar zu erscheinen, stellt sich der Überprüfung durch den Richterwahlausschuss. Er wird abgelehnt. Er hatte, dem «Modrow-Erlass» von 1990 folgend, seine «Kaderakte», die jetzt wieder «Personalakte» heißt, von Partei-Beurteilungen und dergleichen gesäubert, was den Überprüfern zu verdächtig schien. Aber es gelingt ihm, die aussortierten Dokumente wieder aufzutreiben. So kann er nach der Wiedervereinigung die Entscheidung des Ausschusses anfechten und auf Übernahme in den Justizdienst klagen. Er gewinnt die Klage und ist 1995 am wieder umgetauften «Amtsgericht» der einzige Ostdeutsche unter den acht Richtern. Heute macht Herr Rodewaldt das Jugendstrafrecht am Gericht; ein Rechtsgebiet, auf dem er die fürsorglichen Instinkte aus seiner sozialistischen Vergangenheit gut brauchen kann. Seine ehemaligen Kollegen werden Rechtsanwälte in der Stadt und haben eher Mühe, mit den vielen neu zugezogenen Anwälten aus Westdeutschland zu konkurrieren. Am besten und am symbolischsten trifft es Frau Walter: Sie gründet nach den ersten schweren Jahren mit ihrem Sohn, der schon in Westdeutschland studiert hat, die Kanzlei Walter & Walter, die die Generationen, die Erfahrungen, und das, was Ost und West unter «Gerechtigkeit» verstehen, unkompliziert und familiär vereint.

Was ist sonst noch zu berichten? Am 1.6.1990 lässt sich der erste westdeutsche Rechtsanwalt in Lüritz nieder. Am 18. Juni 1990 trennt sich der «Volksbote» von der SED und erklärt sich selber «unabhängig»: ein Schritt, den die kritischen und aggressiven Berichte der Zeitung seit dem 9.11.1989 schon erwarten ließen. Ich hätte auch die Journalisten in die Gruppe der Berufe einbeziehen sollen, die sich am leichtesten in kapitalistische Verhältnisse einfügen können: Wie Geld und Recht florieren auch die Worte am besten auf dem Marktplatz der Ideen. 1993 wird das ehemalige «Konsumhotel», jetzt wieder «Hotel Stockholm», um das Herr Böhnke von 1963 bis 1967 um den Preis eines Taxis prozessierte, für 32 Millionen DM an eine Versicherung verkauft. Im Januar 1999 stirbt Herr Kosewitz, der Mann, der 28 Jahre als Erster Kreissekretär der SED die Stadt regierte. Im «Volksboten» erscheint die Todesanzeige der Familie, aber kein Nachruf.[53] Zwölf Jahre, nachdem er aus dem Amt geschieden war, zehn Jahre nach der Wende, will man sich an den wichtigsten Mann im Kreis öffentlich nicht mehr erinnern. Nach allem, was ich von

Herrn Kosewitz weiß, hat er, im Guten wie im Nicht-so-Guten, die Ignorierung nicht verdient.

Aber auch ich muss mich bei ihm, zu spät, entschuldigen. Ich glaubte, als wir damals über das Verschwinden von Frau Christiansen aus Lüritz sprachen, dass Herr Kosewitz mich belogen hatte. «War das nicht eine Beförderung?», hatte er gesagt, was ich als unehrliches Diversionsmanöver abschrieb. Aber Herr Kosewitz hatte recht gehabt, auch Recht. Die Absetzung der Richterin war nicht nur eine Verbannung, sondern auch eine Beförderung. Ich hatte meine Daten nicht beachtet und übersehen, dass zwischen dem Tod des Sohnes von Frau Christiansen und ihrer letzten Unterschrift auf einem Dokument des Lüritzer Gerichts zweieinhalb Jahre vergangen waren. Zwar hatte der Fluchtversuch und Tod ihres Sohnes im Mittelmeer Frau Christiansen in den Augen der Partei in Lüritz nicht länger tragbar erscheinen lassen. Aber Justizverwaltung und Partei wollten eine so treue und tüchtige Richterin auch nicht verlieren. Es dauerte zweieinhalb Jahre, bis für sie ein Posten als Direktorin eines größeren und wichtigeren Kreisgerichts, als es Lüritz war, gefunden werden konnte. Eine Absetzung *und* Beförderung. Ich musste erst mit Frau Christiansens Tochter sprechen, um meinen Irrtum zu bemerken. So erfuhr ich auch, dass Frau Christiansen im Herbst 1989 an einem Herzschlag starb. Sie war gerade dabei gewesen, sich ein Kleid zu nähen, das sie zu einer Feier zum 40. Geburtstag des Obersten Gerichts tragen wollte, auf der sie und andere verdiente Richter der DDR mit Medaillen ausgezeichnet werden sollten. Auch zu der Geburtstagsfeier am 8. Dezember 1989 kam es nicht: Die Wende kam dem Fest zuvor. Aber es scheint mir angemessen, dieses Buch, in dem es um die menschliche Erfahrung von Recht und Unrecht geht, mit der Erinnerung an jemanden zu schließen, deren eigenes Leben geprägt war von den Erfolgen und Misserfolgen der DDR-Justiz, von ihren Hoffnungen und Enttäuschungen, und von der verzweifeltsten und folgenreichsten Entscheidung der Partei: dem Bau der Mauer.

Anmerkungen

1 Autorenkollektiv unter Leitung von Hilde Benjamin, **Zur Geschichte der Rechtspflege in der DDR,** 3 Bde., Berlin. Bd.: 1 1945–1949 (1976); Bd. 2: 1949–1961 (1980); Bd. 3: 1961–1971 (1986). Hier: Bd. 1, S. 71.

2 Autorenkollektiv, vgl. Anm. 1, Bd. 1, S. 44.

3 Bauerkämper, *«Von der Bodenreform zur Kollektivierung»*, in: Hartmut Zwahr (Hg.), **Sozialgeschichte der DDR,** Stuttgart 1994, S. 119, 122.

4 Oberstes Gericht, Urteil v. 1.8.1951, in: **Neue Justiz** 1951, S. 464.

5 Bauerkämper, *«Die Neubauern in der SBZ/DDR 1945–1952»*, in: Richard Bessel/Ralph Jessen (Hg.), **Die Grenzen der Diktatur. Staat und Gesellschaft in der DDR,** Göttingen 1996, S. 108, 123.

6 Autorenkollektiv, vgl. Anm. 1, Bd. 1, S. 249, 253.

7 Benjamin, *«Volkseigentum ist unantastbar!»*, in: **Neue Justiz** 1953, S. 61.

8 Klaus Müller, **Die Lenkung der Strafjustiz durch die SED Staats- und Parteiführung am Beispiel der Aktion Rose,** Frankfurt/Main 1995.

9 Benjamin/Becker/Görner/Schriewer, *«Der Entwicklungsprozess zum sozialistischen Strafrecht in der DDR»*, in: **Staat und Recht** 1969, S. 1112, 1129.

10 Dieckmann, *«Kündigungsklagen und Konjunktur»*, in: **Zeitschrift für Rechtssoziologie** 5 (1984), S. 79.

11 Markovits, *«Pursuing One's Rights Under Socialism»*, in: **Standford Law Review** 38 (1986), S. 707.

12 Paul, *«Nochmals: Zur Frage der Beweislast bei der materiellen Verantwortlichkeit der Arbeiter und Angestellten»*, in: **Neue Justiz** 1953, S. 201.

13 Bredernitz/Kunz, *«Für eine höhere gesellschaftliche Wirksamkeit der Arbeitsrechtsprechung bei der Bekämpfung von Inventurdifferenzen im Handel»*, in: **Neue Justiz** 1964, S. 358.

14 Oberstes Gericht, Urteil v. 8.4.1954, **OGA** 1, S. 84.

15 Nathan, *«Eheschließung, persönliche Rechte und Pflichten der Ehegatten, Beendigung der Ehe»*, in: **Neue Justiz** 1954, S. 358, 361.

16 Oberstes Gericht, Urteil v. 1.12.1950, **OGZ** 1, S. 72, 78.

17 Oberstes Gericht, Urteil v. 24.11.1952, **OGZ** 2, S. 50.

18 Autorenkollektiv, vgl. Anm. 1, Band 3, S. 347.

19 Oberstes Gericht, Urteil v. 1.12.1950, **OGZ** 1, S. 65, 67.

20 Ostner, *«Slow Motion: Women, Work and the Family in Germany»*, in: Jane Lewis (Hg.), **Women and Social Policies in Europe. Working, Family and the State,** Aldershot u. a. 1993, S. 92, 110-112.
21 Norman Naimark, **The Russians in Germany,** Cambridge/Mass. 1995, S. 89.
22 Falco Werkentin, **Politische Strafjustiz in der Ära Ulbricht,** Berlin 1995, S. 174 ff.
23 Oberstes Gericht, Urteil v. 4.10.1950, **OGSt.** 1, S. 33.
24 Oberstes Gericht, ebd.
25 *«Brief der Richter des Obersten Gerichts an alle Richter der DDR»* vom August 1952, in: **Neue Justiz** 1952, S. 348.
26 Oberstes Gericht, Urteil v. 27.6.1955, in: **Neue Justiz** 1955, S. 425.
27 Vgl. Andrea Feth, **Hilde Benjamin – Eine Biographie,** Berlin 1997, S. 188.
28 Hilde Benjamin, *«Zur Strafpolitik»*, in: **Neue Justiz** 1954, S. 453.
29 Berechnet nach Ammer, *«Stichwort: Flucht aus der DDR»*, in: **Deutschland-Archiv** 22 (1989), S. 1206 f.
30 *«Über die unmittelbare Mitwirkung der Bevölkerung im Strafverfahren»*, Beschluss des Präsidiums des Obersten Gerichts v. 21.4.1965, in: **Neue Justiz** 1965, S. 337.
31 **Statistisches Jahrbuch der DDR 1989,** S. 399.
32 Oberstes Gericht, Urteil v. 11.8.1987, in: **Neue Justiz** 1988, S. 467.
33 Wolfgang Ayaß, **«Asoziale» im Nationalsozialismus,** Stuttgart 1995.
34 Oberstes Gericht, «Schulungsmaterial zum 3. Strafrechtsänderungsgesetz», **Informationen des Obersten Gerichts,** Sonderdruck Juni 1979, S. 73.
35 Luther/Weis, *«Zur Anwendung des Strafrechts in der Deutschen Demokratischen Republik»*, in: **Recht in Ost und West** (34), S. 289, 292 (1990).
36 Wendt, *«Die deutsch-deutschen Wanderungen – Bilanz einer 40-jährigen Geschichte von Flucht und Ausreise»*, in: **Deutschland-Archiv** 25 (1991), S. 386, 388.
37 Köhler/Ronge, *«Einmal BRD – einfach»*, Die DDR-Ausreisewelle vom Frühjahr 1984, **Deutschland-Archiv** 17 (1984), S. 128.

38 Wendt, vgl. Anm. 36, S. 390.
39 Köhler/Ronge, vgl. Anm. 37, S. 128.
40 Alle Daten berechnet nach Wendt, vgl. Anm. 36, S. 386, 390.
41 Berichtet von Rottleuthner, *«Zur Steuerung der Justiz in der DDR»*, in: Hubert Rottleuthner (Hg.), **Steuerung der Justiz in der DDR**, Köln 1994, S. 9, 40.
42 Daniel Meador, **Impressions of Law in East Germany: Legal Education and Legal Systems in the German Democratic Republic**, Charlottesville 1986.
43 Inga Markovits, **Sozialistisches und bürgerliches Zivilrechtsdenken in der DDR**, Köln 1969.
44 Vgl. die Dokumente bei Marcus Mollnau, **Die Bodenrechtsentwicklung in der SBZ/DDR**, Berlin 2001, S. 470.
45 **Informationen des Obersten Gerichts** 1977/I, S. 3.
46 Zivilrechtseingänge 1956: 78 315; Zivilrechtseingänge 1968: 29 313. Vgl. **Statistisches Jahrbuch der DDR 1969**, S. 484.
47 **Statistisches Jahrbuch für die BRD 1990**, S. 337.
48 Den Hinweis, dass die hohe Vergleichsquote in der ostdeutschen Ziviljustiz auch mit der Knappheit von Gerichtsvollziehern in der DDR zu erklären war, verdanke ich der Richterin Frau Christa Senkbeil vom Landgericht Bautzen.
49 So stimmten zum Beispiel im September 1946 bei den Gemeindewahlen in der SBZ in Mecklenburg-Vorpommern in den Städten 49 % und in den Landkreisen sogar 75,2 % der Wähler für die SED. Berichtet von Bauerkämper, vgl. Anm. 5, S. 108, 120.
50 Zu Problemen von Geständnissen und Geständniswiderrufen in der DDR ausführlich Jörg Arnold, **Die Normalität des Strafrechts der DDR,** Freiburg / Breisgau 1996, Bd. 2.
51 Dazu Sven Korzilius, **«Asoziale» und «Parasiten» im Recht der SBZ/DDR,** Köln 2005.
52 Johannes Raschka, **Justizpolitik im SED-Staat,** Köln u. a. 2000, S. 274.
53 Ich bin Frau Martina Pyl vom Stadtarchiv Lüritz dankbar für ihre Hilfe bei der Suche nach einem Nachruf für Herrn Kosewitz.